Hallo das ist mein leben

Wie jeder Wirt man geboren. Aber nicht alle werden ein Frächen.

Jeder fangt Langsaman an. Und wirt immer besser.

Herausgeber Landesverband
„Früh- und Risikogeborene Kinder Rheinland-Pfalz" e.V.
E-Mail: ► buch@fruehgeborene-rlp.de
Internet: ► www.fruehgeborene-rlp.de
und ► www.fruehgeborene-bildung.de

Hauptredaktion Karin Jäkel
Satz und Layout Jutta Wirthl
Umschlag Alexandra Hall-Waldhauser
Druck Volkhardt Caruna Medien, Amorbach

Bibliografische Information der Deutschen Nationalbibliothek:
Die Deutsche Nationalbibliothek verzeichnet diese Publikation in der Deutschen Nationalbibliografie; detaillierte bibliografische Daten sind im Internet über ► http://d-nb.de abrufbar.

Verlag 2011 plexus-Verlag, Miltenberg

Inhalt

Kapitel 2
Stolpersteine für´s Lernen

Infotexte

Erfahrungsberichte

Kapitel 3
Auffällig unauffällig

Kapitel 4
Ganz normal verschieden

Infotexte

Erfahrungsberichte

Kapitel 5
Übergang ins Berufsleben

Anhang

© Heike Rost

Grußwort

Doris Ahnen
Ministerin für Bildung, Wissenschaft, Weiterbildung und Kultur des Landes Rheinland-Pfalz

Liebe Lehrerinnen und Lehrer, liebe Eltern,

mit dem Eintritt in die Schule stellen sich Eltern früh- und risikogeborener Kinder oft besorgte Fragen: Können und werden unsere Kinder den Eintritt in die Grundschule erfolgreich meistern? Werden sie den vielfältigen schulischen Herausforderungen gewachsen sein und die schulischen Ziele erreichen? Der Grund ist, dass es nicht immer allen diesen Kindern gelingt, die mit ihrer Geburt verbundenen möglichen Beeinträchtigungen zu überwinden. So können beispielsweise Auffälligkeiten im Lernverhalten oder eine geringe körperliche Belastbarkeit den Eintritt in die Schule erschweren und die schulischen Bildungsprozesse belasten. Die Sorgen der Eltern sind daher sehr ernst zu nehmen und spielen im Bildungsauftrag unserer Grundschule eine wichtige Rolle.

Ein Patentrezept, wie mit den jeweils richtigen Maßnahmen im Unterrichtshandeln reagiert werden kann, gibt es sicherlich nicht. Gute Antworten geben jedoch die vielfältigen Möglichkeiten der individuellen Förderung. Sie orientieren sich im Einzelfall an den Entwicklungsständen der Kinder mit einem auf die Fähigkeiten und besonderen Bedürfnisse des einzelnen Kindes abgestimmten Unterricht. Um die Chancen für eine erfolgreiche Lernentwicklung des Kindes zu vergrößern, ist es erforderlich, dass Eltern und Lehrkräfte in gemeinsamer Verantwortung und vertrauensvoller Zusammenarbeit mit Geduld, gegenseitigem Verständnis und Einfühlungsvermögen geeignete Lernwege für betroffene früh- und risikogeborene Kinder erschließen. Auch wenn dies eine sehr anspruchsvolle Herausforderung ist, so ist sie zugleich die am besten geeignete Alternative.

Die vorliegende Schrift kombiniert Informationstexte mit Erfahrungsberichten Betroffener in Kontexten, die Schule, Kinder und Eltern einbeziehen. Daraus lassen sich zum Wohl der Kinder gute Hinweise entnehmen, damit deren Lebensweg von Anfang an harmonisch verlaufen kann. Dies so weit wie möglich sicherzustellen, ist sowohl Auftrag unserer Schulen als auch unserer Gesellschaft.

In diesem Sinne wünsche ich der Schrift einen hohen Verbreitungsgrad. Sie möge einen Beitrag dazu leisten, dass früh- und risikogeborenen Kindern ein bestmöglicher Start in die Schule gelingt.

Zwischen allen Stühlen

Karin Jäkel

Ein Buch über Frühgeborene in der Schule? Ist es überhaupt möglich, ein solches zu verfassen? Sind die Frühgeborenen nicht viel zu unterschiedlich, um sie alle „über einen Kamm zu scheren“?

Es stimmt: ***Frühchen ist nicht gleich Frühchen.*** Es gibt Kinder, die fast eine halbe Schwangerschaft außerhalb des Mutterleibes verbringen mussten, anderen fehlen dagegen nur wenige Wochen der natürlichen vorgeburtlichen Umgebung in der Gebärmutter. Einige Kinder haben bedrohliche Komplikationen während ihrer ersten Lebenszeit überstehen müssen, andere nicht.

Manche Frühchen zeigen als Kleinkinder motorische, kognitive oder sozial-emotionale Auffälligkeiten, die im Lauf der Zeit kompensiert werden können, bei anderen entwickeln sich diese Schwierigkeiten später zu bleibenden Handicaps, die man akzeptieren muss. Einige Kinder wiederum entwickeln sich – oft entgegen pessimistischer Prognosen – völlig unauffällig. ***Die Bandbreite der Verläufe ist riesig, wie die Erfahrungsberichte zeigen, die wir in diesem Buch gesammelt haben.***

Dennoch: Allen Frühgeborenen gemeinsam ist der vorzeitige Eintritt in die Außenwelt, für die sie noch nicht bereit waren. ***Alle Frühchen haben einen Bruch in ihrer Entwicklung erleben müssen, mussten sich an Verhältnisse anpassen, für die ihre bisher entwickelten Fähigkeiten noch nicht ausreichten.*** Die einen mussten dies auf dem körperlichen, kognitiven, seelischen und sozialen Gebiet bewältigen, andere waren und sind „nur“ psychisch und sozial gefordert. Alle Zwischenstufen sind möglich. Schwer ist es für alle Frühchen, diese Herausforderungen zu bewältigen. Warum „man“ von den Frühgeborenen gemeinhin erwartet, dass sie „bis zur Schulzeit alles aufgeholt“ hätten, bleibt ein immerwährendes Rätsel, denn reif geborene Kinder halten in ihren Entwicklungsfortschritten doch nicht irgendwann inne, um auf die anderen zu warten. Alle Kinder schreiten in ihrer Entwicklung beständig voran, verfeinern ihre Fertigkeiten und ihr Weltwissen, indem sie an das vorher Erworbene anknüpfen und darauf aufbauen. Die Schere zwischen den „Nachzüglern" und den „Fitten" wird eher größer, als dass sie miteinander gleichziehen.

„Auf welche wissenschaftlichen Veröffentlichungen stützt sich das vorliegende Buch?", mag man fragen. Ist das Bild, das hier von Frühgeborenen in der Schule gezeichnet wird, denn objektiv und validiert? Eine berechtigte Frage, lassen wir hier doch in großen Teilen Eltern zu Wort kommen, die definitiv – wie alle Eltern - einen subjektiven Blick auf ihre Kinder haben.

Wissenschaftliche Untersuchungen über die Schullaufbahn und das Lernverhalten frühgeborener Kinder werden zunehmend durchgeführt und veröffentlicht, was wir sehr begrüßen. Dennoch muss man sehen, dass solche Studien beständiger Aktualisierung bedürfen, d.h. nur vorsichtig betrachtet werden können, da die Früh- und Neugeborenenmedizin, welche in vielen Fällen die Weichen für das spätere Outcome der Kinder stellt, ständig fortschreitet. Die in den aktuellen Studien erfassten Schulkinder haben in ihren ersten Lebenstagen eine andere Versorgung erfahren, als sie heutigen Frühgeborenen zuteil wird. Auf dem Gebiet der entwicklungsfördernden Pflege zum Beispiel, die besonders die Bedingungen der kindlichen Gehirnentwicklung in den Blick nimmt, können noch erhebliche Fortschritte erzielt werden, die die Entwicklungsprognosen der Kinder wesentlich beeinflussen werden.

Unser Ansatz ist es daher stattdessen, eine Zusammenstellung von Erfahrungswissen vorzulegen, welche die aktuelle Situation frühgeborener Kinder in Deutschland im Jahr 2011 umreißt. Ergänzt bzw. untermauert werden diese Erfahrungsberichte durch Informationstexte, die Fachleute aus der Praxis (Ärzte, Therapeuten, Pädagogen) zu einzelnen Teilaspekten der Thematik „Frühgeborene in der Schule" verfasst haben.

Die ***Erfahrungsberichte*** lassen jeweils aufscheinen, welche Schwierigkeiten gehäuft bei den Frühgeborenen auftreten, welche Auswirkungen dies für das schulische Fortkommen des Kindes und auch für die Situation der Familien hat. Manche Familien beschreiben zudem die Bewältigungsstrategien, die sie entwickelt haben, um mit der erschwerten Situation umzugehen. Anderen Familien bleibt nur, ihre verzwickte Situation darzustellen, aus der trotz großem Engagement scheinbar kein Ausweg möglich ist.

Die ***Informationstexte*** geben einen kurzen Überblick über den jeweiligen Sachverhalt, bei dem der jeweilige Autor über breite praktische Erfahrung verfügt. Hier kommen Ärzte, Pädagogen, Wissenschaftler und andere „Fachpersonen" ebenso zu Wort wie Vertreter großer Selbsthilfeverbände. Auf diese Weise ist ein kleiner „interdisziplinärer Wissenspool" entstanden, der eine gewisse Orientierung in der Welt der frühgeborenen Schulkinder erlaubt.

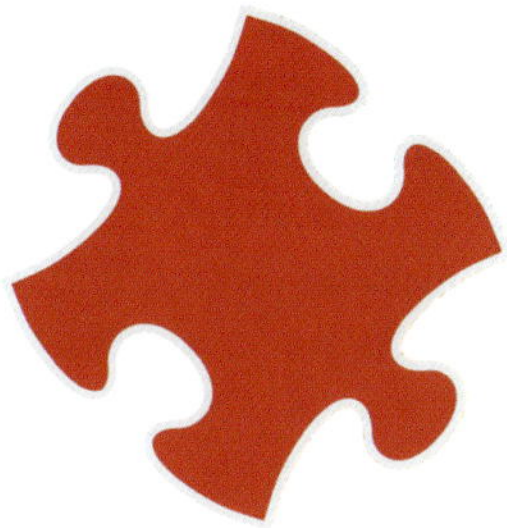

Dieses Buch richtet sich an ***Eltern,*** indem es ihnen Informationen an die Hand gibt, eine passende Unterstützung für ihr Kind zu finden. ***Darüber hinaus soll es ihnen Mut machen und Kraft geben, sich weiter für ihr Kind einzusetzen.*** Selbstzweifel sind nicht angebracht, ja sogar hinderlich, wenn man sieht, dass man mit seinen Erfahrungen doch nicht „allein auf weiter Flur" steht.

Dieses Buch richtet sich mindestens ebenso dringend jedoch an Lehrkräfte, um sie für die Lernumstände frühgeborener Kinder zu sensibilisieren.

Viele Lehrerinnen und Lehrer haben in ihrer Ausbildung keine Informationen darüber erhalten, was Frühgeburtlichkeit eigentlich bedeutet. Auch die Thematik eines uneinheitlichen Leistungsprofils oder einer Teilleistungsstörung ist vielen Lehrkräften nicht hinreichend bekannt. So können sie auf die Lernausgangslagen der Kinder schwerlich adäquat reagieren. Ein passgenauer Lernprozess für das Kind kann nicht gestaltet bzw. umgesetzt werden. Die Beobachtungen der Eltern und der Lehrer können nicht in Einklang gebracht, nicht wechselseitig fruchtbar gemacht werden. Die Kommunikation misslingt gerade dort, wo sie unbedingt nötig, weil not-wendig, wäre. Diese Negativ-Spirale muss unbedingt unterbrochen werden. ***Wir hoffen sehr, dass dieses Buch hierzu einen Beitrag leisten kann, denn für die Unterstützung frühgeborener Kinder in der Schule ist die Zusammenarbeit von Eltern und Lehrkräften unbedingt vonnöten.***

Nicht zuletzt sind auch die ***schulpolitisch Verantwortlichen*** wesentliche Adressaten dieser Veröffentlichung. Auch wenn in der Vergangenheit viele hilfreiche Maßnahmen auf den Weg gebracht wurden, die Kinder mit besonderem Förderbedarf unterstützen und integrieren, gelingt eine passgenaue individuelle Förderung dennoch zuweilen im Einzelfall nicht.

„Die passende Schule für mein Kind gibt es nicht!", klagen immer noch viele Frühchen-Eltern. ***Gerade bei der Einführung und Umsetzung inklusiver Schulkonzepte muss an die Kinder gedacht werden, die Schwierigkeiten haben, obwohl sie definitiv keinen sonderpädagogischen Förderbedarf aufweisen.***

Der Anteil der Frühgeborenen an den Geburtsjahrgängen wird steigen, sagt die Statistik, der Anteil der frühgeborenen Regelschulkinder ebenfalls. Gleichzeitig wird ein drohender Fachkräftemangel prognostiziert. Grund genug, mit vereinten Kräften eine weitere Verbesserung der schulischen Betreuung für die Frühgeborenen anzustreben.

Danksagung

Dieses Buch wäre nicht zustande gekommen ohne das intensive und unentgeltliche Engagement vieler Menschen, denen es am Herzen liegt, frühgeborene Kinder auf ihrem Weg ins Leben bestmöglich zu unterstützen.

Besonderer Dank gebührt dabei

- den ehemals Frühgeborenen bzw. ihren Eltern, die durch ihre vielfältigen Erfahrungsberichte einen sehr persönlichen Einblick geben, wie sich die praktischen Schulerfahrungen der betroffenen Kinder gestalten,
- den Fachautoren, die wesentliche und hilfreiche Informationen aus den verschiedenen relevanten Fachgebieten verständlich und kurz zusammengestellt haben,
- Cathrin Schäfer, Jutta und Hans-Jürgen Wirthl, Gaby und Andreas Bayer für ihre nicht unwesentliche redaktionelle bzw. organisatorische Mitarbeit,
- Sabine Weber für umfangreiche Korrekturen,
- Alexandra Hall-Waldhauser für die aussagekräftigen Zeichnungen auf dem Cover,
- Jutta Wirthl für eine mehr als ansprechende „äußere Gestaltung“ in Satz und Layout sowie
- der AOK - Die Gesundheitskasse in Rheinland-Pfalz, der Technikerkrankenkasse Rheinland-Pfalz, der SCHOTT AG Mainz und allen Teilnehmern des „Run for Children®“ für die finanzielle Unterstützung.

Was versteht man eigentlich unter „Frühgeburt“?

Karin Jäkel

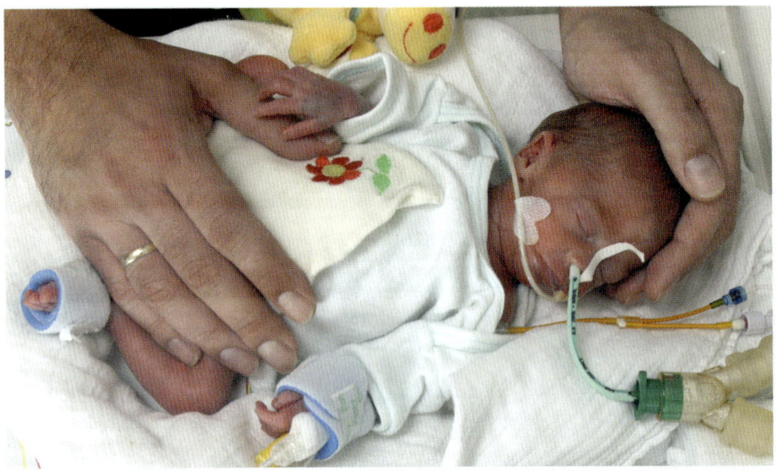

© Roland Rasemann

Als ***Frühgeborene*** gelten Kinder, die ***vor dem Ende der 37. Schwangerschaftswoche*** zur Welt kommen. Vor dem Ende der 28. Schwangerschaftswoche oder mit einem Geburtsgewicht unter 1000 Gramm Geborene nennt man ***„extrem frühgeborene Kinder“***. Bei Kindern, die zwischen der 32. und 36. Woche zur Welt kamen, spricht man von ***„späten Frühgeborenen“***. Ca. 60 000 Kinder kommen jährlich in Deutschland zu früh zur Welt.

Ursachen

Die Ursachen einer Frühgeburt sind vielfältig. „Schwangerschaftsvergiftung“ (Gestose), Infektionen oder eine Mangelversorgung des Kindes zum Beispiel können der Auslöser sein. Auch bei bester medizinischer Betreuung können Frühgeburten dann nicht verhindert werden. Es ist wichtig zu wissen: ***Jeden kann es treffen!***

Auswirkungen

Leben und Gesundheit der extremen Frühchen sind zu Anfang stark bedroht. Meistens ist die Lunge noch nicht reif genug, um ihre Tätigkeit auszuüben, so dass eine oft langwierige maschinelle Beatmung notwendig wird, die ihrerseits wieder ***Schädigungen*** (z.B. des Gehirns oder der Augen) bis hin zu lebensbedrohenden ***Komplikationen*** hervorrufen kann. Infektionen haben bei den Kindern leichtes Spiel, da das Immunsystem noch nicht stark genug ist. Die Antibiotika, die sie zur Unterstützung erhalten, sind jedoch ebenfalls nicht ohne eventuell schädigende Nebenwirkungen. Manche Kinder erkranken an Darmentzündungen, die es nötig machen, Teile des Darmes zu entfernen. Außerdem treten auch relativ häufig Gehirnblutungen auf, da die Gefäßwände bei extrem Frühgeborenen noch sehr fragil sind. Je nach Ausmaß einer solchen Gehirnblutung kann sie im besten Falle ohne weitere gesundheitliche Folgen bleiben, bei mittlerer Schwere Entwicklungsverzögerungen und „leichtere" Ausprägungen einer Epilepsie oder spastischen Lähmung (Diplegie, Tetraparese) nach sich ziehen. Im schlimmsten Falle tragen die Kinder eine schwere körperliche und geistige Behinderung davon.

Wie geht es weiter?

Nach diesem mehr als schwierigen Start ins Leben entwickeln sich manche Kinder ganz ***normal***; andere müssen mit ***Entwicklungsstörungen*** oder ***Behinderungen*** leben, die sich meist ***erst im Laufe der ersten Lebensjahre zeigen***, was für die Eltern sehr belastend sein kann; einige ***überleben*** sogar die Folgen ihrer Frühgeburt ***nicht***.

„Wird das Kind überleben?" und „Wie wird es sich entwickeln?" sind die bangen Fragen, die die Eltern von Anfang an und später über Jahre begleiten. Durch das ***Schockerlebnis***, plötzlich Eltern eines stark gefährdeten Frühchens geworden zu sein, fühlen sie sich in der Regel bald am ***Ende ihrer Kraft*** angelangt, ***hilflos*** und ***sprachlos***. Diese Erfahrungen können sie Außenstehenden meist gar nicht in ihrer ganzen Dimension verständlich machen. Über begründete Sorgen und Ängste, die die zukünftige Entwicklung der Kinder beinhalten, werden sie von Freunden und Bekannten oft vorschnell hinweggetröstet. Auch die ***Trauer*** um die „missglückte" Schwangerschaft und um den zerplatzten Traum von der unbeschwert glücklichen Babyzeit findet ***kaum Verständnis***.

Die *„späten Frühgeborenen"* weisen in der Regel weniger Kompli-

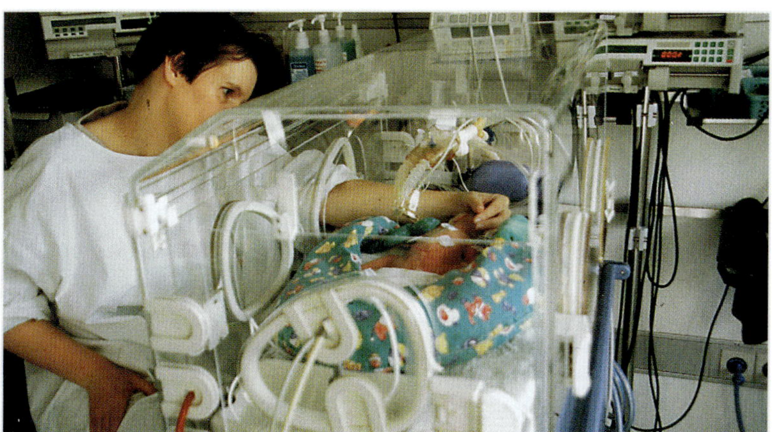

kationen auf. Dennoch müssen sie nicht nur wachsen und zunehmen. In den letzten Wochen der Schwangerschaft finden wichtige Prozesse der ***Hirnentwicklung*** statt, die normalerweise unter den Bedingungen des Mutterleibes ablaufen. Die Behandlungen und die störenden Einflüsse, denen die Babies nun auf der Frühgeborenenstation im Krankenhaus ausgesetzt sind, können hier Irritationen verursachen, die sich im späteren ***Wahrnehmungs-, Konzentrations- und Lernverhalten*** niederschlagen.

Sind die Kinder dann aus der Klinik entlassen worden, was bei „guter" Entwicklung etwa um den errechneten Geburtstermin geschieht, sind die Eltern nach monatelanger intensivmedizinischer Betreuung plötzlich allein für das Wohl des Kindes verantwortlich. Die meisten extrem frühgeborenen Kinder müssen während des ersten Lebensjahres nachts von einem ***Herz-Atem-Monitor*** überwacht werden, d.h. die Eltern müssen Wiederbelebungsmaßnahmen erlernt haben, um sie im Notfall anwenden zu können. Viele Frühgeborene brauchen ***Krankengymnastik***, die zuhause von den Eltern mehrmals täglich durchgeführt werden muss. Später werden eventuell ***Ergotherapie*** oder ***Logopädie*** erforderlich. Nicht selten treten auch ***Essprobleme und Regulationsstörungen*** („Schreibabies") auf. Oft fehlt eine psychosoziale Nachbetreuung, d.h. die Eltern müssen hartnäckige, kräftezehrende Eigeninitiative aufbringen, um herauszufinden, welche **weitere Förderung** ihr Kind benötigt (und wo man sie bekommen kann), um eine eventuelle ***Entwicklungsverzögerung/drohende Behinderung*** so klein wie möglich zu halten.

Die Eltern als spätere Schulkind-Eltern

Dass Eltern von Frühgeborenen daher ***oftmals sehr engagierte Eltern*** sind, sollte auf dem Hintergrund dessen, was sie erleben mussten, verständlich sein. Sie einfach nur als „überbehütend" zu etikettieren, trifft den Kern der Sache nicht.

Sie mögen ihren ehemals gefährdeten Kindern vielleicht ***tiefer emotional verbunden*** sein und sie können sie vielleicht ***schlechter ins raue Leben loslassen.*** Andererseits haben viele von ihnen jedoch über Jahre hinweg einen gewissen ***diagnostischen Blick*** auf die speziellen Schwächen ihres Kindes erlernt, über den die außenstehende Lehrkraft nicht verfügt. ***Eltern und Lehrer/innen sollten daher versuchen, auf diesem Fundament gemeinsam aufzubauen und die Kompetenzen der Eltern zu nutzen.***

Die Kinder als spätere Schul-Kinder

Der schwere Start ins Leben hat für die Kinder nicht nur ***körperliche***, sondern auch ***seelische Auswirkungen***. Die wochen- oder monatelangen schmerzhaften Behandlungen, die die Kinder über sich ergehen lassen mussten, sowie das ebenso lange Fehlen der ungestörten elterlichen Zuwendung sind ihre ersten Erfahrungen auf und mit der Welt. Kein Wunder, dass viele frühgeborene Kinder eher ***ängstlich, sensibel und zurückhaltend*** sind. In manchen Familien kann dies durch die Angst der Eltern, das Kind doch noch zu verlieren, z. B. durch Folgekrankheiten, noch verstärkt werden. Auch der seelische Verarbeitungsprozess, der unweigerlich auf das ***traumatische Erlebnis einer Frühgeburt*** folgt und den die Eltern in den ersten Lebensjahren des Kindes durchlaufen, kann sich belastend auf die psychische Entwicklung des Frühgeborenen auswirken.

In den Vorschuljahren müssen die Frühgeborenen oft erleben, dass sie gleichaltrigen, ja oft auch jüngeren Kindern in ihren Fähigkeiten ***unterlegen*** sind. Solche Erlebnisse frustrieren und verunsichern. Förderungen und Therapien können - obwohl unverzichtbar - beim Kind den Eindruck erwecken: ***„Ich bin nicht gut so, wie ich bin."***

All dies sind Faktoren, die dazu führen, dass das ***Selbstbewusstsein*** frühgeborener Kinder oft ***wenig belastbar*** und ihr ***Selbstbild eher negativ*** ist. ***Solche Kinder brauchen auch in der Schule mehr Lob, mehr Motivation und eine besonders warmherzige pädagogische Begleitung.***

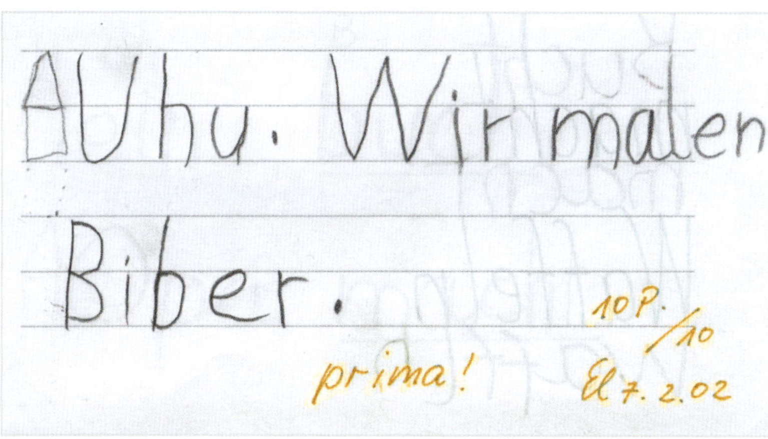

◆ ◆ ◆

Frühgeborene als Schüler – Eine Schullaufbahn unter besonderen Voraussetzungen?

von Dr. Nina Gawehn
Dipl. Psychologin, Leiterin der Entwicklungsneuropsychologischen Ambulanz im SPZ der Klinik für Kinder- und Jugendmedizin der Klinikum Dortmund gGmbH

„Neuropsychologische Folgen einer Frühgeburt offenbaren sich oftmals erst in späteren Lebensjahren und können dann die Ursachen für Lern- und Leistungsstörungen sowie auch für nachfolgende emotionale und Verhaltensstörungen darstellen."

(Müller, 1998, zit. n. Heubrock & Petermann, 2000. S. 94)

Etwa 7-10% aller Kinder kommen zu früh, d.h. vor der vollendeten 37. Schwangerschaftswoche (SSW) zur Welt. In Abhängigkeit von der Unreife des jeweiligen Kindes bedeutet dies zunächst mit höchster Priorität, das ***Überleben*** des manchmal noch sehr unreifen Kindes durch intensivmedizinische Betreuung zu sichern. Im weiteren Verlauf beobachten Ärzte, Therapeuten und vor allem die Eltern die Entwicklung ihres Kindes. Manchmal werden dabei ***Störungen oder Abweichungen in der kindlichen Entwicklung*** erkennbar, die bei Frühgeborenen von leichten sensorischen, motorischen oder kognitiven Defiziten bis zu deutlichen Behinderungen reichen können.

Dabei ist es wichtig festzuhalten, dass mögliche ***Defizite*** in der Entwicklung eines zu früh geborenen Kindes ***keineswegs determiniert*** sind, sondern es sich um erhöhte Wahrscheinlichkeiten für abweichende Verläufe handelt. So haben Ergebnisse verschiedener nationaler und internationaler Studien, welche die Resilienz, also die individuelle kindliche Widerstandsfähigkeit ge-

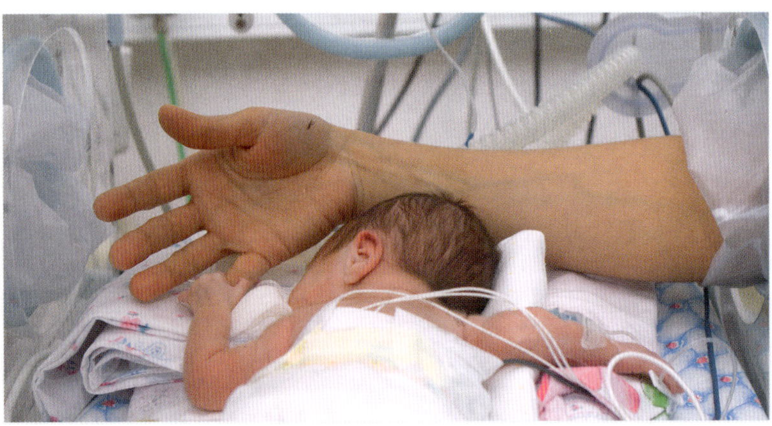

gen Risikofaktoren, untersuchten, eindrucksvoll dokumentieren können, dass sich ***ca. 1/3 der Kinder, die aus verschiedenen Gründen als „Risikokinder" bezeichnet werden können, später ganz unauffällig entwickeln*** (Werner, 1993). Eine ***Entwicklungsprognose*** lässt sich also immer erst in der Zusammenschau personaler und sozialer Ressourcen und Risiken ableiten und muss ***für jedes Kind ganz individuell*** geschehen.

Dennoch belegt die wissenschaftliche Forschungslage, dass ***frühgeborene Kinder einem erhöhten Risiko für Entwicklungsabweichungen unterliegen***. In diesem Zusammenhang wurde z.B. von einem sogenannten „doppelten Entwicklungsrisiko" gesprochen, welches neben biologisch-medizinischen Abweichungen auch die daraus potenziell resultierenden sozialen Besonderheiten für die soziale Interaktion (z.B. Bindungsverhalten und Bindungsqualität, sozial-emotionale Auffälligkeiten, innerfamiliäre Belastungen) umfasst (Jungmann, 2006). Diese möglichen primären und sekundären Abweichungen können sich wiederum negativ darauf auswirken, wie spätere, darauf aufbauende Aufgaben bewältigt werden, und manchmal auch in einer Überforderungen der individuellen kindlichen Kompetenzen münden, wenn die Anforderungen, z.B. der schulischen Umwelt, nicht durch vorhandene individuelle Ressourcen ausgeglichen werden können. Wenn sich z.B. ein Kind im Vorschulalter sehr anstrengen muss, einen Stift im Erwachsenen-

griff in der Hand zu halten und erste Formen nachzuzeichnen, kann es ein nahezu unüberwindbares Hindernis werden, Aufgaben mit „höherem Schwierigkeitsgrad" wie das Schreibenlernen von Buchstaben oder das Abschreiben von einer Tafel zu bewältigen, weil eine grundlegende Fertigkeit noch nicht abschließend erworben wurde.

Die für Frühgeborene überzufällig häufig beschriebenen ***Defizite in der kognitiven Entwicklung*** (Schneider, Wolke, Schlagmüller & Meyer, 2004; Escobar et al., 1991) ***führen bei einem Teil der frühgeborenen Schulkinder dazu, dass Förderbeschulungen, Rückstellungen oder auch Klassenwiederholungen notwendig werden.*** Insgesamt erhalten circa 45% der risikogeborenen Kinder besondere pädagogische Unterstützung im Schulalter (Saigal et al. 2003; Taylor et al., 2000), welche von einer Klassenwiederholung, Förderunterricht oder Integration im Regelschulsystem auch bis zur Notwendigkeit eines Förderschulbesuchs reichen kann. Zwischen 38% (Stjernqvist & Svenningsen, 1999) und 60% (Wolke & Meyer, 1999) der sehr frühgeborenen Kinder besuchen nicht die altersentsprechende Grundschulklasse. 20-25% der extrem frühgeborenen Kinder wiederholen eine Schulklasse (Anderson & Doyle, 2004; Wolke & Meyer, 1999). Mit einer Prävalenz von 22,8% besuchen Frühgeborene häufiger als ihre reifgeborenen Gleichaltrigen (7,1%) Förderschulen (Wolke & Meyer, 1999). Die Forschungslage belegt außerdem, dass sich ***schulbezogene Probleme Frühgeborener über die Zeit nicht verringern, sondern andauern*** (Botting et al., 1998; Cohen et al., 1993; Saigal et al., 2000; Taylor et al., 2000), was darauf hindeutet, dass ***keine „Aufholentwicklung"*** stattfin-

det, sondern eher stabile Defizite in einigen Entwicklungsbereichen zu vermuten sind, die eine gezielte und individuelle Förderung notwendig machen und sich ***keinesfalls über die Zeit „auswachsen"***.

Auch Frühgeborene, die keine manifeste Behinderung oder Entwicklungsstörung aufweisen, sollten in ihrem schulischen Lern- und Leistungsfortschritt beobachtet und bei Bedarf unterstützt werden. So zeigt z.B. eine Studie von Cooke (2004), dass selbst Frühgeborene mit zunächst offenbar unauffälliger kognitiver Entwicklung diejenigen Schul- und Ausbildungsziele, die ihrem Entwicklungspotenzial entsprochen hätten, im Vergleich zu Reifgeborenen überzufällig häufig nicht erreichen konnten. Dieses Ergebnis begründet und verdeutlicht, dass das ***schulische Lernen im Kontext des Regelschulsystems für frühgeborene Kinder selbst dann eine besondere Herausforderung darstellen kann, wenn keine manifeste Entwicklungsstörung oder Behinderung eine sonderpädagogische Unterstützung notwendig machen.***

Besonders häufig finden sich bei Frühgeborenen Defizite und ***Störungen in der Aufmerksamkeit,*** die mit einer Prävalenz von über 20% beschrieben werden (Johnson, 2007; Botting, 1997). Aufmerksamkeitsleistungen beinhalten wichtige Basisfunktionen für die Bewältigung alltäglicher Aufgaben, so dass eine Störung dieser ein weiteres Risiko für sekundär abweichende Entwicklungs- und Lernverläufe darstellen kann. In einigen Studien werden Aufmerksamkeitsstörungen nach Frühgeburt als ***subklinisch*** beschrieben, das heißt, dass sie ***nicht dem sogenannten „Vollbild" einer Aufmerksamkeitsdefizit-Hyperaktivitätsstörung (ADHS) entsprechen,*** welches Aufmerksamkeitsstörung, Impulsivität und Hyperkinese umfasst, sondern gehäuft keine Hyperkinese (Indredavik; 2004) und nicht

die für ADHS typischen Komorbiditäten wie z.B. weitere Verhaltensstörungen oder Ticstörungen umfassen (Botting, 1997; Gardner, 2004), sondern sich eher als ***„umschriebene" Aufmerksamkeitsstörungen*** (Johnson, 2007; Wolke & Meyer, 1999) darstellen. Dieses spezifische Symptombild von Aufmerksamkeitsstörungen nach Frühgeburt birgt ***ein erhöhtes Risiko, dass bestehende Defizite gar nicht oder erst verspätet diagnostiziert werden.***

Zusammenfassend bergen die steigende Prävalenz von Frühgeburten und die, trotz fortschreitender Verbesserungen in der neonatalen Intensivmedizin, weiterhin überzufällig häufig damit verbundenen psychologischen Folgen wie ***Entwicklungsstörungen und Störungen schulischer Fertigkeiten*** (Schneider, Wolke, Schlagmüller & Meyer, 2004; The Victorian Infant Collaborative Study Group, 1997; Wolke & Meyer, 1999) ***eine sehr hohe bildungspraktische und -politische Relevanz und stellen eine große Herausforderung für das öffentliche Gesundheitswesen dar*** (Paneth, 1992).

Die Entwicklung neuer theoretischer und praktischer, vor allem didaktisch-methodischer Wissens- und Handlungskonzepte zur schulischen Förderung Frühgeborener und auch anderer Kinder mit Störungen in Teilleistungen stellt eine ***zentrale Aufgabe für pädagogische und auch therapeutische Professionen*** dar. Dabei bieten die Berücksichtigung und Förderung grundlegender neuropsychologischer Teilleistungen sinnvolle Anknüpfungspunkte für die vorschulische und schulische Entwicklungsförderung. Nicht zuletzt gilt für Frühgeborene – wie auch für alle anderen Kinder –, dass ***am ehesten schulische und außerschulische Umwelten, die weder unter- noch überfordern, entwicklungsstimulierend wirken können.*** „Passende" Umwelten, welche durchaus auch im Regelschulsystem zu finden oder zu implementieren sind, rücken die Berücksichtigung individueller Besonderheiten eines Kindes in das Zentrum pädagogischer oder auch sonderpädagogischer Arbeit, richten sich also auf die jeweiligen kindlichen Stärken und Schwächen aus, so dass sich - unabhängig vom Ausmaß einer individuellen Behinderung oder Störung - ***Erfolge, Akzeptanz und positive Zugewandtheit als Entwicklungserfahrungen*** einstellen können und dass sich „Risikokinder“ späteren Aufgaben in ihrem Leben gewachsen fühlen können – und es auch wirklich sind!

Literatur:

Anderson, P.J. & Doyle, L.W. (2004):
Executive Functioning in school-aged children who were born very preterm of with extremely low birth weight in the 1990s. In: Pediatrics, 114, 50-57.

Botting, N., Powls, A., Cooke, W.I. & Marlow, N. (1997):
Attention deficit hyperacitivity disorders and other psychiatric outcomes in very low birthweight children at 12 years. In: Journal of Child Psychology and Psychiatry, 38 (8), 931-941.

Botting, N., Powls, A., Cooke, W.I. & Marlow, N. (1998):
Cognitive and educational outcome of very-low-birthweight children in early adolescence. In: Developmental Medicine and Child Neurology, 40 (10), 652-660.

Cohen, P., Cohen, J., Kasen, S., Velez, C.N., Hartmark, D., Johnson, J., Rojas, M., Brook, J. & Streuning, E.L. (1993):
An epidemiological study of disorders in late childhood and adolescence. I: age and gender specific prevalence. In: Journal of Child Psychology and Psychiatry, 34, 851-867.

Cooke, R.W.I. (2004):
Health, lifestyle, and quality of life for young adults born very preterm. In: Archives of disease in childhood, 89 (3), 201-206.

Gardner, F., Johnsons, A., Yudkin, P., Bowler, U., Hocley, C., Mutch, L. (2004):
Behavioral and emotional adjustment of teenagers in mainstream school who were born before 29 weeks´ gestation. In: Pediatrics, 114, 676-682.

Heubrock, D. & Petermann, F. (2000):
Lehrbuch der Klinischen Kinderneuropsychologie. Grundlagen, Syndrome, Diagnostik und Intervention. Göttingen: Hogrefe.

Indredavik, M.S., Vik, T., Heyerdahl, S., Kulseng, S., Fayers, P. & Brubakk, A.M. (2004):
Psychiatric symptoms and disorders in adolescents with low birth weight. In: Archives of Disease in Childhood fetal & Neonatal Edition, 89, F445-450.

Johnson, S. (2007):
Cognitive and behavioral outcomes following preterm birth. In: Seminars in Fetal and Neonatal Medicine, 12, 363-373.

Jungmann, T. (2006):
Unreife bei der Geburt. Ein Risikofaktor für Sprachentwicklungsstörungen? In: Kindheit und Entwicklung, 15 (3), 182-194.

Müller, M. (1998):
Langzeitentwicklung frühgeborener Kinder. Ein Beitrag zur integrativen Entwicklungstheorie. In: Integrative Therapie, 24, 3-4, 253-282.

Paneth, N. (1992):
Neonatal care and patterns of disability in the community. In: Clinics in developmental medicine, 124, 232-241.

Saigal, S., Pinelli, J., Hoult, L., Kim, M.M. & Boyle, M. (2003):
Psychopathology and social competencies of adolescents who were extremely low birth weight. In: Pediatrics, 111, 969-975.

Schneider, W., Wolke, D., Schlagmüller, M. & Meyer, R. (2004):
Pathways to school achievement in very preterm and full term children. In: European Journal of Psychology of Education, 19 (4), 385-406.

Stjernqvist, K. & Svenningsen, N.W. (1999):
Ten-year follow up of children born before 29 weeks gestational weeks: health, cognitive development, behavior and school achievement. In: Acta Paediatrica, 88 (5), 557-562.

Taylor, H.G., Klein, N., Minich, N.M. & Hack, M. (2000):
Middle-school age outcomes in children with very low birth weight. In: Child Development, 71, 1495-1511.

The Victorian Infant Collaborative Study Group (1997):
Improved outcome into the 1990s for infants weighing 500-999 g. In: Archives of Disease in Childhood, 77, 91-94.

Werner, E. (1993):
Risk, resilience and recovery: Perspectives from the Kauai Longitudinal Study. Development and Psychopathology, 5, 503-315.

Wolke, D. & Meyer, R. (1999):
Cognitive status, language attainment, and prereading skills of 6-year-old very preterm children and their peer: The Bavarian Longitudinal Study. In: Developmental Medicine and Child Neurology, 41(2), 94-109.

◆ ◆ ◆

Bereit für die Schule?

Schulanfang für Frühgeborene

Der Schuleintritt ist für Eltern und Kinder ein sehr wichtiger Übergang. Viele Emotionen spielen dabei eine Rolle. Die Eltern wünschen sich einen guten Start für ihre Kinder. Sie wünschen sich vor allem, dass das schulische Lernen für die Kinder ohne Frustrationen und ohne Über- bzw. Unterforderungen gestaltet wird. ...

Inhalt Kapitel 1

Infotexte

Erfahrungsberichte

Was Sie in diesem Kapitel erwartet

Karin Jäkel

Der Schuleintritt ist für Eltern und Kinder ein sehr wichtiger Übergang. Viele Emotionen spielen dabei eine Rolle. Die Eltern wünschen sich einen guten Start für ihre Kinder. ***Sie wünschen sich vor allem, dass das schulische Lernen für die Kinder ohne Frustrationen und ohne Über- bzw. Unterforderungen gestaltet wird.***

Für die Eltern vieler frühgeborener Kinder steht damit auch die Frage im Raum, ***ob ihr Kind mit dem Erreichen des schulpflichtigen Alters auch wirklich in seiner Entwicklung schon soweit ist, in die Schule einzutreten.*** Immerhin gelten manche Kinder einzig wegen ihrer verfrühten Geburt als schulpflichtig. Wären sie termingerecht - also nicht zu früh - zur Welt gekommen, begänne ihre Schulpflicht erst im darauf folgenden Schuljahr. Die Bildungspolitik in Rheinland-Pfalz und in Schleswig-Holstein hat diese Problematik erkannt und gehandelt. In beiden Bundesländern gilt die Regelung, dass für den definitiven Beginn der Schulpflicht bei Frühgeborenen der errechnete anstatt des tatsächlichen Geburtstermins zugrunde gelegt werden soll.

Etwas mehr „Entwicklungszeit“ vor dem Schuleintritt für Kinder, die einen schwereren Start ins Leben hatten, ***befürworten nicht wenige Fachleute, die frühgeborene Kinder in ihrer Entwicklung begleiten.*** Das zeigt u.a. die Tagungsdokumentation „Frühgeborene in der Schule - kein Problem!?“, die vom Landesverband „Früh- und Risikogeborene Kinder in Rheinland-Pfalz“ e.V. herausgegeben wurde. Zahlreiche Erfahrungsberichte im vorliegenden Buch teilen diese Sichtweise.

„Viele frühgeborene Kinder benötigen einfach länger, um den Entwicklungsstand zu erreichen, den man früher als Schulreife bezeichnete. Für manche würde ein verfrühter Schulbeginn den Weg in die sonderpädagogische Förderung bedeuten, die sie nicht benötigen würden, wenn ihre Entwicklung Zeit und Gelegenheit hätte, von selbst zu reifen", so ist die Überzeugung vieler Betroffener.

„Nicht das Kind muss schulfähig sein, sondern der Schulanfang muss so gestaltet sein, dass jedes Kind adäquat gefördert wird.", hält die Schulpolitik dem entgegen. Die Schuleingangsphasen wurden entsprechend moduliert, in einigen Bundesländern wurden jahrgangsübergreifende Flexklassen eingeführt. In Berlin, Brandenburg, Bremen, Hamburg und Sachsen-Anhalt wurde die Möglichkeit, Kinder vom Schulbesuch für ein Jahr zurückzustellen, völlig aufgegeben. In den anderen Bundesländern gibt es eine Rückstellung noch, allerdings nur, wenn sehr gewichtige gesundheitliche Gründe einem erfolgreichen Schulbesuch entgegenstehen. So soll einer relativ hohen Quote an Rückstellungen entgegengewirkt werden, die bisher oft nicht in erster Linie zum Wohle des Kindes geschahen, sondern vielfach sozial bedingt waren. Entsprechend muss eine erwirkte Rückstellung natürlich mit einer entsprechenden Förderung des Kindes einhergehen.

Welche ***Fähigkeiten*** eigentlich zum Schulanfang ***vonnöten*** sind, erläutert der Infotext ▸ „Schulstart für Frühgeborene - Was ist zu bedenken?". Auch im Erfahrungsbericht ▸ „Frühgeburt als Chance: Und plötzlich ist er Kann-Kind" werden entsprechende Hinweise gegeben.

Die ***rechtlichen Vorgaben*** zum Schuleintritt sind in den einzelnen Bundesländern unterschiedlich. Einen Überblick bzw. den gezielten Zugriff auf die Modalitäten eines bestimmten Bundeslandes ermöglicht die ▸ ***Linkliste*** „Einschulung - Rückstellung - Schulanfang".

Um als besondere Interessengruppe „Frühgeborene“ auf die Gestaltung von schulischen Bildungsprozessen einwirken zu können, ist es nötig, sich entsprechend zu organisieren. Da die Bildungspolitik auf Landesebene geschieht, sind Landesverbände der Frühgeborenen-Selbsthilfe als Ansprechpartner not-

wendig. Leider gibt es Frühgeborenen-Landesverbände bisher erst in Baden-Württemberg und Rheinland-Pfalz. Dass solches zivilgesellschaftliches Engagement wirkungsvoll und von der Bildungspolitik geschätzt und gewollt ist, zeigt der kurze Bericht ▸ „Frühchenfreundliche Einschulung in Rheinland-Pfalz - oder wozu man einen Landesverband braucht“.

Dass die Dinge manchmal nicht so einfach sind, wie sie auf dem Papier erscheinen, schildern die ***Erfahrungsberichte*** der Familien im vorliegenden Kapitel. ***Die richtige Schule zu finden, welche das Kind von Beginn an optimal fördert, stellt für viele Eltern eine große Aufgabe dar.***

Von der Vorlaufzeit, die der Umgang mit den entsprechenden ***Ämtern*** braucht, von der unterschiedlichen Qualität von ***Gutachten und Testungen***, ja sogar von ***Fehleinschätzungen***, die richtungsweisend sind für den weiteren Bildungsweg eines Kindes, erzählen sie. Aber auch vom ***Zwiespalt***, in welchem sie sich als Eltern befinden, wenn das Kind teilweise schulfähig zu sein scheint, auf anderen Gebieten aber deutlich noch nicht so weit ist. „Kann man auf die individuelle Förderung in der Schuleingangsphase wirklich vertrauen?“, fragen sie sich. Vom ***Abwägen***, ob das Kind sich herausgefordert fühlen wird, das Neue zu bewältigen, oder ob es sich frustriert zurückziehen wird, berichten sie. Aber auch davon, dass manche Eltern ihre eigene Ängstlichkeit zugunsten des Kindes überwinden sollten.

◆ ◆ ◆

Schulstart für Frühgeborene
Was ist zu bedenken?

Von Dr. med. C. Schäfer, C. Fernekeß, Dr. med. H. Peters
Rheinhessen-Fachklinik Mainz, Zentrum für Kinderneurologie und Sozialpädiatrie (KINZ)

Schuleingangsuntersuchung

Jedes Kind wird vor der anstehenden Einschulung auf seine Schulfähigkeit untersucht. Bei der Schuleingangsuntersuchung und -beratung werden unterschiedliche Aspekte berücksichtigt, die die Entwicklung des Kindes beschreiben. So werden unter anderem die Sinnesorgane auf ihre Funktionstüchtigkeit überprüft. Vor allem ein uneingeschränktes ***Seh- und Hörvermögen*** ist eine wesentliche Voraussetzung für den Schulerfolg und eine Überprüfung sollte frühzeitig erfolgen, damit Beeinträchtigungen rechtzeitig erkannt und therapiert werden können. Weitere Kriterien für die Beurteilung der Schulreife sind die ***kognitiven, sozialen und körperlichen Voraussetzungen.*** Ob ein Kind körperlich in der Lage ist, am Unterricht teilzunehmen, ob es über eine ausreichende soziale Reife verfügt und ob es eventuell Hinweise auf eine Störung der kognitiven Entwicklung gibt. ***Kaum ein Kind kann alle Anforderungen erfüllen, dennoch besteht nicht zwangsläufig eine eingeschränkte Schulreife.***

Im Bereich der kognitiven Anforderungen kommt es darauf an, dass das Kind bereits ***Grundzüge des logischen Denkens*** vorweist, wie etwa Unterschiede und Gemeinsamkeiten zu erkennen und diese zu benennen. Wichtig sind auch ***Konzentration und Merkfähigkeit***, dass sich die Kinder auf etwas einlassen können, Gelerntes wiederge-

ben und verarbeiten. Hierfür sind alle Sinne notwendig. Eine besondere Bedeutung kommt dem ***Sprechen und der Sprache*** zu, da fast die gesamte Kommunikation und Wissensvermittlung über die Sprache abgewickelt werden. Falsches Sprechen wirkt sich während der Schulzeit auch auf das Schreiben sehr negativ aus. Ein Schulanfänger sollte auch schon über eine erste ***zeitliche Orientierung*** verfügen. Im Umgang mit Farben, Mengen und Zahlen kommt es darauf an, dass **Farben** erkannt werden, schon ein **grober Mengenbegriff** vorhanden ist (mehr, weniger), Rangfolgen benannt werden können (kleiner, größer) oder Formen wie Kreis, Viereck oder Dreieck.

Unter den sozialen Voraussetzungen versteht man das Verhalten der Kinder innerhalb einer Gruppe. Beispielsweise geht es darum, ob das Kind schon über ein ***ausrei-***

Allgemeine Schulreifekriterien

- ***Funktionstüchtigkeit der Sinnesorgane:***
  Besonders wichtig Hören und Sehen
- ***Kognitive Voraussetzungen:***
  Grundzüge des logischen Denkens, Konzentration und Merkfähigkeit, Sprechen und Sprache, zeitliche Orientierung, Erkennen von Farben, grober Mengenbegriff, Kenntnis von Rangfolgen und Formen
- ***Soziale Voraussetzungen:***
  Ausreichendes Selbstbewusstsein, Orientierungsfähigkeit, Gemeinschaftsgefühl, Kontaktfähigkeit, Halten von Gruppenregeln, Motivation
- ***Körperliche Voraussetzungen:***
  Körperbeherrschung, Bewegungskoordination, fein- und graphomotorische Fähigkeiten

chendes Selbstbewusstsein verfügt, welches notwendig ist, um sich in der Klasse zu melden, zu reden und sich etwas Neues zuzutrauen. Die Kinder brauchen eine ausreichende ***Orientierungsfähigkeit***, um sich in der neuen Umgebung und in einer neuen Gruppe von Gleichaltrigen zurechtzufinden. Sie benötigen ein Gemeinschaftsgefühl, dürfen nicht nur sich selbst sehen, müssen sich in die Gruppe integrieren, mitbestimmen, einander helfen und sich verantwortlich fühlen. Ein wesentlicher Aspekt ist die ***Kontaktfähigkeit*** und das ***Halten an Gruppenregeln*** wie andere ausreden lassen, still sitzen und Umgangsformen einhalten. Nicht zuletzt müssen die Kinder ***motiviert*** sein und Interesse haben.

Bei den körperlichen Anforderungen kommt es auf die ***Körperbeherrschung*** an. Neben den grobmotorischen Fähigkeiten wie verschiedene Formen der Fortbewegung, gehen, vorwärts und rückwärts laufen, einbeiniges und beidbeiniges Hüpfen sowie balancieren sollte auch eine gute ***Koordination der Bewegungen*** vorliegen, was anhand von komplexeren Bewegungsaufgaben wie dem Hampelmannsprung überprüft wird. Weiterhin gehören zur Körperbeherrschung die ***fein- und*** graphomotorischen ***Fähigkeiten***. Stift und Schere sollten richtig gehalten werden können und die Kraftdosierung sollte angemessen sein, um beim Erlernen des Schreibens keine Probleme zu bekommen. Außerdem sollte auch die ***Händigkeit*** bekannt sein.

Besonderheiten bei Frühgeborenen

All diese Fähigkeiten entwickeln die Kinder in unterschiedlicher Ausprägung in ihren ersten Lebensjahren, wobei jedes Kind sein individuelles Tempo aufweist und die Entwicklung nie gradlinig verläuft. Aber welche Besonderheiten ergeben sich daraus für Früh- oder Risikogeborene und wie sehen deren spezifische Bedürfnisse aus?

Generell haben Frühgeborene ein erhöhtes Risiko, die schulischen Voraussetzungen nicht bzw. noch nicht oder nicht voll zu erfüllen. Das Risiko lässt sich statistisch belegen und wurde in zahlreichen Studien und Untersuchungen nachgewiesen,

Frühgeborene ...

- haben ein erhöhtes Risiko, die schulischen Voraussetzungen nicht bzw. noch nicht oder nicht voll zu erfüllen.
- weisen gegenüber reifgeborenen Kindern häufiger Körper- oder Sinneseinschränkungen, visuo-motorische, intellektuelle, sprachliche und motorische Einschränkungen sowie Verhaltensauffälligkeiten (Aufmerksamkeitsdefizit, Hyperaktivität) auf.
- benötigen eine umfangreiche Betreuung der gesamten Familie.

wobei die Auffälligkeiten eindeutig mit dem Geburtsgewicht korrelieren. Diese Assoziation scheint auch noch für Kinder zu gelten, die in der 37. SSW oder am Termin geboren wurden und deren Geburtsgewicht im Vergleich zum Durchschnitt deutlich geringer ausfiel, wie eine aktuelle Studie[1] aus Dänemark belegt, bei der die Höhe des Geburtsgewichts in deutlichem Zusammenhang mit Leseschwäche, Rechtschreibschwäche und Rechenproblemen stand. ***Insgesamt weisen Frühgeborene gegenüber reifgeborenen Kindern häufiger Körper- oder Sinneseinschränkungen, visuo-motorische, intellektuelle, sprachliche und motorische Einschränkungen sowie Verhaltensauffälligkeiten (Aufmerksamkeitsdefizit, Hyperaktivität) auf.***

Ursachen

Die Ursachen für ***Entwicklungsauffälligkeiten*** können sehr unterschiedlich sein. Es können primäre, genetische Anlagestörungen vorliegen. Möglich sind aber auch Infektionsfolgen in der Geburtszeit sowie Versorgungs- oder Reifungsstörungen im Mutterleib. Weiterhin spielt die Unreife und Verletzlichkeit des Gehirnes bei vorzeitiger Geburt sowie eine mögliche geburtsbedingte Sauerstoffunterversorgung eine Rolle. Aus einer Frühgeburtlichkeit können auch viele Komplikationen und Erkrankungen im Anschluss an die Geburt resultieren, wobei hier insbesondere auf die Störung der Lungenstruktur (bronchopulmonale Dysplasie, BPD), die Hirnblutung und die häufigen Ernährungsprobleme hingewiesen werden muss. Dies alles führt zu psychosozialen Belastungen in der Familie und damit einhergehend häufig auch zu Störungen in der Entwicklung der Selbstregulation der Kinder, was sich wiederum durch Schlafstörungen, vermehrtem Schreien und Übererregbarkeit manifestieren kann. Nur durch eine ***umfangreiche Betreuung der gesamten Familie***

1 Kirkegaard I, Obel C, Hedegaard M, Brink Henriksen T. Gestational Age and Birth Weight in Relation to School Performance of 10-Year-Old Children: A Follow-up Study of Children Born After 32 Completed Weeks; Pediatrics Oktober 2006; 1600 - 1606

können die oft komplexen Probleme erfasst und behandelt werden.

Auswirkungen

Zahlreiche Studien belegen, dass sich mit zunehmendem Alter bei Frühgeborenen ***externale Verhaltensauffälligkeiten*** wie Aggressivität und delinquentes Verhalten bemerkbar machen können und zudem häufiger eine verstärkte Tendenz besteht, ***körperliche Erkrankungssymptome*** aufzuweisen (Somatisierung). Ebenso wurden häufiger ***Auswirkungen auf die soziale Kompetenz und Anpassungsfähigkeit*** festgestellt, was wiederum zu sozialem Rückzug und ängstlich-depressiven Verhaltensweisen führen kann. Ein zentrales Problem bei Frühgeborenen stellen die ***Aufmerksamkeits- und Konzentrationsstörungen*** sowie die Hyperaktivität dar, die in einigen Studien mit einer Häufigkeit von zum Teil mehr als 20 Prozent angegeben werden. Das höchste Risiko für die Entwicklung von Verhaltensauffälligkeiten haben vor allem Kinder mit einem niedrigen Geburtsgewicht und einem niedrigen Sozialstatus[(2)].

In Kenntnis des konkret erhöhten Risikos ist der Gedanke naheliegend, bei ehemaligen Früh- und Risikogeborenen ***durch Entwicklungsdiagnostik Entwicklungsstörungen früh zu erkennen*** und nach Möglichkeit therapeutisch zu verringern. Die diagnostische Verlässlichkeit von Entwicklungstests im Falle festgestellter Verzögerungen ist dagegen im Vorschulalter nicht besonders groß[(3)]. Daher sollte die Untersuchung der Entwicklung von Frühgeborenen sowohl eine detaillierte Analyse des Leistungsprofils und spezifischer Einschränkungen als auch eine ausführliche neurologische Untersuchung beinhalten und möglichst im Rahmen einer ***standardisierten Entwicklungsbegleitung*** erfolgen. Die intellektuellen Fähigkeiten, die Sprachentwicklung, neurosensorische Auffälligkeiten und Verhaltensstörungen, die in

2 Kelly YJ, Natroo JY, McMunn A, Boreham R, Marmot M. Birthweight and behavioral problems in children: a modifiable effect? International Journal of Epidemiology 2001; 30; 88 - 94 2001

3 Hack M, Taylor HG, Dotard D, Schluchter M, Cartar L, Wilson-Costello D, Klein N, Friedman H, Mercuri-Minich N, Morrow M. Poor Predictive Validity of the Bayley Scales of Infant Development for Cognitive Function of Extremely Low Birth Weight Children at School Age, Pediatrics 2005; 116; 333 - 341

! **Deutsche Gesellschaft für Sozialpädiatrie und Jugendmedizin eV. (DGSPJ)** !
▸ http://www.dgspj.de/index.php

der Vorschulzeit diagnostiziert werden können, haben eine recht gute Vorhersagekraft für die zukünftigen schulischen Leistungen. Leichte Störungen der Informationsverarbeitung, des Sprachverständnisses und der Aufmerksamkeit werden ohne diese umfangreiche Diagnostik im Vorschulalter häufig nicht auffällig.

Nimmt man Risikofaktoren wie BPD und Hirnblutung heraus, erhält der ***Sozialstatus*** der Kinder den höchsten Vorhersagewert bezüglich der intellektuellen Entwicklung und des Sprachverständnisses. Dies gilt auch für die Entwicklung der vorher beschriebenen Verhaltensauffälligkeiten. Hieraus wird wiederum deutlich, wie wichtig es ist, ***das familiäre, soziale Umfeld zu stärken*** und die Eltern über eine motivierende Förderung ihrer Kinder zu beraten. Auch dieses geschieht im Rahmen einer Entwicklungsbegleitung.

Prognostisch verlässliche Aussagen können allerdings häufig erst im Alter von acht bis neun Jahren gemacht werden, was bedeutet, dass bei der Entscheidungsfindung für die richtige Schulform und den richtigen Zeitpunkt der Einschulung immer eine gewisse Unsicherheit bestehen bleibt. Dennoch steht es außer Frage, dass die oben genannten Aspekte dazu beitragen, jedem Kind einen möglichst guten Start in das Schulleben zu ermöglichen und vorhersehbare Über- oder Unterforderungssituationen zu vermeiden. Hierfür ist es notwendig zu beurteilen, ob es sich bei den möglichen Auffälligkeiten um eine aufholbare Entwicklungsverzögerung handelt und es dem Kind durch eine Rückstellung ermöglicht werden kann, an einer Regelschule zu bestehen, oder ob es sich um einen bleibenden Entwicklungsrückstand handelt, bei dem eher eine zeitgerechte Einschulung an einer Förderschule zu empfehlen ist. Deswegen sollte ***6 – 12 Monate vor der anstehenden Einschulung eine Psychodiagnostik*** erfolgen, die im Wesentlichen folgende Fragen beantworten soll: Erstens, ob die Regelschule für das Kind in Frage kommt, zweitens, wann das Kind eingeschult werden soll, und drittens, ob zur Vorbereitung eine Vorschule oder ein Schulkindergarten sinnvoll ist.

Individuell abgestimmte Fördermaßnahmen

Die Fördermaßnahmen sollten grundsätzlich individuell und ganzheitlich erfolgen und auf die gesamte Entwicklung des Kindes abgestimmt sein. Ob im Einzelnen eher ein heilpädagogischer Förderansatz, Ergotherapie, Logopädie, Krankengymnastik oder einer der vielen alternativen Handlungsansätze zum Tragen kommt, sollte jeweils nach Rücksprache mit den behandelnden Ärzten und Therapeuten entschieden werden.

Obwohl die Perspektiven nicht immer rosig erscheinen, gibt es immer wieder Früh- oder Risikogeborene, die trotz schlechter Prognosen und schwierigen Voraussetzungen eine zeitgerechte „normale" Entwicklung nehmen und den reifgeborenen Altersgenossen in keiner Weise nachstehen.

Zusammenfassend sollte man die oben genannten Schuleignungskriterien kennen, da sich bei allen Kindern meist schon im Kleinkind- und Kindergartenalter Stärken und Schwächen bemerkbar machen. ***Insbesondere Frühgeborene mit einem erhöhten Risiko für Entwicklungsstörungen sollten möglichst lückenlos und engmaschig bis ins Schulalter und auch darüber hinaus professionell begleitet werden und eine ausführliche Entwicklungsdiagnostik im Vorschulalter erfahren.*** Die ***Entwicklungsbetreuung*** durch Ärzte und Therapeuten sollte ***bereits nach der Entlassung aus der Akutklinik*** beginnen. Ein frühzeitiger Aufbau eines Vertrauensverhältnisses und die psychosoziale Betreuung der gesamten Familie erleichtern eine ***individuelle und gezielte***

Betreuung, da mögliche Probleme frühzeitig erkannt werden können und eine Förderung rasch erfolgt, so dass sich das Kind im Rahmen seiner Fähigkeiten optimal entwickeln kann. Nicht zuletzt kann darauf basierend auch die Akzeptanz möglicher Behinderungen verbessert werden, da gerade hier andere therapeutische und kompensatorische Maßnahmen angewandt werden, um eine für das Kind optimale Förderung zu gewährleisten. Eine Tatsache sollten sich alle Beteiligten aber immer vor Augen halten:

„Das gegenwärtige Interesse (des Kindes) ist die große, bewegende Kraft, die einzige, die mit Gewissheit zu etwas führt[4]“. ***Diese Eigenmotivation gilt es zu erhalten, zu fördern und zu gestalten.***

Die richtige Schule wählen

Die Eltern müssen lernen, ihr Kind mit all seinen Stärken und Schwächen so anzunehmen, wie es ist, um letztendlich sein Selbstbewusstsein und den Glauben an die eigenen Fähigkeiten zu stärken und seine Neugierde an der Umwelt mit allen Sinnen zu fördern. Optimal ist es, wenn die neuen Anforderungen so gestaltet sind, dass sie den individuellen Fähigkeiten und Fertigkeiten entsprechen, um eine ***Überforderung, aber auch eine Unterforderung zu vermeiden***. Stressreaktionen treten vor allem dann auf, wenn die Anforderungen die Bewältigungsmöglichkeiten übersteigen. Dieses sollte immer bedacht werden, denn es ist für die Wahl einer geeigneten Schule der wesentliche Maßstab.

In diesem Zusammenhang sollten sich Eltern neben der Förderung ihrer Kinder aber auch gezielt mit der ***Auswahl der richtigen Schulform und Schule*** beschäftigen, um anhand der jeweiligen Schulprofile eine geeignete Schule zu finden. Wichtige Faktoren sind neben der Klassenstärke besonders ***individuelle Kriterien***, die auf die Bedürfnisse der einzelnen Kinder abzielen. Ob zum Beispiel der unterschiedliche Entwicklungsstand der Kinder im Unterricht berücksichtigt werden kann (***differenzierter Unterricht***) oder ob ***Förderunterricht*** für Kinder angeboten wird, die eine intensivere Anleitung benötigen. Außerdem stellt sich die Frage, wie auf eine ***Teilleistungsstörung*** eingegangen wird und wie die Schule generell mit Schulschwierigkeiten ein-

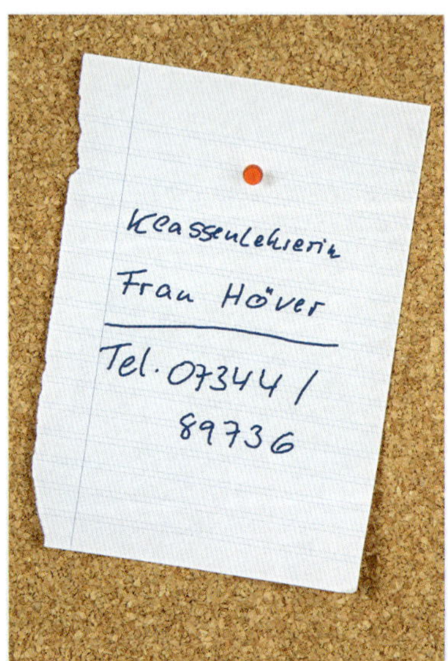

4 Rousseau, J-J.: Emile oder Über die Erziehung. Aus dem Französischen übertragen von Eleonore Sckommodau, Stuttgart (Reclam) 1995, S. 259

zelner Kinder und schulschwierigen Kindern umgeht. Auch der ***Kontakt zwischen Lehrkräften und Eltern*** sollte berücksichtigt werden, denn häufig benötigen die Eltern Unterstützung in der Schule, wenn es um die Förderung der Kinder in Verbindung mit Teilleistungsstörungen geht. Nicht zuletzt ist auch wichtig, dass sich die Schule nicht zu weit vom Wohnort entfernt befindet, da dies ermöglicht, auch außerschulisch leichter soziale Kontakte zu pflegen.

Es ist also wichtig, sich rechtzeitig gut zu informieren, um den richtigen Schulplatz zu finden.

Wichtiges zur Schulwahl

- Welche Schulen gibt es in unserer Umgebung?
- Wie sind die Schulprofile der einzelnen Schulen?
- Kann jemand aus eigener Erfahrung berichten?
- Wie groß sind die Klassen?
- Wird in den Klassen differenziert unterrichtet?
- Wird bei Bedarf Förderunterricht angeboten?
- Wie sind die Erfahrungen mit Integration/Inklusion aus Elternsicht?
- Kann man sich die Schule/den Unterricht vorher anschauen?

Hilfe und Beratung

- Welches Schulamt ist für unseren Bezirk zuständig?
- Welche gesetzlichen Regelungen sind für unseren Schulbezirk ausschlaggebend?
- Wer kann uns aus medizinischer Sicht beraten (Arzt, Therapeut, Sozialpädiatrisches Zentrum)?

◆ ◆ ◆

Linkliste: Einschulung - Rückstellung - Schulanfang

Karin Jäkel

Hinweis:
Linkangaben vom September 2011. Beachten Sie bitte, dass diese Angaben nicht verbindlich sind und Linkadressen im Internet oft geändert werden. Aktuelle Daten finden Sie auf der Homepage
▸ www.fruehgeborene-bildung.de

Sollten Sie in der unten stehenden Liste nicht fündig werden, empfiehlt es sich, die Seite des Kultusministeriums oder des Bildungsservers des entsprechenden Bundeslandes aufzurufen und dort mit den Suchbegriffen „Grundschule", „Einschulung", „Schulpflicht", „Schuleingangsphase", „Flexibler Schuleingang", „Rückstellung", „Flexklassen", „Anfangsunterricht" o. ä. zu recherchieren.

Baden-Württemberg

▸ http://www.kultusportal-bw.de/servlet/PB/menu/1213792/index.html?ROOT=1146607

Eingangsstufe der Grundschule - Info für Eltern:
▸ http://www.kultusportal-bw.de/servlet/PB/show/1187992/Flyer%20Schulanfang-06.pdf

Bayern

▸ http://www.schulberatung.bayern.de/schulberatung/bayern/schullaufbahnberatung/schullaufbahnen/grundschule/index_05273.asp

Berlin - Brandenburg

keine Rückstellung!

Reformen kurz gefasst:
▸ http://www.berlin.de/sen/bwf/suche.php?site=local&q=einschulung+r%C3%BCckstellung

Flexible Schuleingangsphase (Flex) (BB)
▸ http://bildungsserver.berlin-brandenburg.de/flex.html?&key=36-53

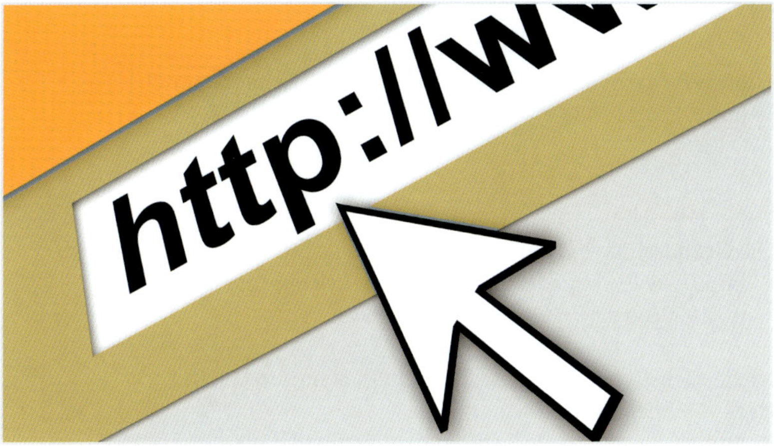

Bremen

keine Rückstellung!

- http://www.bildung.bremen.de/sixcms/detail.php?gsid=bremen117.c.22884.de

Hamburg

keine Rückstellung!

Flexible Schuleingangsphase
- http://bildungsserver.hamburg.de/schule-im-wandel/grundschule/

Hessen

Flexibilisierung des Schulanfangs
- http://www.kultusministerium.hessen.de/
  Hier der Navigation folgen
  ▸ Schule ▸ Grundschule ▸ Schulanfang ▸ Flexibler Schulanfang

Schulpflicht
- http://www.kultusministerium.hessen.de/
  Hier der Navigation folgen
  ▸ Schule ▸ Grundschule ▸ Schulanfang

Mecklenburg-Vorpommern

▸ http://www.bildung-mv.de/de/schule/grundschulen/einschulung/index.html

Niedersachsen

Die Grundschule in Niedersachsen

▸ http://www.mk.niedersachsen.de/live/live.php?navigation_id=1970&article_id=6469&_psmand=8

Niedersächsisches Schulgesetz (NSchG), Stand: 16.03.2011
(Nds. GVBl. S. 83), §64

▸ http://www.mk.niedersachsen.de/download/5738

Nordrhein-Westfalen

▸ http://www.schulministerium.nrw.de/BP/Schulsystem/Schulformen/Grundschule/FAQ_Einschulung/Zurueckstellung/index.html

Rheinland-Pfalz

Anfangsunterricht

▸ http://grundschule.bildung-rp.de/grundschulordnung/anfangsunterricht.html

Saarland

Gesetz Nr. 826 über die Schulpflicht im Saarland (Schulpflichtgesetz) vom 11. März 1966, in der Fassung der Bekanntmachung vom 21. August 1996 (Amtsbl. S. 864, ber. 1997 S. 147),
zuletzt geändert durch das Gesetz vom 15. Juni 2011 (Amtsbl. I S. 230).

▸ http://sl.juris.de/cgi-bin/landesrecht.py?d=http://sl.juris.de/sl/SchulPflG_SL_rahmen.htm

Sachsen

Schulgesetz für den Freistaat Sachsen (SchulG) i. d. F. d. Bek. vom 16.07.2004,
SächsGVBl. Jg. 2004, Bl.-Nr. 15, S. 298, Fsn-Nr.: 710-1, Fassung gültig ab: 05.06.2010, § 27

▸ http://www.revosax.sachsen.de/Details.do?sid=4547813891184&jlink=p27&jabs=41

Sachsen-Anhalt

keine Rückstellung!

Grundschule

- http://www.sachsen-anhalt.de/index.php?id=flde3a363de6u

Schuleingangsphase

- http://www.bildung-lsa.de/schule/schulformen/grundschule/schuleingangsphase.html

Schleswig-Holstein

- http://www.schleswig-holstein.de/Bildung/DE/Schulen/AllgemeinbildendeSchulen/Grundschule/Einschulung/Einschulung_node.html

  (Enthält einen ausdrücklichen Hinweis auf die Anerkennung des errechneten Geburtstermins bei Frühgeborenen!)

Thüringen

Thüringer Schulgesetz (ThürSchulG) vom 6. August 1993 (GVBl. S. 445) in der Fassung der Bekanntmachung vom 30. April 2003 (GVBl. S. 238), zuletzt geändert durch Artikel 1 des Gesetzes vom 20. Dezember 2010 (GVBl. S. 530), § 18

- http://www.thueringen.de/de/tmbwk/bildung/schulwesen/gesetze/schulgesetz/content.html#zweiter

Frühchenfreundliche Einschulung in Rheinland-Pfalz - oder wozu man einen Landesverband braucht

Karin Jäkel

Der Einschulungstermin frühgeborener Kinder darf anhand des errechneten Geburtstermins festgelegt werden. Der tatsächliche Geburtstermin soll nur als zweitrangig betrachtet werden. So gilt es in Rheinland-Pfalz. Diese offizielle Zusicherung machte Vera Reiß, Staatssekretärin im Bildungsministerium in Mainz, den Vertretern des Landesverbandes „Früh- und Risikogeborene Kinder Rheinland-Pfalz“ e.V. (LV RLP) bei einem Gesprächstermin im Oktober 2010 in ihrem Hause.

Reiß hatte schon im Frühjahr 2010 in Vertretung der Bildungsministerin das Fachsymposium „Frühgeborene und Schule“ des LV RLP mit einem Grußwort eröffnet. Dabei hatte sie dem LV für seine wichtige Arbeit als Interessenvertretung gedankt und ihm die Unterstützung des Ministeriums sowie eine verstärkte Zusammenarbeit angeboten. Im daraufhin für Oktober vereinbarten Gespräch zeigte sie sich nachhaltig beeindruckt von den wissenschaftlichen Ergebnissen, die in Bezug auf die Entwicklung frühgeborener Kinder auf der Tagung vorgestellt worden waren. Dass Frühgeborene, die aufgrund ihres tatsächlichen Geburtstermins früher eingeschult werden, es im Prinzip doppelt schwer haben, hatten verschiedene fundierte Vorträge an-

schaulich illustriert. Diese Erkenntnisse werden in Zukunft von den verantwortlichen Bildungspolitikern in Rheinland-Pfalz berücksichtigt. Ein sehr erfreuliches Ergebnis für die Arbeit des LV RLP und nicht zuletzt eine sehr erfreuliche Perspektive für alle Frühgeborenen und ihre Eltern in Rheinland-Pfalz!

Zur Verbesserung der schulischen Situation werde auch das Herabsetzen der Klassenmesszahl sowie der Ausbau der Schwerpunktschulen dienen, erläuterte die Staatssekretärin im Weiteren. Insgesamt sei in naher Zukunft mit einem deutlichen Rückgang der Schülerzahlen zu rechnen, was diese Maßnahmen begünstigen könne.

Ein Konzept der Inklusion, wie es die UN-Behindertenrechtskonvention fordert, werde in naher Zukunft zu verwirklichen sein. Die bestehende Förderschulstruktur solle jedoch nicht aufgegeben werden. Förderschulen seien als spezifische Lernorte weiterhin wichtig und würden auch von den Eltern gewünscht, betonte Reiß. Sie sollten jedoch näher mit den Regelschulen der entsprechenden Region vernetzt werden.

Einig waren sich die Vertreter des LV RLP mit der Staatssekretärin in der Ansicht, dass eine inklusive Schule von den vorhandenen Lehrkräften vielfältige Kompetenzen erfordern wird, die sie in ihrer Ausbildung und Berufspraxis bisher noch nicht erworben haben. Die Vertreter des LV begrüßten die Feststellung, dass auf den Gebieten „Diagnostik“ und „passgenaue Förderung“ intensiver Fortbildungsbedarf bei den Lehrkräften der Regelschule besteht. Solche Fort- und Weiterbildungen werden vor allem der Vielzahl der frühgeborenen Kinder zugutekommen, die keine definitive Teilleistungsschwäche bzw. Lernschwäche aufweisen, sondern „nur“ subklinische (Vor-)Formen einer Lese-, Rechtschreib-, Rechen- oder Aufmerksamkeitsstörung. Das bedeutet, dass sie keinen definitiven sonderpädagogischen Förderbedarf anmelden können, aber dennoch einer besonderen Förderung bedürfen, um ihr vorhandenes Potenzial ausschöpfen zu können.

Die Vertreter des LV regten an, dass das Thema „Frühgeborene“ im Hinblick auf eine inklusive Schule Fortbildungsinhalt für alle Lehrkräfte sein muss. Zu diesem Punkt soll eine konkrete Zusammenarbeit zwischen dem LV RLP und dem zentralen Lehrer-Fortbildungsinstitut in RLP in die Wege geleitet werden.

Weitere Anliegen, die die Vertreter des LV RLP im Gespräch mit der Staatssekretärin formulierten, waren:

- Die (geburts-)jahrgangsdefinierte Leistungsmessung im Sport (z.B. bei den Bundesjugendspielen) möge überdacht und für Frühgeborene korrigiert werden.
- Eine kompetente Förderung von Schülern mit Lese-Rechtschreib-Schwäche in den Schulen möge eingerichtet werden. Zusätzliche „normale Deutschstunden“ sind für diese Kinder nicht hilfreich.
- Vorliegende medizinische Diagnostik möge in der pädagogischen Arbeit anerkannt werden, eine verstärkte interdisziplinäre Zusammenarbeit ist wünschenswert.
- Gleiche Chancen für frühgeborene Kinder aus bildungsfernem Milieu müssen geschaffen werden, indem passgenaue Förderung niedrigschwellig erreicht werden kann. Die Erfahrung zeigt, dass bisher für das Fortkommen der Kinder das hartnäckige Engagement der Eltern erforderlich war.

An allen diesen Themen wird der LV RLP weiterhin arbeiten, um eine Umsetzung in der rheinland-pfälzischen Schulpolitik der kommenden Jahre zu erreichen. Staatssekretärin Reiß zeigte sich den vorgetragenen Anliegen gegenüber überwiegend aufgeschlossen, so dass der LV RLP eine gute Perspektive für eine weitere konstruktive Zusammenarbeit mit dem Ministerium für Bildung sieht.

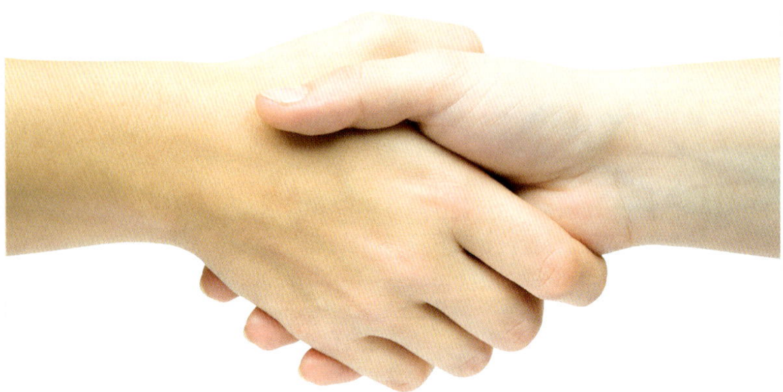

◆ ◆ ◆

Welche Förderung und wie viel davon? Ein nicht endender Prozess des Abwägens - Teil 1

Familie B. aus Hessen

Junge, 24. SSW, Rheinland-Pfalz u. Hessen, Rückstellung, Regelgrundschule, Ataxie, Entwicklungsverzögerung, Wahrnehmungsstörungen

Unser erstgeborenes Kind Leo, Anfang 2002 mit einem Gewicht von kaum mehr als 540 g geboren, hatte zwar keinen einfachen Start ins Leben, und dennoch kann man damals wie heute von „Glück im Unglück" reden. In seiner und unserer sechsmonatigen Zeit auf der Intensivstation der Mainzer Uniklinik wurde er, abgesehen von anderen Eingriffen, drei Mal am Bauch operiert, hatte viele schwere Tage zu überstehen und häufig Schmerzen zu erleiden, konnte aber die Klinik ohne weitere Hilfsmaßnahmen verlassen und war trotz seiner deutlichen Entwicklungsverzögerung ein verhältnismäßig unkompliziertes Baby und Kleinkind.

Mit zunehmendem Spracherwerb in Leos drittem Lebensjahr regte sich zuerst in mir, der Mutter, der Verdacht, es nicht nur mit einem hilfebedürftigen Frühchen, sondern auch mit einem recht pfiffigen „Pascha" zu tun zu haben, der u.a. Grenzen schwer ertragen konnte. Sämtliche Aufmerksamkeit seitens Ärzten, Therapeuten, (Groß-)Eltern etc. hatte seit seiner Geburt Anfang 2002 diesem Kind gegolten – gewiss war dies durchaus gut und zum Teil nötig gewesen, doch hielt ich es für zunehmend ungut, all meine Erwartungen und Handlungen nur auf dieses Kind bzw. Frühchen zu konzentrieren. Statt beruflich neu auszubauen und ihn als Einzelkind „außer Konkurrenz" aufwachsen zu lassen, entschied ich mich für Nachwuchs. Inzwischen sieht man, wo seine zwei Geschwister – zum Teil – klar im Vorteil sind, und doch hat gerade der Extremkämpfer Leo unverwechselbare Qualitäten, die schwer einzufangen sind und im durchschnittlichen Schulsystem kaum gesehen oder gefördert werden. Diese zu erkennen und sie nach außen zu vertreten, ist heute klar meine oder unsere Aufgabe als Eltern, denn auch in ärztlichen Testungen finden sie

„... und doch hat gerade der Extremkämpfer Leo unverwechselbare Qualitäten, die schwer einzufangen sind und im durchschnittlichen Schulsystem kaum gesehen oder gefördert werden."

oft nur bedingt Platz. Sehen Therapeuten in der Regel am ehesten die Stärken eines solchen Kindes, ist es bei Lehrern allzu oft personenabhängig bzw. ein Glücksfall, ob dies geschieht.

Die Kindergartenzeit von Leo war relativ unproblematisch, obschon sicher begünstigt durch den Besuch einer integrativen Einrichtung in Mainz, die ihn nicht nur weitertherapierte, sondern auch in vielen Dingen des Alltags unterstützte, wahrscheinlich oft besser, als wir Eltern es zum Teil geschafft hätten. Er konnte dort zum Teil Dinge, die ich zu Hause nie an ihm beobachtet hatte. Natürlich übernahm ich weiterhin meinen Part als Frühchenmutter, indem ich von Zeit zu Zeit die ärztliche Diagnostik aktualisieren oder vertiefen ließ, Gespräche in sämtliche Richtungen betrieb und das jeweilige Therapiekonzept anpasste, bis sich mit seinen fünfeinhalb Jahren für mich die Frage der Beschulung stellte. Obschon viele sagten, es sei doch noch über ein Jahr Zeit, hatte ich das Gefühl, mich früh und umfassend informieren zu müssen, um eine (relativ gesehen) gute Entscheidung in Sachen Schule treffen zu können. Einige Monate fuhr ich diesbezüglich auf Hochtouren, telefonierte mich quer durch die Institutionen, sah mir diverse Schultypen an (nebenbei musste ich feststellen, wie mangelhaft auch Schulen barrierefrei ausgebaut sind, denn zu diesem Zeitpunkt stellten Treppen für Leo in der Regel noch eine motorische Herausforderung dar), wandte mich an Vereine etc. etc.

» ... nebenbei musste ich feststellen, wie mangelhaft auch Schulen barrierefrei ausgebaut sind. «

Die Frage „Rückstellung – ja oder nein" schwebte dabei stets mit in der Luft und wurde vom Kindergarten mit einem klaren „Ja" beantwortet. Eine private Vorschule, die ihn einmal pro Woche förderte, verneinte dies, waren seine kognitiven Fähigkeiten im Grunde altersgerecht, teilweise über der Norm. Ähnliches Ergebnis bei den Ärzten, doch wurde mit der Zeit die Schere zwischen kognitiver und psychosozialer Entwicklung immer deutlicher. Seine Defizite überdeckte er mit einer altersüberdurchschnittlichen Sprachgewandtheit und ausgesprochenen Altklugheit, was sein Einzelgängertum noch förderte, denn welches andere Kind mochte mit einem anderen spielen, das belehrender als so mancher Großvater wirkte? Dies letztlich bewog uns Eltern, uns der Empfehlung Rückstellung anzuschließen, befürchteten wir auch, er könnte sich mit dieser Art gar zum Klassenclown entwickeln. Seinem Hang zu Perfektionismus standen eine geringe Frustrationsschwelle sowie mangelnde Lust auf Schule und Anstrengung gegenüber. Körperlich und motorisch wirkte er ferner noch zu zart und unsicher.

Nach dem einvernehmlichen Verfahren der Rückstellung konnten wir uns hinsichtlich der Schulthematik etwas zurücklehnen. Erleich-

tert wurde dies durch die Tatsache, für ihn inzwischen einen Schulplatz in einer halbstaatlichen, halbprivaten Grundschule mit ausgesprochenem Integrationsideal gesichert zu haben, unabhängig vom Zeitpunkt der Einschulung. Obschon nicht als integrative Schule ausgewiesen, hätte er dort den praktischen Status eines I-Kindes mit zeitweiliger Unterstützung durch eine Förderlehrerin gehabt. Kognitive Fähigkeiten hin oder her, das Bauchgefühl bestätigte mir, dass es besser war, ihm noch etwas Zeit zu geben, zudem sah ich ihn noch nicht jeden Tag stundenlang auf der Schulbank sitzen, schon gar nicht ruhig. Für die Zeit des Rückstellungsjahres selbst hatten wir uns für einen Schulkindergarten entschieden, um ihn einerseits kognitiv auf die Schule vorzubereiten, andererseits um ihm weiterhin genügend Raum für spielerische Aktivitäten zu lassen. ...

Fortsetzung des Berichts auf Seite 219, Kapitel 3

Zeit, sich zu entwickeln

Familie S. aus Rheinland-Pfalz

Junge, 27. SSW, Rheinland-Pfalz, Kindergarten, Rückstellung, motorische Entwicklungsverzögerung

Vielleicht kann Johannes' Taufspruch etwas von dem aussagen, was Frühgeborene und ihre Eltern ab dem Moment der Geburt erleben, empfinden und auch erfahren. Daher will ich ihn als Art Leitfaden zum Thema Frühgeborene und Schule meinem Erfahrungsbericht voranstellen:

> Jesus sprach:
> *Wahrlich, ich sage euch: Wenn ihr nicht umkehrt und werdet wie die Kinder, so werdet ihr nicht ins Himmelreich kommen.*
> *Seht zu, dass ihr nicht einen von diesen Kleinen verachtet.*
> Matthäus 18, 3+10

Einer dieser Kleinen ist unser Sohn Johannes. Er wurde 2004 in der 27. Schwangerschaftswoche als Notfallkaiserschnitt entbunden, 38 cm groß und 1170 Gramm schwer. Ab diesem Tag war alles anders.

Und trotz seiner Frühgeburt entwickelt er sich gut. Er ist sehr zurückhaltend gegenüber Fremden, ein sensibles Kerlchen, aufgeweckt, technisch interessiert, hat ein sehr gutes räumliches Vorstellungsvermögen, ist jedoch seelisch nicht sehr belastbar. Er hatte lange Zeit damit Probleme, dass Motorik und Intellekt nicht gleichzogen, und war daher auch entsprechend lange in Krankengymnastik. Er nimmt sich in Gruppen Gleichaltriger gerne freiwillig zurück, neigt zu mangelndem Selbstbewusstsein, um dann zuhause wieder voller Egoismus sein Programm durchzuziehen. Seine sozial-emotionale Kompetenz ist noch nicht altersgerecht entwickelt und eine gewisse soziale Ängstlichkeit bereitet ihm immer wieder Probleme. Als Familie versuchen wir alles, was ihm hilft, seinen Weg zu gehen.

Vielleicht verstehen Sie als Betroffene dieses Phänomen: Man erkämpft sich tagtäglich Normalitäten, die Eltern von Regelgeborenen gar nicht zu schätzen wissen, da sie diese Erfahrungen nie machen mussten. Einer unserer letzten großen Kämpfe war die Rückstellung für das erste Grundschuljahr. Wir kämpften in 2010 vom Tag der Einschulungsuntersuchung an unserer Grundschule bis zum Beginn der Sommerferien in Rheinland-Pfalz ganze sieben Monate für die Zukunft unseres Sohnes.

Er ist, wie erwähnt, ein aufgeweckter, freundlicher Junge, der dennoch eher zurückhaltend seine Mitmenschen und den Alltag mit allem, was dieser von ihm fordert, beobachtet und analysiert, bevor er handelt. Genau dieses Phänomen beobachtete auch unser Kindergarten, in dem er seit Januar 2007 war und aktuell auch noch ist. Die Vorschulgruppe, die ihn von September 2009 bis jetzt begleitet, trat im Dezember 2009 an uns heran, dass er zu „langsam" sei und einfach mehr Zeit zum Erledigen der Vorschulblätter brauche als Gleichaltrige; er würde alles ordentlich ausfüllen, brauche aber eben mehr Zeit. Sie würden eine Rückstellung für das erste Grundschuljahr für sinnvoll erachten, da ihre Erfahrungen zeigten, dass sein „Zeitproblem" etwas mit seiner persönlichen Reife zu tun habe und dies ein Jahr später sicher anders aussehe. Entgegen den Befürchtungen der Erzieherinnen sahen wir in einer Rückstellung für ein Jahr keinen Makel und fühlten uns in unserer doch sehr subjektiven Beurteilung unseres Sohnes bestätigt.

©Dirk Schröder, Springe/pixelio.de

Die im Monat darauf folgende Einschulungsuntersuchung an der Grundschule war der reine Nervenkrieg. Trotz dicker Krankenakte mit Kopien von Ergo- und Physiotherapeutenberichten, kinderärztlichen Beurteilungen, Krankenhausberichten, HNO-und Augenarztbefunden sah die untersuchende Ärztin keinen Grund, Johannes nicht einzuschulen. Er sei schulreif, wurde mir lapidar mitgeteilt, aber mit meinen Befürchtungen wäre es dennoch empfehlenswert, mal über eine Förderschule oder den Schulkindergarten nachzudenken. Nach langen Einwänden meinerseits notierte die Schulärztin widerstrebend auf ihrer Beurteilung „Eltern wünschen Rückstellung, Elterngespräch sinnvoll".

> **»... Eltern wünschen Rückstellung, Elterngespräch sinnvoll.«**

Direkt nach dieser negativen Erfahrung ging ich mit meinem Sohn zur Schulleiterin der Grundschule und beantragte schriftlich die Rückstellung für das kommende Schuljahr. Die Rektorin war sehr entgegenkommend und fragte nach dem Urteil des Kindergartens, den sie persönlich sehr schätze, und nach den Meinungen der Ärzte und zuletzt, man glaube es kaum, nach unserer Einschätzung als Eltern. Ich durfte den Antrag auf Rückstellung unterschreiben und es wurde gleichzeitig vermerkt, dass unser Sohn ein weiteres Jahr in seinem vertrauten Kindergarten bleiben dürfe, und ich ging etwas erleichtert aus dem Schulgebäude.

© Egon Häbich/pixelio.de

Dank meiner Zweifel, ob dies denn nun alles so laufen würde, ging ich erneut zum Kinderarzt und bat um ein ausführliches Attest zwecks Rückstellung. Gleichzeitig bat ich einen weiteren Kinderarzt, der Johannes auch aus der Intensivstation der Frühchen kannte, um eine zusätzliche Stellungnahme. Beide Ärzte befürworteten meine Entscheidung und ich kann dem einen Kinderarzt dankbar sein, der mir empfahl, zusätzlich ein sozialpädiatrisches Gutachten einzuholen.

Also nahmen wir Kontakt mit einem Sozialpädiatrischen Zentrum (SPZ) auf und baten um einen Termin. Unsere Erfahrungen mit Gutachten über unseren Sohn waren nicht sehr gut, denn ein anderes SPZ hatte unseren Sohn bereits vor dem Eintritt in den regulären Kindergarten beurteilt und das Verhalten der dortigen Gutachterin hatte mich extrem abgeschreckt, diese Einrichtung noch einmal aufzusuchen. (Beispiel: Johannes sollte dort im Januar 2007 als knapp Dreijähriger barfuß über einen eiskalten PVC-Fußboden gehen und fing an, auf den Zehenspitzen zu tippeln. Prompt schrieb die Ärztin auf, dass er keinen normalen Gang einnehmen könne und sich verweigere. Alle meine Erklärungen, dass Johannes zuhause nie barfuß ginge, weil wir Fliesen haben, wollte sie nicht hören.)

Johannes selbst spürte nach all diesen Arztbesuchen immer deutlicher, dass er scheinbar „nicht normal" sei. Es ist unendlich schwer, die Seele eines Kindes zu erfassen, das von Arzt zu Arzt geschickt wird, weil jeder nach einem Makel, ja sogar einer Behinderung sucht, die es ausgrenzen würde. So kamen wir im April 2010 etwas ängstlich ins SPZ und trafen dort einen sehr kompetenten Oberarzt, der Johannes in seiner Gesamtheit erkannte, untersuchte, uns aufmerksam zuhörte und medizinisch beurteilte. Auch hier hatten wir ein altbekanntes Problem: Johannes' Intellekt war vollkommen altersgerecht entwickelt, während seine körperlichen und motorischen Fähigkeiten die Verhaltensweisen eines jüngeren Kindes zeigten. Die untersuchende Schulpsychologin testete Johannes über eine Stunde ganz alleine und bescheinigte ihm dann auch prompt die Schulreife. Dieser Zwiespalt zwischen Körper und Geist unseres Sohnes wurde hier zugunsten seines Körpers entschieden. Eine weise Entscheidung für ein Kind, das zwar die Aufgaben, die ihm gestellt werden, relativ normal erledigt, aber dessen Körper nicht mithalten kann und seinem Geist immer etwas nachhinkt. Das SPZ bestätigte nach einem weiteren Untersuchungstermin die Rückstellung.

Nach langen Wochen und Monaten des Bangens hatte sich auch urplötzlich die zuvorkommende Schulleiterin der Grundschule gemeldet, um uns mitzuteilen, dass ihre Zusage vom Januar so nicht zu halten sei und sie nun dringend aufgrund geänderter Vorgaben der Schulaufsichtsbehörde ein ausführliches Gutachten benötige. Und nun hatten wir vom SPZ das sozialpädiatrische Gutachten. Die Gratwanderung zwischen Regelschule und Förderschule war entsprechend schwierig. Doch dank eines einfühlsamen Arztes, der uns und unser Kind richtig erkannte, der uns zuhörte und auch unsere Sorgen um Johannes verstand, hatten wir nun die erhoffte Rückstellung für das laufende Schuljahr. Die Schulleiterin zog ihre Entscheidung bis zur Vorlage des Gutachtens raus und wie so oft hätten postalische Probleme beinahe dazu geführt, dass wir vor Sommerferienbeginn nicht erfahren hätten, ob unser Sohn zum Schulbeginn nach den Ferien dabei sein muss oder die Rückstellung offiziell anerkannt wird.

Welch ein Theater um ein Kind, das 13 Wochen zu früh das Licht der Welt erblickte. Ein Kind, das ums Überleben kämpfte und dann fast elf Wochen auf der Frühgeborenen-Intensivstation betreut wurde. Wir durften uns im Laufe unseres Kampfes für die Rückstellung oft anhören, dass dies ein „verlorenes Jahr" für unseren Sohn bedeute. Doch wir sind der Ansicht, dass Zeit für ihn und mit ihm niemals „verloren" ist, auch wenn er nun erst mit sieben Jahren die Grundschule in 2011 beginnt.

Wenn ich jetzt noch einmal auf den eingangs genannten Taufspruch zurückkommen darf, dann könnte ich laut fordernd die Frage herausschreien: „Wie oft wurde nun dieser Kleine missachtet?" Wie oft wurden seine Interessen mit Füßen getreten und wie sehr wird man als Eltern ausgegrenzt, wenn man dem eigenen Kind und dessen Entwicklung Zeit, Geduld und Liebe geben will? Sie werden immer wieder auf Unverständnis treffen, immer wieder.

Daher ist es so wichtig, dass Betroffene ihre Erfahrungen an andere weitergeben, Lebensberichte, die vielleicht einen kleinen Schritt weiterhelfen oder auch Kraft geben, dass man nicht aufgibt.

Johannes wird nun im August 2011 eingeschult werden und ich möchte mit einer Aussage von ihm, die er gerade erst in den letzten Tagen so formuliert hat, schließen:

„Mama, wenn ich jetzt bald in die Schule komme …macht das nichts, wenn ich etwas länger brauche als die anderen?"

» Mama, macht das nichts, wenn ich etwas länger als die anderen brauche? «

Ergänzung aus aktueller Sicht:

Ich bin froh und dankbar, dass wir die Rückstellung für das erste Grundschuljahr für Johannes erkämpft haben. Seine motorischen Probleme schwinden immer mehr und Kindergarten sowie Ergotherapie sehen einen positiven Entwicklungsschub in die richtige Richtung.

© Siegfried Fries / pixelio.de

Er ist nach wie vor etwas langsam, doch die Lehrerin, die im Kindergarten das Vorschulprogramm freiwillig mitbetreut und auch Sprachförderung anbietet, bestätigt uns, dass die Zeit, die wir ihm gaben, goldrichtig war. Er sei ein ordentlicher, sensibler Junge, der eben nur seine Zeit brauche, und sie schätzen alle, dass er bis zum Schulbeginn 2011 seinen Weg geht. Mittlerweile ist Johannes auch im Sport in einer Leichtathletikgruppe für Vier- bis Siebenjährige „angekommen", die ihm sehr viel Spaß macht. Er besucht zusätzlich einmal pro Woche einen Schwimmkurs, wobei ich zugeben muss, dass ihm das nicht so viel Freude bereitet wie die Leichtathletik. Aber wir versuchen es noch ein wenig, denn in der Grundschule müssen alle Kinder in der zweiten Klasse schwimmen lernen.

Wir hatten zuerst noch eine musikalische Förderung in Erwägung gezogen, doch aktuell denken wir, dass Johannes nicht noch mehr Termine braucht; denn es ist vielmehr die unverplante Zeit, die Zeit zum Spielen, Zeit im Garten oder Wald, Zeit mit seinen Großeltern, die ihn glücklich macht und auch stärkt.

Wir hoffen alle, dass Johannes seinen Schulstart im August 2011 meistert, und wir stehen nach wie vor zu unserer Entscheidung: Die Rückstellung für das erste Grundschuljahr war das einzig Richtige.

◆ ◆ ◆

Eine Erfolgsstory mit vielen Stolpersteinen - Teil 1

Familie S. aus Niedersachsen

Junge, 25. SSW, Niedersachsen, Realschule, Integration, Halbseitenlähmung, Epilepsie

Es war noch ein wunderschönes Weihnachtsfest 1995, doch kurz darauf nach einer Routineuntersuchung bei der Frauenärztin überschlugen sich die Ereignisse. Sie stellte eine drohende Frühgeburt fest, verordnete strenges Liegen, doch das half alles nicht mehr viel: Ende Januar kam Joel in der 25. SSW mit 900 g zur Welt. Am zweiten Tag erlitt er dann die starken Hirnblutungen III. – IV. Grads, mit deren Folgen er wahrscheinlich sein Leben lang kämpfen wird.

In den ersten Jahren versuchten wir, die schlechten Prognosen der Ärzte zu ignorieren und in der Tat entwickelte sich Joel viel besser als prognostiziert. Er lernte Sprechen und Laufen, wenn auch eine deutliche Halbseitenlähmung, vor allen Dingen des linken Armes, sichtbar wurde. Er war ein sehr fröhliches Kind, hatte jedoch starke Ängste vor lauten Geräuschen wie lautem Lachen oder gar Schreien und deshalb ganz besonders vor anderen Kindern. Mit drei Jahren kam er in einen integrierten Ganztagskindergarten, wo er immer wieder Kontakt zu den Erzieherinnen suchte und recht wenig mit den anderen Kindern spielte. Mittlerweile war seine Halbseitenspastik durch ein deutliches Hinken und den nicht eingesetzten linken Arm sowie eine Gangunsicherheit deutlich zu erkennen.

Als Joel fünf Jahre alt wurde, zogen wir um und Joel besuchte einen wohnortnahen Kindergarten, wo er als Einzelintegrationskind gefördert werden sollte. Leider war die extra eingestellte Heilpädagogin sehr oft krank, sodass die spezielle Förderung weitgehend auf der Strecke blieb. Zudem hatte er in den letzten Jahren eine Epilepsie mit fokalen Anfällen entwickelt, die zwar medikamentös behandelt wurde, aber nicht vollständig in den Griff zu kriegen war. Sein Leistungsniveau schwankte daher sehr stark: Es gab daher Tage, wo er geistig richtig pfiffig war, aber auch Tage, wo er völlig neben sich stand, müde und abwesend war. An so einem Tag kam dann der Lehrer von der Sonderschule, der den „sonderpädagogischen Förderbedarf" durch ein zweistündiges Gutachten ermitteln sollte. Mit wenigen Worten zerstörte er unseren über viele Jahre aufgebauten Optimismus. „Sie haben Ihren Sohn total überschätzt. Ich kann nur ausschließen, dass Ihr Sohn eine Schule für geistig behinderte Kinder besuchen muss. Aber er hat eindeutig eine Lernbehinderung und ich werde daher in meinem Gutachten die Schule für Körperbehinderung – Lernzweig Lernbehinderung als einzig geeignete Schulform empfehlen." Das vorherige Gutachten der Amtsschulärztin, die ebenfalls Tests mit Joel gemacht hatte, ihn aber wegen seiner Probleme mit anderen Kindern noch ein Jahr zurückstellen und dann in eine Regelschule schicken wollte, hielt er schlicht für inkompetent. Die habe ja keine Erfahrung mit behinderten Kindern. Das wirkte alles so brutal überzeugend, dass wir uns schweren Herzens für die empfohlene Schulform entschieden. ...

> ***"Sie haben ihren Sohn total überschätzt." ... Das klang so brutal überzeugend.***

Fortsetzung des Berichts auf Seite 320, Kapitel 4

Gelungene Integration - durchdacht und umfassend realisiert - Teil 1

Familie H. aus Hessen

Junge, 27. SSW, Hessen, beinbetonte Tetraspastik, Cerebralparese, Entwicklungsrückstand, Integrationshelfer

Sebastian wurde vor neuneinhalb Jahren in der 27. Schwangerschaftswoche mit 1130 Gramm und 36 cm Körperlänge geboren. In seiner 13-wöchigen Zeit auf der neonatologischen Intensivstation kam es zu vielerlei Komplikationen. Er hat sich nach vielen Momenten der Ungewissheit für das Leben entschieden. Sebastian wurde von der Klinik in „gutem Allgemeinzustand" entlassen.

Seine motorische Entwicklung verlief in den ersten beiden Lebensjahren stark verzögert. Eine intensive Vojtatherapie hat zu ersten Fortschritten geführt. Zusätzliche Förderungen fanden und finden in Form von Ergo-, Reit-, Musik-, und Körpertherapie statt. Sowohl die Musik- als auch die Körpertherapie wurden vor Beginn der Schulzeit beendet.

Sebastian spielte in den ersten Jahren viel alleine. Komplexere soziale Situationen konnte er nur partiell wahrnehmen. Erst gegen Ende des Aufenthaltes in der Kindertagesstätte hat Sebastian sich mehr in das Gruppengeschehen eingebracht. Seine inzwischen diagnostizierte beinbetonte Tetraspastik und Cerebralparese sowie sein großer Entwicklungsrückstand und seine langsame körperliche Entwicklung führten zur Rückstellung von der Schule zugunsten eines weiteres Kindertagesstättenjahres.

Dennoch haben wir uns nahezu zwei Jahre vor der Einschulung mit dem Thema Schule beschäftigt. Es gab viele Fragen, Sorgen – aber auch Hoffnungen:

Ist eine Regelschule oder Förderschule sinnvoller? Wie würde es unserem Kind als einzigem schwerbehindertem Kind in einer Regelklasse ergehen? Werden wir eine Integration bzw. den gemeinsamen Unterricht gegenüber der Schulbehörde durchsetzen können? Wie sinnvoll kann eine wohnortfernere Beschulung überhaupt sein? Wird unser Kind das tägliche Lernen

„Wie würde es unserem Kind als einzigem schwerbehindertem Kind in einer Regelklasse ergehen?"

schaffen, während der Alltag von vielen anderen Anstrengungen und Einschränkungen geprägt ist? Wie und woher bekommen wir einen Integrationshelfer? Wie schaffen wir es, bei all diesen Fragestellungen noch Zeit und Kraft für uns und Sebastians zwei jüngere Schwestern zu finden?

Ziel war es, eine Schule zu finden, in der Sebastian mit all seinen Besonderheiten wirklich willkommen ist, in der er nach seinen Stärken gefördert, aber auch gefordert wird. Denn Sebastians Persönlichkeit war schon immer geprägt vom „Kämpfen“ und vom Interesse an den Dingen. Es hatte keine Anzeichen dafür gegeben, dass der Umgang mit Kindern, die schneller, geschickter usw. sind und ganz andere Möglichkeiten haben, für ihn eine emotionale Belastung darstellen könnte. Im Gegenteil, wir erlebten es immer als Ansporn für ihn. Bedeutend für uns war es, eine Schule auszuwählen, die an den Anstrengungen unserer intensiven Förderung der vergangenen sieben Jahre ansetzen konnte.

Mit der Rückstellung wurde auch die Einleitung eines Überprüfungsverfahrens auf sonderpädagogischen Förderbedarf aufgrund der Schwerbehinderung von Sebastian angekündigt. Dies wurde dann von der zuständigen Sonderpädagogin im Rahmen seines Besuches in der Kindertagestätte durchgeführt. Wir waren an den Tagen recht angespannt, zumal wir aus Erfahrung wussten, dass Sebastians Motivation und Leistungsfähigkeit stark davon abhingen, wie gut er eine Person kannte und welche Sympathie er für diese verspürte. Positiv anzumerken ist, dass die Sonderpädagogin die Überprüfung in Sebastians Kindertagesstätte durchführte und das sonderpädagogischen Gutachten auf den folgenden verschiedenen Bestandteilen basierte:

CFT1 Grundintelligenztest; „Bereit für die Schule“ – Schnellverfahren zur Überprüfung des Lern- und Entwicklungsstandes von Kindern zum Schuleintritt; CPM Überprüfung von logischen Denkansätzen; Bericht der Kindertagesstätte; Beobachtung von Sebastian in der Kindertagesstätte; Gespräch mit der zuständigen Integrationserzieherin und mit Sebastians Physiotherapeutin; Mitteilung von Sebastians Ergotherapeutin;

schulärztliches Gutachten sowie Anamnesegespräch mit den Eltern im Rahmen eines Hausbesuchs.

Wichtig für eine gute Schulentscheidung waren unseres Erachtens besonders die oben genannten Gespräche mit der Kindertagesstätte, den Therapeuten und uns, also den Personen, die Sebastian schon sehr lange kennen und begleiten. Somit war gewährleistet, dass die Basis der Entscheidung nicht allein auf den Testverfahren beruhte. Es wurde ein Förderbedarf im Sinne der Schule für Körperbehinderte sowie im Sinne der Schule für Lernhilfe festgestellt. Da wir bereits im Zeitraum vor dem Überprüfungsverfahren ein Gespräch mit der Schulleitung einer vom Wohnort etwa fünf Kilometer entfernten Grundschule geführt hatten und die Schule dem Integrationsgedanken sehr aufgeschlossen ist bzw. auch schon viel Erfahrung mit Integration hatte, wurde die Förderung Sebastians in dieser Schule auch im Gutachten vorgeschlagen. Sie wurde jedoch verknüpft mit der Notwendigkeit der Förderung durch eine sonderpädagogische Fachkraft und der Unterstützung durch einen Integrationshelfer während der gesamten Schulzeit.

Wir waren sehr glücklich darüber, dass der Entscheidungsprozess dazu geführt hat, dass Sebastian trotz seiner verschiedenen Förderbedarfe eine Regelgrundschule besuchen kann. Die Schule vermittelte von Beginn an, dass behinderte Kinder sehr willkommen sind, das gemeinsame Lernen sehr erwünscht ist und die unterrichtenden Lehrer und Lehrerinnen der Integration aufgeschlossen gegenüber stehen. Noch vor der Einschulung erfuhren wir, dass in Sebastians Klasse ein weiteres schwerbehindertes Kind eingeschult werden sollte. Dies ließ uns zusätzlich hoffnungsvoll auf die Einschulung blicken. ...

„Die Schule vermittelte von Beginn an, dass behinderte Kinder sehr willkommen sind.“

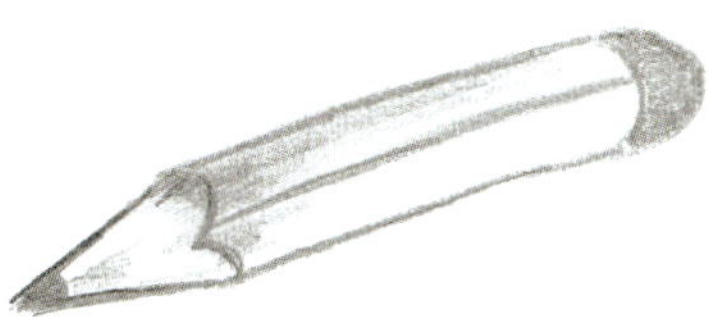

Fortsetzung des Berichts auf Seite 324, Kapitel 4

Allein auf weiter Flur

Familie F. aus Rheinland-Pfalz

Junge, 27. SSW, Rheinland-Pfalz, Grundschule, Stottern

Unser Sohn kam aufgrund einer Präeklampsie im Herbst 2001 in der 27. SSW (26 + 2) zur Welt. Nach diversen Komplikationen, u.a. Hirnblutung II. Grades, posthämorrhagischer Hydrozephalus, Apnoe-Bradykardie-Syndrom, nekrotisierende Enterokolitis, Sepsis, Infektionen, Leistenoperation, Hyperbilirubinämie und mehreren Bluttransfusionen, trat er nach viermonatigem Krankenhausaufenthalt seinen Weg nach Hause an.

In Folge erhielt er eine Zeit lang Krankengymnastik, seine Entwicklung verlief sehr erfreulich, nur mit dem Sprechen ließ er sich Zeit. Mit drei Jahren besuchte er – entgegen dem Rat des SPZ, ihn einen Förderkindergarten besuchen zu lassen – den regulären Kindergarten, da wir ihn nicht zu schnell allen möglichen Fördermaßnahmen aussetzen und den Kontakt zu Kindern in seiner Umgebung fördern wollten. Zu diesem Zeitpunkt konnte er noch nicht richtig sprechen.

Mit knapp fünf Jahren zeigte sich zum ersten Mal sein Stottern, das eine mehrmalige logopädische Therapie notwendig machte, die jedoch immer nach wenigen Monaten eingestellt werden konnte, da sich sein Stottern jedes Mal schnell besserte. Seitdem bekommt er – zumeist im Sommer – einen „Stotteranfall", der erst ausgeprägt ist, sich jedoch nach kurzer Zeit wieder einigermaßen normalisiert.

Körperlich zurückbehalten hat er nichts, er ist kleiner und leichter als andere Kinder seines Alters und ihnen grobmotorisch nicht immer gewachsen. Auf Anraten unseres Kinderarztes wurde vom ca. dritten Lebensjahr bis kurz nach seinem Schuleintritt vom Sozialpädiatrischen Zentrum (SPZ) eine Entwicklungsdiagnostik in halbjährlichen Abständen durchgeführt. Hier erhielt er Heilpädagogik- sowie Ergotherapien.

Dann kam die Frage nach der Einschulung auf! Das SPZ riet uns, ihn auf eine Schwerpunktschule zu schicken, um ihm – wörtlich – ein schützendes Netz anbieten zu können, das ihn notfalls auffangen könnte. Auch der Kindergarten hatte Zweifel, ob er in der Regelschule gut aufgehoben wäre, man hielt ihn für noch nicht schulreif. Es hieß, er störe Abläufe, diskutiere vieles aus (!), hätte ein unruhiges Arbeitsverhalten. Daraufhin führte die Förderschule einen standardisierten Test im Kindergarten durch, den er jedoch ohne gravierende Probleme absolvierte. Wir schauten uns interessehalber eine Vorschule an, es stellte sich jedoch sehr schnell heraus, dass er hier unterfordert gewesen wäre.

> ***„Braucht er ein schützendes Nest?“***

Dann stand die Untersuchung des Gesundheitsamtes an, wo wir die Meinung des SPZ darlegten. Hier schloss man sich – obwohl unser Sohn die Tests gut bestand und die entsprechende Ärztin das Kind vorher noch nie gesehen hatte – sofort der Meinung des SPZ an und gab uns eine Empfehlung für die Schwerpunktschule (Schulfähigkeit: Gegen die Aufnahme in die Einrichtung bestehen Einwände – schulärztlicherseits andere Einrichtung d.h. Schwerpunktschule empfohlen). Auf Nachfrage bei der ADD (der regionalen Schulverwaltungsbehörde), wo die nächste Schwerpunktschule sei, riet man uns hiervon ab mit der Begründung, wir sollten es erst mit der Regelschule versuchen, denn einmal in der Förder-/Schwerpunktschule wäre es hinterher schwierig, ihn in eine Regelschule umzusiedeln, wenn dies angezeigt wäre.

Wir als Eltern waren zwischenzeitlich ziemlich ratlos und verunsichert und wussten nun gar nicht mehr, was am besten zu tun sei. Letztendlich erhielten wir den – rückwirkend wohl besten – Rat der Förderschule, ihn erst einmal in die Regelschule einzuschulen und abzuwarten, wie er sich entwickelt, und dann weiterzusehen, „zurückgehen“ könnten wir immer noch. Alles in allem empfanden wir dies als eine sehr unerfreuliche, verunsichernde Erfahrung. Dem Schuleintritt sahen wir daraufhin natürlich alles andere als gelassen entgegen!

So kam unser Sohn also mit knapp sieben Jahren in die Regelschule. Sein Stottern machte ein Gespräch vor dem ersten Unterrichtstag erforderlich, wo ich eine junge, engagierte und sehr aufgeschlossene Lehrerin antraf, die sicherlich in Bezug auf Frühgeborene und Stottern unerfahren war, jedoch gerne Material über „Stottern“ sowie zum Thema „Frühgeborene“ annahm und jederzeit ein offenes Ohr hatte. Er kam von Anfang an gut mit, hatte jedoch in den ersten Monaten Eingewöhnungsprobleme, es zeigten sich Schwierigkeiten mit der Konzentration, er weinte regelmäßig zur Mittagszeit, folgte dem Unterricht mit wechselnder Aufmerksamkeit. Dies legte sich jedoch nach relativ kurzer Zeit. Er benötigt bis jetzt keinen Förderunterricht.

Mittlerweile ist er im 3. Schuljahr angekommen – was seine Leistung anbelangt, kommt er weiterhin gut mit, hat allerdings ein relativ langsames Arbeitstempo, welches stark von seinem Willen und seinen Interessen abhängt. Dem Unterricht folgt er mit mehr und mehr Aufmerksamkeit. Im Sportunterricht hat er Koordinationsprobleme, zeigt Unsicherheit an Geräten und in der Leichtathletik. Ein Hochleistungssportler wird er sicherlich nicht werden! Er ist ein eher ängstliches, vorsichtiges und introvertiertes Kind, es fällt ihm nicht immer leicht, auf andere Kinder zuzugehen, er zieht sich schnell zurück, tut sich schwer in der Gruppe. Hier hat er Schwierigkeiten, sich auf andere Kinder einzustellen, ist jedoch in der Klasse integriert und hat Freunde gefunden, mit denen er – er liebt Beständigkeit – teilweise schon mehrere Jahre spielt. Aufgrund seiner Art, sich meistens zurückzuziehen, seines kleinen, zarten Körperbaus und seiner Sprachstörung hatten wir immer Sorge, er könne ein begehrtes Mobbing-Opfer werden, wegen seines Stotterns gehänselt werden und dann seine Mitarbeit im Unterricht verweigern. Dies hat sich zum Glück – zumindest bis jetzt – nicht bewahrheitet. Im Gegenteil, laut seiner Klassenlehrerin entwickeln seine Mitschüler/innen ihm gegenüber einen regelrechten Beschützerinstinkt. Er ist bisher von keiner/m Mitschüler/in wegen seines Stotterns gehänselt worden. O-Ton eines Mitschülers eines Nachmittags bei uns zu Hause, als er anfing zu stottern: „Du darfst dich nicht überstrengen!" Hier ist es möglicherweise von Vorteil, dass ihn seine Mitschüler/innen schon seit dem Kindergarten kennen.

» Wir hatten immer Sorge, er könne ein begehrtes Mobbing-Opfer werden, wegen seines Stotterns gehänselt werden und dann seine Mitarbeit im Unterricht verweigern. «

Aufgefallen ist uns in der Schule, dass man – sicherlich aufgrund der Tatsache, dass es nicht so viele Frühgeborene oder Kinder mit Stotterproblemen gibt - wenig über die Problematik aufgeklärt ist, wobei den Lehrer/innen eher die Thematik des Stotterns als die der Frühgeborenen bekannt ist. In der Regel zeigt man sich jedoch aufgeschlossen. Es wäre sicher wünschenswert, hier mehr Aufklärung zu betreiben, denn man fühlt sich leider oft „allein auf weiter Flur".

Alle Betroffenen, diesen Bericht lesen und gerne mit uns Kontakt aufnehmen würden, laden wir hierzu herzlich ein. Ihre Adresse bzw. Telefonnummer wird der Landesverband gerne an uns weiterleiten.

◆ ◆ ◆

Kindergarten, Schule, Ausbildung – Ständig neue Fragen - Teil 1

R. + U. M. aus Nordrhein-Westfalen

Mädchen, 28. SSW, Nordrhein-Westfalen, Grundschule, Integration, Waldorfschule, Förderschule, Berufsfachschule, Entwicklungsverzögerung, Körperbehinderung, Gleichgewichtsstörungen, verzögerte Reaktion

August 1996 – Kindergarten

S. war von August 1996 bis Juli 1999 im Kindergarten, integrativ mit einer Zusatzkraft. Im ersten Jahr hing sie sehr an den Erzieherinnen, hielt sich von den Kindern fern, spielte mehr alleine, häufig im Sandkasten. In dieser Zeit erfand sie auch Fantasie-Freunde, denen sie Namen gab und die mit ihr spielten. In der ersten Hälfte des zweiten Jahres war sie sehr frustriert und zeigte Rückschritte, z. B. beim Anziehen. Dann hatte sie auf einmal zwei Freundinnen, eine im Kindergarten und eine bei uns in der Nachbarschaft. Von da an ging es bergauf. Sie wurde selbstbewusster, bewegte sich mehr, fuhr im Kindergarten Dreirad und war fröhlicher, ging mehr auf die Kinder zu. Die Fantasie-Freunde gab es irgendwann nicht mehr. Sie sind auch nicht wieder aufgetaucht.

Einschulung

Schon lange vor der Einschulung haben wir hin und her überlegt, welche Schule für S. sinnvoll sei. Sollte sie noch ein Jahr im Kindergarten bleiben? Wir entschieden uns dagegen, weil sie dafür zu aufgeweckt und schon drei Jahre im Kindergarten war. Sollte sie eventuell in den Schulkindergarten gehen, um die Entwicklungsverzögerung abzubauen? Auch dieses wollten wir nicht, denn dann würde sie von allen ihr bekannten Kindern getrennt und bei der Einschulung wäre sie fast acht Jahre alt.

S. sollte mit den Kindern aus ihrer Kindergartengruppe in die normale Grundschule gehen

– allerdings integrativ eingeschult, falls sich in der Schule doch noch Konzentrations- oder Wahrnehmungsprobleme etc. zeigen.

Zum Glück kannten wir eine Familie aus dem Nachbarort, deren Kind ein Jahr vor S. integrativ eingeschult werden sollte. In mehreren Gesprächen hatten wir von dem Einschulungsverfahren erfahren und davon, welche Formalien vor der Einschulung möglichst frühzeitig beachtet werden müssen. Wir wussten inzwischen, dass die langwierigen Verfahren schon ein Jahr vor der Einschulung eingeleitet werden müssen.

Oktober 1998

Im Oktober 1998 setzten wir uns mit der Rektorin der zuständigen Grundschule in Verbindung. Da in dieser Schule noch nie ein Kind integrativ beschult worden war, wurden wir mit großer Skepsis empfangen. Die Bereitschaft, auf uns einzugehen und sich erst mal alles anzuhören, war sehr gering. Wir sollten im Februar des nächsten Jahres wiederkommen, weil ja dann erst die Einschulungsverfahren ablaufen. „Na toll“, dachten wir, „sind wir mal wieder die Vorreiter für alle anderen.“ Wir ließen uns nicht abwimmeln, da wir schon Erfahrungen von anderen kannten und uns auch dachten, dass ein Verfahren unter Einbeziehung der Verwaltung (Schulamt) sicherlich seine Zeit braucht. Die Rektorin kannte die Leiterin von S.s Kindergarten, die uns in unserem Vorhaben sehr gut unterstützte. Die Rektorin hat direkt während unseres ersten Gespräches mit der Kindergartenleiterin telefoniert. Das hat dann deutlich geholfen. Die Rektorin gab plötzlich zu, sie müsse sich nun erst einmal informieren. (Der Schulleiter im Schulamt drückte es deutlicher aus: „Wofür machen die ihre Fortbildungen? ...“).

» *Na toll, dachten wir, sind wir mal wieder die Vorreiter für alle anderen.* «

Nachdem die Rektorin S. kennengelernt hatte, war sie allem Anschein nach doch etwas beruhigt, weil sie sich offensichtlich unter einem Frühchen mit Entwicklungsverzögerung überhaupt nichts vorstellen konnte. Sie fragte sogar einmal in einem späteren Gespräch: „Frühchen? Was ist das für eine Krankheit? Gibt es dafür einen lateinischen Fachbegriff?" Nachdem wir klar gemacht hatten, dass S. auf jeden Fall auf diese Grundschule gehen soll, und mit dem Schulamt Kontakt aufgenommen hatten, lief dann das übliche Verfahren für ein Gutachten ab. Eine Sonderpädagogin (in unserem Fall von einer Körperbehinderten-Schule), die S. noch nicht kannte, besuchte sie im Kindergarten, machte mit ihr einen Test und führte mit uns mehrere Gespräche. Auch sie kam im Gutachten zu dem Schluss, dass S. wirklich für die Grundschule geeignet ist. Sie sprach sich dagegen aus, S. in der nächstgelegenen Schule für Körperbehinderte einzuschulen. ...

„Frühchen? Was ist das für eine Krankheit? Gibt es dafür einen lateinischen Fachbegriff?"

Fortsetzung des Berichts auf Seite 341, Kapitel 4 und
Seite 383, Kapitel 5

Frühgeburt als Chance: Und plötzlich ist er Kann-Kind

Familie M. und N. aus Rheinland-Pfalz

Junge, 30. SSW, Rheinland-Pfalz, Grundschule, vorzeitige Einschulung als Kann-Kind

Nick wurde in der 30. Woche frühgeboren, statt am 25.12. am 21.10.2002. Auch wenn alles gut lief, er keinerlei medizinische Probleme hatte, waren besonders die ersten beiden Monate von unserer Ängstlichkeit als Eltern geprägt. Diese abzubauen hat lange gedauert, und der Prozess ist nicht abgeschlossen. Inzwischen geht es ihm als Viertklässler gut, und nach wie vor deutet nichts in seiner Entwicklung auf durch die Frühgeburt verursachte langfristige Probleme hin.

Mit Beginn seines zweiten Kindergartenjahres wurde uns bewusst, dass Nick wegen seiner Frühgeburt Kann-Kind war, wir also darüber nachdenken mussten, ob er 2008 mit 5 Jahren eingeschult werden sollte. Auch wenn Rheinland-Pfalz gesetzlich die Möglichkeit bot, ihn sogar mit einem Geburtsdatum 25.12. einzuschulen [1], wäre uns dies nicht in den Sinn gekommen.

Darum soll es in diesem Beitrag gehen: Eine frühzeitige Einschulung als wirkliche Option deutlich zu machen, obwohl (oder gerade weil) das Kind frühgeboren ist. Dafür die eigenen Ängste zurückstellen, sich Unterstützung holen und auf das Wohl des Kindes schauen. Um sich nicht nur auf die Familiensicht zu beschränken, schildert die jetzige Lehrerin Nicks Entwicklung in der Schule, während die Kindergartenerzieherinnen die generellen Kriterien vorstellen, die bei der Beurteilung des Kindergartens zur Einschulung Anwendung finden.

---

1 „§ 58 Abs. 1 SchulG: Kinder, die noch nicht schulpflichtig sind, können auf Antrag der Eltern in die Schule aufgenommen werden, wenn aufgrund ihrer Entwicklung zu erwarten ist, dass sie mit Erfolg am Unterricht teilnehmen werden. Die Entscheidung trifft die Schulleiterin oder der Schulleiter im Benehmen mit der Schulärztin oder dem Schularzt. Zur Entscheidungsfindung soll mit Zustimmung der Eltern die Kindertagesstätte einbezogen werden. (Quellen: ▸ http://www.ksdev.de/Schulpflicht.htm). Nach dem Stichtag 31.08. ist also keine untere Altersgrenze gesetzlich verankert (Quelle: ▸ http://www.grundschulpaedagogik.uni-bremen.de/schuleingangsphase/bb20080203seph_synopse_DE.pdf).

Das letzte Kindergartenjahr aus Sicht der Familie

Das letzte Kindergartenjahr war problematisch: Wichtige Freunde waren eingeschult worden, und Nick fiel die Anpassung sehr schwer. Neue Situationen sind für ihn nach wie vor schwierig. Ob dies durch den sehr regelmäßigen Tagesrhythmus seiner ersten zwei Monate in der Klinik oder durch spezifisch durch die Frühgeburt hervorgerufene neuronale Gegebenheiten bedingt oder „einfach nur" eine Charaktereigenschaft ist, bleibt spekulativ. Letztlich trugen die schwierigen Umstände im Herbst 2007 viel dazu bei, die Option „Kann-Kind" ernsthaft anzugehen. Dies war auch terminlich notwendig, da vor der Begutachtung durch die Schule zunächst die Meinung des Kinderarztes beizubringen war. Eine Beurteilung des Kindergartens war ohnehin vorgesehen, die dazu angewendeten Kriterien finden sich im nächsten Abschnitt. Uns Eltern half in dieser Zeit die Erkenntnis, dass negative Voten von Arzt, Schule oder Kindergarten nicht schlimm wären, die eingehenden positiven aber die Option „Kann-Kind" offenhielten. Denn auch nach der Aufnahmebestätigung durch die Schule hätten wir als Eltern bis zum letzten Tag vor der Einschulung die Möglichkeit gehabt, alles abzusagen. Diese Rückzugsmöglichkeit war für uns psychologisch enorm wichtig, da sie uns im Frühjahr 2008 half, die Einschulung als „möglich" und nicht „unwiderruflich" zu sehen. Im Nachhinein betrachtet wäre ein „Rückzieher" allerdings sehr schwierig geworden, denn wie hätten wir Nick das vermitteln sollen? Allseits positive Voten, Aufnahme in die Vorschulgruppe des Kindergartens – und dann doch nicht zur Schule? Nick selbst fand die Idee gut, in die Schule zu gehen, und natürlich gaben ihm die positiven Ergebnisse der verschiedenen Tests auch viel Auftrieb. Eine kurzfristige Entscheidung gegen die Schule hätte diese positiven Nebenwirkungen zunichte gemacht. Und da alles dafür und nichts dagegen sprach, wurde Nick im August 2008 eingeschult.

Generelle Kriterien zur Einschulungsbeurteilung durch den Kindergarten

(mit Monika Pane und Karin Hellmold)

Der Kindergarten beurteilt jedes Kind bezüglich seiner Einschulungsreife. Die hier aufgeführten Kriterien und Fragen gelten natürlich auch für „Kann-Kinder". Die Erzieherinnen wussten von Nicks Frühgeburt.

Da jedes Kind anders ist, ist eine individuelle Beurteilung Pflicht. Aus diesem einfachen Punkt ergibt sich auch der Gedanke, dass aus Erzieherinnensicht halbjährliche Einschulungstermine besser geeignet wären, um die Kinder mit der „richtigen Reife" einzuschulen – zu schnell schreitet deren Entwicklung im Einzelfall voran.

Natürlich spielt die kognitive Reife eine wesentliche Rolle: Wird das Kind den Schulstoff lernen und verarbeiten können? Ebenso wichtig sind aber emotionale Stabilität und Sozialverhalten. Wie ist die Ich-Struktur des Kindes? Ist es z.B. selbstbewusst, aufgeschlossen und selbstsicher oder eher zurückhaltend, unsicher und ängstlich? Wie verhält sich das Kind alleine, wie in der Gruppe?

Mit der Einschätzung dieser Kriterien stellt sich darüber hinaus die Frage, welche Förderung das Kind seitens der Eltern, des Kindergartens oder Dritter schon bekommt, um dem Schulalltag gewachsen zu sein. Und welche Förderung würde es noch benötigen?

Ein Kind in die Schule zu schicken, kann für dieses eine Stärkung und Herausforderung sein, an der es wächst. Generell gilt: Entscheiden sich die Eltern für die Einschulung, wäre es besonders gut, einen frühen und guten Kontakt mit dem/r jeweiligen Lehrer/in zu haben. Leider ist dies nicht immer möglich. Auch der regelmäßige Austausch zwischen Eltern und Lehrer wäre hier sehr wichtig, um gemeinsam etwaige Probleme angehen zu können – oder auch nur, um mögliche Ängste der Eltern, z.B. wegen eines frühgeborenen „Kann-Kindes", zu zerstreuen.

Einschulung und erstes Schuljahr aus Sicht der Familie

Die Einschulung und das erste Schuljahr verliefen überraschend unproblematisch. Überraschend vor allem angesichts der geschilderten Schwierigkeit von Nick mit neuen Situationen. Positiv wirkte sich aus, dass sein bester Kindergartenfreund in die gleiche Klasse kam. Nick war trotz seines geringeren Alters sofort von der Klassengemeinschaft akzeptiert, dabei half sicherlich, dass er auch körperlich mithalten konnte. Auch die Lernerfolge traten ein. Er selbst beschreibt Einschulung und erstes Schuljahr als „cool". „Ich fand es gut, endlich was Großes zu lernen", sagt er.

> ***„Ich fand es gut, endlich was Großes zu lernen."***

Eine weitere Neuerung war der Besuch des Horts, der zusammen mit dem alten Kindergarten die Kindertagesstätte bildet. Dieser Wechsel war mit deutlich größeren Ängsten als der Schulbesuch besetzt, aber intensive Gespräche mit den Erziehern und gemeinsam vereinbarte Maßnahmen wie die Aufnahme in die Fußballmannschaft oder dass wir als Eltern anwesend waren, aber nicht eingriffen, halfen, sie abzubauen. Heute sind die zwei Nachmittage, die er pro Woche im Hort verbringt, ein wesentlicher Bestandteil seines sozialen Lebens.

Entwicklung in der Schule aus Sicht der Lehrerin

(Sandra Lang)

Ich unterrichte Nick seit Beginn der 2. Klasse. Schnell fiel er durch seine freundliche und wissbegierige Art auf. Es wäre mir nie in den Sinn gekommen, dass Nick Auffälligkeiten oder negative Begleiterscheinungen bezüglich eventueller Folgen einer Frühgeburt zeigen könnte.

In allen Lernbereichen kommt Nick hervorragend mit und zeigt keinerlei Nachteile bezüglich der vorgezogenen Einschulung. Sein Alter verlangte Nick besonders in den Schulanfängen allerdings enormen Ehrgeiz ab. Bei gelegentlichen kleinen Misserfolgen fühlte er sich schnell unsicher und konnte nur mit Tränen seinem Selbstanspruch gerecht werden. Doch dies war weder für die anderen Kinder ein Problem, noch hielt das lange an. Mit der Zeit ist es Nick wunderbar gelungen, mit zunehmender Gelassenheit zu reagieren. Aussagen wie „Na und, jeder macht mal Fehler!" oder „Ich weiß es zwar nicht, aber das bekomme ich raus!", zeugen von seinem individuellen Gewinn.

„Ich weiß es zwar nicht, aber das bekomme ich raus!"

Nick ist sehr hilfsbereit und arbeitet gerne mit anderen Kindern zusammen. Besonders bemerkenswert ist, dass Nick sehr empfänglich für Stimmungen in der Gruppe ist und ein fairer Streitschlichter sein kann. Auch im Klassenrat beweist er sein soziales Geschick, indem er Konfliktlösungen zeigt und somit Streitigkeiten beseitigen kann. In diesem Bereich ist er vielen Schülerinnen und Schülern seines Jahrgangs einen Schritt voraus. Anfänglich konnte das noch zu Missverständnissen führen, die er dann aber selbstständig durch Gespräche klären konnte.

Medizinisch oder psychologisch kann ich diese soziale Kompetenz nicht mit Begleiterscheinungen einer Frühgeburt begründen oder erklären. Es liegt aber nahe, dass die besondere Wärme und Zuneigung, die Sorgen und Ängste der Eltern sowie das zarte und liebevolle Umsorgen des frühgeborenen Kindes bis in die heutige Zeit andauern und förderlich für die emotionale und soziale Entwicklung des Kindes sein können.
Es ist eine große Freude, mit Nick zusammen zu arbeiten!

Ausblick und Fazit

Heute ist Nick ein ganz normaler Viertklässler. Es zeigt sich, dass die zwei Monate, die er zu früh geboren wurde, für ihn ein echter Gewinn waren: Weil sie keine gesundheitlichen Folgen hatten, weil sie die Option „Kann-Kind" mit vielen neuen Freunden öffnete und weil etwa gleich alte Kindergartenfreunde, die ein Jahr später zur Schule gingen, gute Freunde blieben. Die Umstellungsschwierigkeiten waren im Hort sehr viel größer als in der Schule, doch dank der guten Zusammenarbeit zwischen Erziehern und Eltern nach spätestens drei Monaten behoben. Wie schon in seinen ersten beiden Lebensmonaten hat Nick die Ängste seiner Eltern als unbegründet nachgewiesen.

So bleibt als Fazit, dass aus seiner Frühgeburt ein gewonnenenes Jahr resultierte. Und sonst nichts.

◆ ◆ ◆

Wir sind sehr stolz auf unsere Jungs! - Teil 1

Familie K. aus Schleswig-Holstein

Zwillingsjungen, 29. SSW, Schleswig-Holstein, Grundschule, Gesamtschule, leichte Wahrnehmungsstörungen, ADS

Hier erst einmal die grundsätzlichen Daten: Jonas & Lukas, geb. 26.5.2000, 29. SSW, 1440g/1400g, 3 Monate Klinikzeit

Jonas und Lukas waren 2006 schulpflichtig (Schleswig-Holstein), leider. Sie waren gerade erst 6 Jahre geworden. Ich war mir nicht so sicher, besonders im Hinblick auf Lukas, der extrem verspielt und unkonzentriert war. Jonas und Lukas waren bis zum Schuleintritt Integrationskinder, auf einmal sollte die Integration inkl. Therapien komplett wegfallen. Die Prüfung für die Schulintegration war, glaube ich, eine reine Formsache, da viel zu spät (und erst auf mein Nachfragen, da ich durch den Buschfunk hörte, dass die Integrationskinder schon feststehen…). Die Schulärztin hätte Lukas zurückgestellt, Jonas jedoch nicht. Dabei hatte ich ein schlechtes Gefühl und hatte mehr auf die Integration gebaut, hierfür dann aber eine Absage bekommen (und es als Strafe für die ganzen Mühen in der Vorschulzeit gesehen, denn hätten wir die Kinder nicht so intensiv gefördert, wären sie wohl nicht schulfähig gewesen – es gibt halt immer zwei Seiten.) Der Schulleiter, der Lukas auf meinen Wunsch hin zusätzlich beurteilte, meinte, dass alle Defizite heutzutage aufzufangen wären, in jeder Klasse gäbe es große Spannen, alles wäre kein Problem. ...

> ***„Der Schulleiter meinte, dass alle Defizite heutzutage aufzufangen wären.“***

Im Rückblick auf die Grundschule würde ich im Nachhinein auf jeden Fall eine Rückstufung für Lukas befürworten. Das Schulkonzept der weiterführenden Schule sieht eine Rückstufung nicht vor, nur auf Wunsch der Eltern in besonderen Ausnahmen. Und Lukas wird nicht einsehen, dass es (eventuell?) zu seinem Besten wäre… Ich denke, wenn vor allem Lukas ein Jahr später zur Schule gekommen wäre, hätten wir die jetzigen Probleme nicht. Ihm fehlt einfach ein wenig Reife. Und dann sind in der Klasse 12-Jährige Kinder und die Mädchen sind sowieso vieeel, viel weiter, dazwischen liegen Welten …

Fortsetzung des Berichts auf Seite 234, Kapitel 3

Von einem anderen Stern

Familie M. aus Sachsen

Junge, 31. SSW, Sachsen, Rückstellung, Integration in der Grundschule, Gymnasium, Sprachentwicklungsverzögerung

Vielleicht ist man als Frühchenmutti besonders empfindlich und auch hellhörig, ich weiß es nicht. Aber auf der Suche nach der richtigen Schule haben wir uns sehr lange befunden. Felix (Dez. 98, 31. SSW HELLP, sprachentwicklungsverzögert) war von Anfang an einfach anders. Er ließ sich schlecht integrieren und durch seine Sprachentwicklungsverzögerung konnte er sich auch nicht altersgerecht artikulieren. Somit spielte er im Kindergarten häufig mit kleineren Kindern oder bestand darauf, mit Erwachsenen zu spielen. Es fiel ihm einfach schwer, mit Gleichaltrigen Umgang zu pflegen.

Mit dem 6. Lebensjahr begaben wir uns zur Vorschuluntersuchung in unsere zugewiesene Schule. In der Tasche befand sich von der Ergo, von der Logo, vom Psychologen (APZ) und vom Kinderarzt die Empfehlung, Felix noch ein Jahr länger den Aufenthalt im Kindergarten zu gestatten. Die entsprechenden Schreiben der Therapeuten erlangte ich auf Anfrage. Vom Kinderarzt erfuhr ich damals, dass es keine Rückstellung mehr geben wird, und wo er dann hinkäme, könne ich mir an den Fingern abzählen (Förderschule). Felix war mal wieder bei der U-Untersuchung "durchgefallen". Er konnte Dinge nicht benennen und Sachen, die er konnte, wurden nicht gefragt. Aber durch Beharrlichkeit erlangte ich selbst vom Kinderarzt eben das Schreiben, dass es besser wäre, Felix von der Einschulung zurückzustellen.

» Felix war mal wieder bei der U-Untersuchung durchgefallen. «

Beim Einschulungstest, den Felix trotz allem bewältigen musste, stellte sich Felix besser an als gedacht. Aber man sagte uns, dass man Bedenken habe, dass er in ein Klassenkollektiv integriert werden könne. So richtig wollte man mein Kind aber auch nicht „loslassen", da er in dem Schuljahr eigentlich wichtig für die Klassenstärke gewesen wäre. Nach der Vorstellung beim Arzt, welcher dann durch einen Wutausbruch (Felix trat mit voller Wucht auf den Fuß der Ärztin) ADHS vermutete, bekamen wir dann trotz alledem die Rückstellung durch. Bis zu diesem Zeitpunkt gelang es Felix noch nicht einmal, eine korrekte Stifthaltung durchzuführen. Die Hände schwebten während des Kritzelns auf Papier immer in der Luft herum.

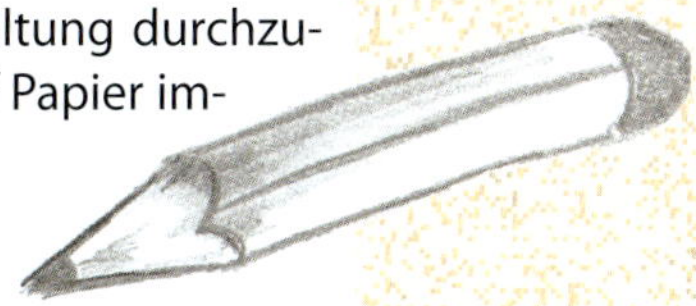

Im Jahr der Rückstellung sollte Felix von der Grundschule betreut werden. Ich glaube, die Lehrerin war 3-mal in der Kindergarteneinrichtung von Felix. Zudem bekamen wir noch eine Sprachheilkur zugesprochen, an welcher auch ich als Begleitperson teilnehmen durfte. Dass diese Kur etwas gebracht hat, bezweifle ich. Die Kur war eher auf Stotterer ausgelegt. Das Jahr ging schneller vorüber als gedacht und schon stand ein erneuter Einschulungstest bevor. Auch dieser verlief gar nicht so schlecht, aber die Klassenstärke in unserer Grundschule war damals groß, so dass man wieder empfahl, über eine alternative Schule nachzudenken. Eine private Schule kam damals für mich nicht in Frage. Diese waren allesamt zu weit weg und hätten Felix völlig desozialisiert. Zudem wäre im Winter zeitweise mit bis zu 2 Fahrstunden Schülertransport (pro Strecke) gerechnet worden.

Durch eine Therapeutin während der Kur hatte ich einen IQ-Test anfertigen lassen, welcher ein mittleres Ergebnis auswies. Dieser IQ-Test zeigte zum damaligen Zeitpunkt, dass Felix nicht auf eine Förderschule gehört. Die sprachlichen Defizite verringerten sich zunehmend. Durch das Internet, vor allem durch das Frühchennetz und den ständigen Kontakt mit den betroffenen Eltern (Danke hiermit nochmals allen!) erkundigte ich mich über das Angebot von Integrationsplätzen in umliegenden Schulen. Hier sprach ich auch die zuständige Grundschule an. Diese hatte jedoch einen zu großen Schülerschlüssel. Da unsere Ortschaft aus mehreren Gemeinden besteht, befinden sich in der Gemeinde 3 Grundschulen. Ich fragte mich zuerst, in welcher Grundschule die niedrigste Einschulungszahl besteht. An diese Grundschule wandte ich mich und fragte nach dem Werdegang der Integration. Für die Schule war dies absolutes Neuland, eine befriedigende Aussage konnte ich nicht bekommen. So wandte ich mich an die zuständige Sprachheilschule und bekam von dieser auch einen Termin zur Vorsprache. Hier wurde mir erläutert, dass Felix einen Einschulungstest in der Sprachheilschule erst einmal bewältigen müsse und man dann bei entsprechenden Ergebnissen eine Integration befürwortet und diese auch in die Wege geleitet werden könnte.

„Die sprachlichen Defizite verringerten sich zunehmend.“

Felix nahm am Einschulungstest teil. Er bewältigte ihn mit Bravour und man hätte ihn am liebsten an der Schule aufgenommen. Durch die Sprachheilschule wurde Kontakt zur Grundschule der Gemeinde aufgenommen und die Integration in die Gänge gebracht. Am 02.09.2006 wurde die Einschulungsfeier von Felix gefeiert. Mir war immer noch mul-

mig zumute. Doch Felix bewältigte die Anfänge besser als gedacht, blieb auch lange im Nachmittagshort und fühlte sich von Anfang an wohl. Einmal die Woche erhielt er separaten Unterricht durch eine von der Sprachheilschule angelernte Lehrerin. Hier ging man auch so manches Thema nochmals durch. Die Schule wiederum warb damit, nunmehr eine Schule mit Integrationsmöglichkeiten zu sein.

Die Logopädie und die Ergotherapie wurden durch mich mit Beginn der Schule fast gänzlich beendet. Nur in den ersten 2 Schuljahren besuchten wir noch sehr sporadisch die Logopädie, welche durch eine sehr kompetente und einfühlsame Logopädin durchgeführt wurde. Felix entwickelte sich prächtig. Mit den guten Zensuren kam auch das Selbstwertgefühl. Gedichte oder Texte aufsagen meisterte er mit sehr guten Noten. Seine Schwäche lag eindeutig im freien Äußern oder auch freien Schreiben. Hier fehlten ihm teilweise Wörter oder er konnte Wörter und Aufgaben nicht deuten. So gewöhnte er sich auch ab und an daran, dass man nicht nur positive Ergebnisse im Leben erzielen kann. Felix wurde durch uns Eltern auch in Ferienlager geschickt, auch ganz allein. Das mag für manche hart klingen, aber er bewältigte auch das.

»Mit den guten Zensuren kam auch das Selbstwertgefühl.«

Bis zur 3. Klasse nahm Felix den Unterricht und auch die geforderten Aufgaben relativ gelassen auf. In der 4. Klasse machte ich Felix das Gymnasium schmackhaft. Vielleicht wollte ich es allen zeigen, die nicht an ihn geglaubt hatten. Zudem wurde er durch uns Eltern zum Tischtennissport verleitet. Alles Neue bereitete ihm und bereitet ihm auch noch heute Ängste, so dass er keine Lust auf diesen Sport hatte. Als er jedoch Tischtennis spielen konnte, machte ihm dieser Sport Spaß. Zudem erhoffte ich mir dadurch, dass das Überkreuzdenken, was die Ergotherapie immer anmahnte, gefördert wird.

Die 4. Klasse schaffte Felix mit einer Bildungsempfehlung für das Gymnasium. Seit August 2010 besucht Felix nun das Gymnasium. Seine Leistungen sind relativ gut (Durchschnitt 2,5 - 3). Die neuen Aufgabenstellungen müssen wieder erst mehrmals durchgenommen werden, ehe er versteht, auf was es ankommt. Eine Integration wird nicht mehr durchgeführt.

Im Tischtennis ist er derzeit in der Mannschaft und spielt auch bei Kreismeisterschaften mit. Seine Mannschaft hat er bis jetzt nicht enttäuschen müssen, da er schon mehrere Punkte einspielte.

Vor einigen Wochen hatten wir dann unseren ersten Lehrersprechtag, an welchem ich mir vornahm, auch einmal mit der Klassenlehrerin zu sprechen. Die Klassenlehrerin hatte bis zu diesem Zeitpunkt keine Ahnung von Felix´ Vorgeschichte. Ich sprach sie konkret darauf an, wie Felix im Klassenkollektiv angekommen sei. Seit Felix im Gymnasium ist, wird er häufiger angerufen, erhält Einladungen und man verabredet sich auch schnell einmal. Die Klassenlehrerin schmunzelte mich an und sagte: "Wenn ich ehrlich bin, manchmal kommt mir ihr Felix vor, als sei er von einen anderen Stern."

◆ ◆ ◆

Schulanfang für unser Kind - Teil 1

Familie T. aus M., Hessen

Mädchen, 28. SSW, Hessen, Grundschule, Integration, beinbetonte spastische Halbseitenlähmung

Wer hat an der Uhr gedreht, dachten wir, als unsere Tochter mit fünf Jahren (in einigen hessischen Gemeinden ist das so) vor dem Eintritt in die Schule stand. Gerade hatten wir uns ein bisschen zurückgelehnt und die Kindergartenzeit mit einem Integrationsplatz genossen und nun sollte es schon wieder weitergehen?!?!?

»Bea passt in keine Schublade, d.h. keiner konnte uns sagen, welche Schulform für sie passend sei.«

Zur Vorgeschichte: Unsere Tochter kam in der 28. SSW mit 1.037 Gramm auf die Welt. Sie hat sich prächtig entwickelt, hat aber dennoch eine leichte spastische Halbseitenlähmung (beinbetont), die sie immer begleiten wird. Damit ist das Problem eigentlich schon beschrieben: Bea passt in „keine Schublade“, d.h. keiner konnte uns sagen, welche Schulform für sie passend sei.

Bevor die sonderpädagogische Überprüfung und die Schularzttermine stattfanden, machten wir uns zunächst selbst auf die Suche. Und da gingen so einige Abende drauf: Waldorf, Montessori, die hiesige Grundschule, Körperbehinderten-Schule usf. Ich setzte mich also anfangs frohgemut in die Runden und hörte mir das Ganze mal an: Besorgte Fragen von Eltern, die schon jetzt die Karrieren ihrer Grundschulkinder planen wollen; Konzeptdarstellungen von Lehrerinnen, die sich immer ganz gut in der Theorie anhörten; Zahlen und Fakten der jeweiligen Schule. Soweit, so gut. Wenn ich fragte, ob denn integrative Beschulung generell möglich sei, wurden die Lehrkörper meistens schon sehr vorsichtig. Das Interesse daran, sich diesen Verwaltungs- und Organisationswust mitsamt einem Kind mit Mehraufwand ins Haus zu holen, hielt sich m. E. in Grenzen. Den negativen Höhepunkt erlebte ich leider in der hiesigen Waldorfschule, die mir auf die Nachfrage nach Integration sagten: „Wir wollen hier keine Behinderten, wir wollen einen besseren Abi-Schnitt!“ Ich bin selten sprachlos, aber an diesem Abend bin ich weinend nach Hause gefahren.

Unsere Neurologin sprach sich dann sowieso gegen eine alternative Beschulung aus: „Kenne ich nicht, aber lehne ich trotzdem ab – ihr Kind braucht mehr Struktur, nicht zu wenig, also ja nichts Alternatives/Antiautoritäres!". Das war wenigsten mal eine verbindliche Meinung, die wir hörten. Der „normale" Schultest ergab also die Schulfähigkeit mit Überprüfung eines sonderpädagogischen Status. D.h. es sollte überprüft werden, ob Bea sonderbeschult werden soll oder nicht. Wir waren damit einverstanden, denn unser Ziel war und ist noch immer: Der beste Platz soll gesucht werden, damit unsere Tochter glücklich ist und gut lernen kann. Das Ergebnis der Untersuchung war: Bea ist fit mit körperlichen und wahrnehmungstechnischen Einschränkungen – die Empfehlung lautete: Mit Grundschule und Integration versuchen, wenn nicht, dann Wechsel auf die Körperbehindertenschule.

> *„Ihr Kind braucht mehr Struktur!"*

So haben wir es dann auch gemacht. ...

Fortsetzung des Berichts auf Seite 353, Kapitel 4

Stolpersteine für´s Lernen

Von Lernproblemen, die sich trotz eines normalen Intelligenzniveaus bei nicht wenigen frühgeborenen Kindern bereits in den ersten Schuljahren bemerkbar machen, handelt das vorliegende Kapitel. ...

Inhalt Kapitel 2

Was Sie in diesem Kapitel erwartet

Karin Jäkel

Von ***Lernproblemen***, die sich trotz eines normalen Intelligenzniveaus bei nicht wenigen frühgeborenen Kindern bereits in den ersten Schuljahren bemerkbar machen, handelt das vorliegende Kapitel.

Die Schwierigkeiten, welche die betroffenen Kinder mit dem schulischen Lernen haben, können verschiedener Art sein und in unterschiedlicher Ausprägung auftreten. Bei vergleichsweise vielen dieser Kinder kristallisieren sich mit der Zeit letztendlich Diagnosen wie
▸ ***„Lese-Rechtschreib-Schwäche"***,
▸ ***„Dyskalkulie"*** und/oder eine
▸ ***Aufmerksamkeitsstörung*** heraus.
Detaillierte Informationen hierzu finden Sie in den Infotexten dieses Kapitels.

Statistisch betrachtet sind ***Frühgeborene deutlich häufiger*** von solchen Teilleistungs- bzw. Aufmerksamkeitsstörungen ***betroffen*** als ihre reifgeborenen Klassenkameraden. Darüber hinaus weisen zahlreiche frühgeborene SchülerInnen die genannten Störungen in subklinischer Form auf. Das bedeutet, dass sie Tendenzen bzw. unterschwellige Merkmale zeigen, welche aber für eine definitive Diagnose nicht ausreichend sind. Das schulische Lernen der Kinder erschweren sie aber dennoch mitunter sehr.

Um eine Teilleistungs- oder Aufmerksamkeitsstörung festzustellen, müssen die Fähigkeiten eines Kindes im betroffenen Bereich deutlich geringer ausgeprägt sein als sein allgemeines Fähigkeits- und Leistungsprofil.

Teilleistungs- und Aufmerksamkeitsstörungen scheinen im Zusammenhang mit Störungen der ▸ ***auditiven und/oder visuellen Wahrnehmung*** zu stehen, die ebenfalls in diesem Kapitel beschrieben werden. Auch Schwächen in den sogenannten ***„Basalen Kompetenzen"*** - also in Grundfertigkeiten, die zum Erlernen der Kulturtechniken Lesen, Schreiben und Rechnen notwendig sind - gehören zu diesem Komplex der „Stolpersteine für den Lernprozess" und können das schulische Lernen eines Kindes empfindlich stören. Die Bedeutung der ▸ „Basalen Kompetenzen" wird in einem weiteren Infotext erläutert.

In der Praxis vergeht meist viel Zeit, bis Eltern und Lehrer einer solchen Lernproblematik auf die Spur kommen. Am Anfang steht oft nur ein diffuses Gefühl, dass irgendetwas nicht stimmt. Da aber die Schulanfänger alle etwas Eingewöhnungszeit in ihre neue Situation brauchen und da sie auch alle mit unterschiedlichen Lernausgangs-

lagen zur Schule kommen, wird diesem Gefühl meist sowohl von Eltern- als auch von Lehrerseite keine größere Bedeutung beigemessen. Eine ***schleichende Entwicklung*** nimmt ihren Gang, in deren Verlauf das Kind vielleicht bald die Lust an der Schule bzw. am Lernen verliert. Gehäufte Symptome wie „Kopfweh" und „Bauchschmerzen" können auftreten. In vielen Familien wird mit der Zeit das Thema „Hausaufgaben" zu einem ganz heißen Eisen. Das Kind bewältigt die Aufgaben nicht in der vorgesehenen Zeit oder es hat Aufgaben, die es in der Schule nicht bewältigt hat, als zusätzliche Arbeit zuhause zu erledigen. Die Nachmittage und die Wochenenden werden von den Hausaufgaben besetzt, Freizeit und Familienzeit werden knapp. Oft ist das Kind entnervt, weint oder gebärdet sich wütend, wenn es die Aufgaben machen soll. Die Eltern versuchen vergeblich, es beim Erledigen dieser Arbeiten zu unterstützen. Auch ihre Nerven liegen mit der Zeit blank, da nichts zu helfen scheint und kein Ende dieser unerträglichen Situation absehbar ist. Geschwister kommen zu kurz, das gesamte Familiensystem ist höchst belastet. Spätestens jetzt ist der Zeitpunkt gekommen, wo eine ***fundierte Diagnostik*** - möglichst durch ein Sozialpädiatrisches Zentrum - die Ursachen der Lernproblematik aufdecken sollte.

Sind die genauen Lernhemmnisse erst einmal festgestellt worden, kann eine ***geeignete therapeutische Unterstützung*** erfolgen. Bei einer Lese-Rechtschreib-Schwäche sowie einer Dyskalkulie werden dies in der Regel ***außerschulische Therapien*** sein. Mehr üben oder einfach nur ein wenig anders üben, hilft bei solchen Grundgegebenheiten nicht. Ist eine Aufmerksamkeitsstörung diagnostiziert worden, kann ein Konzentrations- bzw. Verhaltenstraining und/oder eine Medikation eingeleitet werden.

In allen Fällen wirkt die ***Diagnosestellung*** für alle Beteiligten ***stark entlastend.*** Die Eltern können sich von dem stillen Vorwurf, beständig etwas falsch zu machen, befreien, denn beispielsweise eine Aufmerksamkeitsstörung ist eben kein Erziehungsfehler, wie die Umwelt oder gar man selbst mittlerweile dachte.

Auch ist es keine Unverschämtheit des Kindes und auch keine zugrundeliegende Dummheit, sondern es ist „nur“ ein Unvermögen des Kindes, seine Aufmerksamkeit zu fokussieren. Mit dieser Grundgegebenheit muss man nun - auch wenn sie therapeutisch beeinflusst wird - versuchen, sein Leben zu gestalten. Ähnliches gilt für Kinder mit Lese-Rechtschreib-Schwäche oder Dyskalkulie. Auch hier entlastet das Wissen, das Kind ist nicht minderbegabt und auch nicht ungezogen, Eltern und Kinder ungemein. Viele Einzelheiten werden im Nachhinein plötzlich verständlich, z.B. wenn ein Kind seit Jahren gewisse Situationen ganz geschickt vermieden hat.

! Nachteilsausgleich für Legastheniker !

Die nächste Herausforderung besteht darin, die schulische Situation unter den neuen Vorzeichen der Diagnose zu gestalten. Hier muss man die ***Lehrer als die verantwortlichen „Lern-Fachleute“*** ins Boot holen. Viele Lehrkräfte - gerade an den Regelschulen - sind allerdings für den Umgang mit Teilleistungsschwächen, Aufmerksamkeitsproblemen und Wahrnehmungsstörungen nicht ausgebildet worden. Im Sinne des Kindes müssten sie sich idealerweise mit den Therapeuten, Ärzten und Eltern über ein sinnvolles Vorgehen im Unterricht verständigen, um das jeweilige Kind mit seiner Lernstörung wirkungsvoll zu unterstützen. Dabei sollte eine individuelle Anpassung des Lernarrangements vorgenommen werden. Zudem darf die psychische Befindlichkeit des Kindes sowie seine soziale Situation in der Klasse nicht unberücksichtigt bleiben.

Kinder mit einer ***Lese-Rechtschreib-Schwäche*** können in der Regel für Leistungsnachweise einen ▸ ***Nachteilsausgleich*** in Anspruch nehmen, der sie Kindern, die keine derartige Einschränkung haben, im schulischen Bereich gleichstellen soll. ***Für Kinder mit Dyskalkulie kann diese Regelung leider nicht angewendet werden,*** so hat es die Kultusministerkonferenz entschieden.

Wird eine außerschulische therapeutische Unterstützung notwendig, stellt sich die Frage nach der Finanzierung einer solchen Maßnahme. Unter bestimmten Umständen kann hierfür die Unterstützung des Jugendamtes in Anspruch genommen werden, wie der Infotext ▸"Kooperation von Jugendhilfe und Schule beim Umgang mit Lese-Rechtschreib- und Rechenstörungen" am Beispiel des Bundeslandes Rheinland-Pfalz erläutert.

Die ***Erfahrungsberichte*** der Familien in diesem Kapitel schildern einen solchen Idealzustand, in dem Lehrer und Eltern (sowie Therapeuten) Hand in Hand arbeiten, leider nur in wenigen Fällen.

Stattdessen erzählen sie davon, dass es sein kann, dass vorhandene (subklinische) Auffälligkeiten von den Lehrkräften ***nicht wahrgenommen*** werden, wenn die Kinder nicht verhaltensauffällig sind.

Sie berichten davon, dass es Eltern nicht immer gelingt, die Lehrkräfte für die besonderen Nöte ihres Kindes zu ***sensibilisieren***. Dass eine solche Zusammenarbeit, wenn sie denn einmal aufgebaut ist, mit einem Lehrerwechsel in einem neuen Schuljahr zuweilen wieder bei Null beginnen muss. Dass also Eltern ständig wieder neu für die Interessen ihres Kindes eintreten müssen.

Darüber hinaus berichten die Familien davon, dass die Kinder ***sehr viel mehr Energie*** in schulische Leistungen investieren müssen als ihre Klassenkameraden, um die gleichen Ziele zu erreichen. Die Eltern sind weiterhin diejenigen, die mit den Kindern lernen, die sie beständig fördern und fordern und die dabei sicher auch den einen oder anderen Fehler machen.

Viele Texte lassen außerdem erahnen, dass das ***Selbstbewusstsein*** der Kinder unter diesen Gegebenheiten immens leidet. Die Erfahrung, die Erwartungen der Lehrer und Eltern „nie“ erfüllen zu können, führt dazu, dass viele Kinder ein ***negatives Selbst- und Weltbild*** entwickeln. Diese Kinder verlieren das Vertrauen in ihre eigene Wirkmächtigkeit. Gelingt ihnen dennoch einmal etwas, erklären sie sich dies mit Zufall oder Glück. Manche Kinder leiden so sehr unter ihren Misserfolgen, dass sie sogar Suizidgedanken entwickeln.

Entlastung kann evtl. ein ***Wechsel zu einer anderen Schulform oder einem geeigneteren Schulkonzept*** bringen, davon berichten mehrere Familien. Andere setzen darauf, die Bedeutung der schulischen Leistungen im Erleben des Kindes zu relativieren, indem man ***andere soziale Aktivitäten stärkt,*** bei denen das Kind eine ***Wertschätzung*** seiner Persönlichkeit erfährt, die nicht mit dem Erbringen einer Leistung verknüpft ist. Auch eine ▸ ***Lerntherapie*** oder eine ▸ ***psychotherapeutische Unterstützung*** können angeraten sein, um Eltern und Kindern zu helfen, ihr Leben mit der Lernstörung zu bewältigen, ja vielleicht sogar es selbstbewusst und ressourcenorientiert gestalten zu können.

Letztendlich, so scheint das Resümee der Erfahrungsberichte zu lauten, müssen - trotz aller schon vorhandenen schulischen Fördermöglichkeiten und Regelungen - dennoch die Eltern einen Weg für ihre „besonderen“ Kinder durch den Dschungel der schulischen Bildung bahnen.

◆ ◆ ◆

Fördern und fordern - Denkanstöße aus psychotherapeutischer Sicht

Dr. med. Renate Marx-Mollière
Fachärztin für Kinder- und Jugendpsychiatrie und -psychotherapie,
Fachärztin für Kinderheilkunde und Jugendmedizin, Mainz

Am Anfang steht eine mutige, lebensbejahende Entscheidung:
Eltern zu werden.

Ein Schritt, der von vorneherein klar macht, dass jeder Mensch mit Zuversicht, Mut und Sorgfalt doch seine Grenzen findet in dem Wirken der Natur oder eines schöpferischen Prinzips bzw. einer Instanz, je nachdem, an wen und was man glaubt.

Ein Kind ist erst in der Welt, wenn es in der Welt ist.
Schon da werden die zukünftigen Eltern aufgefordert, Mut zu beweisen.
Denn nicht nur die Eltern sind abhängig auch vom Glück, sondern auch das Kind. Und das Kind voll und ganz von der Mutter.

Trotzdem: Auch wenn alle alles Erforderliche und Sinnvolle tun,
bleibt es offen, wann ein Kind geboren wird und wie.
Was wünschen sich werdende Eltern als optimalen, glücklichen Start ins Leben?

Natürlich ein gesundes, ein rechtzeitiges,
ein nicht zu früh geborenes Kind.

Und wenn nun ein Kind zu früh geboren wird,
dann eine fürsorgliche und kompetente Begleitung
und eine intensive Betreuung von Mutter, Vater und Kind.

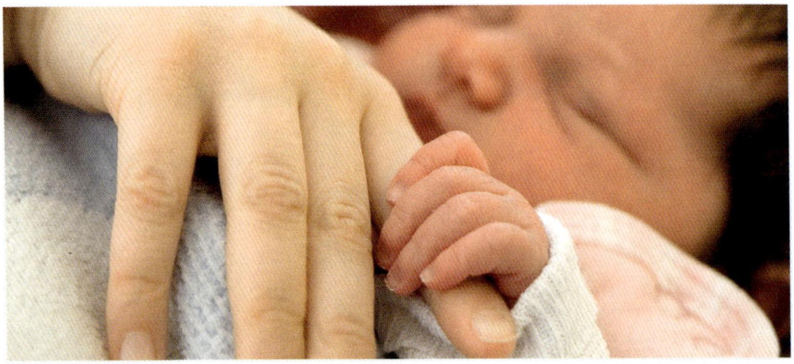

Darunter verstehe ich:

Sorgfalt vor Sorgen,
einen wachsamen Blick auf die Stärken,
also nicht nur einen Blick auf die Schwächen,
Wertschätzung aller Gefühle, Zeiträume schaffen,
Räume schaffen, um sich zu begegnen
und sich kennen zu lernen.

Und unter welchen Bedingungen gelingt es am besten, sich kennen zu lernen?

Eine angemessene, stabilisierende Pflege und Behandlung,
Erklärungen und Miteinbeziehung der Eltern in alle Schritte,
Erläuterung und Zielrichtung der Behandlung.

Ganz wichtig für Eltern und Kind ist es, sich gegenseitig zu erleben, Kontakt, Wärme und Zuwendung miteinander zu teilen und Vertrauen aufzubauen.

Auch hier gelten ein paar Grundgedanken:

Ohne Grenzerfahrung keine Angst,
ohne Angst kein Mut,
ohne Mut kein Zutrauen,
ohne Zutrauen keine Phantasie,
ohne Phantasie keine Entwicklung,

ohne Entwicklung keine Stärke,
ohne Stärke kein Heranwachsen,
ohne Heranwachsen keine zuversichtlichen Pläne und Entscheidungen,
und ohne zuversichtliche Pläne und Entscheidungen keine Zukunft.

Ein Kind braucht Eltern als ruhige, zugewandte Mutmacher.
Dies ist aber nur möglich, wenn diese selbst von Zuversicht erfüllt sind und darum wissen, dass Fördern auch Zumuten bedeutet.
Dass man Kräfte entwickeln muss, um unbequem zu sein,
um Konflikte auszuhalten und Positionen zu halten und
den Spagat hinzukriegen zwischen Sorge und Sorgfalt.
Als Eltern muss man lernen, zu schonen, aber nicht zu verschonen,
Wege zu bahnen, aber auch auszuhalten, dass Kinder von diesem Weg abweichen.

Gerade deshalb gilt Ihnen als Eltern Respekt und große Bewunderung.
Sie erleben und zeigen,
dass der Weg zu einem „normalen" Kind außergewöhnlich ist
oder auch dass außergewöhnliche Kinder einen Weg gehen können,
der eine wundervolle Entwicklung sein kann,
ohne ein normaler Weg sein zu müssen,
genauso wie jeder Fortschritt zu mehr Eigenständigkeit.

Gut, wenn Sie diese Etappe nicht alleine gehen müssen,
wenn Sie selbst ausreichend gestärkt und unterstützt werden.

Wir sind gerne bereit, Ihre Schritte zu begleiten.

◆ ◆ ◆

Die „Basalen Kompetenzen“

Visuelle und auditive Wahrnehmung als grundlegende Voraussetzung für das Lernen

Karin Jäkel

Lernschwierigkeiten im schulischen Bereich können durch ***Schwächen in den sog. „Basalen Kompetenzen“*** bedingt sein. Es handelt sich dabei um grundlegende visuelle und auditive Fähigkeiten, die unabdingbar nötig sind, um im Unterricht mitarbeiten und die gestellten Aufgaben bewältigen zu können.

Unsicherheiten in diesen Grundvoraussetzungen des Lernens können bei frühgeborenen Kindern, auch wenn sie über eine Intelligenz im Normbereich verfügen, häufiger auftreten oder diese können länger anhalten als bei den Klassenkameraden.

In vielen Fällen erschweren sie es den Kindern erheblich, sich den zu erlernenden Stoff anzueignen bzw. ihn zu automatisieren. ***Solche Kinder brauchen bei gleicher Intelligenz mehr Zeit und müssen deutlich mehr Arbeitsleistung investieren als die anderen, um die gleichen Ziele zu erreichen.*** In herkömmlichen homogenen Lerngruppen geraten sie schnell ins Hintertreffen, wenn ein Lehrgang, der auf zuvor Erlerntem aufbaut, zu schnell fortschreitet.

Individuelle Förderung, zu der die Schulen verpflichtet sind, bedeutet daher auch unbedingt, ***das individuelle Lerntempo - fördernd und fordernd - zu ermöglichen.***

Die hier beschriebenen Schwächen bzw. Störungen in der visuellen und/oder auditiven Wahrnehmung können zum Symptombild eines Aufmerksamkeits-Defizit-Syndroms oder einer Teilleistungsstörung gehören. Sie können aber auch einzeln auftreten und die Kinder in ihrem Lernprozess behindern, ohne dass eine ausgewiesene Verhaltens-, Teilleistungs- oder Lernstörung vorliegt.

Im Folgenden werden wichtige „Basale Lernvoraussetzungen“ jeweils kurz skizziert, und zwar unter der Fragestellung: Welche Auswirkungen haben Unsicherheiten im jeweiligen Bereich auf den Lernprozess der Kinder? Was ist zu tun oder zu vermeiden, um den Lernprozess der Kinder bestmöglich zu unterstützen?

1. Figur-Grund-Wahrnehmung

„Wichtiges erkennen und wiederfinden"

Die visuelle Figur-Grund-Wahrnehmung befähigt dazu, in einem unübersichtlichen Gewirr von Linien oder Zeichen sinnvolle Strukturen (Bilder, Buchstaben, ...) zu erkennen. So kann Wichtiges von Unwichtigem unterschieden werden. Die Hauptinformation kann herausgefiltert und die Aufmerksamkeit fokussiert werden.

Diese Fähigkeit ist wichtig, um sich in einem Text, auf einem Arbeitsblatt oder einer Seite zu orientieren und dort bestimmte Wörter, Sätze, Zahlen oder Aufgaben zu finden. Notwendig ist sie ebenfalls, um etwas im Ranzen, der Schublade oder auf dem Schreibtisch zu finden. Auch zur Mengenerfassung trägt die Figur-Grund-Wahrnehmung bei.

Kindern mit Schwächen in diesem Bereich fällt es z.B. schwer, von einer verschmierten Tafel oder von Kopien mit vergrautem Hintergrund (z.B. Umweltpapier) abzulesen. ***Sie brauchen unbedingt gute Kontraste zwischen Schrift und Hintergrund. Darüber hinaus benötigen sie möglichst übersichtlich gestaltete Materialien.*** Evtl. kann Wichtiges, wie z.B. die Operationszeichen im Rechnen, (verschieden) farbig unterlegt und damit hervorgehoben werden. Die Tafel sollte immer einen ***sauberen Untergrund*** haben. Auch ein ***aufgeräumter Arbeitsplatz*** hilft, sich zu orientieren.

Die Figur-Grund-Wahrnehmung gibt es auch im akustischen Bereich. Weist ein Kind hier Schwächen auf, kann es „Unterrichtsgeräusche" nicht von Hintergrund- und Störgeräuschen trennen. Eine „kreative Unruhe im Raum", wie sie in Gruppenarbeitsphasen entsteht und gewünscht wird, kann dieses Kind in seiner Arbeitsfähigkeit deutlich behindern. Kinder mit einem solchen Defizit benötigen eine ***ruhige Arbeitsumgebung***, u.U. evtl. sogar einen Ausweichraum, in dem Stillarbeit möglich ist.

2. Optische Gliederung

„Zerlegen und erfassen“

Die Fähigkeit zur optischen Gliederung bedeutet, Ähnlichkeiten von Zeichen erkennen zu können, komplexe Strukturen in Einzelheiten zerlegen zu können sowie Einzelnes in einem großen Ganzen wiederzufinden. Im Schriftspracherwerb bedeutet das z.B., Wörter in Buchstaben zerlegen zu können oder häufige Silben als Ganzes wiederzuerkennen, was die Lesefähigkeit erleichtert. Im Rechnen können so Zahlenkombinationen (mehrstellige Zahlen) erkannt oder Operationszeichen herausgefiltert werden.

Schwächen in der optischen Gliederungsfähigkeit können mit wahrnehmungsschulenden Spielen gezielt gefördert werden. Eine gute Unterstützung zum Erreichen des Lernziels „Lesefähigkeit“ ist auch ***vorstrukturiertes Material,*** z.B. Silbenbögen als visuelle Gliederungshilfe unter dem Lesetext. Insgesamt profitieren die Kinder auch hier von ***zusätzlichen Übungsdurchgängen,*** die ihnen ***mehr Zeit zum Einüben der Lerninhalte*** gewähren.

3. Optische Differenzierung

„Genau hinsehen“

Die Fähigkeit der optischen Differenzierung besteht darin, Unterschiede in ähnlichen Zeichen deutlich erkennen zu können.

Können Kinder ähnliche Buchstaben nicht sicher unterscheiden, müssen sie z.B. beim Lesen erst mühsam verschiedene Kombinationsmöglichkeiten von Lauten ausprobieren, um eine sinnvolle zu finden. Das Lesenlernen wird als anstrengend und permanent frustrierend erlebt, die Motivation schwindet.

Um eine solche Entwicklung zu vermeiden, kann ***die optische Differenzierung gezielt trainiert*** werden, z.B. durch das Bearbeiten von Fehlerbildern, von Bildvergleichen, Spielen von „Schau genau“, „Wer ist es?“ usw.

4. Visuelle bzw. akustische Serialität

„Merkfähigkeit“

Manche Kinder haben Schwierigkeiten damit, sich Reihenfolgen zu merken. Betrifft es den akustischen

Bereich, so bedeutet das, dass das Kind mehrere mündliche Handlungsanweisungen nacheinander nicht behalten kann. Es kann die geforderten Arbeitsschritte dann nicht selbständig ausführen, stockt, hört auf oder schaut ständig beim Nachbarn. Es fällt ihm z.B. schwer, Sätze zu bilden oder Wörter zu erlesen, weil es in der Mitte der Aufgabe schon das am Anfang Erarbeitete vergessen hat und nicht mehr darauf zurückgreifen kann. Ein solches Kind braucht ***deutlich mehr Übezeit,*** um z.B. die Lesefähigkeit zu automatisieren. ***Arbeitsaufträge und Handlungsanweisungen sollten immer möglichst kurz formuliert und klar verständlich sein.*** Zudem sollten sie ***mehrmals wiederholt oder deutlich sichtbar (z.B. an der Tafel) notiert werden.***

Ist eher der visuelle Bereich betroffen, bedeutet das eine Einschränkung der eigenen Handlungsplanung, da die Kinder sich die Abfolge einzelner Arbeitsschritte schwer merken können. Beim Schreiben bereitet die genaue Abfolge der Buchstaben Schwierigkeiten, beim Rechnen die Abfolge von mehreren Rechenschritten. Zahlen- oder Buchstabendreher sind häufig. Hier kann es hilfreich sein, dem Kind zu erlauben bzw. es anzuleiten, ***sich Zwischenschritte zu notieren.*** Bei der Aufgabenstellung können ***mehrere verschiedene Sinneskanäle*** angesprochen werden. Zeitweise kann eine ***kleinschrittigere Betreuung*** für das Kind erforderlich sein, um das Ausführen der Lernschritte einzuüben und damit den jeweiligen Lerninhalt zu festigen.

5. Raum-Lage-Wahrnehmung

„Sich zurechtfinden“

Für das Arbeiten mit Schrift- und Zahlzeichen ist es wichtig, dass die Kinder sich in den Dimensionen links-rechts und oben-unten gut orientieren können. Ist dies nicht der Fall, werden z.B. die Buchstaben d, b, q und p oder Zeichenfolgen wie ei – ie nicht als unterschiedlich erkannt.

Vor allem das Lesenlernen wird dadurch erschwert, da die Kinder auch hier aus mehreren eventuellen Bedeutungen der Zeichen erst die sinnvolle „erraten“ müssen. Lesen wird als ständige Anstrengung erlebt, eine Lust am eigenständigen Lesen stellt sich durch diese permanente Frustration nicht ein. Währenddessen erweitern jedoch die Mitschüler, die Spaß am eigenen Erlesen von Texten gefunden haben, dadurch ihre Fertigkeiten auf den Gebieten Lesegeschwindigkeit, Wortschatz, Ausdrucksfähigkeit, Textaufbau, Einprägen der Wortgestalt und Rechtschreibfähigkeit beträchtlich.

Kindern mit Schwierigkeiten in der Raum-Lage-Wahrnehmung fällt es schwer, beim Schreiben die Zeile zu halten sowie sich in den Zeilen und Spalten von Tabellen zurechtzufinden. Anweisungen zur Einteilung eines karierten Blattes z.B. können nur schwer umgesetzt werden. Über Gebühr lange wird spiegelbildlich geschrieben.

Abschreiben gelingt nur mühsam und zeitraubend, da die Kinder sich beim Hin- und Herschauen zwischen Textquelle und Heft schlecht orientieren können und oft den Faden verlieren.

Daher sollten für diese Schüler Abschreibübungen und Tabellen nur sehr dosiert und gezielt eingesetzt werden, um zu verhindern, dass die Kinder sich auf dem Lernweg verlieren und dadurch den eigentlichen Lernstoff nicht ausreichend bearbeiten. ***Schablonen, Lesefenster o.ä. können die Schüler/innen in ihrer Orientierung hilfreich unterstützen.***

6. Auswirkungen auf den Lernprozess und die Motivation der Kinder

„Spaß am Lernen“

Probleme oder Schwächen in einzelnen Wahrnehmungsbereichen führen unweigerlich dazu, dass die betroffenen Kinder deutlich mehr Zeit benötigen, um sich dieselben Fertigkeiten wie ihre Klassenkameraden anzueignen. Zudem wenden sie auch erheblich mehr Energie auf, weil sie auf dem Lernweg die oben genannten Stolpersteine zusätzlich zum eigentlichen Lernin-

halt zu bewältigen haben. Manche Kinder müssen darüber hinaus noch Energie darauf verwenden, Wahrnehmungsschwierigkeiten aus den Bereichen Körpereigenwahrnehmung, Gleichgewicht oder Muskelspannung zu kompensieren, sodass ihnen im Vergleich zu ihren Mitschülern nur ein eingeschränktes Energiepotential für den eigentlichen Lernprozess zur Verfügung steht.

Die Kinder merken selbst oft sehr genau, dass sie sich mehr anstrengen als die anderen und dennoch weniger erreichen. ***Ihre Motivation und ihr Selbstbewusstsein leiden, eine Abwärtsspirale entsteht.*** Um diese fatale Tendenz zu durchbrechen, ist es so außerordentlich wichtig, die ***Kinder zu beobachten, um eventuellen Lernhemmnissen baldigst auf die Spur zu kommen und adäquat reagieren zu können.***

Unüberwindbare Stolperfallen auf dem individuellen Lernweg können und müssen vermieden werden.

Gerade Kinder, die durch anfängliche Misserfolge verunsichert wurden, müssen durch schneller erreichbare Erfolgserlebnisse wieder gestärkt werden, um neues Vertrauen in die eigenen Fähigkeiten aufzubauen und ihr kognitives Potential trotz der vorhandenen Wahrnehmungsschwächen ausschöpfen zu können.

7. Verhaltens- und Teilleistungsstörungen

„Wenn's lange schwierig bleibt"

Wenn deutliche Schwächen in mehreren Bereichen der Wahrnehmung gleichzeitig vorhanden sind und über einen langen Zeitraum trotz guter Förderung anhalten, sollte in jedem Fall überprüft werden, ob eine diagnostizierbare Verhaltens- oder Teilleistungsstörung wie AD(H)S (Aufmerksamkeits-Defizit-Syndrom), Lese-Rechtschreib-Schwäche oder Dyskalkulie (Rechenschwäche) vorliegt.

◆ ◆ ◆

Dieses Kapitel kann auch in Form einer Broschüre beim Herausgeber bezogen sowie auf dessen Homepage heruntergeladen werden.

▸ http://www.fruehgeborene-rlp.de/451schule.html

Lese-Rechtschreibstörung /-schwäche - Legasthenie

Die folgenden Textpassagen wurden mit freundlicher Genehmigung von der Homepage des Bundesverbandes Legasthenie und Dyskalkulie e.V. übernommen. Den vollständigen Text sowie weitere Informationen finden Sie dort unter

▸ http://www.bvl-legasthenie.de.

Definition

Unterscheidung Störung - Schwäche

In den diagnostischen Leitlinien der Deutschen Gesellschaft für Kinder- und Jugendpsychiatrie, Psychosomatik und Psychotherapie (DGKJP) werden die Begriffe Lese-Rechtschreibstörung und Lese-Rechtschreibschwäche (LRS) voneinander unterschieden. ...

Lese-Rechtschreibstörung

In der Regel sind für die Diagnose einer Lese-Rechtschreibstörung folgende Richtwerte ausschlaggebend:

- Das Intelligenzniveau liegt nicht im Bereich der geistigen Behinderung (IQ > 70).
- Im Lese-Rechtschreibtest sollten etwas weniger als 90 % der Vergleichskinder besser sein (Prozentrang < 10 %; Schüler mit höherer Intelligenz und Lese-Rechtschreibstörung wie auch Schüler, die ein Legasthenietraining hatten, erreichten meistens höhere Werte, so dass dies bei der Beurteilung berücksichtigt werden muss).
- Die Lese- oder Rechtschreibleistung sollte deutlich schlechter sein, als dies nach der allgemeinen Intelligenzentwicklung zu erwarten ist. ...

Lese-Rechtschreibschwäche (LRS)

Lässt sich eine Lese-Rechtschreibschwierigkeit durch mangelhafte Beschulung, durch eine psychische oder neurologische Erkrankung oder durch eine Sinnesbehinderung (z.B. Schwerhörigkeit oder Sehbehinderung) erklären, liegt eine oft vorübergehende Lese-Rechtschreibschwäche vor. Werden dagegen die aufgeführten Ursachen ausgeschlossen und liegt eine hinreichende allgemeine Intelligenzentwicklung vor, so ist die Diagnose einer Lese-Rechtschreibstörung zu stellen.

Achtung: In manchen schulischen Erlassen der Bundesländer ist es entscheidend für den Umfang des Nachteilsausgleichs, ob eine Lese-Rechtschreibstörung oder –schwäche vorliegt.

Diagnostik

Die Diagnose einer Lese-Rechtschreibstörung wird durch Ärzte für Kinder- und Jugendpsychiatrie und -psychotherapie, Kinder- und Jugendspsychotherapeuten oder Diplom-Psychologen gestellt. ...

Neben den Schulnoten im Diktat, der Frage nach dem Unterschied zwischen Noten im Deutschen (Lesen und Rechtschreiben) und Noten in anderen Schulfächern wird die Art und Häufigkeit der Fehler beim Lesen und Rechtschreiben festgestellt. Zur Einschätzung eines Gesamtbildes dient die Einsicht in Schulhefte und Schulzeugnisse sowie standardisierte Lese-Rechtschreibtests.

Für eine Diagnose ist es wichtig, herauszufinden, wie sich das Kind im Allgemeinen entwickelt hat. Es geht darum, die Entwicklung von Sprache, Motorik und Körper festzuhalten. Nicht unbedeutend sind auch diagnostische Ergebnisse über die Seh- und Hörleistung des Kindes.

Manchmal bleibt es jedoch nicht nur bei Lese-Rechtschreibproblemen. Es gesellen sich auch Auffälligkeiten in der Aufmerksamkeit und Konzentration hinzu. Dringend Hilfe braucht Ihr Kind, wenn es bereits unter Schulangst, Störungen im Sozialverhalten, Aggressivität, Depressionen oder psychosomatischen Beschwerden (Kopf- oder Bauchschmerzen, Übelkeit etc.) leidet.

Symptomatik

Charakteristische Probleme beim Lesen:

Niedrige Lesegeschwindigkeit, häufiges Stocken, Verlieren der Zeile im Text, aber auch das Auslassen, Vertauschen oder Hinzufügen von Wörtern, Silben oder einzelnen Buchstaben. Das Gelesene kann

© Lutz Boelkow/Photocase.de

zum Teil nur unzureichend wiedergegeben bzw. interpretiert werden.

Charakteristische Probleme in der Rechtschreibung:

Hohe Fehlerzahl bei ungeübten Diktaten aber auch abgeschriebenen Texten. Wörter werden teilweise fragmenthaft, im selben Text häufig auch mehrfach unterschiedlich falsch geschrieben. Hinzu kommen auffallend viele Grammatik- und Interpunktionsfehler und oft eine unleserliche Handschrift.

Probleme in anderen Fächern als Deutsch:

Die Lese- und Rechtschreibschwierigkeiten treten ebenfalls in den Fremdsprachen auf. Schwierigkeiten beim Lesen und vor allem die Verlangsamung können eine eingeschränkte Wissensaufnahme in den übrigen Lernfächern verursachen, weil z.B. im vorgegebenen Zeitrahmen das Wissen nicht aufgenommen bzw. niedergeschrieben werden kann. Legasthenie kann somit schnell dazu führen, dass die gesamte schulische Leistung erheblich beeinträchtigt wird.

„... Kinder, die leicht auswendig lernen und solche mit höherer Intelligenz kompensieren u.U. die Lese- und Rechtschreibstörung; sie versagen erst in der 3. Klasse oder erst nach dem Wechsel in eine weiterführende Schule (Realschule, Gymnasium), wenn ungeübte Schriftsprachleistungen und Aufsätze gefordert werden oder ein höheres Leistungs- und Temponiveau bei schriftlichen Arbeiten abverlangt wird. ...“ (Quelle: Dt. Ges.f. Kinder- und Jugendpsychiatrie und Psychotherapie u.a. (Hrsg.): Leitlinien zur Diagnostik und Therapie von psychischen Störungen im Säuglings-, Kindes- und Jugendalter. 2. überarbeitete Auflage 2003). • • •

Schwierigkeiten in der Grundschule („Kann-Auffälligkeiten“)

Lesen: Verbinden von Lauten, Zusammenführen von Worten zu Sätzen, inhaltliches Verstehen von Gelesenem, auffallend langsames Lesen.

Rechtschreibung: Unterscheidung und Schreiben einzelner Buchstaben, Umsetzung vom Gehörten ins Geschriebene, Weglassen oder Hinzufügen einzelner Buchstaben, Schreiben sogenannter Wortruinen, Probleme beim Abschreiben von Wörtern und Sätzen, unleserliche Schrift, hohe Fehlerquote bei ungeübten Diktaten.

Leistungsdefizite aufgrund von eingeschränktem, d.h. verlangsamtem oder fehlerhaftem Lesevermögen und mangelhafter Rechtschreibung machen sich auch in anderen Fächern bemerkbar. Obwohl sich Eltern und Kinder sehr bemühen, durch häufiges Üben die Leistung zu verbessern, macht das Kind nur geringe, teilweise gar keine Fortschritte. Oft wird zu Unrecht schuldhaftes Versagen vermutet.

Hilfe

Allgemein

Therapie und Förderung soll dem Legastheniker ermöglichen, mit seinen Schwierigkeiten besser umzugehen. Sie sollte ganzheitlich angelegt sein, d.h. der Gesamtpersönlichkeit der Kinder in schulischer, sozialer und emotionaler Hinsicht gerecht werden.

Dazu gehört in erster Linie, dass Legasthenie frühzeitig festgestellt wird und somit als Ursache für das Scheitern in der Schule anerkannt wird. Die psychische Entlastung ist ein zentraler Punkt der Legasthenie-Förderung, da Spannungen im Umfeld aufgrund der schlechten Leistungen meist noch weitere negative Folgen - auch im gesundheitlichen Bereich - nach sich ziehen.

Ganz wichtig ist in diesem Zusammenhang der Rückhalt in der Familie. Legasthene Kinder können sich nur positiv entwickeln, wenn sie von ihren Eltern trotz schlechter Leistungen anerkannt werden. Quälendes Üben zu Hause, welches selten den gewünschten Erfolg bringt, und der Druck, besser werden zu müssen, können sehr belasten.

Eltern

Die Voraussetzung für häusliche Förderprogramme ist, dass die Eltern ausreichend Zeit haben, konsequent über einen längeren Zeitraum mit ihrem Kind zu üben. Die Maßnahmen sollten dabei immer sehr detailliert mit den Lehrern bzw. Therapeuten abgestimmt sein, damit das gemeinsame Üben und Lernen nicht zu einer negativen Belastung des Eltern-Kind-Verhältnisses führt.

Eltern sollten sich bei der Durchführung eines Förderprogramms beraten lassen. Eltern können ihren legasthenen Kindern nur helfen, wenn sie das Problem ihres Kindes in seiner Tragweite verstehen und akzeptieren sowie einen gewissen Abstand dazu aufgebaut haben. Druck, Frustration und schlechtes Gewissen gefährden eine erfolgreiche Zusammenarbeit und nicht alle Eltern sind als (Co-)Therapeuten geeignet, das müssen sie auch nicht. In diesem Fall ist es wirklich besser, die Lese-Rechtschreib-Förderung

an Außenstehende abzugeben und dem Kind innerhalb der Familie den Rücken zu stärken, indem es einfach angenommen und geliebt wird, so wie es ist. ...

Wie können Eltern helfen?

Zunächst einmal ist es wichtig, dass man dem Kind die Legasthenie erklärt und ihm somit das Gefühl nimmt, ein Versager zu sein. Es sollte behutsam angeleitet werden, seine eigene Lernsituation durch bestimmte Methoden zu verbessern. Die Überforderungs-Versagens-Spirale darf zu Hause nicht fortgesetzt werden. ...

Lerntipps:

Lernen Sie mit Ihrem Kind in überschaubaren Stoff- und Zeiteinheiten. Überforderung frustriert und schadet langfristig der Lernmotivation. ...

Lesetipps:

- Lassen Sie Ihr Kind zuerst wortweise, später satzweise laut lesen!
- Verwenden Sie stets neue Texte, gerade jüngere Kinder lernen schnell auswendig.
- Überprüfen Sie, ob das Kind den Text verstanden hat, stellen Sie Fragen zum Inhalt!

Fremdsprachen-Tipps:

Beim Erlernen von Fremdsprachen gibt es für Legastheniker wieder neue Probleme, denn es müssen neue Zuordnungen zwischen Gehörtem (Laut), Geschriebenem (Wortbild) und der deutschen Bedeutung gelernt werden. Wichtig sind hilfreiche Lerntechniken, die der unterschiedlichen Schreib- und Sprechweise gerecht werden.

- Auch hier gilt wieder: Lesen können (und damit Wissensaufnahme) kommt vor Rechtschreibung! ...

- Lassen Sie Ihr Kind häufig deutlich und langsam sprechen, verwenden Sie keine Abkürzungen (nicht I'm sondern I am), lassen Sie die Vokabeln buchstabieren und sprechen, wie man sie schreibt. ...

Schule

••• Das Lehren von Lesen und Rechtschreiben ist zunächst einmal Aufgabe der Schule. Gemeinsam mit den Eltern sind Förderhilfen für das legasthene Kind zu suchen und umzusetzen.

Jedes Bundesland hat hierfür eigene Rahmenrichtlinien in Form von Erlassen und Verwaltungsvorschriften, die jedoch sehr unterschiedlich ausfallen. Auch in der Umsetzung dieser Erlasse an den Schulen gibt es wiederum erhebliche Bandbreiten bezüglich Diagnosemöglichkeiten und Förderangeboten für legasthenische Kinder. Wenige Lehrer und Lehrerinnen sind bisher entsprechend ausgebildet. •••

Tipps für die Schulsituation:

Gerade die Grundschulzeit ist am belastendsten für legasthene Kinder. Da die Grundfertigkeiten im Lesen, Schreiben und Rechnen erlernt werden sollen, macht sich die Lernschwäche in den ersten 4 Schuljahren am stärksten bemerkbar. Gerade in dieser Zeit wird deshalb das Leistungsvermögen der Kinder massiv in Frage gestellt, was schnell zu Frustrationen, sozial auffälligem Verhalten oder Unlust führen kann.

- Machen Sie sich deshalb stark für Ihr Kind, halten Sie den Dialog mit der Schule, sorgen Sie dafür, dass Ihrem Kind Verständnis entgegengebracht wird, und fordern Sie Hilfen ein, die Ihrem Kind die Lernsituation erleichtern! Es gibt hierzu eine Reihe von einfach durchsetzbaren Maßnahmen:
- Das Kind sollte möglichst vorne sitzen, am besten frontal zur Tafel, damit es so wenig wie möglich abgelenkt wird, genau wahrnehmen kann und seine Situation besser von der Lehrkraft beobachtet werden kann.
- Es sollte nur freiwillig vorlesen oder an die Tafel gehen müssen. ...
- Für die Hausaufgaben können Sonderregelungen vereinbart werden: Nur nützliche, erfüllbare Aufgaben helfen weiter. Wichtig ist ein Zeitlimit, unabhängig davon, ob die Hausaufgaben fertig sind.
- Der individuelle Lernfortschritt sollte gelobt werden, auch wenn es sich dabei um objektiv kleine Erfolge handelt.

- Klassenarbeiten sollten mit maschinengeschriebenen, übersichtlichen Arbeitsblättern durchgeführt, die Arbeitsanweisungen vorgelesen werden. Die Korrekturen sollten dezent sein (kein ‚rotes Blatt'), die Bemerkungen anerkennend und ermutigend.
- Ein Nachteilsausgleich kann auch sein, dem Kind mehr Zeit für einen Test zu geben (z.B. die Pause noch dazu).
- Gute Schulnoten sind nicht so wichtig wie das seelische Gleichgewicht eines Kindes. Auf den weiterführenden Schulen tritt die Legasthenie mehr und mehr in den Hintergrund, weil mehr und mehr Fachwissen gefragt ist, daher ist es wichtig, dass das Kind die für sein Intelligenzniveau passende Schulart besuchen kann. ...
- Mit der Unterstützung durch ein liebe- und verständnisvolles Elternhaus entwickeln Legastheniker oft eine außergewöhnlich starke Persönlichkeit, da sie bereits im Kindesalter gelernt haben, Probleme zu akzeptieren und Lösungsmöglichkeiten zu finden. ...

Therapie

Wenn Eltern erfahren, dass ihre Kinder von Legasthenie und/oder Dyskalkulie betroffen sind, gehen sie zunächst davon aus, dass ihr Kind in der Schule gefördert wird und eine darüber hinausgehende Therapie von den Krankenkassen übernommen wird. Ungläubig stellen viele dann fest, dass die Schulen nicht angemessen fördern (können) und dass die Krankenkassen die Kosten nicht übernehmen. ...

Zusätzliche Förderung erfolgt häufig durch außerschulische private Anbieter, die aufgrund der hohen Nachfrage zunehmen. Wirksamkeit der Therapie sowie Qualifikation der Therapeuten sind bedeutsame Punkte von Rat- und Hilfesuchenden. ...

Der BVL hat ein deutschlandweites Beratungstelefon eingerichtet, welches Eltern und Ratsuchenden zur Verfügung steht. Ansprechpartnerin ist Frau Palme, die Sie unter der Telefonnummer 0700 – 285 285 285 erreichen können. Alle Kontaktdaten s. ► „Hilfreiche Anschriften und Links" im Anhang.

◆ ◆ ◆

Zusätzliche Informationen

Weitere wichtige Aspekte zu diesem Thema erörtern auch die Textbeiträge ► *"Förderung von Schülerinnen und Schülern mit besonderen Schwierigkeiten im Lesen und Rechtschreiben oder im Rechnen - Die Frage nach dem Nachteilsausgleich"* und ► *"Kooperation von Jugendhilfe und Schule beim Umgang mit Lese-Rechtschreib- und Rechenstörungen"*.

◆ ◆ ◆

Rechenschwäche - Rechenstörung - Dyskalkulie

Die folgenden Textpassagen wurden mit freundlicher Genehmigung von der Homepage des Bundesverbandes Legasthenie und Dyskalkulie e.V. übernommen. Den vollständigen Text sowie weitere Informationen finden Sie dort unter

- http://www.bvl-legasthenie.de.

Definition

Dyskalkulie ist in den letzten Jahren immer mehr in den Fokus der Öffentlichkeit und somit der öffentlichen Diskussion geraten. Lehrer und Eltern wissen leider immer noch nicht ausreichend darüber Bescheid, was sich hinter diesem Begriff verbirgt und wie mit dieser Störung umgegangen werden muss.

In der internationalen Klassifikation der Krankheiten der Weltgesundheitsorganisation (WHO) ist der Rechenstörung die Ziffer F81.2 zugeordnet. Hier heißt es:
„Diese Störung bezeichnet eine Beeinträchtigung von Rechenfertigkeiten, die nicht allein durch eine allgemeine Intelligenzminderung oder eine unangemessene Beschulung erklärbar ist. Das Defizit betrifft vor allem die Beherrschung grundlegender Rechenfertigkeiten wie Addition, Subtraktion, Multiplikation und Division, weniger die höheren mathematischen Fertigkeiten, die für Algebra, Trigonometrie, Geometrie oder Differential- und Integralrechnung benötigt werden".

Kindern, die eine Rechenstörung haben, gelingt es nicht, die arithmetischen Grundlagen, die für das erfolgreiche Weiterlernen im Fach Mathematik notwendig sind, zu erwerben. Sie haben die Mathematik von Schulbeginn an grundsätzlich (grundlegend) missverstanden. Ein Scheitern im Grundschulbereich ist vorprogrammiert, denn die Mathematik baut streng hierarchisch aufeinander auf. Wer die ersten Schritte nicht verstanden hat, wird die weiteren – darauf aufbauenden – nicht gehen können.

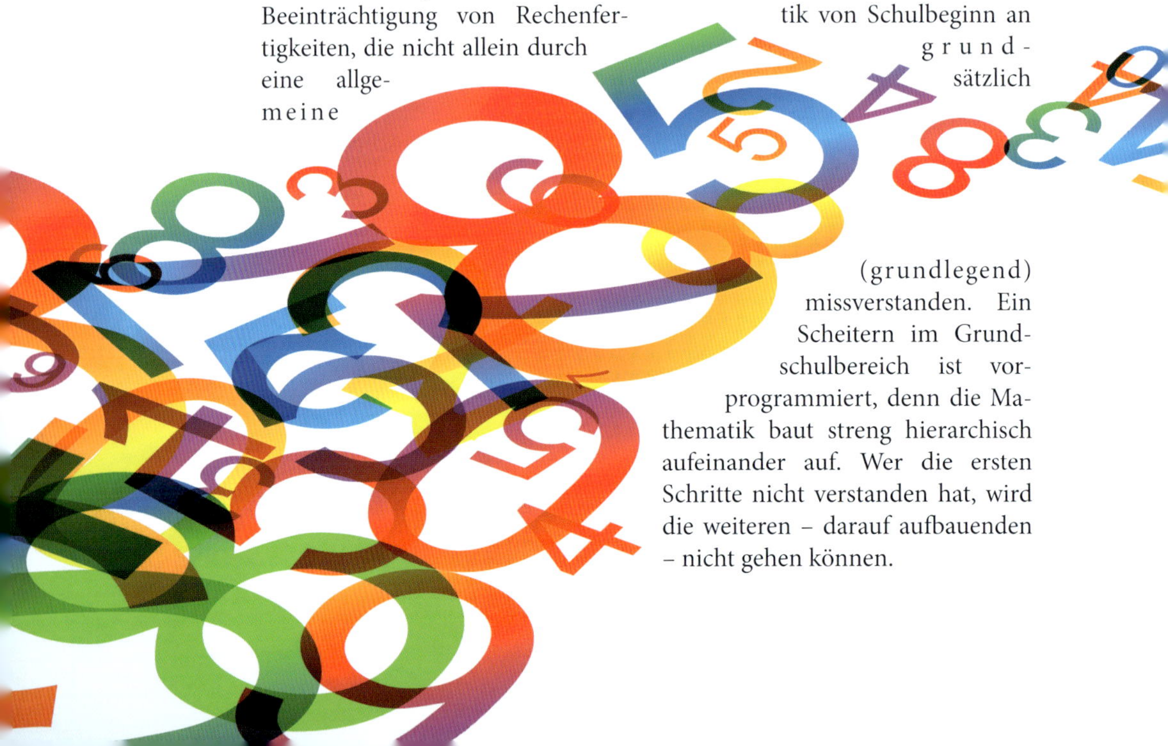

Auffälligkeiten ernst nehmen!

Wir können davon ausgehen, dass Schüler die Dyskalkulie bereits mit in das erste Schuljahr gebracht haben – der Schulstoff geht somit von Anfang an an ihnen vorbei. Zahlen werden von diesen Kindern als leere Symbole bzw. als Position auf einem Zahlenstrahl erfasst und nicht als Stellvertreter von Mengen.

Zumeist werden die Kinder im häuslichen Bereich auffällig. Die Hausaufgaben werden mit Hilfe der Eltern (meistens der Mütter) gemacht, ein Vorgang, der sich endlos lange hinzieht, für beide Seiten häufig mit Wut, Streit und Tränen endet: Das rechenschwache Kind findet einfach kein „Pack-Ende" und die Mutter kann nicht verstehen, warum „so einfache" Aufgaben von ihrem Kind nicht gelöst werden können.

Folgenden Auffälligkeiten steht die Mutter relativ hilflos gegenüber:

- Das Kind löst die Aufgaben zählend, meist unter Zuhilfenahme der Finger.
- Addieren geht gerade noch, beim Subtrahieren tauchen große Schwierigkeiten auf.
- Das Kind hat Probleme bei Zehner- und Hunderter-Übergängen.
- Platzhalter-Aufgaben (19 - ? = 5) scheinen unlösbar.
- Das Dividieren funktioniert überhaupt nicht und ist besonders verhasst.
- Das Kind grübelt lange – ohne ersichtliches Ergebnis.
- Gewichts- und Maßeinheiten können nicht eingeschätzt werden.
- Die Uhrzeit kann nicht korrekt benannt werden.
- Das Kind lässt sich das Geld „passend" geben, wenn es einkaufen gehen soll.
- Die Frage, ob es Hausaufgaben in Mathematik aufhat, verneint das Kind und verschwindet aus dem Zimmer.
- usw...

Rechnen-Können als unabdingbare Voraussetzung für die Teilhabe am Leben in der Gesellschaft

Wenn ein Kind das Rechnen nicht erlernt, wird es nicht nur im schulischen Bereich scheitern und nachhaltig unter einem gewaltigen psychischen Druck stehen, sondern das Rechnen-Können hat einen äußerst wichtigen lebenspraktischen Bezug: Wer nicht rechnen kann, kann keine Ausbildung erfolgreich beenden, keinen Beruf ergreifen und wird nicht selbstständig in der Lage sein, seinen Lebensunterhalt zu sichern. Damit ist durch das Nicht-Rechnen-Können die Teilhabe am Leben in der Gesellschaft deutlich gefährdet.

! ***BVL, Frau Palme***
Tel.: 0700 – 285 285 285 !

Wer kann Eltern und Ratsuchende unterstützen, beraten und über Dyskalkulie informieren?

Die Ansprechpartner in unseren 16 Landesverbänden stehen gerne für eine umfangreiche Erstberatung zur Verfügung. Die Kontaktdaten finden Sie auf unserer Internetseite unter „Landesverbände". Mitglieder unseres Verbandes können darüber hinaus weitere Unterstützung und Beratung erhalten, damit gezielt die richtigen Schritte eingeleitet werden.

Der BVL hat ein deutschlandweites Beratungstelefon eingerichtet, welches Eltern und Ratsuchenden zur Verfügung steht. Ansprechpartnerin ist Frau Palme, die Sie unter der Telefonnummer 0700 – 285 285 285 erreichen können. Alle Kontaktdaten s. ▸ „Hilfreiche Anschriften und Links" im Anhang.

Symptomatik

Charakteristische Probleme mit Mengen und Zahlen

Bereits im Vorschulalter fallen Schwierigkeiten auf, Mengen einzuschätzen, zu vergleichen oder zu sortieren. Die Fähigkeit, Gegenstände abzuzählen oder Mengenbilder gesprochenen Zahlwörtern zuzuordnen, ist eingeschränkt. Erstes anschauliches Rechnen mit Gegenständen fällt schwer. Fragen nach „kleiner", „größer", „mehr" oder „weniger" können vom Kind nicht beantwortet werden.

Später werden im Hunderter- und Tausender-Zahlenraum die Stellenwerte vertauscht oder verdreht. Das Rechnen mit Maßeinheiten (Geld, Gewichte, Längenmaße) bereitet große Schwierigkeiten. Auch das Ablesen der Uhrzeit klappt nicht.

Charakteristische Probleme mit den Rechenfertigkeiten

Grundsätzlich gilt für alle Kinder mit Rechenstörungen: Sie haben die Mathematik grundsätzlich missverstanden. In der ersten Jahrgangsstufe fallen Dyskalkuliker selten durch besondere Rechenschwierigkeiten auf. Alle Kinder kommen über das Zählen zum Rechnen. Rechenschwache Kinder sind allerdings deutlich langsamer als ihre Klassenkameraden. Sie kommen lange nicht ohne Zählhilfen aus (Finger, Stifte, Steine etc.), da sie nachhaltig beim Abzählen bleiben und sehr deutlich auch auf die Zählhilfen als - wie auch immer geartete - Orientierungshilfe angewiesen sind. Kinder mit einer Rechenstörung haben keine Vorstellung davon, dass Zahlen Stellvertreter von Mengen sind. Zahlen sind inhaltsleere Symbole, die wie bei einem Zahlen-Alphabet herauf und herunter gezählt werden.

Besondere Schwierigkeiten bereiten Zehner-Übergänge sowie der Wechsel zwischen den Rechenarten. Die Zerlegung von Zahlen, Platzhalter-Aufgaben oder Umkehr-Operationen werden nicht verstanden und willkürlich gelöst. Schwierig erscheint auch das Verstehen und die Umsetzung der Rechenoperationen.

Im Bereich der Text- und Sachaufgaben kommen oft zahlreiche unterschiedliche Fehlermöglichkeiten zusammen, die Kinder finden keinen Zugang zur Umsetzung des Textes in Rechenaufgaben, weil sie schon beim Durchschauen der Aufgabenstellung scheitern.

Folgeprobleme aufgrund der Dyskalkulie:

Mathematische Sachverhalte finden sich z. B. auch im Fach Sachkunde wieder. So haben rechenschwache Kinder große Probleme, Tages-, Wochen-, Jahresverlauf, Thermometer, Himmelsrichtungen, Uhr, Stromkreis, geschichtliche Ereignisse zu verstehen bzw. einzuordnen. Auch die Orientierung mit Hilfe von Karten und Tabellen kann bei einer vorliegenden Dyskalkulie erhebliche Schwierigkeiten bereiten.

Diagnostik

Die Diagnose einer Rechenstörung wird durch Ärzte für Kinder- und Jugendpsychiatrie und -psychotherapie bzw. Kinder- und Jugendpsychotherapeuten gestellt. Wichtig sind dabei der Informationsaustausch und eine enge Kooperation mit Schule und Eltern. Rechentests werden teilweise auch in den Schulen durchgeführt, größtenteils aber in speziellen Beratungsstellen oder von den schulpsychologischen Diensten.

Für eine Beantragung der Kostenübernahme durch § 35 a Abs. 1a SGB VIII (Kinder- und Jugendhilfe) weitet der Gesetzgeber den Kreis der Gutachter aus:

(1a) Hinsichtlich der Abweichung der seelischen Gesundheit nach Absatz 1 Satz 1 Nr. 1 hat der Träger der öffentlichen Jugendhilfe die Stellungnahme

- 1. eines Arztes für Kinder- und Jugendpsychiatrie und -psychotherapie,

- 2. eines Kinder- und Jugendpsychotherapeuten

oder

- 3. eines Arztes oder eines psychologischen Psychotherapeuten, der über besondere Erfahrungen auf dem Gebiet seelischer Störungen bei Kindern und Jugendlichen verfügt,

einzuholen. Die Stellungnahme ist auf der Grundlage der Internationalen Klassifikation der Krankheiten in der vom Deutschen Institut für medizinische Dokumentation und Information herausgegebenen deutschen Fassung zu erstellen. Dabei ist auch darzulegen, ob die Abweichung Krankheitswert hat oder auf einer Krankheit beruht. Die Hilfe soll nicht von der Person oder dem Dienst oder der Einrichtung, der die Person angehört, welche die Stellungnahme abgibt, erbracht werden."

Neben den Schulnoten in Mathematik und der Frage nach dem Unterschied zwischen Noten in Mathematik zu Noten in anderen Schulfächern sollte eine detaillierte Denkanalyse („Wie ist das Kind zum Ergebnis gekommen?") des mathematischen Verstehens erfolgen. Zur ersten Einschätzung dient die Einsicht in Schulhefte und Schulzeugnisse sowie standardisierte Rechentests.

Für eine Diagnose ist es wichtig, zunächst herauszufinden, wie sich das Kind im Allgemeinen entwickelt hat. Es geht darum, die Entwicklung von Sprache, Motorik und Körper festzuhalten. Nicht unbedeutend sind auch diagnostische Ergebnisse über die Seh- und Hörleistung des Kindes.

Neben Art, Qualität und Verlauf der schulischen Unterrichtung und bereits erfolgter Fördermaßnahmen ist die Häufigkeit von Klassen- bzw. Schulwechseln für den Diagnostiker interessant. Ebenso erfragt wird die schulische Motivation im Verlauf seit Schulstart bis heute. Aber auch Hausaufgabenkonflikte und der Umgang mit der Familie, den Klassenkameraden und Freunden werden beurteilt.

Manchmal bleibt es jedoch nicht nur bei Rechenproblemen. Es gesellen sich auch Auffälligkeiten in der Aufmerksamkeit und Konzentration hinzu. Dringend Hilfe braucht Ihr Kind, wenn es bereits unter Schulangst, Störungen im Sozialverhalten, Aggressivität, Depressionen oder psychosomatischen Beschwerden (Kopf- oder Bauchschmerzen, Übelkeit etc.) leidet.

Hilfe

Allgemein

Therapie und Fördermaßnahmen sollen dem Kind ermöglichen, mit seinen Schwierigkeiten besser umzugehen.

Alle Maßnahmen sollten mit den Lehrern bzw. Therapeuten abgestimmt sein. Üben bringt nicht den gewünschten Erfolg, da das Kind über die Kenntnisse, die es einüben könnte, nicht verfügt. Eine detaillierte Diagnostik der vorhandenen Kenntnisse zeigt die Stelle auf, an der das Kind bereits nicht mehr auf die Inhalte der Mathematik zurückgreifen konnte. Die Mathematik baut Stufe für Stufe auf, so dass auf die Stufe zurückgegangen werden muss, auf der das Kind stehengeblieben ist. So gesehen bedeutet „Üben" einen belastenden Kraftakt, der den Familienfrieden ernsthaft gefährdet und der nicht von Erfolg gekrönt sein wird.

Eltern können ihren Kindern nur helfen, wenn sie das Problem ihres Kindes in seiner Tragweite verstehen und akzeptieren. Druck, Frustration und schlechtes Gewissen gefährden eine erfolgreiche Zusammenarbeit und Eltern sind als (Co-) Therapeuten wenig geeignet - das müssen sie auch nicht. In diesem Fall ist es wirklich besser, die Rechen-Förderung an Außenstehende abzugeben und dem Kind innerhalb der Familie den Rücken zu stärken, indem es einfach angenommen und geliebt wird, so wie es ist. Hilfe bei der Suche nach der richtigen außerschulischen und außerhäuslichen Förderung können Ihnen die Ansprechpartner in unseren Landesverbänden geben.

Wie können Eltern helfen?

Zunächst einmal ist es wichtig, dass man dem Kind die Dyskalkulie erklärt und ihm somit das Gefühl des Versagens nimmt. Dann muss es verstehen, dass es lernen kann, seine eigene Lernsituation zu verbessern. Die Überforderungs-Versagens-Spirale darf zu Hause nicht fortgesetzt werden.

- Stellen Sie keine kurzfristigen Erfolge in Aussicht, sondern bereiten Sie Ihr Kind darauf vor, dass seine Bemühungen langfristig angelegt sein müssen.
- Loben Sie Erfolge, fokussieren Sie nicht die Misserfolge. Wecken Sie die Lernmotivation Ihres Kindes und erkennen Sie Fleiß und Mühe an, auch wenn zunächst nur kleine Lernfortschritte erzielt werden.
- Ihr Kind braucht Selbstvertrauen! Finden Sie gemeinsam seine Stärken heraus und setzen diese in den Mittelpunkt.

Schule

Das Rechnen-Lehren ist zunächst einmal Aufgabe von Schule. ... Gemeinsam mit den Eltern sind Förderhilfen für das rechenschwache Kind zu suchen und umzusetzen. Außerschulische Fördermaßnahmen und –therapien haben nur dann Erfolg, wenn ein enger kooperativer Schulterschluss zwischen Schule, Eltern und therapeutischer Einrichtung gewährleistet ist.

Fragen zur schulischen Regelung: Landesverbände Legasthenie und Dyskalkulie
▸ www.bvl-legasthenie.de

Leider hat die Kultusministerkonferenz (KMK) auch im Jahr 2007 keine Grundsätze zur schulischen Förderung bei Rechenschwierigkeiten konzipiert und herausgegeben. Die Rechenstörung findet keine Berücksichtigung – ein Missstand, den wir als BVL deutlich beklagen. Dennoch haben mittlerweile einzelne Bundesländer (Mecklenburg-Vorpommern, Thüringen, Niedersachsen, Rheinland-Pfalz, ...) erkannt, dass Kinder mit einer Dyskalkulie ebenfalls dringend schulische Nachteilsausgleiche benötigen. Die rechtlichen Grundlagen der einzelnen Länder lassen sich jedoch meist in den regulären Verwaltungsvorschriften finden, weniger in speziellen Erlassen.

Wir bitten Sie daher, bei Fragen zur schulischen Regelung direkt mit dem entsprechenden Landesverband Kontakt aufzunehmen, da die Vorschriften in den einzelnen Bundesländern nicht einheitlich geregelt sind. ...

Tipps für die Schulsituation:

Machen Sie sich stark für Ihr Kind, halten Sie den Dialog mit der Schule, sorgen Sie dafür, dass Ihrem Kind Verständnis entgegengebracht wird, und fordern Sie Hilfen ein, die Ihrem Kind die Lernsituation erleichtern! Es gibt hierzu eine Reihe von einfach durchsetzbaren Maßnahmen:

Das Kind sollte möglichst vorne sitzen, am besten frontal zur Tafel, damit es so wenig wie möglich abgelenkt wird, genau wahrnehmen kann und seine Situation besser von der Lehrkraft beobachtet werden kann.

Es sollte nur freiwillig vorrechnen oder an die Tafel gehen müssen. Solche Situationen sind für rechenschwache Kinder sehr belastend, sie fühlen sich leicht vorgeführt.

Für die Hausaufgaben können Sonderregelungen vereinbart werden: Nur nützliche, erfüllbare Aufgaben helfen weiter. Sinnvoll ist ein Zeitlimit, unabhängig davon, ob die Hausaufgaben fertig sind.

Der individuelle Lernfortschritt sollte gelobt werden, auch wenn es sich dabei um objektiv kleine Erfolge handelt.

Klassenarbeiten sollten mit maschinengeschriebenen, übersichtlichen Arbeitsblättern durchgeführt werden, die Platz für Nebenrechnungen und mögliche Zeichnungen vorsehen. Die Korrekturen sollten dezent sein (kein ‚rotes Blatt'), die Bemerkungen anerkennend und ermutigend.

Ein Nachteilsausgleich kann auch sein, dem Kind mehr Zeit für einen Test zu geben (z.B. die Pause noch dazu).

Gute Schulnoten sind nicht so wichtig wie das seelische Gleichgewicht eines Kindes. Dazu gehört, dass das Kind die für sein Intelligenzniveau passende Schulart besuchen kann. Derzeit bestehen nur in wenigen Bundesländern schulrechtliche Möglichkeiten, um auf Kinder mit Rechenschwierigkeiten angemessen reagieren zu können. Der BVL und seine Landesverbände kämpfen um eine bundesweite Anerkennung und entsprechende Vorschriften, die Dyskalkulikern eine adäquate Schullaufbahn ermöglichen.

Wichtig für das Kind ist jedoch an erster Stelle die Unterstützung durch ein liebe- und verständnisvolles Elternhaus, damit es sich wie alle anderen Kinder in seiner Persönlichkeit gut entwickeln kann.

Für Eltern ist es daher wichtig, sich darauf zu konzentrieren, die Stärken ihres Kindes zu fördern und ihm jede mögliche Hilfestellung zu geben.

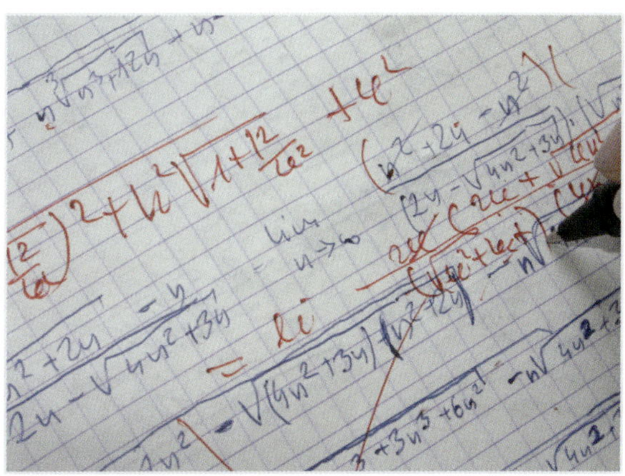

Therapie

Finanzierung einer Dyskalkulie-Therapie

Wenn Eltern erfahren, dass ihre Kinder von Dyskalkulie betroffen sind, gehen sie zunächst davon aus, dass ihr Kind in der Schule gefördert wird und eine darüber hinausgehende Therapie von den Krankenkassen übernommen wird. Ungläubig stellen viele dann fest, dass die Schulen nicht angemessen fördern (können) und dass die Krankenkassen die Kosten nicht übernehmen.

Eingliederungshilfe für seelisch behinderte Kinder und Jugendliche

Viele außerschulische Legasthenie-/Dyskalkulie-Therapien werden über die Eingliederungshilfe für seelisch behinderte Kinder und Jugendliche gem. § 35 a SGB VIII von den Jugendämtern finanziert.

- Zuständig für die Gewährung der Hilfe ist das Jugendamt des Wohnortes.
- Der Anspruch auf Eingliederungshilfe steht dem Kind oder Jugendlichen zu.
- Die Eltern müssen in Vertretung für das Kind einen entsprechenden Antrag beim Jugendamt stellen. Der Antrag ist zwar auch formlos und mündlich möglich, sollte aber auf jeden Fall schriftlich gestellt werden, z. B. „Hiermit stelle ich für mein Kind xxx, geb. am xx.xx.xxxx, den Antrag auf Eingliederungshilfe.“
- Das Jugendamt ist dazu verpflichtet, Anträge anzunehmen und darüber zu entscheiden.

Anforderungen an eine Dyskalkulietherapie

Zusätzliche Förderung erfolgt häufig durch außerschulische private Anbieter, die aufgrund der hohen Nachfrage zunehmen. Wirksamkeit der Therapie sowie Qualifikation der Therapeuten sind bedeutsame Punkte von Rat- und Hilfesuchenden. Bislang gibt es weder den Ausbildungsberuf zum „Dyskalkulie-Therapeuten“ noch einen Schutz eines solchen Berufsbildes. Derzeit tätige Therapeuten verfügen in der Regel über ein abgeschlossenes Hochschulstudium mit den Kernfächern Pädagogik, Mathematik und/ oder Psychologie. An außerschulische Fördereinrichtungen sollten strenge Qualitätskriterien angelegt werden, um sicherzustellen, dass das grundlegende mathematische Missverstehen analysiert und geklärt wird, und um zu gewährleisten, dass das Kind lernt, die klaren Inhalte der Mathematik zu verstehen, d.h. die arithmetischen Grundlagen zu erwerben.

◆ ◆ ◆

Zusätzliche Informationen

Weitere wichtige Aspekte zu diesem Thema erörtern auch die Textbeiträge ▸ *"Förderung von Schülerinnen und Schülern mit besonderen Schwierigkeiten im Lesen und Rechtschreiben oder im Rechnen - Die Frage nach dem Nachteilsausgleich"* und ▸ *"Kooperation von Jugendhilfe und Schule beim Umgang mit Lese-Rechtschreib- und Rechenstörungen"*.

◆ ◆ ◆

Förderung von Schülerinnen und Schülern mit besonderen Schwierigkeiten im Lesen und Rechtschreiben oder im Rechnen

Die Frage nach dem Nachteilsausgleich

Karin Jäkel

Die momentan gültige grundsätzliche und bundesweite Regelung wurde von der Konferenz der Kultusminister 2004 bzw. 2007 festgelegt. Die genaue Umsetzung und praktische Ausgestaltung fällt jedoch in den Zuständigkeitsbereich der Länder. Daher gibt es dort jeweils verschiedene Rahmenrichtlinien in Form von Erlassen und Verwaltungsvorschriften. (Eine Zusammenstellung finden Sie in der Linkliste: ▸ „Nachteilsausgleich und sonderpädagogische Förderung“ in Kapitel 4.) Zudem wird die Umsetzung der Richtlinien an den Schulen bzgl. Diagnose, Förderung und Leistungsbewertung jeweils unterschiedlich gehandhabt.

Der ***Beschluss der Kultusministerkonferenz*** vom 04.12.2003 i.d.F. vom 15.11.2007 lautet in Auszügen:

Schülerinnen und Schüler mit besonderen Schwierigkeiten im Lesen und Rechtschreiben

... Unbestritten ist, dass die Diagnose und die darauf aufbauende Beratung und Förderung der Schülerinnen und Schüler mit besonderen Schwierigkeiten im Lesen und Rechtschreiben zu den Aufgaben der Schule gehören.

... Für die individuelle Förderung der Schülerinnen und Schüler mit besonderen Schwierigkeiten im Lesen und im Rechtschreiben werden in Auswertung förderdiagnostischer Beobachtungen Förderpläne/Lernpläne entwickelt und für den individuell fördernden Unterricht genutzt. Sie sollen im Rahmen des schulischen Gesamtkonzeptes mit allen beteiligten Lehrkräften, den Eltern sowie den Schülerinnen und Schülern abgesprochen werden.

... Für Schülerinnen und Schüler mit erheblichen Schwierigkeiten im Lesen und im Rechtschreiben sind individuell einsetzbare Unterstützungsprogramme wie Intervallförderung oder Förderung in Zusatzkursen entwickelt worden.

Die Maßnahmen der Differenzierung und individuellen Förderung sollen in allgemeinbildenden Schulen bis zum Ende der Jahrgangsstufe 10 abgeschlossen sein. In berufsbildenden Schulen kann die Förderung im Rahmen der Berufsvorbereitung fortgesetzt werden, wenn die besonderen Schwierigkeiten im Lesen und Rechtschreiben vorher nicht behoben werden konnten.

Leistungsbewertung

Grundsätze

Auch Schülerinnen und Schüler mit besonderen und lang anhaltenden Schwierigkeiten im Lesen und Rechtschreiben unterliegen in der Regel den für alle Schülerinnen und Schüler geltenden Maßstäben der Leistungsbewertung. Ein Nachteilsausgleich oder ein Abweichen von den allgemeinen Grundsätzen der Leistungsbewertung kommt beim Erlernen von Lesen und Rechtschreiben in Betracht und wird mit andauernder Förderung in den höheren Klassen wieder abgebaut.

Vorrangig vor dem Abweichen von den allgemeinen Grundsätzen der Leistungsbewertung sind Hilfen im Sinne eines Nachteilsausgleichs vorzusehen.

Als *Nachteilsausgleich* sind Maßnahmen denkbar wie:

- Ausweitung der Arbeitszeit, z. B. bei Klassenarbeiten,
- Bereitstellen von technischen und didaktischen Hilfsmitteln (z.B. Audiohilfen und Computer),
- Nutzung methodisch-didaktischer Hilfen (z.B. Lesepfeil, größere Schrift, optisch klar strukturierte Tafelbilder und Arbeitsblätter).

Als Abweichungen von den allgemeinen Grundsätzen der Leistungsbewertung kommen in Betracht:

- Einordnen der schriftlichen und mündlichen Leistung unter dem Aspekt des erreichten individuellen Lernstands mit pädagogischer Würdigung von Anstrengungen und Lernfortschritten vor allem in der Grundschule,
- stärkere Gewichtung mündlicher Leistungen, insbesondere in Deutsch und in den Fremdsprachen,
- Verzicht auf eine Bewertung der Lese- und Rechtschreibleistung nicht nur im Fach Deutsch, sondern auch in anderen Fächern und Lernbereichen,
- Nutzung des pädagogischen Ermessensspielraumes und zeitweise Verzicht auf die Bewertung der Rechtschreibleistung in Klassenarbeiten während der Förderphase.

Alle Abweichungen von den üblichen Bewertungsregelungen müssen ihre Grundlage in den individuellen Förderplänen/Lernplänen der Schülerinnen und Schüler haben und dokumentiert sein.

Zeugnisse

In Zeugnissen kann vor allem in der Grundschule in besonders begründeten Ausnahmefällen auf die Bewertung der Leistungen im Lesen und Rechtschreiben zeitweise verzichtet werden. Entsprechendes gilt – soweit dies vorgesehen ist - für die Erteilung von Teilnoten im Lesen und Rechtschreiben.
Die Leistungsbewertung enthält vor allem in der Primarstufe immer eine pädagogische Komponente. Zudem kann eine einzelne Benotung in einem Zeugnis auch dazu genutzt werden, eine Schülerin oder einen Schüler zur Weiterarbeit oder zur Verbesserung der Leistung zu ermutigen. Abweichungen von den allgemeinen Grundsätzen der Leistungsbewertung sind jedoch in geeigneter Weise im Zeugnis zu vermerken.

Bei der Entscheidung der Schule über die Versetzung oder über den Übergang in eine weiterführende Schule ist vorrangig die Gesamtleistung der Schülerin oder des Schülers zu berücksichtigen, da es sich dabei auch um eine Prognoseentscheidung handelt.

Abschlüsse, Prüfungssituationen

... Ein dem jeweiligen Einzelfall angemessener Nachteilsausgleich ist in einer Prüfungssituation zu gewähren, wenn durch eine besonders schwere Beeinträchtigung des Lesens und Rechtschreibens allein der Nachweis des Leistungsstands, also die technische Umsetzung durchaus vorhandener Fähigkeiten, Fertigkeiten und Kenntnisse, erschwert wird und wenn die Beeinträchtigung in der weiteren Berufs- oder Hochschulausbildung durch Hilfsmittel ausgeglichen werden kann.

... Anders als die Anpassung der äußeren Prüfungsbedingungen an die durch eine Lese-Rechtsschreibschwäche hervorgerufene Beeinträchtigung einer Schülerin oder eines Schülers stellt das Abweichen von den allgemeinen Grundsätzen der Leistungsbewertung in einer Prüfungssituation oder bei der Vergabe eines Abschlusses eine Privilegierung gegenüber den Mitschülerinnen und Mitschülern dar. ...

Schülerinnen und Schüler mit besonderen Schwierigkeiten im Rechnen

Das Erscheinungsbild von besonderen Schwierigkeiten von Schülerinnen und Schülern im Rechnen (Rechenstörungen) kann mit einer Lese-Rechtschreibschwäche nicht gleichgesetzt werden. Folglich können auch bei der Leistungsbewertung Rechenstörungen nicht in gleicher Weise berücksichtigt werden wie besondere Schwierigkeiten im Lesen und Rechtschreiben. Vielmehr sind die pädagogischen Möglichkeiten in der Schule durch eine differenzierte Förderung auszuschöpfen. ...

► http://www.kmk.org/fileadmin/veroeffentlichungen_beschluesse/2003/2003_12_04-Lese-Rechtschreibschwaeche.pdf

Zusammengefasst bedeutet dies:

- 1. Die Förderung von SchülerInnen mit besonderen Schwierigkeiten im Lesen und Rechtschreiben ist eine Aufgabe der Schule und soll von dieser geleistet werden. Erfahrungen aus der Praxis zeigen aber leider, dass an vielen Schulen unterschätzt wird, wie betroffene Kinder und ihre Familien unter der erschwerten Lernsituation leiden. Die Qualität des schulischen Förderunterrichts bleibt trotz vielfältiger Bemühungen auf dem Stand einer zusätzlichen Deutschstunde stehen. Die Schwierigkeiten der lese-recht-schreib-schwachen Kinder bestehen jedoch nicht darin, dass sie mehr üben müssen oder einfach einen weiteren Durchgang des Stoffes benötigen. Ihre Förderung muss auf andere Art und Weise ansetzen. Hier ist es unbedingt vonnöten, dass sich die Schulen mit außerschulischen spezialisierten Therapeuten vernetzen.

- 2. Es gilt die Reihenfolge: Förderung - Nachteilsausgleich in Form einer Anpassung der Prüfungssituation - „Notenschutz" durch zeitweiliges Aussetzen einer Note oder durch eine Veränderung der Leistungsanforderungen.

- 3. In Abschlussprüfungen kann es aus Gründen der Gleichbehandlung aller Prüflinge keinen „Notenschutz" geben.

- 4. Kinder mit Rechenstörungen können keinerlei Maßnahmen wie Nachteilsausgleich bzw. „Notenschutz" in Anspruch nehmen. Eine innerschulische Förderung soll hier auffangen.

Vertreter der Selbsthilfe wenden jedoch ein, dass es gerade bei Rechenstörungen spezieller Therapien bedarf, die innerschulisch nicht geleistet werden können. Eine solche Therapie wohnortnah zu finden sowie sie zu finanzieren, stellt für viele Familien eine immense (auch finanzielle) Herausforderung dar.

Eine Rechenstörung betrifft natürlich nicht nur das Fach Mathematik, sondern auch die Natur- und in vielen Teilen auch die Gesellschaftswissenschaften. Die SchülerInnen sind also in erheblichem Umfang eingeschränkt, Leistungen zu erbringen, die ihrer Intelligenz entsprechen. In der Praxis können oft ernste seelische Folgen bei den Betroffenen beobachtet werden. Vergleichbare Regelungen wie bei lese-rechtschreib-schwachen SchülerInnen könnten hier extrem entlastend wirken.

◆ ◆ ◆

Kooperation von Jugendhilfe und Schule beim Umgang mit Lese-Rechtschreib- und Rechenstörungen

Der vorliegende Text beschreibt die für Rheinland-Pfalz spezifische Ausgestaltung der Bestimmungen zur Eingliederungshilfe nach § 35a des achten Sozialgesetzbuches (SGB VIII). Es handelt sich um einen Auszug aus der Broschüre "Empfehlungen zur Kooperation von Jugendhilfe und Schule beim Umgang mit Lese-Rechtschreib- und Rechenstörungen - Arbeitshilfe", nämlich um Kapitel 5 "Hilfen zur Erziehung und Eingliederungshilfe für seelisch behinderte Kinder und Jugendliche: Aufgaben und Leistungen der Jugendhilfe".

Der Auftrag der Jugendhilfe zielt in seiner Grundausrichtung darauf, Kinder und Jugendliche in ihrer Entwicklung und bezogen auf ihre Erziehung hin zu einer eigenverantwortlichen und gemeinschaftsfähigen Persönlichkeit zu unterstützen. Diesbezüglich soll ihre individuelle und soziale Entwicklung gefördert werden und die Jugendhilfe soll dazu beitragen, dass Benachteiligungen vermieden bzw. abgebaut werden.

Im Zusammenhang mit so genannten umschriebenen Entwicklungsstörungen schulischer Fertigkeiten gilt es aus Perspektive der Jugendhilfe zu prüfen, ob daraus Hilfebedarfe bzgl. Eingliederungshilfen nach § 35a SGB VIII oder Hilfen zur Erziehung nach § 27 SGB VIII resultieren. Welche Voraussetzungen zur Gewährung solcher Hilfen vorliegen müssen, wird im Folgenden beschrieben. Die Prüfung und Verständigung über den individuellen Hilfebedarf und die Unterstützungsmöglichkeiten für den jungen Menschen und seine Familie erfolgt im Hilfeplanungsprozess, der im § 36 SGB VIII geregelt ist. Die zentralen diesbezüglichen Verfahrensschritte werden ebenso aufgezeigt.

5.1 Eingliederungshilfe nach § 35a SGB VIII

Lese-, Rechtschreib- und Rechenstörungen können zu seelischen Störungen bei Kindern und Jugendlichen führen. Können trotz rechtzeitiger und professioneller Förderung die Defizite nicht kompensiert werden und treten als deren Folge, aufgrund der damit verbundenen Misserfolgserfahrungen und der Reaktionen der Umwelt sekundäre psychische Auffälligkeiten und

Verhaltensprobleme auf, so ist das Jugendamt gemäß § 35a SGB VIII einzubeziehen, um zu prüfen, ob eine seelische Behinderung vorliegt oder droht.

Nach dem § 35a SGB VIII haben Kinder oder Jugendliche Anspruch auf Eingliederungshilfe, wenn

- a) ihre seelische Gesundheit mit hoher Wahrscheinlichkeit länger als sechs Monate von dem für ihr Lebensalter typischen Zustand abweicht,

und daher (!)

- b) ihre Teilhabe am Leben in der Gesellschaft beeinträchtigt ist oder eine solche Beeinträchtigung zu erwarten ist.

Zu beachten ist somit die Zweigliederigkeit des Leistungstatbestands: Beide Bedingungen müssen erfüllt sein, damit von einer seelischen Behinderung gesprochen werden kann. So muss zum einen eine Störung der seelischen Gesundheit vorliegen und aus dieser Einschränkung müssen negative Folgen für die Teilhabe am Leben in der Gesellschaft für den jungen Menschen erwachsen.

Eine psychische Störung im Kindes- und Jugendalter kann zu einer seelischen Behinderung nach § 35 a SGB VIII führen. Es ist jeweils im konkreten Einzelfall zu prüfen, ob dies der Fall ist. Die Hauptfrage, wenn

Seelische Behinderung

Erste Voraussetzung:
Beeinträchtigung der seelischen Gesundheit
→ **Feststellen durch:**
Ärztliche/psychologische Stellungnahme (ICD)

\+

Zweite Voraussetzung:
Beeinträchtigung der Teilhabe am Leben in der Gesellschaft
→ **Feststellen durch:**
Sozialpädagogische Anamnese + Diagnose

→ **Abschließende Feststellung durch das Jugendamt im Rahmen der Hilfeplanung**

diese erste Voraussetzung vorliegt, ist allerdings, ob hieraus eine (evtl. krankheitsbedingte) Beeinträchtigung der Teilhabe am Leben in der Gesellschaft folgt (bzw. mit hoher Wahrscheinlichkeit eintreten wird).

Zur Feststellung des Anspruchs auf Hilfe nach dem § 35a SGB VIII sind somit auch zwei verschiedene fachliche Einschätzungen notwendig:

Zur Voraussetzung 1: Beeinträchtigung der seelischen Gesundheit

Zunächst muss die Abweichung der seelischen Gesundheit des jungen Menschen diagnostiziert werden. Hierzu muss eine seelische Störung vorliegen, die mehr als sechs Monate von dem für ihr Lebensalter typischen Zustand abweicht. Durch eine solche Erkrankung sind die Betroffenen maßgeblich daran gehindert, an den alterstypischen Lebensvollzügen aktiv teilzunehmen und diese zu bewältigen.

Der Personenkreis, der vom Träger der öffentlichen Jugendhilfe zur Stellungnahme hinsichtlich dieser Abweichung beauftragt werden kann, ist gesetzlich verankert. So hat die Stellungnahme zu erfolgen durch: einen Arzt für Kinder- und Jugendpsychiatrie und –psychotherapie, einen Kinder- und Jugendpsychotherapeuten oder einen Arzt oder einen psychologischen Psychotherapeuten, der über besondere Erfahrungen auf dem Gebiet seelischer Störungen bei Kindern und Jugendlichen verfügt. In Rheinland-Pfalz kann eine solche Stellungnahme auch durch die Sozialpädiatrischen Zentren erfolgen. Diese Stellungnahme bezieht sich auf die erste Voraussetzung des § 35a SGB VIII.

Die ärztlich/psychologische Stellungnahme ist auf der Grundlage der Internationalen Klassifikation der Krankheiten in der vom Deutschen Institut für medizinische Dokumentation und Information herausgegebenen deutschen Fassung zu erstellen (ICD 10). Dabei ist auch darzulegen, ob die Abweichung Krankheitswert hat oder auf einer Krankheit beruht. (Die Aussagen, ob die Abweichung der seelischen Gesundheit Krankheitswert hat oder kausal auf einer Krankheit beruht, bieten die inhaltliche Grundlage zur Klärung der Zuständigkeitsfragen zwischen Krankenkassen und Jugendhilfe bzw. ggf. Sozialhilfe).

Die Stellungnahme sollte beinhalten:
- Bezeichnung der angewandten Untersuchungsmethoden und Testverfahren,
- die wichtigsten Befunde (Erläuterungen der Klassifizierungsmerkmale nach ICD-10),
- eine Aussage darüber, ob die vorliegende Störung Krankheitswert hat oder auf einer Krankheit beruht,
- Vorschläge und Anregungen, ob eine Hilfe bzw. welche Art einer Therapie nötig bzw. geeignet ist, um der festgestellten Beeinträchtigung entgegenzuwirken,
- Begründungen, warum die not-

1. Beeinträchtigung der seelischen Gesundheit

Die Stellungnahme kann erfolgen ...

- durch einen Arzt für Kinder- und Jugendpsychiatrie und -psychotherapie,
- durch einen Kinder- und Jugendpsychotherapeuten,
- durch einen Arzt oder einen psychologischen Psychotherapeuten mit besonderer Erfahrungen auf dem Gebiet seelischer Störungen bei Kindern und Jugendlichen,
- in Rheinland-Pfalz durch die Sozialpädiatrische Zentren.

2. Beeinträchtigung der Teilhabe am Leben in der Gesellschaft

Die sozialpädagogische Diagnose erfolgt ...

- durch die sozialpädagogische Fachkraft im Jugendamt.

wendigen Hilfen bzw. Leistungen nicht im Rahmen einer (vorrangigen) medizinischen Akutversorgung (nach SGB V) zu erbringen sind (kinder- und jugendpsychiatrische Leistungen oder Heilmittelleistungen auf der Basis des Leistungsspektrums der Krankenversicherung).

Die in der Stellungnahme enthaltenen diagnostischen Feststellungen sollten auch für Nicht-Mediziner verständlich sein. Befunde und Interpretationen gilt es getrennt von einander darzustellen.

Darüber hinaus ist festgelegt, dass die Hilfe nicht von der Person oder dem Dienst oder der Einrichtung erbracht werden soll, der die Person angehört, die die Stellungnahme abgibt. Durch diese vorgeschriebene Trennung von Diagnose und Leistungserbringung sollen potenzielle Interessenskollisionen ausgeschlossen werden. ***Diagnose und Therapie sollen unabhängig voneinander erbracht werden.***

Zur Voraussetzung 2: Beeinträchtigung der Teilhabe

Die Teilhabe am Leben in der Gesellschaft ist immer zentraler Bezugspunkt der Einschätzung des Hilfebedarfs, da dies die zweite Voraussetzung zur Feststellung der seelischen Behinderung darstellt. ***Die Beeinträchtigung der Teilhabe wird durch die sozialpädagogische Fachkraft im Jugendamt unter Berücksichtigung der Einschätzungen aus den verschiedenen Lebensbereichen des jungen Menschen diagnostiziert.***

Die sozialpädagogische Diagnose im Kontext der Eingliederungshilfe nach § 35a SGB VIII bezieht sich vor allem auf die Einschätzung der altersgerechten Teilhabe am gesellschaftlichen Leben bezogen auf die Lebensbereiche Familie, Kindertagesstätte, Schule, Freunde, Ausbildung und Freizeitverhalten. Es gilt unter Beteiligung des Kindes/Jugendlichen und der Eltern herauszuarbeiten, welche Reaktionen der junge Mensch selbst und sein Umfeld auf die Beeinträchtigung der seelischen Gesundheit zeigen.

Neben der Beteiligung der Betroffenen bei der Erstellung der Diagnose sind die differenzierte Darstellung dessen, was für welche Beteiligten in welchem Kontext ein Problem darstellt, und die multiperspektivische Betrachtung des Falles als wichtige Qualitätskriterien erforderlich. Zu sondieren ist, inwiefern das Kind/der Jugendliche Beeinträchtigungen in seinem Umfeld erfährt, die auf die Störung der seelischen Gesundheit zurückzuführen sind und inwiefern das Umfeld bestehende Schwierigkeiten kompensieren kann bzw. auf Hilfe angewiesen ist, um auf Normalisierung, Integration und Rehabilitation hinzuwirken.

Die Einschätzung dieser Bereiche aus Perspektive der Schule ist ein wichtiger Baustein im Kontext der sozialpädagogischen Diagnose. Empfohlen wird, dass diese Einschätzung möglichst in schriftlicher Form und mit dem entsprechenden Fragebogen abgegeben wird (vgl. Anlage; vgl. auch Kapitel 3.7)

Folgende Bereiche sollten bezüglich der Auswirkungen der Abweichung der seelischen Gesundheit überprüft werden:

- Alltagsbewältigung,
- Familie,
- Kindertagesstätte/Schule/Ausbildung,
- Gleichaltrigengruppe/Freundeskreis,
- Freizeitaktivitäten/Hobbys.

Die Orientierung an altersspezifischen Entwicklungsaufgaben und an der Vergleichsgruppe der Altersgleichen in ähnlichen Lebenskontexten kann diesbezüglich hilfreich sein. Dies könnten beispielhaft sein:

Entwicklungsaufgaben für Vorschulkinder:

- Beziehungsaufnahme zu Personen innerhalb und außerhalb der Familie,
- Kindergartenbesuch (Interaktion und Einbindung in der Gruppe, Lernfähigkeit),
- Erlernen von Sprache,
- Beherrschung der Motorik,
- Eroberung seines altersspezifischen Lebensraumes und Umfeldes.

Entwicklungsaufgaben für Schulkinder:

- Schulbesuch (Erwerb der elementaren Kulturtechniken - Lesen, Schreiben, Rechnen),
- Anschluss an eine Gemeinschaft Gleichaltriger (soziale Entwicklung, soziale Kompetenz),
- Erweiterung des Spiel- und Aktionsradius (Ausdehnung des Lebensbereiches).

Entwicklungsaufgaben für Jugendliche:

- Schulabschluss,
- Beginn einer Ausbildung,
- Eingehen von ersten Partnerbeziehungen,
- schrittweise Ablösung vom Elternhaus (Unabhängigwerden von elterlicher Fürsorge)[1].

Zusammenfassend lässt sich sagen, dass von einer Teilhabebeeinträchtigung am Leben in der Gesellschaft bei Kindern und Jugendlichen gesprochen werden kann, wenn sie

- bislang keine altersgemäße Selbstständigkeit entwickeln konnten,
- merkliche Ausschlüsse bezüglich altersgemäßer Kontakte und Beteiligungschancen erleben
- und/oder in ihren persönlichen Entwicklungsmöglichkeiten deutlich eingeschränkt sind.

Feststellung, ob eine seelische Behinderung vorliegt

Von einer seelischen Behinderung kann also nur dann gesprochen werden, wenn eine diagnostizierte seelische Störung (Abweichung der seelischen Gesundheit) negative Auswirkungen auf die Interaktion mit anderen Menschen und auf die Integration in das soziale Umfeld hat. ***Nicht jede psychische Störung führt also „automatisch" zu einer seelischen Behinderung.*** Wesentlich sind die Ressourcen, die zum Umgang damit zur Verfügung stehen. Als hilfreich bzw. schützend können sowohl persönliche Ressourcen des Kindes/Jugendlichen als auch familiäre Faktoren und sonstige soziale Bedingungen und Umstände des Lebensumfeldes angesehen werden.

1 vgl. Harnach-Beck, V.: Psychosoziale Diagnostik in der Jugendhilfe. Grundlagen und Methoden für Hilfeplanung, Bericht und Stellungnahme. Weinheim und München 2003., S. 156

Die abschließende Bewertung der verschiedenen Informationen aus Perspektive unterschiedlicher Personen und Institutionen ist Aufgabe der Jugendämter. Die Gesamtbewertung muss fachlich fundiert und systematisch erfolgen.

5.2 Hilfen zur Erziehung nach § 27 SGB VIII

Liegen zur Bewilligung einer Eingliederungshilfe nach § 35a SGB VIII nicht beide Leistungsvoraussetzungen vor, so kann je nach Problemstellung des jungen Menschen und seiner Familie eine Hilfe zur Erziehung nach § 27 SGB VIII die adäquate Hilfe sein. Darüber hinaus weist der Gesetzgeber im § 35a Abs. 4 SGB VIII ausdrücklich darauf hin, dass ***neben der Gewährung von Eingliederungshilfe bei Vorliegen der Voraussetzung auch die Möglichkeit der gleichzeitigen Gewährung von Hilfe zur Erziehung besteht.*** Beide Hilfezugänge können somit getrennt von einander sowie zusammen beantragt werden.

Von der generellen Ausrichtung und den Voraussetzungen zur Inanspruchnahme unterscheiden sich die beiden Hilfearten. So liegt der Hauptfokus der Eingliederungshilfe auf der Störung der seelischen Gesundheit des Kindes/ Jugendlichen und der daraus resultierenden Teilhabebeeinträchtigung. Der Umgang der Eltern mit dem jungen Menschen wird in diesem Kontext nicht als Hauptursache für die Problembegründung im Sinne des Hilfebedarfs angesehen.

Im Gegensatz dazu ***liegt die Entscheidung für eine Hilfe zu Erziehung nahe, wenn die Ursache für den Hilfebedarf vor allem im sozialen Umfeld des Kindes/Jugendlichen gesehen wird.*** Die konkrete Lebenssituation des jungen Menschen ist in diesem Fall durch Mangel oder soziale Benachteiligung gekennzeichnet. Im Sozialisationsfeld des jungen Menschen fehlt es an Anregung, Kommunikation, Unterstützung, Schutz, materiellen Voraussetzungen etc. Die Ursachen für eine Hilfe zur Erziehung werden als darin begründet gesehen, dass das Sozialisationsfeld (Eltern, Verwandte, Nachbarschaft, Schule etc.) des Minderjährigen nicht in der Lage ist, aus eigenen Kräften diese Mangel- und Defizitsituation abzubauen. Die mit der Erziehung Betrauten und die jeweiligen Rahmenbedingungen können eine dem Wohl des Kindes entsprechende Entwicklung nicht gewährleisten. Die Ursachen für eine Hilfe zur Erziehung sind damit (bewusst) weit gehalten. Von der Ursachenkonstellation des Hilfebedarfes sind Hilfen zur Erziehung damit weiter, als es die Ursachenzuschreibung im Kontext der Eingliederungshilfe zulässt.

Anspruchsberechtigt sind Personensorgeberechtigte, wenn eine dem Wohl des Kindes oder Jugendlichen entsprechende Erziehung nicht gewährleistet ist und die Hilfe für seine Entwicklung geeignet und notwendig ist. Hilfen zur Erziehung können in ambulanter, teilstationärer und stationärer Form erbracht werden.

5.3 Der Hilfeplanungsprozess: fallbezogene Verfahrensschritte

Generell sind die Verfahrensschritte im Hilfeprozess einer Eingliederungshilfe für seelisch behinderte Kinder und Jugendliche stark an die des Hilfeprozesses im Kontext der Hilfen zur Erziehung angelehnt. Die zentralen Verfahrensschritte werden im Folgenden dargestellt.

Antragstellung

Der Antrag auf Eingliederungshilfe gem. § 35a SGB VIII und/oder eine Hilfe zur Erziehung ist beim zuständigen Jugendamt zu stellen. Anders als bei den Hilfen zur Erziehung ist gemäß § 35a SGB VIII das Kind bzw. der Jugendliche selbst anspruchsberechtigt. Im Zuge der schriftlichen Antragstellung sollten die Leistungsberechtigten um eine Entbindung der Schweigepflicht von den Stellen gebeten werden, die Informationen zur Feststellung der Leistungsvoraussetzungen beisteuern müssen.

Klärung der Anspruchsberechtigung

Da die Anspruchsberechtigung für den Leistungstatbestand nach § 35a SGB VIII zweigeteilt ist, erfolgen auch zwei diagnostische Zugänge: Zum einen die Feststellung der Abweichung der seelischen Gesundheit länger als 6 Monate von dem für das Lebensalter typischen Zustand; zum anderen die Feststellung der Beeinträchtigung der Teilhabe am Leben in der Gesellschaft. Das Vorliegen der ärztlich/psychologisch festgestellten Abweichung der seelischen Gesundheit bildet eine Voraussetzung des Vorliegens einer seelischen Behinderung. Als zweite Voraussetzung muss eine drohende oder bestehende Beeinträchtigung der Teilhabe am Leben in der Gesellschaft als weitere Voraussetzung hinzukommen.

Die Prüfung der Anspruchsberechtigung auf eine Hilfe zur Erziehung erfolgt ausschließlich über eine sozialpädagogische Diagnostik.

Hilfeentscheidung

Wie im Rahmen der Hilfen zur Erziehung erfolgt die Hilfeentscheidung bezüglich der Eingliederungshilfe für seelisch behinderte junge Menschen ebenso im Wechselspiel der fachlichen Entscheidung des Jugendamtes (fallzuständige Fachkraft, Team unter Berücksichtigung der Stellungnahmen der anderen beteiligten Fachdienste) und der Aushandlung mit den Betroffenen. Die Auswahl der Art der Hilfe sollte sich an den erarbeiteten Zielen orientieren und die Prämisse der größtmöglichen Integration beachten.

Hilfeplanung und Hilfeplangespräche

Für Hilfen nach dem § 35a SGB VIII gelten im Rahmen der Hilfeplanung die gleichen Qualitätsstandards wie bei den Hilfen zur Erziehung. ***Bei jeder längerfristigen Hilfe ist ein entsprechender Hilfeplan zu erstellen und regelmäßig fortzuschreiben***

(i. d. R. halbjährlich). Um Wirkungen und Erfolge von Hilfen planen und überprüfen zu können, sind operationalisierte Zielvereinbarungen von großer Bedeutung.

In der Novellierung des SGB VIII (§ 36 Abs. 3 Satz 1) wurde für den Bereich der Hilfeplanung bei Eingliederungshilfen nach § 35a SGB VIII die Aufgabe und Rolle des Arztes (bzw. anderer Fachdisziplinen) konkretisiert. So soll die Person, die eine Stellungnahme nach § 35a Abs. 1a abgegeben hat, bei der Aufstellung und Änderung des Hilfeplanes sowie bei der Durchführung der Hilfe beteiligt werden. Diese Beteiligung kann je nach Bedarf und Zeitressourcen über eine direkte Beteiligung am Gespräch bzw. schriftliche Einschätzungen erfolgen.

Im Kontext der Eingliederungshilfe ist eine gelingende Zusammenarbeit von Jugendhilfe und Schule vor allem dann zentral für den Hilfeverlauf, wenn Lese-, Rechtschreib- und Rechenstörungen die Teilhabebeeinträchtigung bedingen. So hat es sich in diesem Zusammenhang fachlich bewährt sowie inhaltlich als zwingend erforderlich erwiesen, Lehrkräfte kontinuierlich an den Hilfeplangesprächen zu beteiligen. Zur Vorbereitung der Hilfeplangespräche werden schriftliche Einschätzungen von Seiten der Schule durch so genannte Vorab-Informationen empfohlen.

Im Kontext der Hilfen zur Erziehung muss im Einzelfall abgewogen werden, ob eine Beteiligung der Lehrkräfte als sinnvoll und zieldienlich angesehen wird. Sind Schulthemen zentrale Aspekte der Hilfe, sollten auch hier die Lehrkräfte zum Hilfeplangespräch bzw. zu dieses Themenfeld tangierenden Teilen des Gesprächs eingeladen werden. Wird eine direkte Beteiligung im Gespräch als nicht erforderlich angesehen, so wird auch hier empfohlen, Informationen über die Entwicklung des jungen Menschen im schulischen Kontext vorab einzuholen, um diesen wichtigen Entwicklungsbereich entsprechend einschätzen zu können. Die fallbezogene Einschätzung bzgl. des Teilnehmerkreises bei Hilfeplangesprächen erfolgt durch die Fachkraft des Jugendamtes.

Die gesamte Broschüre als Download oder als Printversion ist kostenfrei erhältlich beim Ministerium für Bildung, Wissenschaft, Weiterbildung und Kultur des Landes Rheinland-Pfalz unter

- http://sonderpaedagogik.bildung-rp.de/thema-jugendhilfe/kooperation-jugendhilfe/lrs.html

Prüfschema:
Antrag auf Eingliederungshilfe nach § 35a SGB VIII

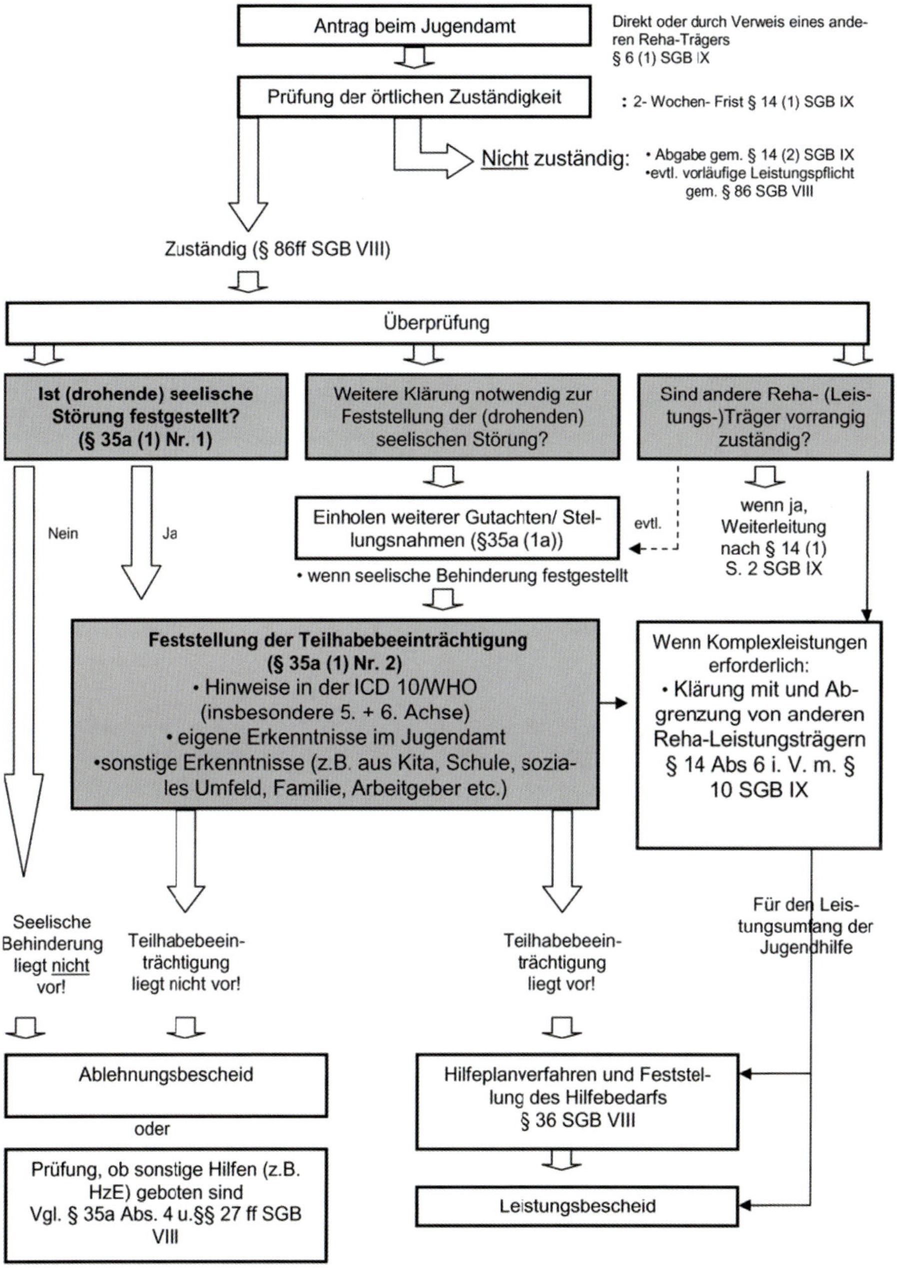

◆ ◆ ◆

Immer hilfsbereit Sein!!!
AUF DIE LEHRER HÖREN!
Sich an Regeln halten!
nicht reinrufen!
KONFLIKTE MIT WORTEN KLÄREN
nicht unötig im Unterricht herumlaufen!
nicht treten!
Nicht Schlagen und Schupsen!
NIMANDEN UNTERBRECHEN!
Nicht im Gang rennen
hilfsbereit sein!
Im Unterricht nicht Essen und Trinken

Das Aufmerksamkeitsdefizitsyndrom - AD(H)S

Dr. med. Helmut Peters
Ärztlicher Leiter des Zentrums für Kinderneurologie und Sozialpädiatrie (KINZ), Rheinhessen-Fachklinik Mainz

Das Aufmerksamkeitsdefizitsyndrom - AD(H)S - ist eine häufige Störung bei Kindern und Jugendlichen. Da sie sehr komplex und umfassend ist, können in diesem Beitrag nur die zentralen Fakten skizziert werden, die Darstellung kann nicht vollständig sein. Dafür werden im ▸ Anhang Buchempfehlungen gegeben und Literatur mit Links zitiert, so dass sie sämtlich per Internet aufrufbar sind.

Häufigkeit und Ursachen

5 % aller Schulkinder haben ein AD(H)S[1]. Knaben sind dabei weit häufiger betroffen als Mädchen. Nach heutiger Kenntnis ist es unstrittig, dass genetische Faktoren, eine Störung in der Erbanlage, eine wichtige, wenn nicht sogar die zentrale und eigentliche Ursache für ein AD(H)S sind. Im Gehirn steuern 100 000 000 000 Nervenzellen unseren Organismus, die dazu mittels Synapsen vernetzt sind. Jede Nervenzelle ist mit über 1500 Synapsen vernetzt. Insgesamt übernehmen also 150 000 000 000 000 Synapsen die Abstimm- und Steuerungsvorgänge. Die Nervenzellen steuern dazu die Synapsen mit elektrischen Impulsen (Aktionspotenzialen) an, die dann Botenstoffe (Neurotransmitter), beispielsweise Dopamin, ausschütten, um damit die nächste Nervenzelle zu informieren. Anschließend werden die ausgeschütteten Botenstoffe unter Energieverbrauch wieder in die Synapse zurückgepumpt. Dieser Vorgang geschieht bei Patienten mit AD(H)S zu schnell und bewirkt einen Mangel an Dopamin, welches die Auffälligkeiten des AD(H)S verursacht.

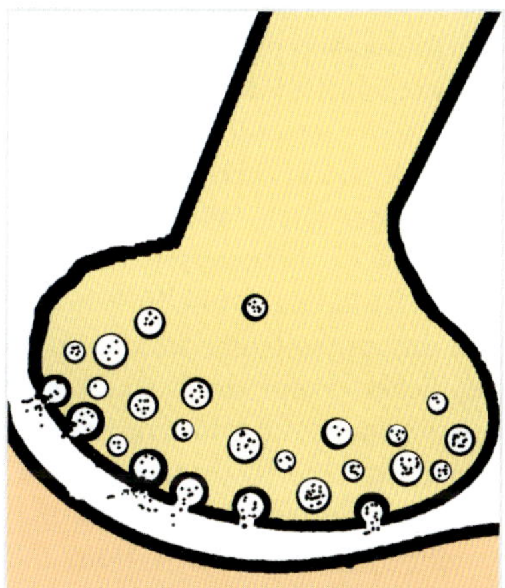

Wegen der genetischen Ursache besteht ein stark erhöhtes Risiko für Geschwisterkinder, ja für die Eltern selbst, auch an einem AD(H)S zu leiden.

Frühgeborene und AD(H)S

Es ist seit längerem bekannt, dass Frühgeborene ein erhöhtes Risiko für ein AD(H)S besitzen, dies wur-

de in einer im April 2011 veröffentlichten schwedischen Studie erneut bestätigt[2]. Dabei ist die Rate der wegen eines AD(H)S behandelten Kinder um so höher, je vorzeitiger die Kinder geboren worden sind. Bei Frühgeborenen der 23. bis 28. Schwangerschaftswoche ist das Risiko, ein behandlungsbedürftiges AD(H)S zu entwickeln, doppelt so hoch. Aber auch bei Kindern der 35. – 36. Schwangerschaftswoche ist das Risiko noch um 30 % höher. Die Zusammenhänge werden noch deutlicher, wenn der sozioökonomische Status mit einbezogen wird. Damit ist eine niedrige sozioökonomische Situation der Herkunftsfamilie für die Manifestation und die klinische Ausprägung eines AD(H)S von ähnlich wichtiger Bedeutung, wie sie aufgrund einer allgemeinen Entwicklungsprognose insgesamt ungünstig ist. Übertragene, also nach dem errechneten Geburtstermin geborene Kinder hatten dagegen keine erhöhte Erkrankungsrate. Bei Frühgeburtlichkeit scheinen keine zwingenden Zusammenhänge zwischen einer AD(H)S-Erkrankung und den klassischen Frühgeborenenrisiken wie intrauteriner Wachstumsverzögerung, geburtsbedingtem Sauerstoffmangel und Gehirnblutungen mit den typischen Folgeerscheinungen wie spastischen Lähmungen und geistiger Entwicklungsverzögerung zu bestehen. Es sind also nicht die Komplikationen von schwierigen Verläufen, sondern die Unreife des Gehirnes, die ein AD(H)S begünstigen. Dies verwundert nicht, da Patienten mit AD(H)S noch im Kindes- und Jugendalter eine veränderte Gehirnreifung haben. Weitere Risikofaktoren für ein AD(H)S sind neben dem niedrigen sozioökonomischen Status beispielsweise Belastungen der Schwangerschaft mit Blei, Alkohol und Nikotin. Diese Faktoren passen vordergründig nicht zur genetischen Ursachenerklärung für die Auslösung eines AD(H)S. Wenn man aber weiß, dass nicht behandelte Erwachsene mit AD(H)S ein stark erhöhtes Suchtrisiko besitzen und oft aufgrund der AD(H)S-Symptome sozial wie ökonomisch im Nachteil sind, könnte dies eine Erklärung sein: wenn diese Frauen schwanger werden, vererben Sie ihr AD(H)S.

Auffälligkeiten (Symptome)

Patienten mit AD(H)S können folgende Auffälligkeiten (Kern-Symptome) zeigen[(3)]:

- Störung der Impulskontrolle (Executivfunktionen);
- Störung von Aufmerksamkeit und Merkfähigkeit;
- (Motorische) Unruhe – Hyperaktivität.

Dabei können die Symptome von Kind zu Kind sehr unterschiedlich ausgeprägt sein. Jedes Kind hat seinen eigenen Mix. Je nachdem, welche Symptome überwiegen, klassifiziert man das AD(H)S in einen

- vorwiegend überaktiv-impulsiven Typ - AD(H)S -;
- vorwiegend unaufmerksamen Typ - ADS -;
- Mischtyp (wenn alle Kernsymptome vorliegen) - AD(H)S -[(4)].

Der vorwiegend überaktiv-impulsive Typ ist mit dem Hyperkinetischen Syndrom (HKS) identisch. Darüber hinaus können die Auffälligkeiten bei einem Kind im Verlauf sehr variabel sein. Eine sehr wichtige Rolle spielt dabei die Motivationslage des Kindes. Ist sie groß, kommt die sonst vorhandene Konzentrationsstörung des Kindes nicht zum Tragen. (Das ist einer der Gründe, warum es so wichtig ist, für das Kind das richtige Lernumfeld zu schaffen.) Diese Kinder sind leicht ablenkbar, vergesslich, haben große Probleme, Daueraufmerksamkeit zu zeigen, können nicht sitzen bleiben, sind ständig in Bewegung, wechseln oft ihre Betätigung u.a.m. ***Sie entwickeln mit zunehmendem Alter weitere Auffälligkeiten:*** Störungen des Lesens und Rechnens (Teilleistungsstörungen), wiederkehrende Muskelzuckungen (Tic-Störung), Verhaltensauffälligkeiten (Dissozialität, Straffälligkeit, Suchtentwicklung), Gemütsstörungen (Depressivität, Angststörungen). Sie können Symptome oder Beierkrankungen (Komorbiditä-

ten) sein. Im Falle der Komorbidität bedarf diese einer eigenen Behandlung. Ist es ein Symptom des AD(H)S, kann diese durch die primäre Behandlung des AD(H)S verschwinden.

Sehr oft sind die Kinder motorisch auffällig. Sie haben eine erniedrigte Muskelgrundspannung (muskuläre Hypotonie) und sind motorisch ungeschickt. Deswegen hieß das AD(H)S früher MCD (Minimale cerebrale Dysfunktion). Insbesondere komplexe motorische Funktionen wie Schreiben und Sprechen können erheblich gestört sein.

Weitere Symptome sind Einnässen (Enuresis) und Einkoten (Enkopresis), insbesondere wenn dies tagsüber auftritt. ***Insgesamt reifen die Kinder langsamer,*** wirken unreifer. Sie sind sogar mit ihrem Knochenalter um 1- 1 ½ Jahre zurück, somit wirken sie für ihr Alter kleiner, erreichen aber immer ihre – ebenfalls im Erbgut festgelegte - Endgröße.

Positive Aspekte

Das AD(H)S verbindet sich aber nicht nur mit negativen Symptomen. ***Die Patienten haben sehr viele positive „Auffälligkeiten", die sich wohltuend in Beruf und Freizeit auswirken.*** Sie können sehr phantasievoll, kreativ, herzlich, nicht nachtragend sein, haben einen ausgeprägten Sinn für Gerechtigkeit, sind humorvoll u. a. mehr. Deshalb ergreifen Patienten mit AD(H)S häufig Kreativberufe wie Architekt, Künstler oder Kabarettist.

Diagnosestellung

Die Diagnose erfolgt ausschließlich aufgrund der Bewertung der klinischen Auffälligkeiten. Es gibt keinen spezifischen AD(H)S-Test. Definitionsgemäß müssen von den sogenannten DSM-IV-Kriterien (Diagnostic and Statistical Manual of Mental Disorders) 5 von 9 der Unaufmerksamkeit und / oder 5 von 9 Kriterien der Hyperaktivität und Impulsivität vorliegen. Auf jeden

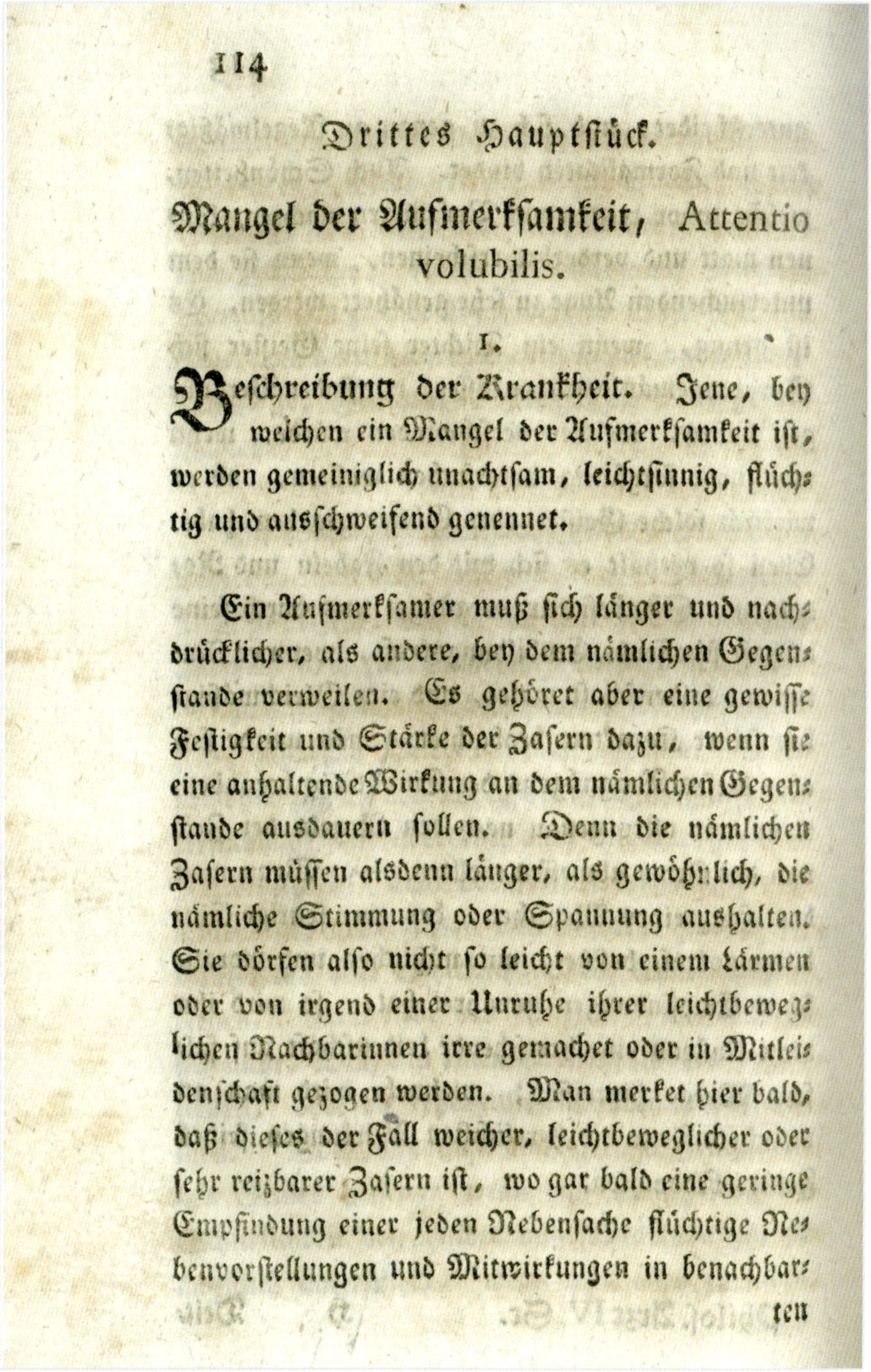

114

Drittes Hauptstück.

Mangel der Aufmerksamkeit, Attentio volubilis.

1.

Beschreibung der Krankheit. Jene, bey welchen ein Mangel der Aufmerksamkeit ist, werden gemeiniglich unachtsam, leichtsinnig, flüchtig und ausschweifend genennet.

Ein Aufmerksamer muß sich länger und nachdrücklicher, als andere, bey dem nämlichen Gegenstande verweilen. Es gehöret aber eine gewisse Festigkeit und Stärke der Zasern dazu, wenn sie eine anhaltende Wirkung an dem nämlichen Gegenstande ausdauern sollen. Denn die nämlichen Zasern müssen alsdenn länger, als gewöhnlich, die nämliche Stimmung oder Spannung aushalten. Sie dörfen also nicht so leicht von einem Lärmen oder von irgend einer Unruhe ihrer leichtbeweglichen Nachbarinnen irre gemachet oder in Mitleidenschaft gezogen werden. Man merket hier bald, daß dieses der Fall weicher, leichtbeweglicher oder sehr reizbarer Zasern ist, wo gar bald eine geringe Empfindung einer jeden Nebensache flüchtige Nebenvorstellungen und Mitwirkungen in benachbar-

ten

Die älteste bekannte ADHS-Darstellung von Melchior Adam Weikard
„Der philosophische Arzt", 2. Aufl. 1785 (1. Aufl. war 1774)
(von 1791 - 1792 Leibarzt im Dienste des Fürstbischofs Karl Theodor von Dahlberg in Mainz)

Fall spielt die Erfahrung des behandelnden Arztes eine zentrale Rolle. Er muss dabei klären, ob andere Erkrankungen vorliegen, die die Diagnose ausschließen bzw. die dabei mit in Betracht zu ziehen sind. Deswegen werden je nach Problemlage ergänzend und klärend individuell weitere diagnostische Verfahren wie Intelligenztest, EEG-Ableitungen etc. vorgenommen. So ist bei Schulproblemen eine intelligenzbedingte Überforderung auszuschließen.

Je ausgeprägter die Symptome sind, umso früher lässt sich die Diagnose – zumindest als Verdachtsdiagnose - stellen. Sie sollte erst ab dem sechsten Lebensjahr verwendet werden. Wegen der genetischen Ursache und ihren Symptomen können diese Kinder sehr viel früher im Sinne eines AD(H)S auffällig werden, so dass erfahrene Ärzte in der Lage sind, zu beurteilen, ob diese Kinder spätestens während der für diese Kinder so schwierigen Schulzeit darunter leiden werden.

Behandlung

Der Komplexität der Symptomatik des AD(H)S ist in der Behandlung zu entsprechen. Es wird dabei von einer multimodalen Behandlung gesprochen, damit ist gemeint, mehrere Maßnahmen parallel wie sequentiell stattfinden zu lassen. Wichtig ist dabei, zu klären, ob das vorliegende AD(H)S zum Leiden führt und wie dieses Leiden aussieht. Eine weitere wichtige Frage ist, zu klären, ob die gegenwärtige Lage des Patienten kritisch ist (drohender Schulverweis, Schulform in Gefahr, Äußerung des Kindes, (so) nicht mehr leben zu wollen), oder ob genügend Zeit besteht, die Behandlung in Ruhe voranzuentwickeln, da die Probleme ohnehin oft schon seit Längerem bestehen.

Eine Behandlungssäule von zentraler Bedeutung ist, dass die Eltern, Lehrer und anderen wichtigen Bezugspersonen gut beraten sind, sich mit dem Störungsbild des AD(H)S sehr gut vertraut zu machen. Nicht selten gibt es bei den betroffenen Familien gegen diese Diagnose Vorbehalte, ohne dass sie sich richtig mit der Thematik befasst haben. Eine Tatsache, die dem Patienten natürlich nicht hilft. Aus diesem Grunde ist es wichtig, dass neben Informationen aus dem Internet ein oder zwei Bücher über dieses Thema sorgfältig gelesen werden.

Eine weitere wichtige Säule ist der angemessene Umgang mit der Erkrankung. Wenn beispielsweise die Kinder von ihren Eltern oder von ihren Lehrern wegen ihrer Vergesslichkeit, Merkstörung, Unordentlichkeit, schlechten Schrift usf. ständig gegängelt, beschimpft oder sogar gezüchtigt werden, ist dies absolut keine gute Grundlage für eine gedeihliche Entwicklung der kindlichen Persönlichkeit und seines Selbstwertgefühls. ***Häufig hilft es den Eltern bereits, wenn sie wissen: „Die Auffälligkeiten meines Kindes sind keine Böswillig- oder Bequemlichkeiten*** („fauler Hund", „der könnte, wenn er wollte"), ***sondern Symptome einer Erkrankung.***" Insofern ist es für alle Beteiligten besser, Hilfestellung anzubieten, anstatt weiterhin emotionale Übergriffe zuzulassen. Wenn die Eltern selbst betroffen sind, ist es eigentlich nicht verwunderlich, wenn sich die Familie in ihrer gemeinsamen Impulsivität gegenseitig über die Maßen unnötig quält. Dann geht eine wichtige gemeinsame Erfordernis für familiäres Wohlbefinden und Glücksgefühle verloren: Sich gegenseitig jeden Tag zu genießen, Nahrung für die Seele, Aufladen der eigenen „Akkus". Mit emotional leeren Akkus ist man dann den AD(H)S-typischen Belastungen noch weniger gewachsen.

Da dem Störungsbild ein zu schneller synaptischer Dopaminrücktransport zugrunde liegt, ist es nicht überraschend, wenn die Behandlung mit Medikamenten, die diesen zu raschen Dopamintransport in das normale Maß abbremsen, von zentraler Bedeutung ist. Die Wirksamkeit ist in allen Studien hochsignifikant belegt. ***Dies kann nicht selten so weit gehen, dass unter einer sorgfältigen Pharmakotherapie die Auffälligkeiten sämtlich völlig verschwinden.*** Die Familie braucht lediglich nur noch die reguläre Erziehungsarbeit, es sind dann keine weiteren zeitaufwändigen und kostspieligen Behandlungen erforderlich. Eine Mutter sagte: "Ich merke bei meinem Kind, wenn er sein Medikament einnimmt, ich merke es sehr, wenn er es nicht einnimmt."

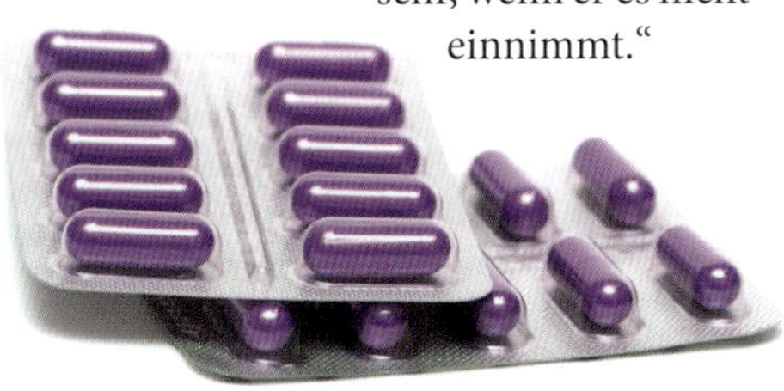

Das Medikament der Wahl ist das seit 1954 zugelassene und weltweit eingesetzte Methylphenidat. Es reduziert nachgewiesenermaßen die Kernsymptome, verbessert die Fähigkeit zum Regelneinhalten, verringert emotionale Übererregbarkeit. Das bekannteste Präparat ist Ritalin®, welches der Entwickler Leandro Panizzon nach seiner Frau Marguerite (Rita) benannte. Es wirkt bereits 30 Minuten nach Einnahme für die Dauer von ca. drei bis vier Stunden. In einer ersten Testphase mit diesem relativ kurz wirksamen Medikament wird geklärt, ob dieses Medikament wirkt und vertragen wird. Ist dies der Fall, sind zwei weitere Maßnahmen erforderlich:

- die Umstellung auf ein Methylphenidatpräparat, welches den Wirkstoff so verzögert abgibt, dass zumindest die Schulzeit zeitlich abgedeckt und in dieser Zeit keine weitere Einnahme erforderlich ist.
- Klärung der genau erforderlichen Dosis, um die exakte Balance zwischen dem Ausschütten des

Dopamins und seiner Wiederaufnahme herzustellen. Die letzten 10 mg sind die wichtigsten. Bei einer nicht ausreichenden Dosierung sind keine ausreichenden Effekte zu erwarten. Wahrscheinlich ist die in vielen Büchern und Untersuchungen dargestellte Erfolgsrate der Wirksamkeit von 70-80 % auf eine relative Unterdosierung zurückzuführen.

Wenn die richtige Medikation ermittelt ist, wird für die Dauer eines Jahres behandelt. Dann wird eine Pause eingelegt, um zu klären, ob die Medikation beendet werden kann, oder ob es „unfair" wäre, sie nicht weiterzugeben.

Wegen der Normalisierung von Konzentration und Merkfähigkeit verbessern sich dann nachhaltig die schulischen Leistungen nicht selten um 1 bis 2 Noten. (Aus Platzgründen kann auf weitere Aspekte dieser für Kinder mit AD(H)S so wichtigen Pharmakotherapie und auf weitere wirksame Medikamente nicht eingegangen werden.)

Immer dann, wenn die Behandlung nicht wirkt oder nicht vertragen wird, können weitere Medikamente versuchsweise eingesetzt werden: Amphetamin, Atomoxetin und weitere Pharmazeutika ... Außerdem ist die Diagnose zu überprüfen.

Sollten bei wirksamer und korrekter Behandlung noch Auffälligkeiten fortbestehen, sind auf die Problemlage abgestimmt weitere Maßnahmen sowohl für den Patienten wie auch sein Umfeld erforderlich (Psychoedukation bei Problemen der Alltagsbewältigung zum Vermitteln von Tagesstrukturen und familiären Regeln, Coaching zum Verbessern des Selbstmanagements; Psychotherapie bei Selbstwertstörungen / Depression; Familientherapie...).

Nicht wirksam – insbesondere nicht auf die Konzentration - sind die so oft eingesetzte Ergotherapie (ausgenommen schulvorbereitende Behandlung der Feinmotorik) und homöopathische Medikationen (Zappelin®!, Bachblüten...).

So segensreich diese Behandlung ist, so unverständlich ist die Tatsache, dass diese hochwirksame und sehr gut verträgliche Behandlung insbesondere von der Scientology-Sekte dämonisiert wird. Auf der Seite ▸ http://www.ritalin-kritik.de/ steht: „Ritalin®: wie die Psychiatrie aus Deutschlands Kindern Drogensüchtige macht." ***Dabei ist es längst wissenschaftlich belegt, dass sich das an sich erhöhte Suchtrisiko durch die Behandlung mit Methylphenidat auf das normale Maß reduziert.*** Das Interessante daran ist, dass sich die damalige Firma Geigy wegen der Anfeindungen entschlossen hat, Ritalin entgegen den sonst üblichen Marktstrategien nicht zu bewerben. So hat sich das Medikament allein deshalb zu einer Standardbehandlung entwickelt, weil es so gut wirkt und erfreulicherweise keine schwerwiegenden und bleibenden Nebenwirkungen oder Schäden verursacht. Es gab in der letzten Zeit hierzu eine Verunsicherung dahingehend, dass MPH fatale kardiale Nebenwirkung hervorrufen könne: M. Gould (Columbia University / New York) hatte eruiert, dass von 564 in den Jahren 1985 bis 1996 an einem plötzlichen Herztod gestorbenen Kindern zehn Methylphenidat eingenommen hatten. In einer gleich großen Kontrollgruppe von an Verkehrsunfällen gestorbenen Kindern hatten lediglich zwei Kinder Methylphenidat eingenommen[5, 6]. Daraufhin sprach die FDA (Food and Drug Administration, die Arzneimittelzulassungsbehörde der Vereinigten Staaten) eine Warnung aus und es wurde als Komplikation in den Beipackzetteln aufgenommen. Dies deckt sich nicht mit der klinischen Erfahrung. In einer neuen im Mai 2011 veröffentlichten Studie, bei der 241417 mit Methylphenidat behandelte Kinder einer Kontrollgruppe gegenübergestellt wurden, konnte kein erhöhtes kardiovaskuläres Risiko durch die Behandlung nachgewiesen werden[7, 8].

Prognose (Ausblick)

In der Annahme einer genetischen Störung der Botenstoffsteuerung ist folgerichtig diese Erkrankung nicht ursächlich heilbar, wohl aber sehr gut behandelbar. Dies erklärt, warum die Weiterbehandlung über das 18. Lebensjahr hinaus oft erforderlich ist, damit die Patienten nicht unter ihren Symptomen leiden oder in Selbstbehandlungsversuchen zu anderen, z.T. süchtig machenden Substanzen (Kokain!) greifen. Insofern ist es gut, wenn nach langem, langem Kampf im Juni 2011 jetzt endlich auch in Deutschland Methylphenidat zur Behandlung Er-

wachsener zugelassen worden ist. Es sei hier ausdrücklich festgestellt, es ist keine Lifestyle-Behandlung, sondern eine Behandlung, die für die Patienten von schicksalhafter Bedeutung ist. ***Es besteht berechtigte Hoffnung, dass durch eine konsequente und gute Behandlung Komorbiditäten wie Depressionen o.ä. entgegengewirkt werden kann.*** Ohne Behandlung ist der Weg dieser Patienten gekennzeichnet von Beziehungskonflikten, Depressionen, Selbstwertgefühlsstörungen, Abbrüchen von Ausbildungsgängen, häufigen Arbeitsplatzwechseln, Suchtproblemen u.a.m. Die Zukunftsentwicklung ist schlechter bei nicht hoher Intelligenz, niedrigem sozioökonomischen Status, stark oppositionellem und aggressivem Verhalten, gering ausgeprägten Freundschaftsbeziehungen, emotionaler Labilität, ausgeprägter elterlicher Psychopathologie im Sinne einer erhöhten genetischen Belastung, dies gilt genauso für ehemalige Frühgeborene.

Wegen der guten Behandelbarkeit und dem erhöhten Risiko sollten alle ehemaligen Frühgeborenen – am besten im Rahmen einer geregelten Nachuntersuchung - so früh wie möglich daraufhin untersucht werden, ob bei ihnen ein AD(H)S vorliegt.

weitere Informationen:
Literatur auf Seite Seite 400, Links auf Seite Seite 392, Anhang

Literatur:

1 Qualitätspapier der Deutschen Gesellschaft für Sozialpädiatrie und Jugendmedizin
▸ www.dgspj.de/media/QZ_ADHS.pdf

2 *Lindström K, Lindblad F, Hjern A (2011):*
Preterm Birth and Attention-Deficit/Hyperactivity Disorder in Schoolchildren Pediatrics; originally published online April 18, 2011;
▸ http://pediatrics.aappublications.org/content/early/2011/04/18/peds.2010-1279

3 Clinical Practice Guideline: Diagnosis and Evaluation of the Child With Attention-Deficit/Hyperactivity Disorder, Pediatrics Vol. 105 No. 5 May 1, 2000, pp. 1158 -1170;
▸ http://pediatrics.aappublications.org/content/105/5/1158.full.html

4 Leitlinie ADHS bei Kindern und Jugendlichen
▸ www.dgspj.de/media/lladhs.pdf

5 *Madelyn S. Gould, Ph.D., M.P.H., B. Timothy Walsh, M.D., Jimmie Lou Munfakh, B.A., Marjorie Kleinman, M.S., Naihua Duan, Ph.D., Mark Olfson, M.D., M.P.H., Laurence Greenhill, M.D., and Thomas Cooper, M.A.:*
Sudden Death and Use of Stimulant Medications in Youths; Am J Psychiatry 2009; 166:992-1001;
▸ http://ajp.psychiatryonline.org/cgi/reprint/166/9/992

6 ADHS: FDA untersucht plötzliche Todesfälle unter Ritalin; Deutsches Ärzteblatt 16.6.2010
▸ http://www.aerzteblatt.de/nachrichten/36977/ADHS_FDA_untersucht_ploetzliche_Todesfaelle_unter_Ritalin.htm

7 *Schelleman H, Bilker WB, Strom BL, Kimmel SE, Newcomb C, Guevara JP, Daniel GW, Cziraky MJ, Hennessy S (2011):*
Cardiovascular Events and Death in Children Exposed and Unexposed to ADHD Agents Pediatrics; originally published online May 16, 2011;
▸ http://pediatrics.aappublications.org/content/early/2011/05/11/peds.2010-3371

8 ADHS-Medikamente möglicherweise doch nicht herzkritisch, Deutsches Ärzteblatt 23.5.2011;
▸ http://www.aerzteblatt.de/v4/news/news.asp?id=45943&src=suche&p=adhs

Hinweis:

Linkangaben vom September 2011. Beachten Sie bitte, dass diese Angaben nicht verbindlich sind und Linkadressen im Internet oft geändert werden. Aktuelle Daten finden Sie auf der Homepage ▸ www.fruehgeborene-bildung.de

◆ ◆ ◆

Wir hören nicht nur mit den Ohren – auditive Wahrnehmung und mögliche Störungen

Sabine Weber

Wahrnehmung wird im Allgemeinen als die Fähigkeit verstanden, Reize aus der Umwelt mit allen Sinnen aufzunehmen, diese zu unterscheiden und sie folgerichtig zu verarbeiten.

Das Hören hat zwei wichtige Komponenten: Das Hören und das Verarbeiten. D.h. wir nehmen die Geräusche und Laute um uns herum auf, indem die Schallwellen vom äußeren Ohr ins Innenohr geleitet werden. Das akustische Endorgan dieses Vorgangs ist die sogenannte Schnecke (Cochlea). Von hier aus werden dann Nervenimpulse auf komplizierte Weise über entsprechende Nervenfasern zu den dafür zuständigen Großhirnarealen gesandt.

Im Gehirn angekommen, müssen die empfangenen Signale verarbeitet, verknüpft und interpretiert werden. Dieser komplexe Vorgang erfordert enorme Gehirnleistungen und eine gewisse Entwicklung bzw. Reifung des gesamten Nervensystems. Wir glauben gerne, dass Sinnesleistungen natürlich angelegt sein müssten, und kommen gar nicht auf die Idee, dass es einem Kind an einer dieser Fertigkeiten mangeln könnte. Gerade wenn die Ohren und die reine akustische Funktionsfähigkeit beim Kind überprüft worden sind, wissen die Eltern oft nicht, dass es hier dennoch Schwierigkeiten geben kann.

Frühgeborene werden mit einem unreifen Gehirn geboren, ihr Ge-

hirn musste sich in den ersten Lebensmonaten mit Reizen wie Schmerzen, Medikamenten, Stress und vielem mehr auseinandersetzen, was die Gehirnentwicklung zusätzlich erschwert. Die neuropsychologischen Folgen und Probleme zeigen sich oft erst dann, wenn die Kinder im Vergleich mit reifgeborenen Schulkameraden „aus dem Rahmen fallen".

Welche Kompetenzen muss denn nun ein auditiv „fittes" Grundschulkind mitbringen?

- Ein Geräusch oder eine Stimme muss räumlich eingeordnet werden (Auto fährt vorüber),
- herausfiltern eines Geräuschs aus einer Fülle von Hintergrundgeräuschen (Lehrer spricht vor unruhiger Klasse),
- Laute und Töne richtig erkennen (z.B. im Diktat „Werben" statt „Weben" verstehen),
- sich auf einen akustischen Reiz konzentrieren können (Aufmerksamkeit behalten),
- das Gehörte inhaltlich verstehen (um daraus Handlungen abzuleiten),
- das Gehörte behalten können (Aufzählungen, Gedichte etc.).

„Hellhörig" sollten die Eltern oder Lehrer eines Schulkindes werden, wenn es:

- sich Lieder, Reime oder Sätze so gar nicht merken kann,
- beim Sprachgebrauch auch noch als Schulkind (Vorschulkind) besonders häufig Fehler beim Satzbau macht,
- trotz mündlicher Aufforderung einfache Aufträge nicht ausführen kann oder häufig nachfragen muss,
- nicht gut Silben klatschen kann,
- häufig klangähnliche Laute verwechselt,
- vermehrt über Lärmempfindlichkeit klagt und
- sich bei „normalem" Klassenlärm nicht auf die Stimme des Lehrers konzentrieren kann oder häufig Anweisungen „nicht mitbekommt".

Auditiv „schwache" Kinder werden häufig fälschlich als minderbegabt eingestuft, ihr Verhalten und ihre Aufmerksamkeit fallen den Lehrern negativ auf. Sie gelten als „Träumerchen", schauen oft rechts und links beim Nachbarn, weil sie die Anweisungen des Lehrers nicht selbstständig umsetzen können (vor allem, wenn mehrere Arbeitschritte hintereinander angewiesen werden) oder träumen sich komplett weg und nehmen sich so eine „Auszeit" aus der unruhigen Klasse. Sie haben als Folge all dieser oben genannten Gründe oft Schwierigkeiten beim Erlernen des Schreibens und Lesens.

Was tun?

Der erste Schritt könnte darin bestehen, sich eigene Beobachtungen des Kindes in Bezug auf das Hören zu notieren und sich ebenfalls die Lehrer „mit ins Boot" zu holen. Der Vorteil dabei ist, dass man zwei unterschiedliche Beobachtungen für weitere Untersuchungen hat und dass der Lehrer weiß, dass sich die Eltern kümmern und verstanden haben, dass das Verhalten/die Fähigkeiten des Kindes vom Standard abweicht.

Der zweite Schritt besteht im Gespräch mit dem betreuenden Kinderarzt. Er kann zunächst eine Abklärung durch eine Logopädin oder Ergotherapeutin anweisen.

Der Kinderarzt kann nach eigener Überprüfung der Hörfähigkeit auch eine Überweisung an das nächste SPZ ausschreiben. Ein SPZ ist ein sozialpädiatrisches Zentrum, in welchem interdisziplinär Kinder betreut werden, die von Behinderung bedroht sind oder eine Behinderung haben. Dort werden also auch alle Beeinträchtigungen untersucht, die mit dem Gehirn zu tun haben. Hier kann dann genau festgestellt werden, warum ein Kind beim Aufnehmen akustischer Reize Schwierigkeiten hat bzw. wo es denn bei der Weiterverarbeitung genau „hakt".

Ist dieser Schritt getan, können sich Therapievorschläge und auch eine Beratung bezüglich der Schulsituation anschließen.

◆ ◆ ◆

Integrative Lerntherapie – wozu braucht man das denn?

Evelyn Liedel
Lerntherapeutin im Fachverband für integrative Lerntherapie (FiL)

Lesen, Schreiben und Rechnen zu können sind unerlässliche Voraussetzungen für das Lernen in der Schule und innerhalb weiterführender Bildungsangebote sowie für die selbstbestimmte Teilhabe am gesellschaftlichen und politischen Leben. Aus unterschiedlichen Gründen kann ein Teil der Schülerinnen und Schüler das Lernangebot der Schule nicht in ausreichendem Maße nutzen.

Lernstörungen sind eine mögliche Folge. Diese erschweren insbesondere einen sicheren Erwerb der Kulturtechniken Lesen, Schreiben und Rechnen und führen zu Blockaden, sodass selbst vorhandenes Wissen nicht mehr abrufbar ist (Leistungsstörung).

Durch anhaltende Misserfolge sind nicht allein Persönlichkeitsentwicklung, Schul- und Berufslaufbahn des Kindes beeinträchtigt, sondern auch in hohem Maße die Familien belastet. Wenn innerschulische Förderung nicht ausreicht, ist außerschulische Hilfe erforderlich.

Die integrative Lerntherapie ist eine professionelle pädagogisch-psychologische Dienstleistung, die sich auf empirisch erarbeitete wissenschaftliche Grundlagen stützt und ein hohes Maß an Erfahrungswissen und Fachkompetenz voraussetzt. Lerntherapie ist weder eine fortlaufende Lernunterstützung in einem oder mehreren Schulfächern noch eine vom schulischen Lernprozess abgelöste Form psychotherapeutischer Behandlung, wie z.B. Spieltherapie, Verhaltenstherapie etc.

Das Angebot der integrativen Lerntherapie wird überwiegend genutzt von Kindern und Jugendlichen, die in der Schule in Teilbereichen (Lesen, Schreiben, Rechnen, Konzentration) über einen längeren Zeitraum Misserfolge haben und dort in ihrer Lernentwicklung stagnieren, obwohl sie offensichtlich über gute Anlagen verfügen. Diese Kinder fallen oft schon vor der Einschulung mit ihren Problemen auf, die sich dann im Verlauf der Grundschulzeit fortsetzen:

- Sie vermeiden bestimmte Spiele wie Puzzle oder Memory.
- Sie basteln, malen oder bauen nicht gern.
- Entwicklungsverzögerungen in der Wahrnehmungsverarbeitung in einem oder mehreren Bereichen zeigen sich.
- Ihre Sprachentwicklung ist verzögert.
- Sie haben wenig Selbstvertrauen und sind schnell verzagt.
- Sie wirken langsam oder oberflächlich und leicht ablenkbar.
- Sie lassen sich von Misserfolgen schnell entmutigen und trauen sich dann nichts mehr zu.
- Sie müssen sich besonders anstrengen, die Schrift zu erlernen; Schwierigkeiten in der Feinmotorik führen zu Verkrampfungen und Unlustgefühlen.
- Sie brauchen länger als andere, um selbstständig richtig lesen, schreiben und rechnen zu lernen.
- Sie haben Schwierigkeiten, Mengen zu erfassen und aufzuteilen, und in der Vorstellung des Zahlenraumes, sie zählen lange und schaffen es nicht, Rechenvorgänge zu automatisieren.
- Die Ausrichtung der Aufmerksamkeit auf eine bestimmte Lernaufgabe auch über einen längeren Zeitraum fällt ihnen schwer, sie wirken beim Arbeiten fahrig und unkonzentriert.

Auftraggeber sind in der Regel die Eltern einer betroffenen Schülerin/eines betroffenen Schülers, die von der Notwendigkeit einer außerschulischen Hilfe für ihr Kind überzeugt sind. Sie werden zunehmend häufiger auch von LehrerInnen, KinderärztInnen und Beratungsstellen auf die lerntherapeutische Dienstleistung hingewiesen. Finanzieren müssen die Eltern diese außerschulische Unterstützung in

der Regel selber. Wenn ein Kind mit Teilleistungsstörungen zum Personenkreis „von seelischer Behinderung bedroht" (anerkannt nach § 35 a KJHG) gehört, finanziert auch das Jugendamt – je nach kommunaler Gesetzesauslegung! Es ist zu empfehlen, sich schon vor der Einleitung der Diagnostik dort zu erkundigen, welche Anforderungen an eine Erstuntersuchung gestellt werden, um mehrfaches Testen zu vermeiden.

In der integrativen Lerntherapie werden Lernstörungen systemisch betrachtet und als Wirkungsgefüge (Lernstruktur) begriffen. So lassen sich soziale, psychologische, medizinische und pädagogische Faktoren in ihrem wechselseitigen Zusammenwirken analysieren und darstellen. Aus Anamnese, Diagnostik und systemischer Analyse werden Maßnahmen individuell passend abgeleitet.

Ziel ist die Wiederherstellung einer positiven Lernstruktur. Integrative Lerntherapie arbeitet ressourcenorientiert und setzt bei den Stärken des Kindes oder Jugendlichen an, um ihm Erfolge zu vermitteln und so sein Zutrauen in die eigenen Fähigkeiten wieder zu stabilisieren. Weitere Kennzeichen professioneller Lerntherapie sind die Qualität der therapeutischen Beziehung, die interdisziplinäre Zusammenarbeit mit verschiedenen Experten, die Supervision lerntherapeutischer Praxis und das Setting, das aus der Lernstruktur abgeleitet und auf den Einzelfall abgestimmt wird. Neben einer systematischen fachspezifischen Arbeit am Symptom wird immer auch das Umfeld (Schule, Familie etc.) mit einbezogen.

Die Ziele werden für den Einzelfall individuell festgelegt, und mit den Eltern wird das Vorgehen ausführlich besprochen und gemeinsam vereinbart. Da die Bezugspersonen mit ihren Erwartungen, Hilfestellungen, Befindlichkeiten und ihrem Verhalten maßgeblichen Einfluss auf die Lernstruktur haben, ist die Beratung und Aufklärung der Eltern ein wesentliches Element der Lerntherapie. Dabei geht es vor allem darum, den Eltern einen lösungsorientierten Zugang zu dem Wirkungsgefüge zu vermitteln, in welchem die Lernentwicklung ihres Kindes stattfindet. Außerdem sind sie als Experten für ihre Kinder – denn wer kennt sie besser als die eigenen Eltern – für die erfolgreiche Arbeit unverzichtbar.

Die Praxis erfolgreicher Lerntherapie zeichnet sich aus durch Methodenintegration, Flexibilität und Spaß an sinnvollen Lerninhalten in einer ermutigenden Beziehung. Die tragende Philosophie ist, mit den vorhandenen Stärken die bestehenden Schwächen zu überwinden. Selbstwertgefühl und Lernmotivation sind die entscheidenden Größen, von denen letztlich alles abhängt. Für LerntherapeutInnen und ihre Klienten ist die fehlertolerante, ressourcenorientierte, positive und ermutigende Haltung die Basis für lebenslanges Lernen in einer sich rasch wandelnden Umwelt, in der permanent das in Frage gestellt wird, was gestern noch als unverrückbare Wahrheit galt. Mit dieser Haltung werden Menschen selbstbewusst und entwickeln die geforderte Flexibilität und psychische Belastbarkeit.

Konkret verbinden also professionelle LerntherapeutInnen die Wiederherstellung der positiven Lernstruktur mit den verschiedensten Trainingsformen

- zur Förderung von Lernvoraussetzungen, z.B. Wahrnehmung, Feinmotorik, Konzentration,
- zur Verbesserung von Lerntechniken,
- zur Kompensation von Defiziten, z.B. visuelle und auditive Schwächen,
- sowie zur fachdidaktisch fundierten inhaltlichen Arbeit am kritischen Lerninhalt bei einer Lese- und Rechtschreibstörung (LRS) oder Rechenschwäche (Dyskalkulie).

Professionelle Lerntherapie gründet sich deshalb selten allein auf eine Methode, ein Übungsverfahren oder einen isolierten Therapieansatz, sondern integriert verschiedene Elemente, individuell und ganzheitlich auf die Bedürfnisse und Fähigkeiten des Schülers abgestimmt. So kann in lerntherapeutischen Sitzungen auch gespielt, gemalt und gebastelt werden. Schüler können einzeln oder in Gruppen lesen, an Aufgaben arbeiten, am Computer lernen, besondere Lerntechniken erproben oder Entspannungsübungen lernen. Die Vielfalt der Vorgehensweise orientiert sich an der Zielerreichung.

Als Erfolge gelten sichtbare und messbare Veränderungen der Lernstruktur, d.h. psychische Stabilisierung, soziale Integration, Wiederherstellung der Lernfähigkeit und Verbesserung individueller Leistungen. Der Schüler traut sich selbst aufgrund seines verbesserten Selbstwertgefühls wieder Lernleistungen zu und ist motiviert, weiterhin zusätzliche Anstrengungen zur Überwindung seiner individuellen Schwierigkeiten, Lernlücken etc. zu erbringen.

Wer lerntherapeutische Hilfe in Anspruch nimmt, tut dies meist nicht freiwillig, sondern aus einer bedrängenden Notlage heraus. Dieser Schritt erfordert zunächst Überwindung, denn Lerntherapie erfordert Zeitaufwand sowie psychische Energie und verursacht Kosten. Der Einsatz lohnt sich, weil der Effekt nachhaltig ist, wenn betroffene Schülerinnen/Schüler wieder eine positive Lernstruktur entwickeln. Hierdurch ergibt sich für die Eltern wie auch die LehrerInnen eine nachhaltige Entlastung. Sie können wieder optimistisch in die schulische und berufliche Zukunft ihrer Kinder schauen.

Integrative Lerntherapeuten arbeiten nach hohen Qualitätsanforderungen, die vom Fachverband für integrative Lerntherapie (FiL) und seinen Gremien erarbeitet und ständig weiterentwickelt werden. Diese Qualitätsmerkmale sind in einer Weiterbildungsordnung veröffentlicht worden, die auch die Grundlage für eine Zertifizierung und die Vergabe des Titels „Integrativer Lerntherapeut FiL" bildet. Hierzu gehört ein umfangreiches Fachwissen, das in pädagogischen und therapeutischen Qualifikationen seinen Ausdruck findet. Daneben besteht die Verpflichtung zu ständiger Aus-und Weiterbildung sowie Supervision.

Der Fachverband für integrative Lerntherapie e.V. hat eine Internetseite unter der Adresse
▸ www.lerntherapie-fil.de.

Dort finden sich neben vielen wichtigen Informationen zum Angebot der integrativen Lerntherapie auch LerntherapeutInnen und zertifizierte TitelträgerInnen in den jeweiligen Regionen. Auch die Geschäftsstelle in Osnabrück hilft bei Fragen weiter.

Wann kann eine Therapie notwendig sein?

Mögliche Auffälligkeiten des Kindes, auch vor der Einschulung:

- Vermeiden bestimmter Spiele (Puzzle, Memory ...)
- Vermeiden von Basteln, Malen, Bauen ...
- Entwicklungsverzögerungen in der Wahrnehmungsverarbeitung
- verzögerte Sprachentwicklung
- geringes Selbstvertrauen, rasche Mutlosigkeit bei Misserfolgen
- langsam oder leicht ablenkbar
- Schwierigkeiten in der Feinmotorik
- lange Übephase bis zum selbstständigen Lesen oder Rechnen
- Schwierigkeiten bei der Mengenerfassung, Unsicherheiten im Zahlenraum, keine Automatisierung von Rechenvorgängen
- unkonzentriert, fahrig
- anhaltende Misserfolge in der Schule trotz Fleiss und Förderung

◆ ◆ ◆

Frühstart ins Leben und dann Fehlstart in der Schule

Familie R. aus Rheinland-Pfalz

Mädchen, 27. SSW, Rheinland-Pfalz, Waldorfschule, ADS, Dyskalkulie, auditive Wahrnehmungsstörung

Unsere Tochter wurde aufgrund einer Gestose und Plazentainsuffizienz in der SSW 26+4 mit 905 Gramm geboren.

Im stationären Verlauf wurde sie intubiert beatmet und brauchte recht lange die CPAP-Beatmung. Sie litt u. a. an einem drainagierten Pneumothorax, anschließend hatte sie ein ausgeprägtes Lungenemphysem, dann infizierte sie sich mit Clostridien, hatte eine fragliche Grad-2-Hirnblutung und benötigte insgesamt acht Fremdblut-Übertragungen. Nach der Entlassung nach 80 Tagen Intensivstation wurde sie zu Hause noch ein weiteres Jahr monitorüberwacht. Sie wurde ab dem 4. Lebensmonat aufgrund von Strabismus wechselseitig abgeklebt und bekam mit zwei Jahren ihre erste Brille. Mit knapp vier Jahren wurde bei ihr die erste Schiel-OP durchgeführt, mit gut neun Jahren die zweite erfolgreiche Augen-OP. Seitdem braucht sie keine Brille mehr!

Endlich zu Hause angekommen, entwickelte sie sich gut und galt sehr lange als das „Wunderfrühchen". Mit drei Jahren kam sie in den örtlichen Kindergarten und durchlief diesen recht unauffällig.

Im Kindergarten wurden wir hier und da mal darauf angesprochen, dass unsere Tochter zeitweilig geistesabwesend und verträumt wirke. Dies hatten wir natürlich zu Hause auch ab und zu festgestellt, aber der Kinderarzt fand immer alles total normal und versicherte uns, dass sich unsere Tochter im Kindergarten streckenweise schlicht und ergreifend langweile. Eine Überprüfung im Sozialpädiatrischen Zentrum fand unser Kinderarzt zu keiner Zeit angezeigt; auch eine Frühförderung wurde von seiner Seite immer abgelehnt. Wir sollen doch froh und dankbar sein, dass wir ein so tolles Kind haben, und die Zeit genießen, hat er uns empfohlen.

Mit gut sechs Jahren erfolgte dann die amtliche Schuluntersuchung, die auch kein Problem für sie darstellte, und sie wurde zeitgerecht in die örtliche Regel-Grundschule eingeschult. Dann nahm das schulische Drama seinen Lauf …

„Anfangs fiel sie noch nicht weiter auf, wie auch, da sie eigentlich immer sehr ruhig und eher zurückhaltend ist. Die Lehrerin war ja mit den lauten Kindern schon ausreichend beschäftigt."

In der Klasse herrschten leider immer ein großes Durcheinander und ein sehr hoher Geräuschpegel. Die Klassenlehrerin war mit den vielen lauten und wilden Kindern völlig überfordert. Anfangs fiel unsere Tochter noch nicht weiter auf, wie auch, da sie eigentlich immer sehr ruhig und eher zurückhaltend ist. Die Lehrerin war ja mit den lauten Kindern schon ausreichend beschäftigt und hatte große Probleme, die wilde Horde in den Griff zu bekommen.

Unsere Tochter kam mittags aus der Schule nach Hause und wusste oft gar nicht so richtig, was in der Schule überhaupt gemacht wurde. Sie erledigte die Hausaufgaben mit meiner Hilfe meistens eher widerwillig und es flossen viele Tränen. So quälten wir uns – mehr oder weniger – durch das erste Schulhalbjahr, wobei die Leistungen in den meisten Fächern durchaus im guten Mittelfeld lagen, was uns von Seiten der Klassenlehrerin auf Nachfrage auch bestätigt wurde. Lediglich im Fach Mathematik traten unseres Erachtens gleich zu Anfang erste Probleme auf, woraufhin uns die Lehrerin beruhigte, dass alles im grünen Bereich wäre und es bei den einen früher und bei den anderen halt später „Klick" machen würde. Auf unsere Nachfrage, wie wir unterstützend helfen könnten, winkte sie mehrfach ab. Alles ist in Ordnung, wir sollen locker bleiben …

„Die klasseninterne „Mädchenbande" hatte sich unsere Tochter als Opfer ausgeguckt."

Von den Mitschülern wurde unsere Tochter – bis auf wenige Ausnahmen – leider weitestgehend ausgegrenzt und die klasseninterne „Mädchenbande" hatte sich unsere Tochter als Opfer ausgeguckt. Vereinzelt haben wir die Lehrerin auf verschiedene Vorfälle angesprochen, sie sah aber nie einen Handlungsbedarf und fand es alles nicht gar so schlimm, eher belustigend, als unsere Tochter beispielsweise in der großen Pause an die Mülltonne auf dem Schulhof angebunden wurde – sie hätten sicher nur Pferdchen spielen wollen, war ihre Aussage.

Gehandelt hat sie erst dann, als wir sie nach einem überraschend „durchwachsenen" ersten Jahreszeugnis auf die nun scheinbar plötzlich doch vorhandenen vereinzelten Minderleistungen unserer Tochter angesprochen und um einen Gesprächstermin gebeten haben.

In diesem ersten Besprechungstermin hat sie mir dann erklärt, dass sie den Verdacht habe, dass unsere Tochter unter ADS leide. Ich habe unsere Tochter noch am gleichen Tag unserem Kinderarzt mit dieser Fragestellung vorgestellt, der direkt abgewunken hat, dass dies absoluter Quatsch sei.

In einem weiteren Gespräch war die Lehrerin dann etwas kleinlaut, hat insgesamt ziemlich zurückgerudert und fand dann doch wieder alles gar nicht so schlimm. Das schulische Drama für unsere Tochter ging dann also nach den ersten großen Sommerferien in der 2. Klasse genauso weiter, wie es in der 1. Klasse schon begonnen hatte.

Wir haben uns dann jedoch gleichzeitig händeringend nach einer schulischen Alternative für unsere Tochter umgeschaut und sind bei dieser Suche auf die in unserer Nähe befindliche Waldorfschule gestoßen. Anfangs waren wir eher zögerlich und konnten uns dabei selber nicht so richtig als Waldi-Eltern vorstellen. Nach einem total lächerlichen Elternabend in der alten Grundschule habe ich jedoch noch am gleichen Abend die Anmeldung für die Waldorfschule ausgefüllt und gleich am nächsten Morgen, einem Freitag, in der Waldorfschule persönlich abgegeben. Noch am gleichen Nachmittag erhielt ich einen Anruf der Klassenlehrerin der dortigen 2. Klasse und wir haben vereinbart, dass unsere Tochter gleich ab Montag zur Probe kommen dürfe. Endlich ein Lichtblick!

Ab diesem Montag ist unsere Tochter in die Waldorfschule gegangen und alles hat sich gewandelt. Plötzlich ging sie gerne in die Schule und hatte jede Menge nette Kinder um sich, die sich für sie interessierten und auch ihre Nähe gesucht haben. Sie bestand die Aufnahmeprüfung an der neuen Schule und wir als Eltern haben auch das ganze Aufnahmeprocedere „überstanden" und plötzlich waren wir Waldi-Eltern!

Bei der Abmeldung in der alten Grundschule hatte ich noch ein überraschend erfreuliches Gespräch mit der Rektorin. Sie hat mir sogar erzählt, dass sie unsere Tochter und uns als Eltern ungern verliert, andererseits mir aber auch zu unserem Entschluss gratuliert und mir noch mit auf den Weg gegeben, dass ihre beiden eigenen Kinder an genau eben dieser Waldorfschule Abitur gemacht haben und für sie immer festgestanden habe, ihre Kinder niemals einem staatlichen Schulsystem auszusetzen. Sie hat mich sehr ermutigt und mir versichert, dass dies der richtige Weg ist, den wir nun gehen werden!

Das alles ist jetzt mehr als zwei Jahre her. Unsere Tochter hat sich sehr zu ihrem Vorteil verändert. War sie vorher ziemlich verschüchtert und unsicher, ist es selbst Außenstehenden schon in den ersten Wochen des Besuchs der Waldorfschule aufgefallen, dass sie viel offener und mitteilungsfreudiger geworden ist. Sie hat tolle Freundinnen gefunden und wir sind „angekommen". Die Klassenlehrerin, die diese Klasse wie an Waldorfschulen üblich acht Jahre lang begleiten wird, hat ihre Schüler/innen absolut im Griff, und sorgt für einen normalen Geräuschpegel in der Klasse, was unserer Tochter natürlich besonders zu Gute kommt.

„Aufmerksame Eltern haben uns gute Tipps gegeben."

Aufmerksame Eltern haben uns gute Tipps gegeben, und so konnte in der Zwischenzeit festgestellt werden, dass unsere Tochter unter einer ausgeprägten Winkelfehlsichtigkeit litt, die zwischenzeitlich mit Hilfe einer Prismenbrille und anschließender Augen-Operation weitestgehend beseitigt werden konnte. Leider war dies in der Augenklinik, in der sie alle drei Monate vorgestellt wurde, niemals untersucht worden, da es sich um eine Sonderleistung handeln würde, die uns leider (trotz privater Krankenversicherung) niemals angeboten worden war. Bis zu diesem Zeitpunkt hatte ich das Wort „Winkelfehlsichtigkeit" noch nicht einmal gehört. Seit der Operation nimmt die Entwicklung unserer Tochter einen rasanten (guten) Verlauf ...

Ein aufmerksamer Vater einer Mitschülerin hatte uns dann aufgrund der Winkelfehlsichtigkeit und Frühgeburt Ergotherapie empfohlen. Ich hatte unseren Kinderarzt in den Jahren zuvor mehrfach auf das Thema Ergotherapie angesprochen – dies hielt er auch nie für erforderlich und wollte mir auch 2009 das Rezept dafür nicht ausstellen (O-Ton: „Die werden Dich dort auslachen, wenn Du mit Deinem Kind dort erscheinst!"). Ich bestand auf der Verordnung und unsere Tochter wurde bei der Ergotherapeutin daraufhin zehn Wochen in allen möglichen Bereichen getestet. Dann stand fest, dass sie unter einer „auditiven Wahrnehmungsstörung" (zentrale Schwerhörigkeit) leidet. Seit fast einem Jahr bekommt sie nun auch diesbezüglich eine darauf abgestimmte Therapie und macht gute Fortschritte.

Es war also auch damals im Kindergarten schon keine Langeweile, sondern der Geräuschpegel war für sie einfach zu hoch und sie war mit den Situationen völlig überfordert. Die einzige Chance war dann, einfach „abzuschalten"!

Im Förderbereich der Waldorfschule wurde dann in diesem Jahr der Verdacht auf Dyskalkulie geäußert, was sich dann nach einer entsprechenden Überprüfung auch bestätigte. Seit einem halben Jahr bekommt unsere Tochter nun auch hier endlich Unterstützung und Hilfestellung und wir hoffen, dass sie ihre große Angst vor Zahlen langsam, aber sicher verlieren wird.

Ich habe immer noch die Worte der Grundschullehrerin im Kopf: „Alles im grünen Bereich, die einen früher, die anderen später!"

Unserer Tochter hätte sehr, sehr viel erspart bleiben können!

Die Klassenlehrerin der Waldorfschule hat mir nach der vorläufig wohl erst einmal hoffentlich letzten Diagnose in einem persönlichen Gespräch gesagt:

„WIR gehen diesen Weg gemeinsam und ich verspreche Ihnen,
WIR kommen ans Ziel!"

Ich hoffe, ich werde bald nur noch diesen Satz im Kopf haben und bin total froh, dass wir diese Schule für unsere Tochter und uns gefunden haben!

Wir sind nun sehr stolz darauf, dass wir Waldi-Eltern sind!

PS: Unseren Namen tanzen wir deshalb aber trotzdem nicht ;-)

◆ ◆ ◆

Das Leben bietet ständig Herausforderungen

Grit Amling-Dietterle,
Sindelfingen, Baden-Württemberg

2 Jungen, 29. und 34. SSW, Baden-Württemberg, Hauptschule, kognitive und feinmotorische Defizite, Rückstellung, Integrationshilfe, ADHS, Rechtschreibschwäche

Cedric, unser Sohn, wurde 1998 in der 29. Schwangerschaftswoche mit einem Geburtsgewicht von 1010 g in Böblingen geboren. Es folgten drei Monate Klinikaufenthalt mit siebenwöchiger Beatmung. Sein Zustand war bei Entlassung stabil, dennoch blieb ihm eine 24-Stunden-Monitorüberwachung für ein Jahr nicht erspart.

Nun hatten wir einen frühgeborenen kleinen Jungen zu Hause. Es war zum damaligen Zeitpunkt nicht absehbar, ob wir bei Cedric irgendwann Folgeschäden zu erwarten hätten oder gar eine geistige Behinderung im Raum stand.

Bis zum Kindergartenalter manifestierten sich bei Cedric erste Defizite in der Feinmotorik und im kognitiven Bereich. Ich besuchte mit ihm wöchentlich die Krankengymnastik und Ergotherapie. Weitere Unterstützungsmaßnahmen folgten wie Logopädie und eine Reittherapie. Hinzu kamen die üblichen Beschäftigungsangebote für Kleinkinder wie Krabbelgruppe und Kinderturnen. Unser Ziel war, dass Cedric so normal wie möglich aufwuchs.

Wir entschieden uns nach einem Beratungsgespräch mit meinem Frauenarzt für eine weitere Schwangerschaft. Die Risiken hierfür wurden besprochen und eingegrenzt. Timon, unser zweiter Sohn, wurde dann nach meinem sechsmonatigen Klinikaufenthalt 2002 als Frühchen in der 34. SSW mit einem erheblich besseren Start ins Leben geboren.

Die Entwicklung der Kinder stand nun im Fokus. Beide hatten einen überdurchschnittlich großen Betreuungsbedarf, der auch bei mir die Grenzen der Belastbarkeit sichtbar machte. Diese Belastung spiegelte sich nun im Alltag deutlich wider und wirkte sich auf das Leben in der Familie aus, wovon auch unsere Partnerschaft nicht verschont blieb.

Cedric entwickelte sich weiterhin gut. Sein herzliches und freundliches

Wesen machte es allen Beteiligten einfach, mit Rat und Tat zur Seite zu stehen. Sein sonniges Gemüt und seine liebevolle Art, auf Menschen zuzugehen, sollte ihm in den folgenden Jahren noch oft ein Vorteil sein. Zu jeder Zeit hatte ich das Gefühl, dass er leben wollte, leben wie jedes andere Kind, und dass er täglich darum kämpft, auch wenn ihm von Natur aus immer wieder Grenzen aufgezeigt wurden. Im Alter von dreieinhalb Jahren stellte ich ihn im Sozialpädiatrischen Zentrum (SPZ) in Stuttgart vor. Eine engmaschige Betreuung und hilfreiche Gespräche, die auch richtungsweisend für spätere therapeutische Schritte waren, gaben uns sehr gute Unterstützung.

Die Kindergartenzeit verlief relativ unproblematisch, wenn auch immer wieder geprägt von häufigen Infekten, wohl bedingt durch sein schwächeres Immunsystem. Als die Zeit der Einschulung bevorstand, wurden wir von einem Tag auf den anderen damit konfrontiert, dass der Kindergarten in Vorbereitung auf die Schule Cedric von Sonderpädagogen anschauen und testen ließ. Wir merkten in den folgenden Gesprächen bald, dass auch die regionale Schule bereits involviert war und Cedric bereits als „Frühchen mit Sonderschulstatus" gesehen wurde.

In ausführlichen Gesprächen mit Kindergärtnerinnen und Pädagogen sowie Sonderpädagogen erreichten wir, dass Cedric noch ein Jahr zurückgestellt wurde. Nach Aussage der Rektorin wurde er auf eine Warteliste gesetzt und sollte ein erstes Schuljahr an einer sonderpädagogischen Einrichtung, vorbereitend für die staatliche Grundschule, besuchen.

Nach diesem Jahr stellte sich aber heraus, dass seine Einschränkungen nicht ausreichend für diesen Förderstatus waren. Es folgte ein Grundschuleignungstest, der mit dem Wortlaut „schulunfähig" besiegelt wurde. Was nun? Wir meldeten Cedric an drei Privatschulen an, um diesem für uns nicht akzeptablen „K.O.-Urteil" zu entkommen. Wir waren zum damaligen Zeitpunkt fest der Meinung, dass er mit entsprechender Unterstützung eine Grundschule besuchen könnte.

Wir hatten Glück, Cedric wurde dann in eine Waldorfschule in Stuttgart mit Förderzug eingeschult. Ich nahm die Autofahrten von täglich 80 km in Kauf. Die sanfte Einführung in den Schulalltag und auch die pädagogische Grundeinstellung taten Cedric sehr gut. Dennoch stellten wir bereits nach einem Jahr eine Unterforderung bei ihm fest. Wir entschieden uns, die erneute Suche einer geeigneten Beschulung in Angriff zu nehmen. Aufgrund der großen Klassenstärke mit 40 Kindern in der Parallelklasse kam für uns ein Wechsel innerhalb dieser Schule nicht in Frage.

Es gelang dann im Halbjahr des 3. Schuljahres, ihn an einer staatlichen Grundschule in einer anderen Stadt unterzubringen, unter der Voraussetzung, dass die regional zuständige Schule zustimmt. Diese Zustimmung erhielten wir, wenn auch mit einigen Herausforderungen auf emotionaler Ebene.

Cedric wurde umgeschult und ich war überglücklich. Obwohl er wiederum ein Jahr zurückgestuft wurde, stellten wir fest, dass er bzgl. des Lernstoffes erhebliche Defizite hatte. In enger Zusammenarbeit mit der Klassenlehrerin konnte Cedric – durch tägliches Lernen am Nachmittag – innerhalb eines halben Jahres einen Großteil kompensieren. Für ihn bedeutete dies eine enorme Belastung, der er jedoch standhielt. Mir gelang es, zu der neuen Klassenlehrerin ein gutes Verhältnis aufzubauen, was geprägt war von ständigem Austausch und Aufklärung sowie Vertrauen auf beiden Seiten. Cedric wurde sehr gut in die neue Klassengemeinschaft integriert und erfuhr das erste Mal in seiner schulischen Laufbahn Anerkennung und Motivation. Zusätzlich wurde uns vom Landkreis Böblingen eine Integrationshilfe zur Verfügung gestellt, die ebenfalls eng in den Prozess eingebunden war.

„Mir gelang es, zu der neuen Klassenlehrerin ein gutes Verhältnis aufzubauen, was geprägt war von ständigem Austausch und Aufklärung sowie Vertrauen auf beiden Seiten."

Zeitgleich wurde durch das SPZ Stuttgart diagnostiziert, dass Cedric ein Aufmerksamkeitsdefizitsyndrom (ADHS) hat und dadurch im Lernen zusätzliche Erschwernisse bestehen. Durch die enge Zusammenarbeit aller Beteiligten, d.h. vom SPZ Stuttgart, dem behandelnden Kinderarzt, Therapeuten, Lehrern und Elternhaus, konnte ihm ein stabiles Umfeld gegeben werden. Seine Leistungen waren durchschnittlich und schwankten aufgrund seiner ADHS-Problematik und seiner Teilleistungsstörungen, die sich nun in Form einer Rechtschreibschwäche deutlicher manifestierten.

Im 4. Grundschuljahr besuchte Cedric nun zusätzlich zweimal wöchentlich eine professionelle Nachhilfe in Deutsch, welche sich im Laufe der Zeit als sehr hilfreich erwies. Auch seinem Fleiß und seiner Entschlossenheit ist es zuzuschreiben, dass er die Grundschule erfolgreich abge-

schlossen hat und zu einer Hauptschule wechseln konnte.
Die Belastungen innerhalb der Familie waren dennoch sehr groß und unsere Partnerschaft hielt diesem Druck nicht stand. Es kam zur Trennung, was für unsere beiden Frühchen sicher ein weiterer wesentlicher Einschnitt ins Leben ist. Selbstzweifel und Fragen über Fragen prägten monatelang ihren Alltag, welche sich auch in den schulischen Leistungen bemerkbar machten. Nur durch viel Geduld, viel Nähe und Aufarbeitung täglicher Probleme haben beide diese Hürde einigermaßen gut gemeistert und zu ihrer alten Form zurückgefunden.

In der weiterführenden Schule war für Cedric die Situation in den ersten Wochen sehr angespannt, zumal auch engagierte Pädagogen mit seinen komplexen Problemen immer wieder überfordert sind. Aufgrund der straffen Lehrpläne gibt es hier nicht viel Spielraum, um solchen Kindern eine bessere Unterstützung anzubieten. Cedric kommt mit der Fülle der gestellten Aufgaben immer wieder deutlich an seine Grenzen, da durch seine Krankheit eine entsprechende zeitliche Einschränkung gegeben ist, die auch durch Medikamente nicht aufgefangen werden kann. Hier bedarf es enger Abstimmungsarbeit und Aufklärung über das Krankheitsbild, die aber in erster Linie durch mich als Mutter stattfindet. Dies ist oft sehr kräfte-, energie- und zeitraubend.

„Cedric kommt mit der Fülle der gestellten Aufgaben immer wieder deutlich an seine Grenzen, da durch seine Krankheit eine entsprechende zeitliche Einschränkung gegeben ist, die auch durch Medikamente nicht aufgefangen werden kann.“

Ich wünschte mir in den vergangenen Jahren oft, dass sich die Situation für Cedric und für uns etwas entspannt. Doch die gesellschaftlichen Rahmenbedingungen, wie z.B. der schulische Druck, Vorurteile in Bezug auf die Krankheit oder aber Klischeedenken, ließen dies zu keiner Zeit zu.

Ich hatte dennoch Glück mit einer hervorragenden Betreuung durch Herrn Dr. med. A. Oberle, Leiter des Sozialpädiatrischen Zentrums am Olgahospital in Stuttgart, der auch heute noch erster Ansprechpartner bei Schwierigkeiten ist und uns jegliche Unterstützung gibt. An dieser Stelle meinen herzlichsten Dank an ihn und sein Team.

◆ ◆ ◆

Mitkommen oder abgehängt werden?

Familie D. aus Rheinland-Pfalz

Mädchen, 26. SSW, Rheinland-Pfalz, Schwerpunkt-Grundschule, zeitweise Integrationshelfer, schwere Darmoperation, Konzentrationsprobleme, Rechenprobleme

Lisa wurde in der 26. SSW geboren. Sie wog 1025 Gramm und war 32 Zentimeter groß. Sie hatte zunächst keine besonderen Komplikationen, also weder Gehirnblutung noch Infektionen. In der vierten Lebenswoche allerdings kam der GAU: Lisas Darm hatte sich abgedreht (ein Volvulus) und so musste in mehreren Operationen fast der komplette Darm herausgenommen werden.

Ein Leben mit wenig Darm ist eine enorme Herausforderung für die Mediziner, die Familie und für Lisa. So hatten wir schlichtweg keine Zeit, uns mit Lisas Frühchen-Historie zu beschäftigen ..., bis sie in die Schule kam. Und genau so lange war sie auch unauffällig. Keine Ergo, keine Logo, keine KG. Sie besuchte einen Regelkindergarten, in dem ihre speziellen Bedürfnisse wegen des Darms eher Thema waren als ihre Frühchen-Vergangenheit.

Um die Schulwahl haben wir uns allerdings sehr gekümmert: Lisa besucht eine Schwerpunkt-Schule. Das ist eine Regel-Grundschule, die in allen Klassen bis zu drei Förderkinder mitunterrichtet. Lisa wurde hier als Regelkind eingeschult. Inzwischen besucht Lisa die dritte Klasse und wir sind insgesamt sehr zufrieden mit unserer Wahl.

Es zeigte sich, dass Lisa den Stoff gut versteht, aber sie braucht manchmal ein bisschen länger, bis „der Groschen fällt". Vor allem aber hat sie enorme Konzentrationsschwierigkeiten, sobald ihr etwas schwer fällt. Manchmal braucht sie sechsmal länger als die anderen Kinder, bis sie ihre Matheaufgaben erledigt hat. Immer wieder träumt sie sich weg - einfach so! Für uns ist das manchmal unfassbar, weil Lisa ansonsten ein aufgewecktes, fröhliches und auch schnelles Kind ist. Wenn sie eine eigene Idee umsetzen will, dann schafft sie das in Lichtgeschwindigkeit. Wenn es um Mathe geht, schläft sie förmlich schon beim Stifteauspacken ein.

Lisa ist darüber hinaus ein Kind, das lange braucht, bis sie sich orientiert hat. Sie beobachtet sehr lange Situationen. Wir glauben, dass Lisa sehr lange braucht, bis sie Strukturen und Abläufe erkennt und für sich sortiert. Besonders deutlich wurde das, als Lisa nach einem sehr langen Krankenhausaufenthalt nach drei Monaten wieder in ihre Klasse zurückkam (mitten in die dritte Klasse). Da Lisa in den drei Monaten recht fit war, hatten wir den Stoff mit ihr geübt und sozusagen „Schule zu Hause“ gemacht. Das war auch nicht ihr Problem. Sie war fast paralysiert von den - für sie - neuen Eindrücken und dem neuen Umfeld. Sie war in den ersten Wochen völlig kopflos und hilflos: Hausaufgabenheft nicht ausgefüllt, Bücher für die Aufgaben nicht dabei, Aufgaben, die in der Schule zu lösen waren, waren komplett nicht gelöst, das Frühstück unangetastet … und das alles jeden Tag wieder. Wir waren verzweifelt.

Da Lisa in einer Schwerpunkt-Schule ist und viele Kinder Integrationshelfer haben, entstand die Idee, auch für Lisa eine Hilfe zu organisieren. Jemanden, der ihr hilft, sich zu strukturieren. Nach vielen Telefonaten bekamen wir Hilfe vom Amt für Soziale Leistungen in Mainz. Innerhalb von zwei Wochen hatten wir die Kostenzusage für eine Integrationskraft. Seitdem klappt alles besser. Lisa war darüber zunächst nicht sehr glücklich. Schließlich war das für sie ein Zeichen, dass sie Hilfe brauchte. Und die wollte sie nicht. Aber jetzt bekommt sie die Zeit, die sie braucht, und kann ihre Aufgaben zur Not auch im Nebenraum mit ihrer Helferin fertigstellen. Die Helferin achtet darauf, dass sie ihre anderen Pflichten einhält, und unterstützt sie beim Timing im Wochenplan. Hört sich nicht nach viel an. Aber für Lisa ist es der Unterschied zwischen „Mitkommen“ und „Abgehängt werden“!

Wichtig für Lisa war von Anfang an ihre Lehrerin. Um die Handicaps von Lisa hat sie sich nur wenig gekümmert. Aber sie hatte gleich einen Zugang zu Lisa: Sie fordert Leistung von ihr ein, aber sie hat auch Verständnis für

„Wichtig für Lisa war von Anfang an ihre Lehrerin.“

ihre Unzulänglichkeiten. Lisas Schrift ist aus meiner Sicht eine glatte Katastrophe - das kann man fast nicht lesen. Der Kommentar ihrer Lehrerin: Lisa könnte die Buchstaben ein wenig mehr zusammenziehen. Sie gibt Lisa auch die Gelegenheit, ihre Arbeiten fertigzustellen, und benotet, als hätte sie alles in der gleichen Zeit wie die anderen geschafft. Natürlich steht eine Anmerkung dabei, dass Lisa mehr Zeit benötigt hat. Und ein riesiger Pluspunkt der Lehrerin für Lisa: Sie hat die Klasse im Griff, alles läuft sehr strukturiert ab, alles ist leise und sortiert, es gibt ganz klare Regeln und die Lehrerin behandelt alle Kinder gleich! Wenn die Klassenlehrerin krank ist und die Vertreterin kommt, ist Lisa jedes Mal völlig außer sich und komplett verwirrt. Konstanz und Struktur sind für Lisa extrem wichtig!

> *»Konstanz und Struktur sind extrem wichtig!«*

In zwei Monaten läuft die Unterstützung durch die Integrationshelferin aus. Mal sehen, ob Lisa es dann auch wieder alleine schafft. Klar ist jedenfalls, dass Lisa immer stärker unter Druck stehen wird als die anderen Kinder. Ich bin mir noch nicht so sicher, ob das wirklich sein muss. Lisa muss ohnehin schon bei allem kämpfen: Ihr kompletter Alltag ist wegen ihrer Krankheit reglementiert. Und dann auch noch der Kampf in der Schule ... Warum nicht ein bisschen Druck rausnehmen und auf eine Waldorfschule wechseln? Dort lernen die Kinder den Stoff auch. Halt mit etwas mehr Zeit. Und das wäre genau das, was Lisa brauchen könnte. Aber bis es soweit ist, haben wir noch ein Jahr Zeit. Vielleicht kommt uns da noch „die Erleuchtung".

> *»Lisa wird immer stärker unter Druck stehen als die anderen Kinder.«*

Ich glaube, dass wir bisher vieles richtig gemacht haben. Aber eines würde ich gerne anders machen, wenn ich es noch könnte: Wir hätten Lisa besser ein Jahr später eingeschult. Das hätte ihr sicherlich viel geholfen! Wir haben sogar darüber nachgedacht. Lisa ist im Dezember geboren; selbst ihr „richtiger" Geburtstermin wäre Ende März gewesen. Also wäre eine spätere Einschulung ein großer Schritt gewesen. Aber wir haben mit Ärzten und Erzieherinnen darüber gesprochen. Alle haben uns davon abgeraten: Lisa ist so reif, wie man für die Schule nur sein kann. Ein Fehler. Das eine Jahr hätte ihr sehr geholfen, davon bin ich heute fest überzeugt.

◆ ◆ ◆

Puzzle, Würfel, Karten?

Familie G. aus Hessen

Mädchen, 30. SSW, Hessen, Rückstellung, Grundschule, reformpädagogische Ganztagsschule, Entwicklungsverzögerung, Dyskalkulie

Paula hat nie gern Puzzle gespielt, mochte keine Würfelspiele und Punktezählen nach einem Spiel umging sie geschickt. Hätte uns damals bei unserer vierjährigen Tochter schon etwas auffallen müssen? Im Nachhinein ist diese Frage mit einem eindeutigen „JA" zu beantworten.

Aber als uns ein Psychologe zum ersten Mal diese Frage stellte, war Paula bereits acht Jahre alt und besuchte die zweite Klasse der Grundschule. Uns Eltern war bis dahin nichts aufgefallen. Unsere Tochter hatte die für Frühgeborene übliche Retardierung, deshalb schulten wir sie erst mit sieben Jahren ein. Sie war schüchtern, vermied große Gruppen und war kein Freund von neuen Herausforderungen. Aber eine Teilleistungsstörung, eine Rechenschwäche - an so etwas haben wir nie gedacht, ehrlich gesagt, wussten wir bis dahin gar nicht, was genau Dyskalkulie, also Rechenschwäche, ist.

Es war ein Zufall, dass ihre Rechenschwäche in der zweiten Klasse überhaupt entdeckt wurde. Sie machte Mathe nicht gern, ihre Hausaufgaben endeten oft mit Tränen und einem verzweifelten „ Ich versteh das nicht!". Da sie alle anderen Fächer ohne Probleme und mit viel Spaß meisterte, dachten wir, dass sie eben nicht gut rechnen kann. Mein Mann erzählte gern zum Trost, dass auch er nie gut in Mathe war. Aber eines Tages

machte ihre Klassenlehrerin Vertretung in Mathe. Sie kannte Paula aus Deutsch, Sachkunde und anderen Fächern und war sehr erstaunt, dass sie in Mathe plötzlich eine ganz andere Schülerin vor sich hatte, eine, die langsam war, nicht mitkam beim Unterrichtstempo, die stumm dasaß, sich nicht beteiligte und schnell an ihren Aufgaben scheiterte. Es war die Klassenlehrerin, die als erste das Wort „Dyskalkulie" in den Mund nahm. Paulas junge Mathelehrerin, obwohl frisch von der Uni, hatte mit Dyskalkulie keine Erfahrung. Wir nahmen den Rat der Klassenlehrerin an und ließen unsere Tochter testen. In die Kinderpsychiatrie mussten wir dazu, ein Ort, der allein durch seinen Namen bei uns Eltern Unruhe und Unbehagen auslöste. Aber sollte es schnell gehen mit allen Attesten und Bescheinigungen, dann war das die richtige Anlaufstelle. Hier trafen wir den Psychologen, der nach Paulas frühkindlichem Spielverhalten fragte: Puzzle, Würfel, Karten?

Nach ausführlichen Tests war klar: Paula hatte eine stark ausgeprägte Dyskalkulie. Wir unternahmen alles Notwendige: Antrag beim Schulleiter auf Differenzierung und Nachteilsausgleich im Matheunterricht, Anmeldung bei einer Lernförderung, Antrag beim Jugendamt zur Übernahme der Dyskalkulie-Therapiekosten. Von allen Beteiligten hörten wir immer wieder, dass wir mit der Diagnose Dyskalkulie bereits in der zweiten Klasse sehr früh dran waren.

Heute können wir sagen: Je eher, desto besser. Und je eher alle Beteiligten, d.h. Kind, Eltern, Lehrer und Mitschüler, davon wissen, umso besser. Paula fühlte sich nicht mehr als Versager, die Mitschüler hielten sie fortan nicht mehr für blöd und wir Eltern wussten, dass Mathe in Zukunft ein ganz besonderes Schulfach war und unsere Tochter von uns viel Ermutigung und Geduld benötigte. Die Grundschulzeit verlief von diesem Moment an problemlos. Wir beschäftigten uns früh mit der Frage der weiterführenden Schule. Ungerecht empfanden wir, dass LRS in der Sekundarstufe anerkannt wurde, lese- und schreibschwache Kinder ohne Problem ein Gymnasium besuchen konnten, für Dyskalkulie-Kinder das alles aber nicht galt. Kurzum - ein Gymnasium kam nicht in Frage. Schnell war klar, wir mussten eine Schule fin-

„Paula fühlte sich nicht mehr als Versager, die Mitschüler hielten sie fortan nicht mehr für blöd und wir Eltern wussten, dass Mathe in Zukunft ein ganz besonderes Schulfach war."

den, die Paula fordert, ihre Stärken fördert und ihre Schwäche akzeptiert. Eine Schule, die ihrer Persönlichkeit gerecht wird, am besten eine Schule, in der es auch Kinder mit Handicaps gab, eine Schule, die nicht alle Kinder gleichmachte, sondern sie in ihren Unterschieden bestärkte.

Das staatliche Schulangebot - wir hatten uns diverse integrierte Gesamtschulen angeschaut- wäre ein Kompromiss gewesen, einer mit ungewissem Ausgang. Wir schauten uns freie, private Schulträger an, von Waldorf bis Montessori, aber unsere Wahl fiel auf eine Reformschule. Wir hatten Glück, just zum Schulwechsel unserer Tochter startete in unserer Stadt eine reformpädagogische Ganztagsschule, eine Privatschule in kirchlicher Trägerschaft, die vieles, was wir über Schule wussten, über den Haufen warf. Keine Hausaufgaben, selbst organisiertes Lernen, von der fünften bis zur siebten Klasse keine Noten, kein Sitzenbleiben, Projekte statt Schulbuchkapitel, Stundenpläne, die nach neuesten Erkenntnissen der Hirnforschung erstellt werden, Zusatzangebote, die Selbstwertgefühl, Verantwortung und Respekt untereinander schärfen.

Wir haben an der neuen Schule alles wieder genauso gemacht wie damals in der zweiten Klasse der Grundschule: Von Anfang an sollten Mitschüler, Eltern und Lehrer wissen, dass Paula eine Rechenschwäche hat. Paula musste nichts verbergen, konnte offen damit umgehen.

Paula besucht mittlerweile die siebte Klasse. Sie geht gern zur Schule, ist eine gute Schülerin. Ihre Rechenschwäche ist nach wie vor vorhanden. Sie besucht immer noch neben der Schule einmal pro Woche die Dyskalkulie-Lernförderung. Sie ist ein selbstbewusstes Mädchen, das mittlerweile ganz genau ihre Stärken kennt und ihre Rechenschwäche akzeptiert hat. Wir Eltern wissen, dass Mathe ein ganz besonderes Fach für unsere Tochter ist und wohl auch immer bleiben wird. Zu unser aller Glück ist Mathe aber nicht schulbeherrschendes Thema, und dass das so ist, haben wir der sehr bewussten Schulwahl zu verdanken.

P.S. Da uns bewusst ist, dass nicht jede Familie eine Reformschule in der Nähe hat, sei dies angemerkt: Es lohnt sich, auch über die Stadtgrenzen hinaus nach einer geeigneten Schule zu suchen. Paulas Schule hat einen Einzugsradius bis zu 60 Kilometern. Viele Familien nehmen diese Entfernung gern in Kauf.

Ein langer Weg - Teil 1

Marion von Gratkowski, Bayern

Erwachsene Zwillinge, 34. SSW, Bayern, Entwicklungsverzögerung, Lese-Rechtschreibschwäche, Schulkindergarten, Grundschule, danach: Hauptschule, Ausbildung zum Koch, Küchenchef bzw. Gymnasium, BWL-Studium

Meine Zwillinge Maximilian und Constantin wurden sieben Wochen zu früh geboren. Damals - 1984 - war das noch etwas kritischer als heute, weil die medizinische Entwicklung noch nicht so weit fortgeschritten war. Nach insgesamt fünf Wochen durften wir unsere Söhne – 2.500 (Max) und 2.480 (Conny) Gramm schwer – nach Hause nehmen. Dort entwickelten sie sich unauffällig. Sie schliefen mit vier Monaten durch, wurden insgesamt zwölf Wochen mit Muttermilch ernährt; als sie fünf Monate alt waren, gaben sie unmittelbar nach der Taufe das Durchschlafen auf und vor allem Maximilian machte die Nacht zum Tag. Als Max ein Jahr alt war, fing er an, erste Wörter zu sprechen. Constantin sagte nichts. Als Max zwei Jahre alt war, sprach er schon ein paar Wörter mehr. Constantin hatte mit 18 Monaten erste Wörter im Repertoire. Wir sagten immer: „Mal sehen, was er sagt, wenn er sprechen kann." Er spricht heute noch wenig.

Constantin war ein Fummler. Er liebte es, technische Geräte zu betasten, überall herumzuschrauben. Maximilian schien eher grobmotorisch veranlagt zu sein. Auf jeden Fall war er überaus dominant und entriss seinem armen Bruder fortwährend Spielzeug und war immer auf Krawall aus.

Als die Zwillinge dreieinhalb Jahre alt waren, beschlossen wir, sie in den Kindergarten zu geben.

Maximilian und Constantin waren sechseinhalb, als sie in die Schule kamen. Bei der Einschulung waren sie nicht irgendwie negativ aufgefallen und so kamen sie in zwei verschiedene Klassen. Es dauerte etwa vier Wochen, da wurde ich von Maximilians Lehrerin angesprochen, sie hätte den Verdacht, dass er nicht schulreif sei. Im Gespräch erzählte sie mir, dass Maximilian der einzige sei, der nicht kapiere, wann der Stuhlkreis aufgehoben wäre, und auch andere Anforderungen verstand er nicht und musste immer eine „Extra-Einladung" bekommen.

Was? Mein Sohn nicht schulreif? Am Ende sogar zu blöd für die Schule? Das hatte ich mir anders vorgestellt. Aufgeschreckt durch das Gespräch mit Max' Lehrerin suchte ich das Gespräch mit Constantins Lehrerin. Und die fand Constantin eher unauffällig, aber sie könne sich durchaus vorstellen, auch ihn ein Jahr zurückstellen zu lassen. Wir überlegten hin und her. Sollten wir beide aus der Schule nehmen? Sollten wir nur Max zurückstellen lassen? Eigentlich ist es gerade uns sehr klar, dass auch Zwillinge zwei unterschiedliche Menschen sind, die nicht immer alles gemeinsam oder gleichzeitig machen müssen. Aber Constantin hatte den schlechteren Start gehabt; wenn schon Maximilian nicht schulreif war, dann könnte Constantin niemals „schulreifer" sein als sein Zwillingsbruder. Wir nahmen beide aus der Schule und fortan besuchten sie einen neuen Schulkindergarten, für den ich sie Tag für Tag auf die andere Seite der Stadt fahren musste. Dort war die Gruppe klein (13 Kinder) und die beiden konnten entsprechend gut gefördert und auf die Schule vorbereitet werden. Die Fahrerei jedoch machte mir enormen Stress. Inzwischen hatten wir kein Au-pair-Mädchen mehr, aber einen dritten Sohn, ein Baby, das immer mitgeschleppt werden musste – oft im Schlafanzug.

Maximilian und Constantin kamen schließlich mit 7,5 Jahren zum zweiten Mal in die Schule. Da wir das Glück hatten, zwischen zwei Schulen wählen zu können, gaben wir sie diesmal in getrennte Klassen, aber in die andere Schule, so dass sie den zweiten Versuch nicht mit dem traumatischen ersten in Verbindung bringen sollten. Schließlich hatten alle Kinder der Nachbarschaft „Kindergartenbabys" hinter ihnen hergerufen.

In der ersten Klasse lief alles ziemlich unauffällig. Auch in der zweiten Klasse kann ich mich an keine nennenswerten Probleme erinnern. Kritisch wurde es in der dritten Klasse – aber nur für Constantin. Die neue Lehrerin war streng und sie beschwerte sich, dass Constantin, wenn eine Zeile im Heft zu Ende war, einfach auf der anderen Seite weiter schrieb – quasi über das ganze Heft hinweg. Wenn's nur das gewesen wäre! Erstmals wurde sehr deutlich, dass Constantin eine massive Lese-Rechtschreib-Schwäche hatte. Die Diktate, die zu Hause geübt wurden, bevor sie in der Schule drankamen, absolvierte er mit Noten zwischen 5 und 6. Auf einer kleinen DIN A5 Seite mit vielleicht 12 Zeilen zum Schreiben schaff-

„Die Diktate, die zu Hause geübt wurden, bevor sie in der Schule drankamen, absolvierte er mit Noten zwischen 5 und 6."

te er es, 20 und mehr Fehler zu machen. Wir absolvierten einen „Test-Marathon". Constantin wurde auf Legasthenie getestet. Fehlanzeige. Er wurde in der Erziehungsberatung vorgestellt. Wir erhielten Material, wie wir üben konnten. Z.B. mit Karteikärtchen usw. Wir übten, es half nichts. Wir übten noch mehr, es half trotzdem nichts.

„Wir übten, es half nichts. Wir übten noch mehr, es half trotzdem nichts."

Maximilian war ein Selbstläufer und absolvierte die Grundschule eher mit Bravour. Er erhielt die Empfehlung, aufs Gymnasium zu gehen. Daran war bei Constantin überhaupt nicht zu denken. Ich zog alternative Schulformen in Betracht und beschäftigte mich mit der Waldorfschule. Sie kam aber aus verschiedenen Gründen nicht in Betracht.

Ich suchte nach alternativen „Heilmethoden" und fand die Kinesiologie. Es war einleuchtend. Constantin hatte offensichtlich durch seine zu frühe Geburt, die von Maximilian eingeleitet worden war, (denn nur dessen Fruchtwasser war grün, also auffällig, gewesen,) einen nicht definierbaren Schaden im Gehirn erlitten. Die Kinesiologin therapierte, was das Zeug hielt. Es nützte nichts, kostete aber ordentlich. Wir zogen innerhalb unserer Stadt wieder um. Gleichzeitig kam Maximilian ins Gymnasium (ohne Probleme) und Constantin besuchte fortan die Hauptschule. Da beide Kinder sofort Freunde in ihren jeweiligen Klassen bzw. Schulen hatten, da sie nebenbei bereits jahrelang erfolgreich Eishockey spielten, war es für beide gar kein Problem, sofort Fuß zu fassen. Es war auch kein Problem, dass die beiden in verschiedene Schulen kamen – das hatten wir Jahre zuvor schon wohlweislich eingeleitet ...

Es dauerte ein paar Wochen, da meldete sich Constantins Lehrerin bei mir. Sie wisse ja, dass sie keine Empfehlung aussprechen dürfe, aber sie hätte da so eine Idee, wie man Conny helfen könne. Dass ich ihn „mein Problemkind“ nannte, fand sie total überzogen. „Problemkind? Na, da wissen Sie nicht, was echte Probleme sind!“ sagte sie zu mir. Sie hatte eine andere Adresse für Kinesiologie. Ich wollte einen letzten Versuch unternehmen und fuhr mit Constantin zu dieser Adresse. Die Behandlung dauerte eine gute Stunde, währenddessen ging ich spazieren. Danach vollzog sich schlagartig eine Wandlung, die ich nicht nachvollziehen konnte. Constantin lieferte jede Nachschrift, wie diese geübten Diktate hießen, fortan mit einer 1 oder einer 2 ab. Das hielt das ganze Schuljahr an. Danach kam ein Lehrerwechsel und ich muss es zu meiner Schande gestehen – ich hatte keinen Nerv mehr, Constantin zu irgendwelchen Therapien zu fahren. Ich bin allerdings heute noch davon überzeugt, dass diese neue Kinesiologin viel bewirkt hat und auch noch bewirkt hätte ...

Fortsetzung des Berichts auf Seite 378 Kapitel 5

Irgendetwas stimmt nicht

Familie W. aus Hessen

Junge, 24. SSW, Hessen, Grund-/Realschule, ADS, Raum-Lage-Wahrnehmung

Mini war er, als er zur Welt kam, unser Sohn Maximilian. Im Dezember 1998 wurde er 16 Wochen zu früh mit einem Gewicht von 720 g geboren. Über vier Monate lang musste er danach in der Kinderklinik behandelt werden, dreieinhalb Monate davon auf der Intensivstation. Anschließend wurde er zu Hause mit Krankengymnastik und später Psychomotorischem Turnen sowie Ergotherapie gefördert.

„Irgendetwas „lief nicht rund", aber wir als Eltern kamen nicht recht dahinter, was es war."

Mit sechseinhalb Jahren (gerechnet nach dem erwarteten Geburtstermin) wurde er in die örtliche Grundschule eingeschult. Maxi war im Ort und in seinem Kindergarten gut integriert und freute sich darauf, Schulkind zu werden. Nach einiger Zeit jedoch begannen leichte Schwierigkeiten aufzutreten. Irgendetwas „lief nicht rund", aber wir als Eltern kamen nicht recht dahinter, was es war. Dass Maxis Feinmotorik nicht mit den Fähigkeiten der Kinder, die seit Jahren gerne malten und bastelten, mithalten konnte, hatten wir bei unserem Bauecken-Kind erwartet. Aber sozialpädiatrische Gutachten, die in der regelmäßigen Nachbetreuung über mehrere Jahre hinweg erstellt worden waren, bescheinigten unserem Sohn eine Intelligenz im Normbereich. Damit sollte es doch wohl möglich sein, die Grundschule „normal" zu durchlaufen, dachten wir.

„Doch unser Sohn hatte mehr und mehr Schwierigkeiten damit, die Hausaufgaben zu erledigen."

Doch unser Sohn hatte mehr und mehr Schwierigkeiten damit, die Hausaufgaben zu erledigen. Es lag jedoch nicht primär am Inhalt, wie wir nach und nach herausfanden. Dem Lerninhalt konnte er sich stellen und ihn sich aneignen, wenngleich er dafür einige Zeit brauchte. Das schwierigere Problem lag für ihn darin, sich selbst, die Arbeitszeit und die Aufgaben zu strukturieren. Das war der Grund, weshalb er jeden Tag vor dem Erledigen der Hausaufgaben erst eine Stunde lang weinte: „Es ist so viel." Keine Frage, dass er sich immer mehr vor den Hausaufgaben fürchtete.

Der Wochenplan, der in der Schule eingeführt wurde, hatte den gleichen Effekt. Eigentlich gedacht dazu, dass jedes Kind sein eigenes Lerntempo selbst bestimmen könnte, löste diese Neuerung bei Maxi regelrechte Hassausbrüche aus. Kein Wunder, denn er bewältigte das Wochenpensum ja auch in der Schule nicht, so dass er den Rest regelmäßig am Wochenende nacharbeiten musste. Auch hier waren jeden Tag Tränen und Wutausbrüche vorprogrammiert.

Wir Eltern befürchteten, dass er schon in den ersten Schuljahren komplett die Lust am Lernen und am Wissenserwerb verlieren würde, sich vielleicht bald vollends verweigern könnte. So gut es ging, versuchten wir gegenzusteuern. Am Schulalltag konnten wir nichts ändern. Aber in der Freizeit konnten wir alles versuchen, um sein Selbstbewusstsein zu stabilisieren und ihm zu helfen, der Welt positiv und erwartungsvoll entgegenzutreten. Sportliche Aktivitäten haben wir gefördert, Freundschaften unterstützt, sogar ein Haustier haben wir angeschafft. Wir haben Maxi ermutigt, sich Kindergruppen der örtlichen Vereine und denen der Kirchengemeinde anzuschließen, um positive Gruppenerlebnisse zu sammeln und Wertschätzung zu erfahren, unabhängig von schulischen Leistungen. Diese Ansätze haben sich im Rückblick (mittlerweile ist unser Sohn in der 5. Klasse) sehr bewährt. Obwohl Maxi ein sehr sensibler und tief innen auch recht ängstli-

„Wir Eltern befürchteten, dass er schon in den ersten Schuljahren komplett die Lust am Lernen und am Wissenserwerb verlieren würde, sich vielleicht bald vollends verweigern könnte. So gut es ging, versuchten wir gegenzusteuern."

cher Junge ist – kein Wunder bei diesem Start ins Leben –, geht er nach wie vor gerne zur Jungschar, zur Jugendfeuerwehr und ins Judo, fährt auch mit auf mehrtägige Fahrten, kann sich gut in Gruppen integrieren und zehrt von dem Spaß, den man dort miteinander hat.

Aber zurück zu den ersten Schuljahren: Unsere erste Vermutung als Eltern war, dass Maxi vielleicht eine Lese-Rechtschreibschwäche haben könnte, die die Ursache für das Hausaufgabenproblem sein könnte. Untersuchungen ergaben jedoch, dass eine solche LRS bei ihm nicht vorliegt. Stattdessen wurde allerdings ein ADS vermutet und schließlich auch festgestellt, also ein Aufmerksamkeitsdefizitsyndrom ohne Hyperaktivität, das sog. „Träumerchen-ADS". Ein Verhaltenstraining, an dem wir – Eltern und Kind – daraufhin teilnahmen, brachte leider keinerlei Erfolg. Also versuchten wir „notgedrungen" eine Medikation. Und siehe da, Maxis Hausaufgaben-Heulattacken verschwanden. Die tägliche Angst vor dem zu bewältigenden Berg löste sich innerhalb kurzer Zeit in Luft auf. Unser Sohn konnte sich nun direkt den Herausforderungen stellen, die die Aufgaben an ihn herantrugen. Ein wesentliches Lernhindernis war bezwungen. Wir alle waren sehr erleichtert. Maxi hat zum Glück in der Folge eine recht gute Arbeitshaltung entwickelt. Er möchte lernen und für seine Bemühungen auch mit Anerkennung belohnt werden. Das heißt, er erledigt Aufgaben zeitnah und sorgfältig, so gut er es kann. Und er lernt auch mit einem gewissen Ehrgeiz.

> ***„Dennoch hat er es nicht leicht. Für viele Lernschritte braucht er länger als die Mitschüler."***

Dennoch hat er es nicht leicht. Für viele Lernschritte braucht er länger als die Mitschüler. So hatte die Klasse oft einen Lerninhalt mit ausführlichem Üben abgeschlossen und begann ein neues Thema, während Maxi das Thema nun erst durchdrungen hatte und jetzt die intensive Übephase gebraucht hätte, um das Gelernte zu festigen. Im Rechnen und im Schreiben zeigte sich dies, so dass wir Maxi in der Mitte der zweiten Klasse noch einmal in die erste Klasse zurücknahmen. Dieser Schritt, ihm mehr Zeit zu verschaffen, war sehr positiv für ihn, auch wenn wir ihn aus seiner Lerngemeinschaft herausnehmen mussten.

Seine Raum-Lage-Wahrnehmung reifte deutlich langsamer als die seiner Alterskameraden, d.h. er verdrehte Buchstaben und Zeichen bis ins vierte Schuljahr, während die Klassenkameraden die richtige Ausrichtung der Buchstaben am Ende des ersten Schuljahres sicher beherrschten. So fiel ihm auch das Lesenlernen schwer, weil er bei jedem „b" und „d" erst mühsam raten musste, ob das Wort eher mit „b" oder eher mit „d" einen Sinn ergibt. Auch jetzt – in der 5. Klasse – ist er immer noch kein Jugend-

licher, der gerne liest. Ehrlich gesagt ist er noch nicht einmal ein Jugendlicher, der irgendetwas „von sich aus" liest. So kann er sich Wortgestalt und Rechtschreibung natürlich auch nicht in der Weise einprägen, wie seine Schulkameraden es tun und ihre Fertigkeiten damit ständig verbessern.

Dennoch liebte er schon immer Geschichten. Wir Eltern mussten stundenlang vorlesen, einmal sogar den ganzen ersten Band vom Räuber Hotzenplotz am Stück. Leidenschaftlich gerne hört er auch heute noch Hörspiele bzw. Hörbücher. Ob er wohl von Anfang an ein auditiver Lerntyp war? Wer weiß ... Auch Englisch-Vokabeln eignet er sich auditiv an, d.h. jemand muss sie ihm vorlesen und er lernt die Wörter in einem ersten Arbeitsgang nach Gehör. Dann ist allerdings noch ein zweiter Arbeitsgang nötig, um sich zu jeder Vokabel auch die Schreibweise einzuprägen. Ein ziemlicher Lernaufwand! Wie gut, dass Maxi seine Arbeitshaltung entwickeln konnte, ohne die sein erfolgreiches Lernen sicher nicht möglich wäre.

Maxi hat jedenfalls einen sehr großen Wortschatz, er kann sich gut ausdrücken und ansprechende Texte schreiben. Wenn nur das Rechtschreibproblem und die Feinmotorik nicht wären ... Auf der Realschule, die er jetzt besucht, führt das dazu, dass ihm leider auch für Gewusstes Fehler angerechnet werden, weil eben die Rechtschreibung nicht stimmt oder weil die Lehrer seine Schrift angeblich nicht entziffern können. Wir Eltern hoffen nun natürlich, dass sein Selbstbewusstsein und seine gute Arbeitshaltung noch ein bisschen durchhalten. Aber die Pubertät wirft auch bei Maxi ihre Schatten schon deutlich voraus ...

Im folgenden Schulaufsatz, den Maxi in der vierten Klasse im Unterricht verfasste, spiegelt sich für den aufmerksamen Leser einiges von dem oben Geschilderten:

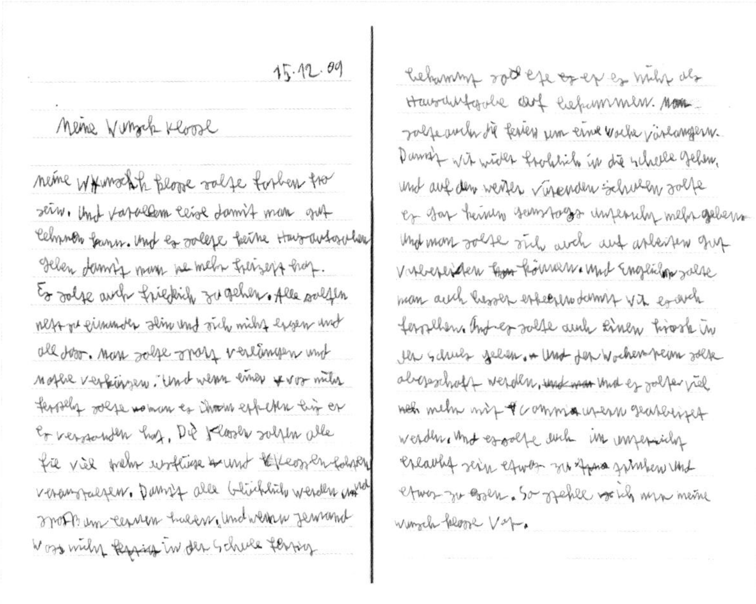

Hier noch einmal in Abschrift. Die dringendsten Wünsche, die Maxi auf dem Hintergrund seiner schwierigen Schulerfahrungen formuliert hat, wurden farblich hervorgehoben.

Meine Wunsch Klasse

Meine Wunsch klasse solte farben fro sein. Und vor allem leise damit man gut lehrnen kann. Und es sollte keine Hausaufgaben geben damit man mehr freizeit hat. Es solte auch friedlich zu gehen. Alle solten nett zu einander sein und sich nicht ergen und all das. Man solte sport verlängen und Mathe verkürzen. Und wenn einer was nicht fersteht solte man es ihm erkeren bis er es verstanden hat. Die Klassen solten alle fil viel mehr ausflüge und Klassenfahrten veranstalten. Damit alle Glücklich werden und spaß am lernen haben. Und wenn jemand was nicht in der Schule fertig bekommt solte er es nicht als Hausaufgabe auf bekommen. Man solte auch die ferien um eine Woche färlangern. Damit wir wider frohlich in die Schule gehen. und auf den weiter vürenden schulen solte es gar keinen ganstags unterricht mehr geben. Und man solte sich auch auf arbeiten gut vorbereiten können. Und Englich solte man auch besser erkleren damit wir es auch ferstehen. Und es sollte auch einen kiosk in der Schule geben. Und der Wochenplan solte abgeschaft werden. Und es solte viel mehr mit Compiutern gearbeitet werden. Und es solte auch im unterricht erlaubt sein etwas zu trinken und etwas zu essen. So stehle ich mir meine Wunsch klasse vor.

◆ ◆ ◆

Hilfestellung statt Ermahnungen

Geteilter Zwillingsbericht: Erfahrungen des Jungen

Familie G. aus Bayern

Mädchen u. Junge, Zwillinge, 26. SSW, Bayern, Grundschule, Realschule, Gehörlosigkeit, Integration, AD(H)S?

Zwillingsfrühgeburt in der 26. SSW in einem neonatologischen Zentrum
Besonderheiten bei der Entlassung:
Beim Jungen: unauffälliger Gesundheitszustand

Bei beiden im Anschluss: Pflegeleichte Kinder, die jedoch Schwierigkeiten bei der Nahrungsaufnahme zeigten in der Form, dass sie kaum/kein Hungergefühl zeigten und nach geringster Nahrungsaufnahme zufriedengestellt waren mit keinem weiteren Bedürfnis, sich um ausreichende Ernährung zu bemühen. Beim Jungen kam erschwerend hinzu, dass er sich kurz nach den Mahlzeiten leicht und häufig erbrach, was dann vorausgegangene Fütterungsanstrengungen zunichte machte.

Die Einschulung beider Kinder erfolgte in die gleiche Klasse nach drei Jahren Regelkindergarten in eine Regelgrundschule (Kleinstadt, 60.000 Einwohner) mit regulär sechs Jahren und neun Monaten:
Bei unserem Jungen gestaltete sich die Entscheidung für eine Einschulung schwierig: Vom Sozialverhalten her – insbesondere: seinem „Lebens"-Tempo (viel eher: seiner extremen Langsamkeit in allen Dingen des Alltags), seiner Verträumt- und Zerstreutheit, die darin gipfelte, dass er nach einem Kindergartentag ungebremst gegen ein Straßenschild gelaufen ist – hätten wir ihn gerne für ein Jahr „im Kindergarten belassen". Nun konnte er aber schon etwas lesen und zeigte sich stets neugierig und wissbegierig, so dass uns schließlich nur eine unbefriedigende Wahl blieb zwischen in Kauf zu nehmenden Verhaltensauffälligkeiten wegen Unterforderung im Kindergarten bzw. Verhaltensauffälligkeiten, die zu erwarten waren durch eine Überforderung aufgrund der strikten Zeitstruktur in der Schule.

Die ersten beiden Schuljahre:

Die Hefteinträge unseres Sohnes gestalteten sich von Anfang an „tadellos". Dafür benötigte er allerdings weit mehr Zeit, als ihm zur Verfügung

> *„Doch schon bald etablierte er sich in der Rolle des „Klassenclowns".“*

stand. Den Unterrichtsstoff bewältigte er rein kognitiv „spielend leicht". Doch schon bald etablierte er sich in der Rolle des „Klassenclowns". (Was auch in Zusammenhang mit der Konstellation zu seiner hörbehinderten Schwester vermutet wurde. Sie waren in einer gemeinsamen Klasse.) Phänomen dabei war (und dies wiederholte sich bei verschiedenen Lehrkräften in der Folge immer wieder), dass unser Sohn durch seine schulischen Leistungen und seine sehr korrekte (zwar äußerst langsame) Arbeitsweise immer wieder überschätzt wurde und es heute noch wird: „Also bei anderen Kindern hätte mich das nicht gewundert, aber bei ´ihm´, das verstehe ich einfach nicht …" ist ein Zitat der Lehrkraft aus der ersten/zweiten Klasse in Bezug auf Unfug und unangemessen überdrehtes Verhalten von ihm. Dabei hätte er Unterstützung beim Erlernen von sozial adäquatem Verhalten gebraucht, denn er ist ein unsicheres Kind. Weil ihm dies aber „nicht anzusehen ist", er keine „offensive" Behinderung hat wie seine hörgeschädigte Schwester, blieb ihm diesbezüglich die Hilfe der Pädagogen weitgehend versagt – während die Langsamkeit immer wieder moniert und gemahnt wurde, dass er „unbedingt schneller" werden müsse. Die im Umgang mit anderen Kindern viel größeren und für ihn belastenderen Unsicherheiten fielen dabei unter den Tisch – denn sie waren für ein schulisches Vorankommen weniger wichtig.

Schuljahr drei und vier:

Auf eigenen Wunsch besuchte er fortan die dritte und vierte Jahrgangsstufe in unserem Ort (mit Eingemeindungen 6000 Einwohner). Die Kinder kannte er aus seiner früheren Kindergartengruppe. Trotzdem brauchte unser Sohn mehr als ein halbes Jahr, um Anschluss an die Klasse zu finden. Die Kinder, aber auch seine Lehrerin mussten sich erst an seine Begeisterung für den Unterricht gewöhnen, die bedeutete, dass er mit den Antworten stets herausplatzte oder beim Melden „sehr geräuschvoll" auf sich aufmerksam machte. Während dem Unterricht summte er bei „Stillarbeit" trotz Erinnerung gerne vor sich hin, brauchte viel Platz und vor allem: noch mehr Zeit. Schließlich bekam er einen isolierten Sitzplatz

– keiner wollte mehr neben ihm sitzen. Die junge, ehrgeizige Lehrerin arbeitete sehr leistungsbetont und wenig ressourcenorientiert: Ins Gewicht fielen stets die Mängel im Sozialverhalten (aber ohne adäquate Anleitung, wie dies von meinem Sohn anders zu bewältigen wäre). Es waren zwei sehr anstrengende und durchaus selektierende Schuljahre: Von den Kindern dieser Klasse ging keine Handvoll aufs Gymnasium.

Erst in diesem, dem vierten Schuljahr der Kinder, stieß ich auf die Informationen des Landesverbandes „Früh- und Risikogeborene Kinder Rheinland-Pfalz" e.V. mit der entsprechenden Broschüre zum Schulbesuch ehemaliger Frühchen. Ich reiste zum Symposium an und gab schon vorher die Informationen an die beiden Lehrkräfte der Kinder weiter – die aufgeschlossen und interessiert darauf reagierten. Praktisch änderte sich bei meinem Sohn jedoch nichts: Selbst im Zeugnis stand vermerkt, dass er sich dringend in seinem Arbeitstempo zu steigern hätte – was ihn ziemlich belastete, weil er sich stets bemühte und auch versicherte, sich noch mehr anstrengen zu wollen. Uns als Eltern hat dies wütend gemacht – hatten wir die schwierige Anfangszeit endlich offenbart und hofften auf Unterstützung – so war scheinbar noch immer nicht klar, dass es sich bei dieser zähen Langsamkeit unseres Sohnes nicht um eine Frage des Willens, sondern des Nicht-Könnens handelte.

„Es war scheinbar noch immer nicht klar, dass es sich bei dieser zähen Langsamkeit unseres Sohnes nicht um eine Frage des Willens, sondern des Nicht-Könnens handelte."

Dennoch erreichten beide Kinder einen eindeutigen Notendurchschnitt, um entweder das Gymnasium (Sohn) oder die Regelrealschule (Tochter) besuchen zu können. Aufgrund der Langsamkeit unseres Sohnes und in Anbetracht der unklaren Regelung zum Stundenplan des G8 entschieden wir uns für die „schonendere" Wahl der Realschule für ihn.

Weiterführende Schulen, 5. Jahrgangsstufe:

Gleich zu Beginn des Schuljahres und mit dem Wechsel auf die neue Schule legte ich dem Klassenlehrer Informationen über ehemalige Frühchen in der Regelschule vor, die ich um weitere Informationen ergänzt hatte. Von sich aus händigte der engagierte junge Lehrer unserem Sohn einen zweiten Buchsatz aus, so dass es für den Jungen nicht mehr nötig war, die Schulbücher auf dem Schulweg und im Bus mitzutragen (er ist ein sehr zierlicher Junge). Recht schnell und umfassend wuchsen sich aber Probleme für unseren Sohn aus: Er wurde im Schulbus gehänselt und hartnäckig geärgert sowie in der Klasse gemobbt (mit der ei-

> *„Er wurde zum „Spielball" der anderen Kinder, nicht in der Lage sich gesund abzugrenzen oder selbstbewusst seine Bedürfnisse zu artikulieren."*

nen Hälfte der Kinder, die ihn aus der Grundschule kannte, gab es keine Probleme mehr). Es ging so weit, dass ihm mehrfach das Bein gestellt wurde, bis ich ihn verletzt aus der Schule holen und zum Arzt bringen musste. Doch hier zeigte unser Sohn eine völlig andere Wahrnehmung: Er bezeichnete all die Vorkommnisse nur als „normale Neckereien" unter Schülern und ich beobachtete, dass er sich von anderen alles gefallen ließ und auf die eindeutigsten Provokationen von anderen völlig unkritisch einging. Er wurde zum „Spielball" der anderen Kinder, nicht in der Lage sich gesund abzugrenzen oder selbstbewusst seine Bedürfnisse zu artikulieren. Es schien beinahe so, als würde er überhaupt keine eigenen Grenzen wahrnehmen bzw. nicht beurteilen können, was ihm gut und was ihm weniger gut tut (an Behandlung von Anderen). Beängstigend war, dass dies „an allen Fronten" der Fall war – nicht nur in der Klasse. Mit außerordentlichem Feingefühl thematisierte der Klassenleiter das Problem (basierend auf den Erkenntnissen über die möglichen Schwierigkeiten von Frühchen) und konnte ein ausgewogenes und stabiles Klima für unseren Sohn in der Klassengemeinschaft erreichen. Mein Mann sprach die Kinder im Schulbus darauf an, welche bis zum heutigen Tag auch mit den Hänseleien aufgehört haben. Die Langsamkeit ist nach wie vor ein Thema in der Schule, es wird erwogen, hier einen Antrag auf Zeitzuschlag bei Schulaufgaben und Klassenarbeiten zu stellen. Unser Sohn besucht seit einiger Zeit mit anderen Kindern einen Kurs bei einem Jugendpsychiater namens „Soziale Kompetenz-Training" und er wird in dieser Praxis gerade auch in mehreren Sitzungen auf AD(H)S getestet. Mit dem Schulstoff tut er sich leicht (abgesehen vom Zeitproblem, das manchmal viel mit Ablenkung zu tun hat), er lernt wenig und hat dennoch gute Noten. Zudem erzählt er gerne und viel vom Unterricht – es ist offensichtlich, dass die differenzierten Inhalte seinem Interesse entgegenkommen und er die richtige Schulart besucht.

Fortsetzung des Berichts auf Seite 337, Kapitel 4

Dazwischen

Familie T. aus Nordrhein-Westfalen

Junge, 25. SSW, Nordrhein-Westfalen, Schultyp, AD(H)S, Dyskalkulie, „nahe an LRS", „kurze Phasen der Abwesenheit"

Gernot wurde in der 25. SSW geboren. Bei Geburt weniger als 900 Gramm schwer, ließ er zu Beginn seines Lebens keine Sorgen aus. Lungenentzündung, lange Beatmung, Pilzsepsis, Hirnblutung, mehrere Monate Intensivstation, Netzhautveränderungen und wer weiß, was noch. Doch anscheinend hatten er und seine Zwillingsschwester Katja eine Vereinbarung getroffen. Er sollte alles Glück erhalten und sich auf den Lebensweg machen, während sie das Pech für beide auf sich nahm und das Licht der Welt nicht lebend erblickte. Katja verfolgt seither den Weg ihres Bruders aus einer fernen Welt.

Gernot machte sich gut. Zwar war er etwas hypoton, war kein großer Esser, hatte einige Zeit einen Monitor und musste noch einige Male bei Infekten wegen seiner Bronchodysplasien ins Krankenhaus. Er entwickelte sich aber mit etwas zeitlichem Abstand zunächst scheinbar so wie andere Kinder auch. Gernot fremdelte nicht und blieb etwas kleiner und leichter als die meisten Kinder seines Alters. Er krabbelte mit etwas über einem Jahr, nach 1,5 Jahren stand er und begann zu laufen. Er liebte Tiere, lernte sprechen, lachte viel und war ein glückliches Kind.

Nun kam es, dass Gernots Eltern sich nicht mehr vertrugen und sich scheiden ließen. Und da die Eltern sich nicht einig waren, entstand ein großer Streit um Gernot. Bald mischten sich viele fachkundige Menschen ein, was den Streit gewaltig vergrößerte. Nach umfangreichen Untersuchungen durch eine ganze Reihe von Menschen entschied schließlich ein Gericht und Gernot lebte erst einmal etwas mehr bei seinem Vater und etwas weniger bei seiner Mutter. Jeder im Kinder-

garten dachte, als Gernot in der Gruppe auffälliger wurde: „Jaja, das ist die Scheidung, das legt sich wieder." Gernot kasperte herum, attackierte andere Kinder mitunter grundlos, bisweilen heftig und ließ sich ständig zu Boden fallen, um andere zum Lachen zu bringen. Einmal bekam er eine Ohrfeige von einer Erzieherin, die sich entschuldigen wollte: „Gernot ist in der Gruppe nicht zu halten und gehorcht nicht, man muss ihn beim Waldspaziergang fest an der Hand nehmen." Für die Erzieherinnen verhielt sich Gernot so, wie sie es sich bei einem Kind vorstellten, dessen Eltern sich getrennt hatten.

„Gernot kam in die Schule und von Anfang an klappte es nicht so recht."

Gernot kam in die Schule und von Anfang an klappte es nicht so recht. Meinte die erste Lehrerin noch, das Kind sei vielleicht hochbegabt und langweile sich, so verfestigte sich rasch ein Bild, dass Gernot nicht konzentriert war, nicht aufpasste, Arbeitsaufträge nicht fertig bekam, herumkasperte, andere Kinder zum Teil heftig attackierte und besonders in Gruppensituationen nicht zurecht kam. Bald verging kaum ein Tag, an dem er nicht vor die Tür gesetzt wurde, einen Stoß von der Klassenlehrerin bekam, Strafarbeiten erhielt und so weiter. Hatte er die Buchstaben zu Beginn noch gut gelernt, so macht er schon bald beim Lesen keine Fortschritte mehr. Es ging eher rückwärts. Gernot überlas Endungen, verdrehte Buchstaben, übersprang Zeilen, dachte sich Überlesenes dazu, verlor den Faden, ohne es zu merken, und konnte Texte mit seiner krakeligen Schrift nicht im entferntesten fehlerfrei abschreiben. Rechnen fiel ihm besonders schwer. Statt an der Turnstunde teilzunehmen, verbrachte er manchmal die gesamte Zeit in der Umkleide, weil er es in der Gruppe nicht geschafft hatte, sich umzuziehen. Und das fiel der Sportlehrerin meist nicht einmal auf. Kurz, es dauerte nicht lange und Gernot wünschte sich in den Kindergarten zurück, vor allem, weil dort nach seinem Weggang eine tolle Anlage mit Tunnel installiert worden war. Wie ungerecht!

Jetzt schlug die Stunde der Fachleute, oder derer, die sich dafür hielten. Viele weise Menschen untersuchten und befragten Gernot, auch wieder im Auftrag des Familiengerichts. Lehrer meinten, das Kind brauche einfach nur ein paar Wochen Auszeit, Erholung und dann werde es schon wieder, vielleicht noch eine Tagesklinik für einige Monate. Der Kinderarzt, der Gernot immer als gesundes frühgeborenes Wunder angesehen hatte, wollte sogar, dass Gernot von seinen Eltern weggenommen, stationär in die Psychiatrie in einer fernen Stadt aufgenommen und von dort in eine Pflegefamilie gebracht werde. Das schrieb er auch ungefragt ans Gericht. Denn wenn dieses frühgeborene Kind, das sich die ersten Jahre so gut entwickelt hatte, in der Schule nicht zurechtkam, dann musste es doch an den Eltern und ihrer Scheidung liegen. Woran denn sonst? Mit der extremen Frühgeburtlichkeit hatte es seiner Meinung nach jedenfalls nichts zu tun. Dafür brauchte er auch keine weiteren Untersuchungen. Das Gericht kannte Gernot und die Eltern mittlerweile zum Glück besser als sein eigener Arzt und verwarf den Vorschlag kommentarlos. Ein niedergelassener Psychiater führte dann auf Betreiben von Gernots Vater eine ganze Reihe von Tests und Untersuchungen durch, befragte Lehrer und den Vater. Sein Ergebnis: AD(H)S, vermutlich bedingt durch Frühgeburt und vielleicht z.T. vererblich. Gernot war nach den Tests etwas überdurchschnittlich begabt, hatte keine echten Teilleistungsstörungen, war in Deutsch aber dicht an einer Lese-Rechtsschreib-Schwäche. Am meisten wunderte sich Gernot aber über sein gutes Testergebnis in Mathe. „Das fällt mir doch viel schwerer als Deutsch." Allerdings hatte Gernot alle Aufgaben an den Fingern abzählen können und deshalb viele richtige Lösungen gefunden. Ein Jahr später ergab eine erneute Testung von Rechenverständnis und Rechenwegen eine ausgeprägte Dyskalkulie. Auffallend waren bei all den Untersuchungen kurze Phasen der Abwesenheit, doch konnte eine Epilepsie ausgeschlossen werden.

Es wurde zielgerichtet mit Förderung begonnen, Verhaltenstraining durch den Vater, damit Gernot andere Kinder nicht mehr attackierte, professionelle Förderung in Deutsch, bis er wieder auf Klassenniveau war, danach eine AD(H)S-spezifische Konzentrations-Verhaltensförderung und ebenfalls durch den Vater regelmäßig Dyskalkulie-Förderung. Gernot hörte damit auf, andere Kinder zu schlagen, die schulische Leistung und Mitarbeit stabili-

> *„Deutlich besser wurde es erst, als zusätzlich eine medikamentöse Therapie mit Methylphenidat begonnen wurde."*

sierten sich dagegen zunächst nur wenig. Deutlich besser wurde es erst, als zusätzlich eine medikamentöse Therapie mit Methylphenidat begonnen wurde. Gernot wiederholte die zweite Klasse. „Ich musste freiwillig wiederholen", hielt er gelegentlich seinem Vater vor, doch konnte er in der neuen Klasse Freunde finden, lernte besser mitzuarbeiten und hatte am Ende ein gutes Zeugnis.

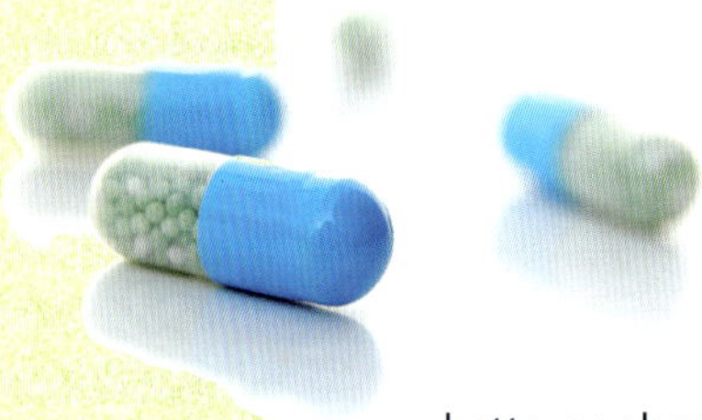

Alles schien nun in der richtigen Bahn zu sein und hätte seinen Gang gehen können, wäre nicht ein zweiter Kinderpsychiater ins Leben des Kindes getreten, Psychoanalytiker und ein großer Bindungstheoretiker seines Zeichens. Der wollte vermittelnd zwischen Gernots Eltern wirken. Leider hatte er aber so seine eigenen Theorien zu AD(H)S. „AD(H)S ist weitgehend eine Erfindung der Industrie, um Medikamente zu verkaufen", war sein Credo. Er erklärte die Diagnostik seines Fachkollegen für bedeutungslos, zweifelte dessen Fähigkeiten an, hielt Verhaltenstherapie und die spezifische Förderung für unnötig, weigerte sich, mit Lehrern zu sprechen, und bezweifelte sowieso, dass die täglichen Beobachtungen von Eltern und Lehrern richtig seien. Die Frühgeburt habe sich seiner Überzeugung nach „ausgewachsen" und könne keinesfalls etwas mit den Schulproblemen zu tun haben. Die schulischen Schwierigkeiten lägen vielmehr in einem Konflikt begründet und das Kind habe kein „AD(H)S". Gernot solle deshalb als therapeutische Maßnahme erst einmal eine Stoffkuh ins Zimmer bekommen für die Tage, an denen er seine Mutter nicht sehe, schließlich sei eine Kuh ein Symbol für die Mutter. Heimlich unterstützte der Psychoanalytiker zudem die Mutter darin, erneut vor Gericht zu ziehen, um das Kind zu bekommen und bot sich selbst als Sachverständiger an. Dann könne Gernot endlich die einzig richtige Therapie erhalten, nämlich durch ihn höchstpersönlich. Sei erst einmal eine tragfähige therapeutische Beziehung aufgebaut und das Kind etwas älter, dann könne man daran gehen, dem Kind zu erzählen, dass seine Eltern doof seien. Nach einigen Monaten beendete Gernots Vater die Tätigkeit dieses Psychiaters, der nichts Gutes bewirkt, dafür aber Gernot erneut in die immensen Belastungen eines Gerichtsverfahrens getrieben hatte.

Mittlerweile erlebt das ehemalige Frühchen Gernot bereits das fünfte Jahr mit Gerichtsverfahren um Sorgerecht und Aufenthalt. Er wurde bisher fast zwanzigmal durch zehn verschiedene fremde Leute befragt, untersucht und begutachtet, damit das Gericht Entscheidungen treffen konnte. Aber anstatt dass er jetzt endlich in Ruhe gelassen würde, soll er nun erneut begutachtet, beobachtet, befragt, getestet und untersucht werden. Nun möchte der Richter noch einmal herausfinden, ob ein Scheidungskind, das in der 25. Schwangerschaftswoche geboren wurde, wegen seiner Frühgeburtlichkeit auch wirklich ein AD(H)S, eine Dyskalkulie und schulische Schwierigkeiten haben kann. Der Richter hat einen Gutachter beauftragt, doch der hat keine Fachkenntnis von frühgeborenen Kindern, keine Ausbildung in Kinderheilkunde und keine Erfahrung mit AD(H)S. Vergeblich warnen der behandelnde Kinderpsychiater, die Lehrer in der Schule und die Anwältin des Kindes das Gericht vor den Folgen eines erneuten Begutachtungsmarathons für ein Kind, das wegen seines AD(H)S Verlässlichkeit und wegen seiner schulischen Probleme besondere Aufmerksamkeit und mehr Kraft benötigt. Sie alle finden mit ihren warnenden Stimmen bei Gericht kein Gehör.

Gernot hat schon lang keine Lust mehr, unter Druck mit fremden Onkeln und Tanten zu sprechen, die kommen und ein paar Mal mit ihm sprechen, um dann wieder aus seinem Leben zu verschwinden und dem Gericht irgendetwas zu erzählen. „An den Tagen kann ich gar nicht mit Freunden spielen, das will ich nicht", sagt er.

Oft sieht seine Zwillingsschwester Katja aus ihrer ruhigen, stillen Welt zu ihrem Bruder herüber. „Wir beide haben Glück gehabt!", flüstert sie ihm abends leise zu, wenn er im Dunkeln in seinem Bett mit den vielen Kuscheltieren liegt.

◆ ◆ ◆

Belohnte Anstrengungen

Familie L. aus Rheinland-Pfalz

Junge, 30. SSW, Rheinland-Pfalz, Gymnasium, Entwicklungsverzögerung, feinmotorische Probleme

Unser Sohn Tobias ist 1994 in der 30. Schwangerschaftswoche mit 1.400 Gramm geboren. Er wurde neun Tage beatmet. Zwei Jahre lang haben wir wegen einer Schwäche seines unreifen Immunsystems immer wieder um sein Leben bangen müssen. Aus jedem kleinen Infekt entwickelte sich eine schwere Krankheit. In der Klinik waren wir bekannte Stammkunden – auch auf der Intensivstation.

Erst nach zwei Jahren normalisierte sich unser Leben und wir konnten mal wieder durchatmen und irgendwann sogar wieder durchschlafen.

Und dann kam schon bald der Kindergarten. Tobias hatte sich trotz seiner gesundheitlichen Probleme gut entwickelt. Er war motorisch fit, mit nicht mal drei Jahren konnte er ohne Stützräder Fahrrad fahren. Die Sprache kam ein wenig verzögert, doch das merkte man kaum. Aber im Vergleich zu Gleichaltrigen war er sehr klein und sehr dünn. Er wirkte viel jünger, als er eigentlich war.

Das unbestimmte Gefühl, dass etwas nicht stimmt

Die Kindergartenzeit war - im Nachhinein betrachtet - eine entspannte und gute Zeit. Alles lief problemlos. Er fand schnell Freunde, integrierte sich problemlos und entwickelte sich insgesamt weiterhin gut. Die Erzieherinnen meldeten uns zurück, dass wir jetzt wirklich mal langsam aufhören sollten, uns Sorgen um unser Frühchen zu machen. Schließlich habe sich inzwischen alles „ausgewachsen".

> *„Irgendwie spürten wir doch, dass er noch nicht so reif war wie andere Kinder im gleichen Alter."*

Es gab ja auch keine offensichtlichen oder größeren Probleme, aber irgendwie spürten wir doch, dass er noch nicht so reif war wie andere Kinder im gleichen Alter. Wir konnten dieses Gefühl nicht richtig fassen, einordnen und verstehen. Tobias wirkte strukturlos, durcheinander, immer ein bisschen chaotisch. Er verlor ständig irgendetwas: Schals, Mützen, Turnbeutel, Jacken .... Irgendetwas fehlte eigentlich immer. Zielgerichtetes Handeln war für ihn nur schwer möglich. Er war ungeschickt beim Malen und feinmotorischem Hantieren.

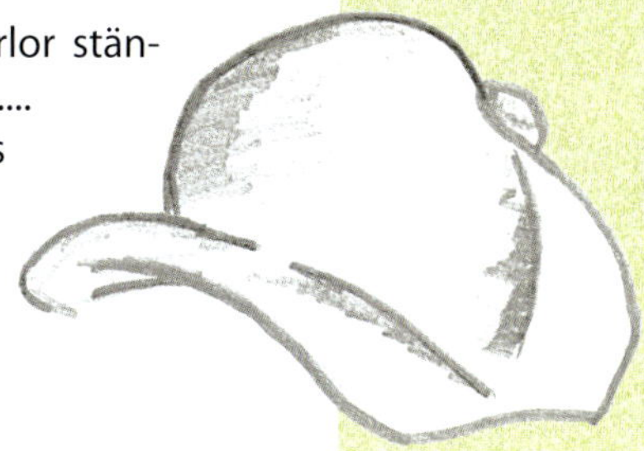

Der sechste Geburtstag naht

Als der sechste Geburtstag nahte, waren wir gezwungen, uns Gedanken über die Einschulung zu machen. Die paradoxe Situation war damals: Wäre er zum normalen Termin nach 40 Wochen geboren worden, wäre er ein Kann-Kind gewesen und hätte erst mit sieben Jahren in die Schule gehen müssen. Durch die zu frühe Geburt war er ein Muss-Kind und musste regulär als gerade Sechsjähriger in die Schule. Wir hatten ein komisches Gefühl bei dieser Vorstellung. Da wir aber keine „handfesten Defizite" vorweisen konnten, war die Argumentation schwierig. Wir hofften auf eine Untersuchung beim Psychologischen Dienst des Kindergartens. Der Psychologe bestellte uns ein und testete unser Kind. Das Ergebnis: Tobias ist eigentlich ganz normal entwickelt, vielleicht etwas unreif, aber wirklich Defizite konnten nicht diagnostiziert werden.

Kurz und gut – wir hatten keine Chance, Tobias ein Jahr zurückstellen zu lassen. Wir hatten lediglich das Gefühl, dass es besser für ihn gewesen wäre.

Das erste Schuljahr – die Probleme zeigen sich

Dann kam das erste Schuljahr und der Stress für die Familie begann. In der Schule zeigten sich uns zum ersten Mal Probleme. Wenn er zum Beispiel ein Blatt Papier mit Linien vor sich hatte, fing er irgendwo in der Mitte des Blattes an zu schreiben. Dann ging es rechts oben weiter und schließlich links unten. Ihm fehlte Struktur und Orientierung. Bis heute können wir dieses Problem, das sich über Jahre hinweg immer wieder an den unterschiedlichsten Punkten zeigte, nicht richtig fassen oder gar benennen. Wir sehen nur die Auswirkungen. Heute wissen wir, dass viele Frühchen solche oder ähnliche Probleme haben. Damals war uns das nicht klar.

Wir haben auch nie verstanden, warum er so unglaublich viele „Flüchtigkeitsfehler" beim Schreiben machte. Eigentlich wusste er ge-

> *„Eigentlich wusste er genau, wie ein Wort geschrieben wird, aber im Diktat hat er es dann doch falsch geschrieben."*

nau, wie ein Wort geschrieben wird, aber im Diktat hat er es dann doch falsch geschrieben, hatte unglaublich viele Buchstabendreher drin, hatte Buchstaben vergessen oder andere zu viel. Beim Rechnen genau dasselbe. Eine Diagnose zu diesen Auffälligkeiten gab es nie. Heute ahnen wir, dass es mit Schwierigkeiten beim Erkennen räumlicher Beziehungen zu tun hat. Damals hat uns niemand diesen Hinweis geben können. Einmal haben wir ihn auf ADS testen lassen, das war es aber auch nicht. Niemand konnte uns eine Diagnose oder einen Rat geben, was wir tun können.

Anstrengen, anstrengen, anstrengen, ...

Also haben wir das gemacht, was wir für richtig hielten. Wir haben mit dem Kind sehr viel gearbeitet und haben versucht, ihm Strukturvorgaben zu machen, wo immer das möglich war. Wir haben ihn gefördert, gefordert und dabei vermutlich leider auch öfter überfordert. Das hat uns sehr viel Kraft und Energie gekostet. Oft waren wir erschöpft und müde. Manchmal auch verzweifelt, weil wir dachten, nichts verändert sich. Doch – im Nachhinein betrachtet - ist es wahrscheinlich genau dadurch besser geworden. Tobias hat sich die fehlenden Strukturen des Denkens und Handelns und das exakte Erfassen von Buchstabenfolgen im wahrsten Sinne des Wortes durch Training erarbeiten müssen. Er hat jahrelang mehr gearbeitet als andere Kinder und sich mehr anstrengen müssen, um das Gleiche zu erreichen. Aber er entwickelte sich, bekam die Schwierigkeiten immer besser in den Griff. Er machte immer weniger Fehler, konnte zielgerichteter denken und handeln und bekam zunehmend mehr Orientierung und Sicherheit. Und er bekam nicht nur die Schwierigkeiten zunehmend besser in den Griff. Durch den Ehrgeiz, mit den Klassenkameraden gleichzuziehen, entwickelte er eine Arbeitshaltung, die ihn irgendwann sogar zu einem richtig guten Schüler machte.

> *„Wir haben ihn gefördert, gefordert und dabei vermutlich leider auch öfter überfordert."*

Das Gymnasium

Das hatte zur Folge, dass er nach der vierten Klasse von seiner Grundschullehrerin die Empfehlung bekam, auf ein Gymnasium zu gehen. Wir waren uns nicht sicher, ob das klappen würde, aber wir wollten es probieren. Wir wählten eine Schule, die klare und strukturierte Rahmenbedingungen vorgab, eine ruhige Arbeitsatmosphäre vermittelte und wohlwollende Lehrerinnen und Lehrer hatte. Der Anfang war nicht

einfach, aber mit Unterstützung und Strukturhilfen funktionierte es. Der Arbeitsaufwand, der notwendig war, war auch in der Unter- und Mittelstufe wahrscheinlich noch größer als bei anderen Kindern. Aber die Voraussetzungen glichen sich im Laufe der Jahre immer mehr an. Das Kind hatte eine Arbeitshaltung entwickelt, die es ihm ermöglichte, problemlos und mit guten Noten durch die Schule zu kommen.

Irgendwann im Laufe der Jahre haben auch wir Eltern es dann geschafft, loszulassen und die Verantwortung für die Schule ganz allein in seine Hände zu legen. Wir haben gelernt, ihm zu vertrauen und ihm zuzutrauen, dass er das allein und ohne unsere weitere Unterstützung hinkriegt. Das ist ein unglaublich gutes Gefühl! Bald macht er Abitur und will Medizin studieren.

> *„Er hat jahrelang mehr gearbeitet als andere Kinder und sich mehr anstrengen müssen, um das Gleiche zu erreichen."*

◆ ◆ ◆

Pia wird ihren Weg machen

Familie N. aus Rheinland-Pfalz

Mädchen, 25. SSW, Rheinland-Pfalz, Schwerpunktgrundschule, Dyskalkulie, Integrationshelfer, ADS, langsam, leicht ablenkbar

Nach vielen Höhen und Tiefen und 16 Wochen in der Klinik konnte Pia ohne offensichtliche Schäden nach Hause. Sie entwickelte sich positiv und kam mit 3,5 Jahren in den integrativen Montessori-Kindergarten des Sozialpädiatrischen Zentrums (SPZ). Die Kita ist in Fußwegnähe von uns und verfügt über drei Gruppen mit 15 Kindern, davon fünf Kinder mit Einschränkungen oder Behinderungen. Deshalb gibt es dort einen höheren Personalschlüssel. Pia wurde als Regelkind, nicht als I-Kind, aufgenommen.

Als Pia 2,5 Jahre war, wurden ihre Zwillingsbrüder (38. SSW) geboren. Wir hatten dann ein Jahr lang ein Au-Pair-Mädchen. Ihr großer Bruder war zwischenzeitlich 15 Jahre alt.

Pia ist ein „Naturkind" und konnte sich in der Kita auch sehr lange mit Blumen, Hölzchen und Stöckchen beschäftigen. Ein offensichtliches Interesse an Schule, Zahlen oder Buchstaben hatte sie nicht. Sie ging im letzten Kitajahr in die Ergotherapie, um die Feinmotorik und Konzentrationsfähigkeit zu stärken.

Pia war ein ruhiges Kind und konnte sich auch gut selbst beschäftigen. Bei dem letzten Elterngespräch in der Kita wurde darauf hingewiesen, dass ein Platz in der Nähe der Lehrerin sicherlich hilfreich sei, da sie sich doch leicht von schönen Dingen ablenken ließ und wichtige Dinge darüber hinaus vergaß. Es gab keine Veranlassung, über eine Rückstellung von der Einschulung nachzudenken, zumal Pia ein „Muss"-Kind war.

Wir hatten einen Schulplatz an einer Schule in kirchlicher Trägerschaft bekommen. Diese Schule ist nur zweigleisig und legt viel Wert auf Sozialverhalten, sie fordern und fördern viel. Wir freuten über einen familiäreren Rahmen als bei unserer Wohnort-Schule, an der ein groberer Umgangston herrscht.

Pia wurde eingeschult und genau 1,5 Wochen später hatte ich schon ein Gespräch mit der Lehrerin. Zu meinem Erstaunen war auch die Schulleiterin, die Pias Mathe-Lehrerin war, zugegen. Sie wollten sich ein besseres Bild von Pia machen, da sie in den Unterlagen nichts finden konnten, Pia aber offensichtlich im Vergleich zu den anderen Kindern deutlich „hintendran" sei. Sie sei oft nicht bei der Sache, wäre verträumt, verspielt und vor allen Dingen langsam. Ich war schon geschockt, nach so kurzer Zeit schon solche Urteile zu hören. Ich verwies darauf, dass Pia ein Frühchen sei und sie schon gerne spiele. Ja, man müsse sie im Auge behalten, da sie sich sonst mit Dingen beschäftigte, die ihr mehr Spaß machen. Vor allen Dingen wäre es schwer, Pia anzutreiben.

Hausaufgaben waren für Pia ein Graus. Es hat ewig gedauert, für jeden Buchstaben musste man sie neu antreiben. Bei Mathe war es das Gleiche und auch Lesen bereitete ihr große Schwierigkeiten. Die Zwillinge ließ ich zwischenzeitlich den ganzen Tag in der Kita, da Pia mit den Jungs in der Nähe gar

> ***„Hausaufgaben waren ein Graus. Es hat ewig gedauert, für jeden Buchstaben musste man sie neu antreiben."***

> „Diese Regel, nach der wir nach 20 Minuten mit den Hausaufgaben fertig sein sollten, konnten wir nie umsetzen."

> „Ja, es gab Tipps. Tipps für Spiele, die die Konzentrationsfähigkeit fördern könnten, Rechenspiele und Lesespiele. Aber wann sollten wir das neben den Hausaufgaben noch machen?"

nichts machen konnte. Nach der Schule das Mittagessen, dann die Hausaufgaben und dann schafften wir es gerade so, die Jungs rechtzeitig abzuholen.

Es folgten immer wieder Gespräche mit der Lehrerin. Diese Regel, nach der wir nach 20 Minuten mit den Hausaufgaben fertig sein sollten, konnten wir nie umsetzen – ich glaube, zwei Stunden war Standard. Ich erlebte Zeiten von Wut und Verzweiflung meinerseits, aber auch Pia war traurig, dass sie es nicht schneller schaffte. Irgendwann sagte ich mal zur Lehrerin, sie habe doch die Erfahrung, wenn sie einen „Schalter" wüsste, mit dem man Pia schneller machen könne, solle sie es mir sagen. Ja, es gab Tipps. Tipps für Spiele, die die Konzentrationsfähigkeit fördern könnten, Rechenspiele und Lesespiele. Aber wann sollten wir das neben den Hausaufgaben noch machen? Sie wollte dann endlich einfach nur spielen! Arbeiten mit Wecker – immer zehn Minuten Hausaufgaben, zehn Minuten spielen. Lesen, jeden Tag mit Wecker fünf Minuten. Das hat Pia sicherlich geholfen. Vor allen Dingen, dass dann nach fünf Minuten wirklich Schluss war und ich nicht gesagt habe: „Den Satz noch schnell fertig."...

Auszüge aus Pias Zeugnis nach dem ersten Schuljahr:... „Pia lebte sich langsam, still und unauffällig in die Klassengemeinschaft ein. Ruhig verfolgte sie bis vor einiger Zeit alles, was sich im Unterricht um sie herum abspielte. Oft war sie tief in Gedanken versunken und folgte erst wieder durch gezielte Ansprache dem Geschehen... Erarbeitet sich das Lesen Schritt für Schritt. Musste Buchstabenerkenntnis erlangen, um Laute zu Silben und Silben zu Wörtern zusammenschleifen zu können. Hier erzielte sie durch unermüdliches häusliches Üben gute Fortschritte. Der mathematische Lernbereich fällt ihr nicht leicht, sie lässt sich jedoch von auftretenden Schwierigkeiten nicht so leicht entmutigen. Beim Rechnen benutzt sie Anschauungshilfen. Bei Sport hat sie viel Spaß, es fehlt ihr etwas Ausdauer und

bei Bewegungsübungen hat sie noch Koordinationsschwierigkeiten. Dafür liebt sie Kunst, ist sehr kreativ und hat ein Auge fürs Detail und ein sehr gutes Farbgefühl."...

Die Langsamkeit blieb, aber wir stellten auch Fortschritte fest. Trotzdem wuchs irgendwie auch die Ungeduld. Immer schauen, ob sie die Hausaufgaben aufgeschrieben hat und alles dabei hat. Es schlug in eine gewisse Genervtheit um. Die Lehrerin bat mich im zweiten Schuljahr, den Schulpsychologen hinzuziehen zu dürfen. Vielleicht habe er ja eine Idee.

Über meine Freundin erfuhr ich dann von dem Symposium „Frühgeborene und Schule – (k)ein Problem?!" und bekam auch zeitgleich die Broschüre „Frühgeborene in der Grundschule". Diese gab ich dann der Lehrerin mit den Geburtsdaten und zwei Fotos von Pia aus den ersten Lebenswochen. Von da ab wehte ein anderer Wind! Die Lehrerin war selbst Mutter einer sechs Wochen zu früh geborenen, zwischenzeitlich 14jährigen Tochter, die immer noch Probleme hat. Es war plötzlich ein anderes Verständnis da und die langsamen Fortschritte wurden immer wieder gelobt. Der Schulpsychologe stellte dann in zwei Testeinheiten bei Pia einen IQ von 107 fest, aber gleichzeitig eine deutliche Dyskalkulie. Eine Legasthenie wäre grenzwertig, aber hier vermutete er einfach, dass Pia aufgrund der Frühgeburtlichkeit mehr Zeit braucht. Wir haben sehr schnell mit einer Dyskalkulie-Therapie begonnen.

Pia hatte aus meiner Sicht doppeltes Pech: Sie war in einer Schule mit etwas gehobeneren Ansprüchen und in einer besonders leistungsstarken Klasse. Die Hälfte der Klasse konnte im Halbjahr des zweiten Schuljahres kleingedruckte, fremde Texte fließend lesen. In Mathe war es ähnlich.

Nach dem zweiten Schuljahr war sie traurig und litt darunter, das langsamste Kind in der Klasse zu sein. Die Sommerferien taten gut, jedoch je näher das Ende rückte, desto häufiger erwähnte Pia ihre eigene Langsamkeit. Die Dyskalkulie-Therapeutin tendierte dazu, sie von der Schule zu nehmen, der Schulpsychologe hätte sie gerne behalten, um der Schule neue Wege zu zeigen, damit umzugehen. Pia sei nicht die Einzige und es bedürfe eines Umdenkens, es wäre schade, solche Kinder von der Schule zu nehmen.

„Ich hasse mein Leben."

In der letzten Ferienwoche hatte Pia uns einen Brief geschrieben, darin stand nur: „Ich hasse mein Leben." Nach weiteren Gesprächen haben wir uns noch in dieser Woche dazu entschlossen, Pia von der Schule in die Nachbarschule zu geben. Wir wussten, dass diese Schule eine Schwerpunktschule ist, die auch für schwache Kinder ein Konzept hat. Auch hier wurde Pia als Regelkind, nicht als I-Kind, aufgenommen.

Der Wechsel klappte erstaunlich gut. Pia freute sich auf die neue Schule und die ersten Wochen verliefen gut. Seitens Pia gab es zwei Kritikpunkte, der Schulhof hatte nicht so viele Pflanzen und ihre geliebte Lehrerin war nicht mehr da. Wenn das alles ist.....

Auf das erste Gespräch nach drei Wochen war ich sehr gespannt und hatte mich gut vorbereitet. Die Dyskalkulie-Therapeutin habe ich gleich mitgenommen und die Förderlehrerin der Klasse war ebenso dabei. Nicht vorbereitet war ich allerdings darauf, dass die Lehrerin (hier in Kurzversion) fragte, ob bei Pia jemals ein EEG gemacht worden wäre, ein ADS abgeklärt worden wäre oder die Schilddrüse untersucht worden sei. Wenn nicht, müsse dies erst einmal geklärt werden, da es sonst wenig Sinn mache, sich weiter zu unterhalten. Es wäre so offensichtlich, dass da irgendetwas „im Argen" läge... Sie beschrieb die mir bereits bekannte Langsamkeit, die Förderlehrerin sagte, es sei so, als würde Pias Gehirn nach kurzen Konzentrationsphasen praktisch abschalten, um dann nach einigen Minuten wieder anzuspringen. Ich möchte kurz betonen, dass die Lehrerin dies alles sehr freundlich und einfühlsam mit mir besprochen hat. Ich versprach, alles sofort abklären zu lassen und war ansonsten nur sprachlos.

Wir bekamen relativ flott einen Termin im SPZ. Pias Schilddrüsenwerte waren in Ordnung, ihr EEG ebenso. Jedoch stellte sich auch ganz schnell heraus, dass Pia ADS hat. Die behandelnde Ärztin, die gleichzeitig Frühchen-Spezialistin ist, konnte mir das auch in Pias bisherigen Mathe-Tests genau zeigen. Sie bezweifelte auch, dass Pia Dyskalkulie hat. Pia ist einfach nur langsam. Sie braucht für alles sehr viel mehr Zeit. Nicht nur in ihrem Tun, sondern auch beispielsweise im Verinnerlichen von gelernten Dingen. Im Lesen ist es die Wortwiedererkennung, für die Pia sehr lange brauchte. Bis heute, Anfang zweites Halbjahr der dritten Klasse, liest Pia

noch nicht flüssig. Wenn auf einer Seite vier Mal „Jannis" im Text steht, erkennt sie erst beim vierten Mal die Wiederholung.

Seit Ende der Herbstferien bekommt Pia ein Medikament. Ihre Handschrift änderte sich innerhalb weniger Tage. In der Schule klappt es insofern besser, dass sie bei der Sache bleibt und nicht immer wegträumt. Schneller hat es sie allerdings nicht gemacht. Wir sind jedoch zuversichtlich. Wir sehen, dass Pia wieder selbstsicherer wird und sich mehr zutraut. Ich betone immer wieder, dass es nicht auf das Tempo ankommt, sondern ob man die Dinge verstanden hat. Zugute kam Pia sicher bei dem Schulwechsel auch, dass in der neuen Schule erst im zweiten Halbjahr der dritten Klasse mit den Noten begonnen wurde. In der alten Schule wäre sie hier „voll reingerauscht". Hier gibt die neue Lehrerin Pia so viel Zeit, wie sie braucht. Dies funktioniert jedoch nur mit einer Integrationshelferin. Im Moment ist eine weitere I-Helferin in der Klasse, die sich viel um Pia und ein weiteres Kind kümmert, und wir sind gerade dabei, diese unbefristet zu beantragen. Wir werden jetzt beginnen, einen Nachteilsausgleich zu beantragen, das soll man nicht erst in der weiterführenden Schule machen.

Oft frage ich mich, wie es gelaufen wäre, wenn man ADS schon in der Kita festgestellt hätte. Jedoch sagte mir die Ärztin, dass dies fast unmöglich sei. ADS wird anscheinend immer erst erkannt, wenn Kinder überwiegend fremdbestimmte Aufgaben erledigen müssen, sprich in der Schule. Wir sind uns heute sicher, dass es für Pia viel besser gewesen wäre, sie erst ein Jahr später einzuschulen. Jedoch gab es damals keine Hinweise darauf. Das ist anscheinend oft das eigentliche Drama. Hier hätte man viel Leid ersparen können.

Pia wird ihren Weg machen, da sind wir uns heute sicher. Sie wird jedoch ihr eigenes Tempo haben - vielleicht muss sie irgendwann mal eine Klasse wiederholen, aber wer weiß, wie sich alles entwickelt.

◆ ◆ ◆

Von der Kunst, Gutachten zu lesen - Teil 1

Familie T. aus Nordrhein-Westfalen

Mädchen, 29. SSW, Nordrhein-Westfalen, Grundschule, Rückstufung, Dyskalkulie, Lese-Rechtschreibschwäche

Lena wurde am 04. August 2000 (29. SSW, 860 g) in der Uni-Klinik Münster geboren. Sie wurde per Not-Sectio entbunden, weil ich ab der 23. SSW unter einer schweren Gestose (HELLP-Syndrom) litt. Nach 3 Monaten auf der Frühchenstation konnte Lena mit einem Überwachungsgerät entlassen werden. Lena wurde von der Frühförderstelle der Stadt Münster sowie dem SPZ der Uni-Klinik Münster die ersten Monate bzw. Jahre beobachtet und untersucht.

Mit drei Jahren kam sie in den Kindergarten. Zu diesem Zeitpunkt litt Lena noch an einer ausgeprägten Essstörung. Mit dieser Essstörung waren wir im SPZ in Behandlung. Lena konnte keine feste Nahrung zu sich nehmen. Uns wurde erklärt, dass durch die monatelange Sondenernährung der Mund-Rachen-Raum gestört sei. Nach vielen Monaten lernte sie es zu kauen und zu schlucken.

Lena hatte anfangs große Schwierigkeiten im Kindergarten. Sie hat viel geweint. Dank der Kompetenz und liebevollen Geduld ihrer Erzieherinnen gelang es im Laufe der Jahre, eine Vertrauensbasis zu Lena aufzubauen und ihr Selbstbewusstsein zu stärken. Lenas Erzieherinnen machten uns damals auch darauf aufmerksam, dass sie sich sprachlich nicht wunschgemäß entwickelte. Daraufhin stellten wir sie unserem Kinderarzt vor. Er verschrieb ihr eine logopädische Therapie.

Lena wurde 2007 eingeschult. Beim Einschulungsgespräch wiesen wir selbstverständlich darauf hin, dass Lena ein extremes Frühchen sei und dass sich ihre Entwicklung nicht immer kontinuierlich zeigen würde. Zu diesem Zeitpunkt hatte Lena gerade einen schönen

Entwicklungsschub erlebt und wir freuten uns, dass wir sie „normal" einschulen konnten. Die Direktorin sagte uns damals zu, dass die Schule auf eventuelle Entwicklungsschwächen reagieren könne, da es sich um eine integrative Grundschule handele.

Der Schulstart war ebenfalls sehr schwer für Lena. Ich wurde mehrmals von der Klassenlehrerin während meiner Arbeitszeit zur Schule gerufen, weil Lena nicht mehr ansprechbar war und still weinte. Ich habe ihr erklärt, dass Lena so auf Stress reagiere und wie wir zuhause mit dieser „Auszeit" umgingen. Lena benötigt – auch heute noch - die Gewissheit, dass jemand da ist, will aber unbedingt Krisen alleine meistern. Ich glaube, das war für die Klassenlehrerin einfach ungewohnt und schwer nachvollziehbar.

„Lena benötigt – auch heute noch – die Gewissheit, dass jemand da ist, will aber unbedingt Krisen alleine meistern."

Vor über anderthalb Jahren (sie war in der 3. Klasse) fiel mir auf, dass Lena große Schwierigkeiten mit dem Lesen, dem Schreiben und dem Rechnen hatte. Sie und ihre Schwester besuchten zu dieser Zeit den sogenannten „Offenen Ganztag" der Grundschule. Dort wurden die Hausaufgaben gemacht. Schulsachen wurden selten mit nach Hause genommen (das war von Seiten der Schule aus nicht gewünscht). Erst als unsere jüngere Tochter lesen lernte und im Alltag ein viel sichereres Zahlenverständnis zeigte, wurden wir hellhörig. Beim Elternsprechtag sprach ich die Klassenlehrerin darauf an. Sie vermutete damals bereits, dass Lena eine Lese-Rechtschreib-Schwäche haben könne. Von sich aus hatte sie uns leider nicht angesprochen. Von Defiziten in Mathematik hätte sie aber noch nichts bemerkt. Eine gerade geschriebene Mathematikarbeit hatte sie jedoch mit mangelhaft zensiert. Des Weiteren war mir aufgefallen, dass Lena sich immer mehr zurückzog und sich die Anzahl ihrer Verabredungen reduzierte bzw. sie immer seltener z. B. zu Kindergeburtstagen eingeladen wurde. Im selben Zeitraum wurden wir von der Leiterin der Ganztagsbetreuung auf Lena angesprochen. Sie sei auffallend ruhig und zurückhaltend. Auch die Betreuerin von Lena dort (sie betreut die Kinder überwiegend bei den Hausaufgaben) erzähl-

te auf Nachfrage, dass Lena wirklich sehr zurückhaltend sei und sie bei den vielen quirligen Kindern in der Klasse unsere Tochter etwas „aus den Augen verloren" hätte.

Zu diesem Zeitpunkt hatte Lena bereits einige Vertuschungsstrategien entwickelt:

- Sie schrieb die Hausaufgaben bei ihrer Tischnachbarin ab.
- Sie ließ ihrer jüngeren Schwester gerne den Vortritt, wenn es etwas vorzulesen gab (z.B. die Eiskarte in der Eisdiele).
- Sie ließ ihren älteren Bruder an der Kasse das Wechselgeld kontrollieren, wenn sie sich eine Kleinigkeit von ihrem Taschengeld kaufte.

» Dies sei schon ungewöhnlich, erklärte uns der Arzt, dass ein Kind zwei ausgeprägte Teilleistungsschwächen bei normaler Intelligenz hätte. «

Ich vereinbarte daraufhin einen Termin bei unserem Kinderarzt. Dieser überwies uns in eine kinder- und jugendpsychiatrische Praxis. Dort wurden eingehende Tests mit Lena durchgeführt. Das Ergebnis dieser Tests war niederschmetternd. Lena hat eine ausgeprägte Dyskalkulie sowie eine ebenso ausgeprägte Lese-Rechtschreib-Schwäche. Ihre Intelligenzwerte liegen im Normbereich. Dies sei schon ungewöhnlich, erklärte uns der Arzt, dass ein Kind zwei ausgeprägte Teilleistungsschwächen bei normaler Intelligenz hätte. Einen konkreten Plan, wie es weitergehen könnte, hatte er nicht, nur vorsichtige Empfehlungen. Da wir uns große Sorgen um Lena machen, suchten wir nun überall Hilfe und Rat. Dass die frühe Geburt ausschlaggebend für diese Teilleistungsstörungen sein könnte, wurde zwar vermutet, aber belegbar sei das nicht.

Parallel zu unseren Bemühungen, Hilfe und Unterstützung für Lena zu bekommen, hatten wir einen Antrag auf Nichtversetzung in die vierte Klasse gestellt. Dies durchzusetzen, kostete uns unglaublich viel Kraft und langen Atem. Die Rektorin und die Klassenlehrerin versprachen sich nichts davon. So schlimm seien die Ergebnisse des Gutachtens doch gar nicht! Wir als Eltern könnten das überhaupt nicht beurteilen. Gutachten zu lesen, müsse man erst lernen und dazu gehöre eine große Portion Erfahrung… Schlussendlich wurde unserem Antrag stattgegeben (mit der Betonung, dass es keine schulischen Gründe für die Rücksetzung gäbe und dass es sich um alleinigen Elternwunsch handele). Leider war es nicht möglich, für Lena einen Platz in der integrativen Klasse zu bekommen, obwohl das im Gutachten ausdrücklich betont und gewünscht wurde. Lena kam also in eine Regelklasse. Die neue Klassenlehrerin wur-

de von der Rektorin und auch von der ehemaligen Klassenlehrerin nicht darüber informiert, dass Lena dringend spezielle Förderung benötigte. Sicherlich hatten wir auch über einen Schulwechsel nachgedacht. Doch bei Lenas angeschlagenem Selbstwertgefühl wollten wir ihr das nicht auch noch zumuten. Die Rückstufung war schon eine sehr große Belastung für sie.

Da wir das Gefühl hatten, Lena würde ohne zusätzliche Hilfe die Grundschule nicht schaffen, suchten wir nach einer integrativen Lerntherapie. Diese zahlen wir nun seit einem halben Jahr aus eigener Tasche. Das strapaziert unseren Geldbeutel ungemein. Die ersten Erfolge sind spürbar. Lena geht gerne zur Therapie. Sie macht gerade in Mathematik gute Fortschritte. Leider mussten wir diese Woche erfahren, dass man Lena aus dem Mathe-Förderunterricht (ohne Rücksprache mit uns) wieder herausgenommen hat. Das wäre nicht mehr nötig, wurde Lena erklärt. Wir hätten uns gewünscht, in diese Entscheidung mit einbezogen zu werden.

> ***„Lena wurde aufgrund ihrer ruhigen Art übersehen und nicht gefördert.“***

Die Grundschulzeit hat sich für uns als eine enorme Herausforderung herausgestellt. Wir als Eltern werden mit unseren Sorgen nicht ernst genommen. Die offensichtlichen Defizite wurden heruntergespielt. Lena wurde aufgrund ihrer ruhigen Art übersehen und nicht gefördert. Uns kommt es so vor, als ob man uns vorwürfe, wir würden die Frühgeburt als Vorwand nutzen und nicht wahrhaben wollen, dass wir ein mäßig begabtes Kind hätten. Uns wurde unterstellt, dass wir für Lena eine Realschulempfehlung herausschlagen wollten. Das ist natürlich blanker Unsinn. Wir möchten doch nur eine Schule, an der Lena ihren Neigungen und Fähigkeiten entsprechend unterrichtet wird, dass sie Freude am Lernen hat und dass sie das Rüstzeug für ihre spätere berufliche Zukunft bekommt. In anderthalb Jahren müssen wir die weiterführende Schule für sie auswählen. Und mir wird heute schon ganz mulmig, wenn ich daran denke.

◆ ◆ ◆

Von der Kunst, Gutachten zu lesen - Teil 2

Lenas integrative Lerntherapeutin

Da stand sie nun – zart und zerbrechlich wirkend, schüchtern und mit skeptischem Blick, der fragte: Und was willst du jetzt wieder von mir?

Nach Kinderarzt, Logopädie, Förderunterricht, Zurücksetzung in die dritte Klasse, Kinder- und Jugendpsychiater etc. jetzt auch noch integrative Lerntherapie! Die Skepsis konnte ich gut verstehen, aber aufgrund meiner Erfahrungen war ich mir sicher, dass wir uns gut zusammenraufen würden. Und so war es dann auch …

Im Gegensatz zum Kinder- und Jugendpsychiater begegnen mir in meiner Praxis recht häufig Kinder mit Doppel- bzw. Dreifachbelastungen wie LRS, Dyskalkulie und Konzentrationsproblemen. Nicht selten finden sich darunter auch sogenannte „Frühchen".

Lena zeigte sich abwartend, zurückhaltend, aber auch gespannt, neugierig, kooperativ. Mit leiser Stimme stand sie mir Rede und Antwort, legte mit mir gemeinsam Ziele für die Lerntherapie fest. Der Ablauf der Therapiestunde und die Einhaltung der gemeinsam verabredeten Regeln stellten für sie überhaupt kein Problem dar.

Ohne Proteste oder lauten Widerstand ließ sie sich auf die Arbeit hier ein und schnell zeigten sich ihre Kompensations- und Vermeidungsstrategien. So will sie alles möglichst allein und schnell erledigen, Kontrolle ist lästig und dauert soooo lange! Kritik – egal wie geäußert – nimmt sie schnell persönlich bzw. erschüttert sie in ihrem gesamten Selbstwert. Sofort zieht sie sich zurück. Wie alle Kinder sind Frühchen aber noch mal in einem besonderen Maß abhängig von dem Beziehungsgefüge, in dem sie lernen. Ohne wohlwollend fördernde und fordernde Begleitung fällt Lernen allgemein oft schwer, behaftet mit der o.g. Dreifachbelastung wird Lernen zur Qual. Diese Belastungen tragen die Kinder oft sehr lange mit sich allein herum und glauben auch, dass sie alles allein bewältigen müssen. In einer sicheren Beziehung lernen sie, sich allmählich zu öffnen, Hilfe annehmen zu können, die eigenen Stärken zu sehen und mit den Defiziten umzugehen. Dafür benötigen sie Zeit und Raum, Lob und Anerkennung für Geleistetes, Motivationshilfen und konkrete Unterstützung sowie Geduld aller im notwendigen Helfersystem.

» In einer sicheren Beziehung lernen sie, sich allmählich zu öffnen, Hilfe annehmen zu können, die eigenen Stärken zu sehen und mit den Defiziten umzugehen. «

Lena ist eine bewundernswerte Kämpferin – diese Eigenschaft teilt sie mit den meisten Frühchen, die ich in meiner Praxis unterstützen durfte. Sie hat sich eingerichtet mit ihren Überlebensstrategien, aber sie ist bereit, an sich zu arbeiten. Nie gibt sie auf! Immer ist sie freundlich und zugewandt und langsam lässt sie sich helfen – immer mit einem kritischen Blick!

Wenn sie sich nach getaner Arbeit ein Spiel verdient hat, dann wird erzählt, gelacht und getobt. Diese Lebendigkeit ist ansteckend und wird sich hoffentlich auch irgendwann mit schulischem Lernen vereinbaren lassen! Wir arbeiten auf jeden Fall daran.

◆ ◆ ◆

Alles ganz normal, oder?

Familie H. aus Rheinland-Pfalz

Mädchen, 32. SSW, Rheinland-Pfalz, Grundschule, ADS

Unser Kind wurde in der 32. Schwangerschaftswoche geboren und außer einem 4-wöchigen Aufenthalt in der Kinderklinik (davon 3 Wochen Intensiv-Station) ohne Beeinträchtigungen nach Hause entlassen. Es folgten 4 sehr ruhige Wochen zu Hause (Stillen war schwierig, unser Kind zu müde zum Trinken), anschließend hatten wir ein Schreikind, welches in der Nacht - Gott sei Dank – schlief (mit 2-3 Trinkpausen), am Tag aber schon morgens mit nichts zu beruhigen war außer mit Stillen, Spazierengehen oder Herumtragen. Unsere Nerven lagen blank!

Nachdem die anstrengendste Zeit um war, etwa mit 8 Monaten, entwickelte sich unser Kind im eigenen Tempo: Sprachlich deutlich weiter, die körperliche Entwicklung nicht nennenswert langsamer als bei anderen Kindern. Die gesamte körperliche Entwicklung war genau um die 2 Monate verzögert, die es zu früh geboren wurde. Mit dem Beginn der Kindergartenzeit meinten wir ein überaus normal entwickeltes Kind zu haben: Intelligent, sprachbegabt und sehr sozial. Das einzige, was den Erzieherinnen auffiel, war eine hohe Ablenkbarkeit und dass unser Kind extrem langsam beim Anziehen sei.

Auch die ersten beiden Schuljahre fielen durchaus leicht, in der Klasse gab es trotz der 29 Kinder feste Strukturen und klare Ansagen, eindeutige Aufgabenstellungen und Hinweise, wenn die Kinder etwas mitbringen sollten, etc. Auffällig war nur, dass unsere Tochter noch immer etwas langsam war und häufig Einschlafstörungen hatte. Sie klagte oft über anstrengende Sportstunden, sie könne in der Pause nicht so schnell rennen wie die anderen Mädchen, die Lautstärke in der Klasse sowie über Kopf- und Bauchschmerzen, für die der Kinderarzt keine Ursache feststellen konnte. Zu Hause

zeigte sich eine gewisse Über-Anstrengung in schlechter Laune und Wutanfällen. Auch gab es Probleme, z.B. wenn sie sich selbst fertig machen sollte, beim Waschen und Anziehen morgens und abends. Eigentlich geht es bis heute, mit fast 9 Jahren, meistens nur mit der Begleitung eines Elternteils, obwohl eine Selbständigkeit in diesem Alter schon eingefordert werden könnte. Jetzt stellte ich mir als Mutter und ausgebildete Erzieherin die Frage, ob sie sich wirklich so normal entwickelt habe wie angenommen oder ob wir in der Erziehung in diesen Punkten versagt hätten.

Der Wechsel in die 3. Klasse war wie eine kalte Dusche. Die Lehrerin wechselte, erfreulicherweise sank die Schülerzahl auf 17 Kinder. Da aber die neue Lehrerin auch Konrektorin ist, wurden einige ihrer Stunden mit Fachlehrern besetzt. Durch ein Aufteilen der Kinder in einigen Stunden nach Leistung hat die Klasse nun 8 verschiedene Lehrer schon in der Grundschule! Jetzt sollte auch noch eigenverantwortliches Lernen eingeführt werden, die Schüler sollten mit Wochenplänen selbständig arbeiten. Arbeitszeit zu strukturieren war und ist ganz schwierig für unser Kind.

„Arbeitszeit zu strukturieren war und ist ganz schwierig für unser Kind."

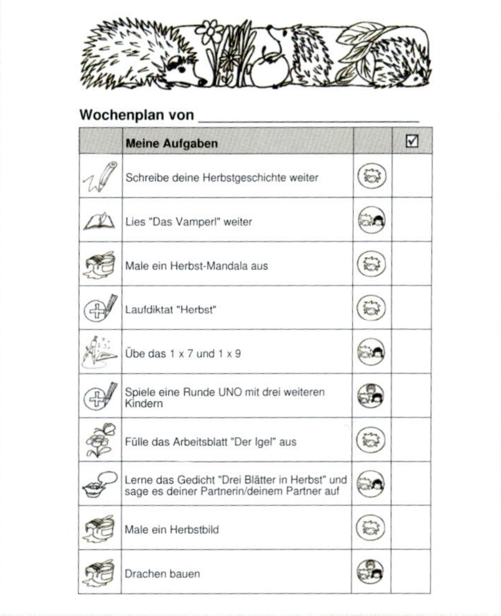

Wochenplan von ____________

	Meine Aufgaben		☑
	Schreibe deine Herbstgeschichte weiter		
	Lies "Das Vamperl" weiter		
	Male ein Herbst-Mandala aus		
	Laufdiktat "Herbst"		
	Übe das 1 x 7 und 1 x 9		
	Spiele eine Runde UNO mit drei weiteren Kindern		
	Fülle das Arbeitsblatt "Der Igel" aus		
	Lerne das Gedicht "Drei Blätter in Herbst" und sage es deiner Partnerin/deinem Partner auf		
	Male ein Herbstbild		
	Drachen bauen		

Zu Hause gab es seit der 3. Klasse große Probleme mit den Hausaufgaben. Entweder unsere Tochter hatte sie nicht aufgeschrieben oder die passenden Zettel und Bücher in der Schule liegenlassen. Es kam auch vor, dass sie die falschen Aufgaben machte oder sie ganz vergaß. Auch wurde sie nicht mehr in der angemessenen Zeit fertig. Die 6. Stunde, die mit der 3. Klasse dazu kam, forderte ihren Tribut. Sie war einfach zu müde und unkonzentriert. Im Hort, den unsere Tochter besucht, konnte sie zunächst gar keine Hausaufgaben mehr machen. Den Hortbesuch reduzierten wir auf dreimal die Woche, sofern es beruflich einzurichten war. An Spielen am Nachmittag war in den ersten Wochen gar nicht zu denken, da unser Kind weinend darauf bestand, alle Hausaufgaben zu erledigen.

Zum Glück hatte sich alles bis zu den Herbstferien einigermaßen eingespielt. Probleme gibt es weiterhin, die Hausaufgaben und die Arbeiten in der Schule erledigt unsere Tochter gut, aber mit deutlich größerer Anstrengung als andere Kinder. Sie wird mit Arbeitsblättern im Unterricht

> *Sie wird mit Arbeitsblättern im Unterricht fast nie fertig, bräuchte bei Klassenarbeiten mehr Zeit und mehr Ruhe.*

fast nie fertig, bräuchte bei Klassenarbeiten mehr Zeit und mehr Ruhe, muss häufiger Aufgaben in Zeiten erledigen, in denen die Klassenkameraden Freiarbeit haben oder vorgelesen bekommen, was sie als sehr ungerecht und als Strafe empfindet. Auch musste sie schon häufiger wegen Krankheit Arbeiten nachschreiben, was in der Klasse oder auf dem Flur jedoch zu keinen guten Ergebnissen führte.

Durch das Symposium „Frühgeborene und Schule" wurde mein Verdacht bestätigt, dass das Verhalten und die Schwierigkeiten etwas mit der Frühgeburt zu tun haben könnten. Wir vereinbarten einen Termin im Sozialpädiatrischen Zentrum (SPZ), die Diagnose ADS wurde gestellt. Das entlastet mich als Mutter und belastet mich gleichermaßen, da ich mich jetzt mit der Thematik nochmals stärker auseinandersetze und wir versuchen möchten, unserem Kind ein erfolgreiches und eigenständiges Leben zu ermöglichen. Ich empfinde das als eine riesengroße Aufgabe und Herausforderung. Zum Glück haben wir vieles schon immer „richtig" gemacht, zum Beispiel brauchte meine Tochter schon immer einen klar strukturierten Tag. Aktionen oder auch der Fernsehkonsum sind stark eingeschränkt, um die Reizüberflutung etwas zu mildern. Vermutlich hat mir im Umgang mit den alltäglichen Problemen mein Beruf doch sehr geholfen, so dass wir die Schwierigkeiten und Auffälligkeiten recht gut lenken und bewältigen können.

> *Manchmal wünsche ich mir schon fast, unsere Tochter hätte nicht so gute Noten, da ihre Schwierigkeiten gar nicht so richtig wahr- und ernstgenommen werden.*

Nun stehen weitere Termine im SPZ und Gespräche mit den Lehrern und den Horterziehern an. Alle sind sehr offen für das Thema, Änderungen durch die ersten Gespräche aber noch nicht erkennbar. Zu Hause versuchen wir mit Plänen und Strichlisten, den Tag zu strukturieren, und mit Punktesystemen Anreize zu schaffen, Aufgaben dauerhaft selbstständig zu erledigen. All das ist enorm anstrengend für die ganze Familie. Manchmal wünsche ich mir schon fast, unsere Tochter hätte nicht so gute Noten, da ihre Schwierigkeiten gar nicht so richtig wahr- und ernstgenommen werden. Auch möchte meine Tochter sein wie jedes andere Mädchen, und ich finde es schwierig, erklären zu müssen, dass sie ADS hat. Ich befürchte, sie hat damit eher Nachteile als Hilfestellungen zu erwarten. Wie wohl bei vielen Frühchen und ADS-Kindern ist ihr Selbstbewusstsein ohnehin nicht so gut ausgeprägt.

Wir hoffen, ihr vermitteln zu können, dass sie in Ordnung ist, so wie sie ist, und dass sie wie jeder Mensch ihre Stärken hat, auf die es letztlich ankommt. Sie geht nach wie vor sehr gerne zur Schule und wir sind guten Mutes, dass es so bleibt. Bald steht die Frage der weiterführenden Schule an und wir brauchen sicherlich eine gute Beratung, um die richtige Wahl zu treffen.

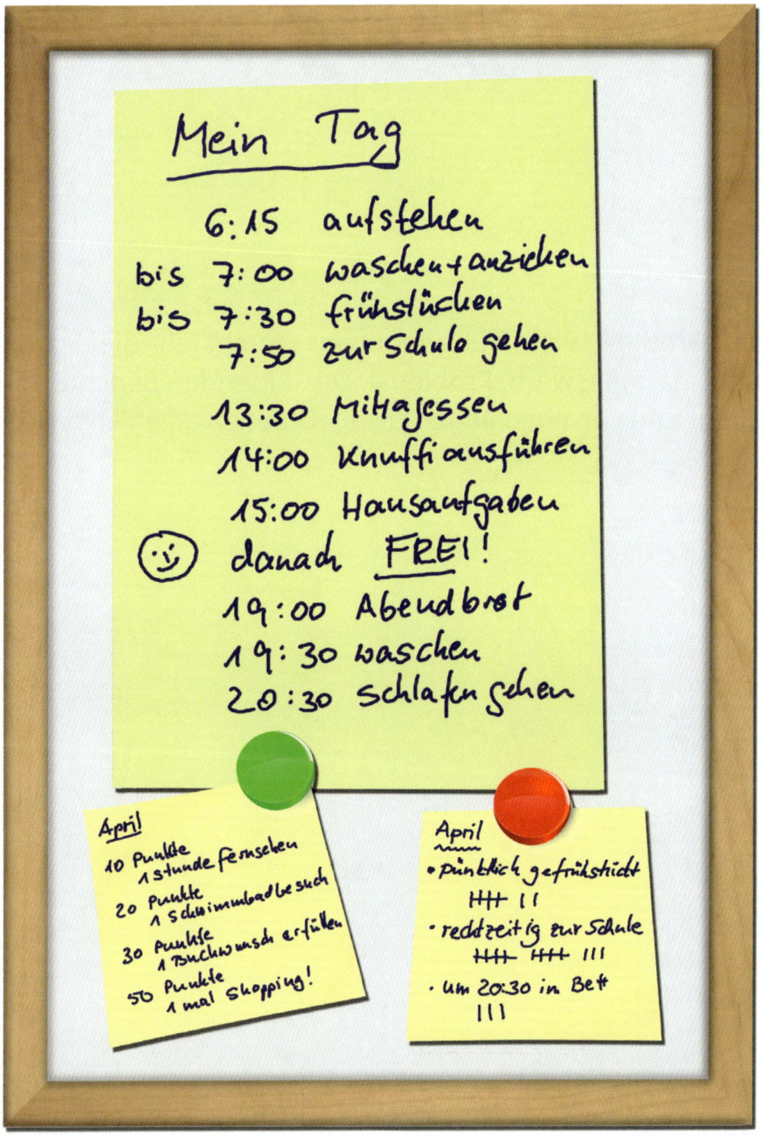

◆ ◆ ◆

Auffällig unauffällig

Ein Großteil aller Frühgeborenen durchläuft die Schule ohne nennenswerte Probleme. Die folgenden Berichte von Eltern und von ehemaligen Frühgeborenen erzählen davon.

Inhalt Kapitel 3

Infotexte

Erfahrungsberichte

Was Sie in diesem Kapitel erwartet

Karin Jäkel

Ein Großteil aller Frühgeborenen durchläuft die Schule ohne nennenswerte Probleme. Die folgenden Berichte von Eltern und von ehemaligen Frühgeborenen erzählen davon.

Manche klingen verwundert, dass sie noch immer mit ihrer Frühgeburtlichkeit in Verbindung gebracht werden. Sie berichten stolz, dass sie trotz schlechter Anfangsprognosen der Ärzte einen guten Schulabschluss erreicht haben bzw. im Begriff sind, einen solchen zu erreichen. Diese AutorInnen wollen mit ihrer eigenen Geschichte anderen Frühgeborenen und ihren Familien Mut machen, indem sie zum Ausdruck bringen, dass Kinder sich oft anders als prognostiziert entwickeln. Ihre Berichte zeigen: Die reine Frühgeburtlichkeit eines Kindes ist „nur" ein Entwicklungsrisiko. Das bedeutet, dass eine Einschränkung eintreten kann, aber nicht zwingend eintreten muss.

Und: Frühgeborene Kinder sind so individuell verschieden wie alle anderen Kinder auch. Von der Minder- bis zur Hochbegabung können alle Intelligenzniveaus unter ihnen vertreten sein.

Andere AutorInnen beschreiben als einzige Überbleibsel ihrer Frühgeburt ihre geringe Körpergröße, eine eingeschränkte Belastbarkeit oder ihr gering ausgeprägtes Selbstbewusstsein. All das wird während der Schulzeit und auch danach durch-

aus als Schwierigkeit empfunden und führt auf Dauer nicht selten zu sozialen, manchmal sogar psychischen Problemen.

Viele Frühgeborene sind ruhige, stille und schüchterne Schüler, die sich neben extrovertierten Mitschülern schlecht behaupten können. Im Unterricht fallen sie nicht auf und erhalten daher oft keine besondere Unterstützung. Leider fällt es vielen von ihnen schwer, ihre Leistung in Form von mündlicher Mitarbeit angemessen zu zeigen, so dass ihr Notenniveau vielfach unter ihren Möglichkeiten bleibt.

Kinder, die jedoch gelernt haben, bewusst mit ihren „Eigenheiten" zu leben, werden als sozial sehr kompetent und als „sehr reif" beschrieben. Die eigenen Unzulänglichkeiten als einen Teil von sich zu akzeptieren, sich damit zu versöhnen und gelassen damit umzugehen, ist allerdings eine immense Herausforderung für alle Jugendlichen, die sich per se in einer sehr sensiblen Entwicklungsphase befinden. Gerade in der Pubertät brauchen sie besondere Akzeptanz, Unterstützung und Motivation von Familie, Lehrern und Freunden.

Unglücklicherweise sind aber auch gerade sie es, die bevorzugt Opfer von Mobbing werden, was ihr schulisches Voranschreiten und ihre Persönlichkeitsentwicklung belasten kann.

In manchen der Berichte in diesem Kapitel erkennt der aufmerksame Leser zwischen den Zeilen subklinische Formen der „Stolpersteine für den Lernprozess", die in Kapitel 2 näher vorgestellt wurden. Subklinisch bedeutet hier, dass eine Störung vorliegt, jedoch in einer so geringen Ausprägung, dass sie nicht als solche definitiv diagnostiziert werden kann. Darüber hinaus erzählen die Erfahrungsberichte nicht selten davon, dass viele Frühgeborene langsamer auffassen und/oder arbeiten als ihre Klassenkameraden. Auch hier handelt es sich vermutlich um eine der genannten subklinischen Formen der „Stolpersteine" aus Kapitel 2. Möglicherweise liegt diesem langsameren Lernverhalten eine sog. zentrale Wahrnehmungsverarbeitungsstörung zugrunde. Was das bedeutet und wie man damit umgehen kann, erläutert der Infotext ▸ „Die Entwicklung der Langsamkeit" ausführlich und sehr anschaulich. Welche Auswirkungen eine subklinische Aufmerksamkeitsstörung in offenen Lernformen wie z.B. Freiarbeit haben kann, beschreibt der Infotext ▸ „Planungs- und Organisationsfähigkeit".

Die Erfahrungsberichte im Kapitel „Auffällig unauffällig" sind Beispiele dafür, dass es gelingen kann, sich mit solchen Auswirkungen der Frühgeburtlichkeit dennoch erfolgreich in das vorhandene Bildungssystem zu integrieren. Oftmals wurde allerdings die (weiterführende) Schule genau unter dem Aspekt einer subklinischen Problematik ausgewählt. Eltern bevorzugten intuitiv anstatt der empfohlenen Schulform eher Schulen mit kleineren Klassen, einem behüteten Umfeld und/oder langsamerem Lerntempo. Viele unterforderten das Kind kognitiv, um es sozial-emotional nicht zu überfordern. Oft werden auch alternative Schulkonzepte in Erwägung gezogen, die sich später individuell verschieden als genau richtige oder leider doch falsche Wahl herausstellen.

Das Kind weiter zu beobachten und die Passgenauigkeit seiner Beschulung immer wieder zu überprüfen, bleibt auch bei den unauffälligen Verläufen die beständige Aufgabe der Eltern. Ob es jeweils gelingt, die geeignete Schule auszuwählen, ist natürlich immer auch von den regionalen Gegebenheiten (Stadt-Land-Gefälle) abhängig. Viele Familien mussten sich daher bisher mit einer „zweiten Wahl" arrangieren. Im Zuge der Verwirklichung der inklusiven Schule sollte ein solches „Zurückstecken-Müssen" in Zukunft hoffentlich nicht mehr nötig sein.

Bemerkenswert ist es darüber hinaus zu beobachten, welche unterschiedlichen Strategien die Eltern und Kinder entwickelt haben, sich psychisch im rauen sozialen Klima einer Leistungsgesellschaft zu behaupten.

Alle haben sich mit der Zeit eine je eigene Vorgehensweise gesucht, die zwischen den Extrempositionen „die Herausforderungen des Wettbewerbs mit voller Kraft annehmen" und „unseren eigenen Weg gehen" liegt.

Manche Eltern unterstützen ihre Kinder bei den heimischen Arbeiten für die Schule, lernen und üben mit ihnen zu Hause. Indem sie die Kinder fordern bzw. ihnen durch einen zweiten Lerndurchgang zuhause mehr Lern- und Übezeit verschaffen, möchten sie sie in die Lage versetzen, mit ihren Klassenkameraden gleichziehen zu können.

Andere Eltern lösen angespannte Lernsituationen, z. B. bei den Hausaufgaben, indem sie sich Hilfe von außen holen. (Zusätzliches) Üben zuhause wird nämlich von den Kindern oft als Stress empfunden und endet nicht selten in Streit und Tränen. Eine Hausaufgabenbetreuung bzw. ein Nachhilfelehrer kann diese Situation entspannen. Die Eltern werden entlastet, wenn sie nicht Co-Lehrer sein müssen, sondern einfach Eltern sein können.

Wieder andere Eltern empfehlen, sich möglichst kooperativ ins Schulleben einzubringen. Wenn nötig, sollte man das Gespräch suchen, dabei jedoch mit einer gewissen Gelassenheit agieren, um unnötige Konflikte zu vermeiden, ist ihr Rat.

Eine gelingende Kommunikation zwischen Eltern und Lehrkräften ist selbstredend ein wesentlicher Faktor für die bestmögliche Förderung aller Schulkinder. Ein gewisses Verständnis für die Gedankenwelt des Gegenübers und für seine „Sach- und Handlungszwänge“ ist dabei für beide Seiten unerlässlich. Dieser Thematik widmet sich der Infotext ▸ „Lehrer und Eltern – verschiedene Welten“.

Die Kinder selbst suchen sich vielfach fehlende Anerkennung im Sport, in der Musik oder in anderen außerschulischen Bereichen.

Einige der „erfolgreichen“ Frühgeborenen haben ihren inneren Kampf gegen ihre schlechten Prognosen bzw. ihren schweren Start immer noch nicht hinter sich lassen können. Andere konnten sich

bereits lösen und haben begonnen, mehr nach vorne zu sehen als zurück. Eigene Stärken wahrzunehmen, welche die Schulnoten nicht ausdrücken können, diese Eigenschaften wertzuschätzen und zu kultivieren, wird als hilfreich, aber auch als große Aufgabe benannt.

Das Unverständnis der Umwelt, welches in vielen Berichten erscheint, wird als leidvoll erlebt. Zuweilen wird es abgewehrt, indem man es abwertet und belächelt. Die meisten Betroffenen haben es „gezwungenermaßen“ als feste Größe in das eigene Weltbild eingebaut.

◆ ◆ ◆

Lehrer und Eltern - verschiedene Welten

Karin Jäkel

Unbestritten ist: Lehrer und Eltern müssen zusammenarbeiten, um ein Schulkind bestmöglich zu unterstützen. Genauso unbestritten ist aber auch, dass genau diese Zusammenarbeit in der Praxis oft nicht gelingt. Woran liegt das?

Grundsätzlich kann es natürlich immer geschehen, wenn Menschen miteinander arbeiten, dass es einfach auf zwischenmenschlicher Ebene nicht miteinander klappt. Möglicherweise hat man eine verschiedene Weltsicht und damit auch einen anderen Sprachgebrauch, weswegen Missverständnisse vorprogrammiert sind und die Kommunikation zum Erliegen kommt.

Im pädagogischen Bereich muss man darüber hinaus jedoch zusätzlich berücksichtigen, dass Eltern und Lehrkräfte die Schülerinnen und Schüler auf ganz unterschiedliche Weise erleben und in den Blick nehmen.

Die Eltern

Eltern sind ihren Kindern normalerweise in tiefer fürsorglicher Liebe verbunden. Sie haben sie zur Welt gebracht, ihre körperlichen und seelischen Bedürfnisse von Anfang an erlebt und es als ihre Aufgabe angenommen, diese zu befriedigen. ***Fürsorgliche Eltern wollen ihre Kinder auch als Heranwachsende gut versorgt und emotional ausgeglichen sehen.***

Hier tut sich ein großes Problemfeld auf, nämlich das Spannungsfeld von Fürsorge und Herausforderung in der Familie.

Wie viel Herausforderung muten Eltern ihren Kindern zu? Haben die Eltern den Balancepunkt gefunden, welche Aufgaben das Kind herausfordern sich weiterzuentwickeln und welche Aufgaben es (noch) nicht bewältigen kann? Setzen sich die Eltern dem kräftezehrenden Erziehungsprozess aus, der bedeutet, mit dem Kind das Annehmen von Herausforderungen, Regeln und Grenzen einzuüben? Gelingt es ihnen, dem Kind die benötigte emotionale Basis zu geben, die es befähigt, ins Leben hinauszutreten?

Eltern frühgeborener Kinder sind hier oft durch ihre traumatischen Erfahrungen der ersten Lebenstage der Kinder tief geprägt. „Diese Kinder haben mit aller Kraft um ihr Leben gekämpft. Sie haben Dinge mühsam erlernen müssen, die für Reifgeborene selbstverständlich sind, wie zum Beispiel das Atmen. Mit aller Wahrscheinlichkeit haben sie schon den größten Kampf ihres Lebens bestanden, einen Kampf, den viele Menschen in 80 Lebensjahren nicht führen müssen. Ein solches Kind zu akzeptieren, es zu unterstützen und zu fördern, ohne es zu überfordern, bleibt für die Eltern eine ständige Herausforderung", formuliert Maike Graf-Raich, eine Pädagogin, die selbst betroffene Mutter eines viel zu früh geborenen Sohnes ist.

Kinder mit besonderen Bedürfnissen stellen ihre Eltern dabei vor ganz besondere Aufgaben. Extreme Schüchternheit, Wahrnehmungs- und Verhaltensstörungen oder motorische Defizite erschweren es den Kindern schon in der Vorschulzeit, soziale Kontakte zu Gleichaltrigen aufzubauen. Sehr früh machen sie Erfahrungen damit, anders zu sein als andere Kinder, Dinge „nicht so gut" zu können (Malen, Fußball spielen etc.) und darum von Alterskameraden ausgegrenzt zu werden. Die betroffenen Eltern und Kinder

müssen nun gemeinsam Strategien entwickeln, mit solchen Situationen umzugehen. Dazu gehört z.B., dass die Eltern das Kind trösten und ermutigen, dass sie es in bestimmten Fertigkeiten fördern. Manchmal bedeutet dies aber auch, dass sie den Kontakt mit bestimmten Spielkameraden und/oder deren Eltern meiden. Auch die kindliche Frage: „Warum bin ich anders als die anderen?" fordert die Eltern heraus. Manche Eltern ziehen sich in der Folge auch aus dem sozialen Leben, z.B. in der Nachbarschaft oder Verwandtschaft, zurück.

Diese Vorgeschichte führt oftmals dazu, dass frühgeborene Kinder und ihre Eltern ein „eingeschworenes" enges Team sind und dass die Eltern frühgeborener Kinder sich sehr für alle Einzelheiten des Unterrichts, die ihr Kind betreffen, interessieren, weil sie durch viele schlechte Erfahrungen sensibilisiert, d.h. dünnhäutig geworden sind.

Die Lehrkräfte

LehrerInnen dagegen nehmen die Schülerinnen und Schüler hauptsächlich im Umfeld von Schule und Unterricht wahr. Sie haben die Vorgeschichte der Kinder nicht miterlebt, sondern stehen ihnen wie allen anderen Kindern gegenüber. Sie kennen etwaige besondere Bedürfnisse bzw. die entsprechenden Vorerfahrungen der Kinder nicht, sondern sie erwarten, dass sie sich wie alle anderen Kinder verhalten. ***Entsprechend gehen sie auch mit ihnen um wie mit allen anderen Kindern auch.***

Die Lehrkräfte, vor allem an Regelschulen, sind keine Ärzte und auch keine Therapeuten. Sie können zwar Diagnosen stellen, es handelt sich dabei jedoch um rein pädagogische Diagnosen in Bezug auf das Lern- und Sozialverhalten von SchülerInnen. In ihrer Ausbildung wurde das Thema „Frühkindliche Entwicklung“ im Blick auf ihre späteren SchülerInnen meist nur gestreift, Störungen der Normalentwicklung wurden nicht vertiefend behandelt. Auch Kenntnisse über Wahrnehmungs- und Teilleistungsstörungen waren und sind für angehende Lehrer kein verpflichtender Studieninhalt.

Aus diesem Grund haben oft die Eltern ein intensiveres Wissen über die Lernvoraussetzungen ihres Kindes, weil sie seit Jahren im Austausch mit ÄrztInnen und TherapeutInnen stehen und im Lauf der Zeit meist selbst einen gewissen therapeutischen Blick auf ihr Kind entwickelt haben. Oft haben sie zudem Informationen und Erfahrungen von anderen Betroffenen über spezielle Probleme ihres Kindes eingeholt und sind dadurch sozusagen zu Spezialisten für ihr eigenes Kind geworden.

Lehrerinnen und Lehrer an Regelschulen dagegen verfügen über all dies nicht, weil sie dafür nicht ausgebildet wurden. Bedauerlicherweise erkennen manche Pädagogen zudem evtl. vorliegende medizinische oder psychologische Gutachten über eine/n Schüler/in nicht an bzw. beziehen vorliegende Erkenntnisse nicht in ihr pädagogisches Handeln ein. Dabei wäre doch gerade bei Kindern mit problematischer Vorgeschichte eine interdisziplinäre Vernetzung dringend geboten.

Die Lehrkräfte sind allerdings allgemeinpädagogisch fundiert ausgebildete „Lern-Fachleute“. Sie initiieren, gestalten und begleiten die Lernprozesse ihrer SchülerInnen. Das bedeutet, dass sie mit Blick auf ihre Lerngruppe gezielt Lerngegenstände auswählen, diese - ebenfalls mit Blick auf ihre Klasse - didaktisch und methodisch aufbereiten, um es den SchülerInnen zu ermöglichen, sich diesen Lernstoff nachhaltig anzueignen. Oft ist die Suche nach geeigneten Lernmaterialien oder das eigene Erstellen solcher Arbeitsblätter nicht ganz unaufwändig. Mit den SchülerInnen den jeweiligen Arbeitsprozess durchzusprechen und die jeweiligen Produkte, die die Kinder als Ergebnis angefertigt haben, zu sichten und zu besprechen bzw. zu bewerten, ist ebenfalls ein

wesentlicher Teil der pädagogischen Arbeit. All dies muss für eine Klasse mit durchschnittlich 25 Schulkindern geleistet werden, d.h. es nimmt einen Großteil der verfügbaren Arbeitszeit der LehrerInnen in Anspruch.

Bei der Planung des Unterrichts stehen folgende Leitgedanken im Mittelpunkt pädagogischen Denkens: Der Unterricht soll möglichst schülerorientiert sein, d.h. die Lerngegenstände und Aufgaben sollen aus der Erfahrungswelt der Kinder stammen. Der Unterricht soll handlungsorientiert sein, d.h. die SchülerInnen sollen selbst tätig werden, um Wissen und Fertigkeiten zu erwerben und um diese dann zu vertiefen und zu festigen, indem sie sie anwenden. Nicht zuletzt soll der Unterricht kompetenzorientiert sein, d.h. die Schüler wenden ihr erworbenes Wissen aktiv in komplexen Handlungssituationen an. Dabei liegt der Schwerpunkt darauf, dass die SchülerInnen sich den Lernweg bewusst machen, also darüber nachdenken, welche Schritte wann und warum zielführend sind. Teamfähigkeit und soziales Lernen sollen eingeübt werden, indem Gruppenmitglieder gemeinsam Lösungen erarbeiten. Für alle genannten Lernsituationen sind intensive Vorarbeit, Begleitung und auswertende Nacharbeit notwendig.

Zusätzlich zum Arrangieren der Lernsituation haben die PädagogInnen einen Erziehungsauftrag in Bezug auf die SchülerInnen ihrer Lerngruppen, der Themen wie z.B. Toleranz und Fairness im gegenseitigen Umgang, das Entwickeln einer angemessenen Arbeitshaltung, Umwelt- und gesellschaftliches Bewusstsein, Medienerziehung, Suchtprävention u.v.m. umfasst.

Jede Schülerin und jeder Schüler soll individuell gefördert werden. So ist es in allen Schulgesetzen seit langem festgeschrieben. Um dies umzusetzen, müssen die Lehrkräfte binnendifferenzierend unterrichten, d.h. sie müssen zu jedem Lern-

gegenstand Aufgaben bzw. Lernsituationen in verschiedenen Schweregraden anbieten. Denkt man diesen Ansatz konsequent weiter, müssten eigentlich auch individuelle Beurteilungen erstellt werden, in denen die Fortschritte des einzelnen Kindes - und zwar im Vergleich zu seinem eigenen früheren Lernstand - dokumentiert werden. Ansätze dazu sind schon vorhanden, in der Praxis der weiterführenden Regelschule setzt man jedoch im Gegenteil auf eine Vergleichbarkeit der Leistungen, die sich an den anderen Mitgliedern der Lerngruppe orientiert, bzw. auf jahrgangsbezogene Vergleichsarbeiten und Lernstandards, deren Erreichen man bestimmten Schuljahren zuordnet.

! Die Klassengrößen müssen dringend nach unten korrigiert bzw. mehrere pädagogische Fachkräfte pro Klasse eingesetzt werden. !

Individuelle Förderung sollen die Lehrkräfte allen ihren SchülerInnen „gleichzeitig“ gewähren, also dem schüchternen ebenso wie dem verhaltensauffälligen Kind, dem hochbegabten ebenso wie dem Kind aus bildungsferner Familie, dem Schüler mit Wahrnehmungsschwächen ebenso wie der Schülerin mit Migrationshintergrund. ***Um diesem Anspruch auch nur annähernd gerecht werden zu können, müssten die Klassengrößen dringend nach unten korrigiert bzw. mehrere pädagogische Fachkräfte pro Klasse eingesetzt werden.***

In den kommenden Jahren soll gemäß der UN-Behindertenrechtskonvention die inklusive Schule in Deutschland verwirklicht werden. Die Regelschulen sollen befähigt werden, alle Kinder aufzunehmen und angemessen zu fördern. Dazu wird eine intensivere Einbindung von sonderpädagogischem Knowhow in die bestehenden Schulen vonnöten sein. LehrerInnen und LehramtsanwärterInnen müssen intensiv aus- und fortgebildet werden. Darüber hinaus müssen tiefgreifende strukturelle Veränderungen in Angriff genommen werden. Das Konzept „Inklusive Schule" stellt die Schulpolitik vor große Herausforderungen (s. auch Kap. 4: ▸ „Inklusion und Integration in der Schule" sowie ▸ „Möglichkeiten der Beschulung für frühgeborene Kinder").

Neben allen strukturellen Veränderungen spielt allerdings das einzelne pädagogische Engagement der Lehrerin oder des Lehrers nach wie vor eine wesentliche Rolle in der Problematik, ob die Förderung eines Schulkindes mit Lernproblemen erfolgreich verläuft oder nicht.

Persönliche Zuwendung, Ermutigung, Trost und Warmherzigkeit sind für viele Frühgeborene wesentliche Faktoren, die sie motivieren und sie dazu befähigen, ihr Leistungspotenzial überhaupt auszuschöpfen.

Viele LehrerInnen tun im Rahmen des Schulsystems, in welches sie eingebunden sind, ihr Bestes, um ihre Aufgaben auszufüllen. Dennoch gibt es viele frühgeborene Kinder, die mitsamt ihren Familien tagtäglich an ihrer Beschulung leiden, ja manchmal sogar verzweifeln. Um darauf hinzuweisen, ist dieses Buch entstanden.

Gemeinsame Ressourcen finden und nutzen

Frühgeborene Kinder und ihre Eltern wünschen sich, dass die LehrerInnen genügend Zeit haben, die individuellen Gegebenheiten jedes einzelnen Schülers wahrzunehmen, und dass sie dazu auch die nötige Empathie mitbringen. Eine Offenheit für vorliegende medizinische, entwicklungspsychologische bzw. therapeutische Diagnosen und Empfehlungen ist dabei unbedingt notwendig. Die PädagogInnen sollen die Schulkinder möglichst ganzheitlich wahrnehmen. Auf diesem Fundament aufbauend sollen sie ihr didaktisch-methodisches sowie ihr pädagogisches Fachwissen gezielt einsetzen, um eben dieses Kind mit seiner speziellen Lernausgangslage bestmöglich zu fördern.

Alle Kinder sind verschieden, auch frühgeborene Kinder können ganz verschiedene

individuelle Gegebenheiten mitbringen. Vorgefertigte „standardisierte" Vorgehensweisen kann es zu ihrer Förderung nicht geben. Hier ist die kreative Anwendung des methodisch-didaktischen Fachwissens der „Lern-Fachleute" gefragt.

Schwierige Schulkinder sind eine Herausforderung für alle PädagogInnen. Die Eltern vieler Frühgeborener wünschen sich dringend, dass die LehrerInnen ihrer Kinder diese Herausforderung stärker als bisher als ihre Aufgabe annehmen. Die PädagogInnen an Regelschulen dagegen erwarten, dass die Eltern eines „schwierigen" Kindes wahrnehmen, dass den Lehrkräften in Bezug auf ein einzelnes Kind nur eingeschränkte zeitliche und organisatorische Möglichkeiten zur Verfügung stehen und dass sie eine möglichst optimale Förderung eben nur in begrenztem Umfang leisten können. ***Die gegenseitige Anerkennung der jeweiligen Situation - sowohl von Lehrer- als auch von Elternseite - kann ein erster Schritt sein, hier in einen fruchtbaren Dialog einzutreten.*** Ein solcher Dialog sollte möglichst vertrauensvoll geführt werden können und auf Dauer angelegt sein. Das bedeutet im Fall vieler frühgeborener Schulkinder, dass ein regelmäßiger Informationsaustausch zwischen Elternhaus und Schule stattfindet und eine ständige gegenseitige Beratung gepflegt wird. Denn, wie wir alle wissen:
Lehrer und Eltern müssen zusammenarbeiten, um ein Schulkind bestmöglich zu unterstützen.

◆ ◆ ◆

Die Entwicklung der Langsamkeit

Wahrnehmungsverarbeitung bei Frühgeborenen

Dr. med. Roger Weis
Rheinhessen-Fachklinik Mainz, Zentrum für Kinderneurologie und Sozialpädiatrie (KINZ)

In dem Roman „Die Entdeckung der Langsamkeit" des deutschen Schriftstellers Sten Nadolny wird das Leben des englischen Kapitäns und berühmten Polarforschers John Franklin beschrieben, der wegen seiner Langsamkeit immer wieder Schwierigkeiten hat, mit der Schnelllebigkeit seiner Zeit Schritt zu halten, aber schließlich doch aufgrund seiner Beharrlichkeit zu einem großen Entdecker wird.

In der vielleicht idealisierten Beschreibung der Kindheit ist John Franklin langsamer als alle anderen Kinder in seinem Umfeld. Während seine Freunde einfach und ohne Probleme einen Ball fangen können und mit diesem spielen, ist John Franklin oft nur ein Außenseiter. Beim Ballspielen hält er stundenlang die Schnur, während die anderen vergnügt den Ball darüber werfen. Doch John hat damit keinerlei Probleme. Er kompensiert durch einen scheinbar unbändigen Willen seine physischen Nachteile.

Vor allen Dingen am Anfang des Romans wird deutlich, dass die Zuschreibung von „Langsamkeit" eine exterozeptive Zuschreibung ist, dass also die Umgebung jemanden als langsam empfindet, während die Person sich selbst im richtigen und angemessenen Tempo wähnt. Dies trifft vor allen Dingen für die präpubertäre Phase der Kindheit zu.

© Rainer Strum/pixelio.de

Frühgeborene wirken auf ihre Umgebung oft „langsam". Dies ist kein klassisch medizinischer Begriff. Es bleibt unklar, ob hierbei die Flüssigkeit der Bewegung, die Schnelligkeit, Reaktions- oder Orientierungsfähigkeit oder global die allgemeine Entwicklung gemeint ist.

Was bedeutet nun „langsam"?

Befragen wir ein Wörterbuch:
... langsam (Adjektiv)

1. mit geringer Geschwindigkeit; Gegenteil von schnell (das Tempo, die Fahrt, ein Rennen; ein Prozess, ein Vorgang)
2. „ein Mensch" so, dass er etwas mit geringer Geschwindigkeit macht ≈ umständlich, Gegenteil von schnell, flink, agil: Es macht keinen Spaß, mit ihm zusammenzuarbeiten, weil er so langsam ist.
3. „ein Mensch, z.B. ein Schüler" so, dass er nicht schnell denkt ≈ schwerfällig
4. meist attributiv ≈ allmählich: eine langsame Steigerung der Produktion; Es wird langsam Zeit, dass du zur Schule gehst!; Er hat langsam begriffen, worum es hier geht.
5. langsam, aber sicher; langsam, jedoch mit konstanten Fortschritten: Langsam, aber sicher nähern wir uns dem Ziel, um diese Definitionen besser zu verstehen.

Lassen Sie uns nun aber versuchen, den Beobachterstandpunkt zu verlassen und uns in unserer frühgeborenes Kind hinein zu versetzen.

Zwei Beispiele

Ich möchte dazu folgende Situationen beschreiben, in die wir uns vielleicht hineinversetzen können, um zu begreifen, was subjektiv „Langsamkeit" bedeutet.

1. Es ist eine kalte dunkle Winternacht. Sie fahren im Auto auf der Landstraße nach Hause. Nebel liegt auf der Straße, dichter

Schnee fällt, entgegenkommende Autos blenden Sie, die Windschutzscheibe ist halb vereist. Sie haben Schwierigkeiten sich zu orientieren, fahren langsam und vorsichtig, während hinter Ihnen ein anderer Autofahrer ungeduldig drängelt. Ihm sind Sie zu „langsam“.

2. Sie quälen sich im morgendlichen Berufsverkehr durch die Innenstadt von Frankfurt. Sie sind auf dem Weg zu einem wichtigen Treffen in einer kleinen Seitenstraße. In all dem Gewusel haben Sie aber die Orientierung verloren und leider Ihr Navigationsgerät zu Hause vergessen. Um Sie herum ertönt das Hupkonzert anderer ungeduldiger Autofahrer. Unmittelbar vor Ihnen springt ein Schüler auf die Fahrbahn auf dem Weg zur Schule, während neben Ihnen gleichzeitig ein Presslufthammer mit ohrenbetäubendem Lärm einsetzt. Verzweifelt halten Sie Ausschau nach der richtigen Straße oder einem Parkplatz. Ihr Beifahrer nörgelt: „Geht‘s nicht ein bisschen schneller? Wir kommen sonst zu spät.“

In beiden Beispielen sind wir/Sie „langsam“:
Im ersten aufgrund der für uns unklaren, schwer erkennbaren Straßenverhältnisse, im zweiten aufgrund der zahlreichen Störreize, der sogenannten „Hintergrundreize“, die wir nicht alle in unserem Gehirn integrieren können und die uns deshalb überfordern und uns deshalb die Entscheidung (sog. Exekutivfunktion) für die richtige Straße oder den geeigneten Parkplatz (sogenannter „Vordergrund“) schwer machen.

In beiden Fällen handelt es sich um situationsbedingte ungenügende Wahrnehmungsverarbeitung, in denen wir uns kein klares, sicheres Bild über unsere Umgebung machen konnten, so dass wir deshalb aus Vorsicht „langsam“ werden.

Was ist nun Wahrnehmungsverarbeitung?

Wahrnehmungsverarbeitung ist die Integration ausgewählter Außenreize zu einem konsistenten, widerspruchsfreien Weltbild, auf dessen Grundlage wir dann Entscheidungen treffen.

Hierzu wählt das Gehirn aus der Unzahl der eintreffenden Informationen (aus der Außenwelt und auch aus der Innenwelt des eigenen Körpers) diejenigen aus, die es für die Beurteilung der Situation für wesentlich hält, und malt sich daraus sein Bild der Welt.

„Ich mach mir die Welt, wie sie mir gefällt“, ganz wie Pippi Langstrumpf singt. Und dies etwa zehnmal pro Sekunde.

Wie funktioniert Wahrnehmungsverarbeitung?

Die im Gehirn über die Sinnesorgane und das Rückenmark eintreffenden Informationen werden zunächst nach Qualitäten sortiert und

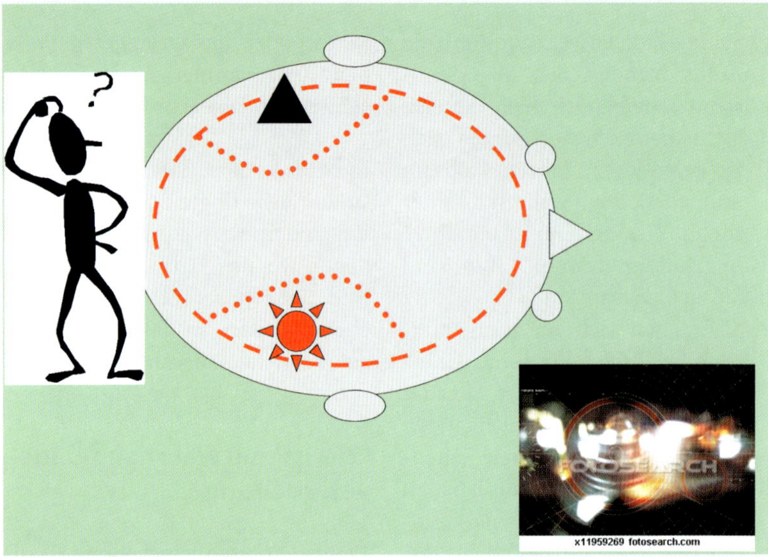

an verschiedenen Stellen im Gehirn kurzfristig abgespeichert. So wird beispielsweise das Vorderrad eines vorbeifahrenden Fahrrades in seine Form (Kreis), seine Farbe (schwarz) und sein Bewegungsmuster (von rechts nach links) zerlegt.

Das Informationspaket, in dem alle Informationen über die Außenwelt enthalten sind, ähnelt damit einer riesigen Puzzlekiste, in der ganz viele verschiedene Puzzles enthalten sind, die man zunächst sortieren muss, bevor man sie zusammensetzt.

Für diese Puzzle-Arbeit hat das Gehirn circa eine zehntel Sekunde Zeit. In dieser für uns kurz erscheinenden, für das Gehirn sehr langen Zeit wandert das Informationspaket mehrere 100-mal durch das rechte und linke Gehirn sowie durch alle Gehirnlappen.

In der Regel werden innerhalb der zur Verfügung stehenden Zeit durch diesen Prozess alle störenden, irritierenden Hintergrundsignale herausgefiltert und die für uns wichtige Information (der Vordergrund) wird klar erkannt (s. obenstehende Abbildung 1).

Rechtshirnige Verarbeitung, die in der Entwicklung des Kindes früher ausreift, betrifft die Raum- und geometrische Wahrnehmung. Linkshirnig werden zeitliche, sequenzielle Abläufe erkannt.

Am Ende dieses Prozesses steht der präfrontale Kortex im Stirnlappen mit dem Arbeitsgedächtnis, um die gegenwärtige Situation vorübergehend abzuspeichern, und der exekutive Kortex, um daraus Handlungsmaximen zu bilden. Der präfrontale Kortex gehört dabei zu den am spätesten ausreifenden Teilen des Gehirns und entwickelt sich vor allem durch die in der frühen Kindheit gemachten Wahrnehmungserfahrungen.

Sind die für uns wichtigen Vordergrundreize klar erkennbar, existieren nur wenige störende Hintergrundreize und ist die Wahrnehmungsbahn ungestört, so ist die Wahrnehmungsverarbeitung einfach und Handlungen können zügig und sicher durchgeführt werden. Ist dies nicht der Fall, entsteht Unsicherheit und vorsichtige Langsamkeit, wie wir dies von uns selber in den oben genannten Beispielen kennen.

Mögliche Ursachen von zentralen Wahrnehmungsverarbeitungsstörungen (ZWVS)

Zunächst können asymmetrische Störungen der Sinnesorgane (einseitige Sehstörung, bspw. Astigmatismus, oder Hörstörung) zu einer Verdopplung der Sinneseindrücke führen und den Wahrnehmungsverarbeitungsprozess unnötig erschweren.

Die eigentliche zentrale Wahrnehmungsverarbeitungsstörung (ZWVS) beruht meistens auf einer vererbten oder auf epigenetischen, durch Erlebnisse des Feten im Mutterleib bedingten Störungen der für die Wahrnehmungsverarbeitung wichtigen monoaminergen Botenstoffe (Neurotransmitter) wie Dopamin oder Noradrenalin (s. auch Kap. 2: ► „Das Aufmerksamkeitsdefizitsyndrom - AD(H)S“).

Hier möchte ich vor allem auf die symptomatischen Ursachen der Wahrnehmungsverarbeitungsstörung eingehen. Man unterscheidet strukturelle (Hirnläsionen) von funktionellen (elektrisch instabile Nervenzellen, z.B. bei Epilepsien oder Schädelasymmetrien) Ursachen.

Wie in Abb. 1 erkennbar, bildet das Gehirn bei strukturellen (Dreieck) oder funktionellen (Stern) Störungen eine „Umleitung“ um das betroffene Gebiet, um die Wahrnehmungsverarbeitung weiterhin zu gewährleisten. Diese “Umleitung“ ist allerdings nicht schnell und leistungsfähig genug, um in der zur Verfügung stehenden Zeit eine vollständige Wahrnehmungsverarbeitung zu gewährleisten.

Durch die Empfindlichkeit und Vulnerabilität des Frühgeborenengehirns kommt es bei Frühgeborenen oft zu strukturellen oder sekundär funktionellen Störungen, die zur einer ZWVS führen und den Frühgeborenen “langsam“ erscheinen lassen.

Folgen der ZWVS für die Entwicklung

Symptome der Wahrnehmungsverarbeitungsstörung betreffen im ersten Lebensjahr vor allen Dingen die Körperwahrnehmung.

Da der Körper aber das Maß aller Erfahrung ist, kommt nach dem ersten Geburtstag eine Störung der Raumwahrnehmung hinzu. Im dritten Lebensjahr entwickelt sich auf dieser Basis eine Störung der Zeitwahrnehmung und in der Folge daraus eine Störung der sozialen Wahrnehmung.

Eine Körperwahrnehmungsstörung führt zum Beispiel zur verminderten Schmerzwahrnehmung, zur Einschlafstörung, zu einer verspäteten Kontrolle der Blasen- und Mastdarmfunktion, zu ungeschickten Bewegungsmustern sowie zu unruhigem, irritierbarem Verhalten. Raumwahrnehmungsstörungen führen zu häufigem Stolpern, Stoßen an Ecken oder Angst beim Treppensteigen. Zeitwahrnehmungsstörungen können zu Ungeduld, Sprachentwicklungsstörungen (SES) oder Lese-Rechtschreibstörung (LRS) führen.

Im späteren Leben (Schulalltag) kann eine symptomatische ADHS-Symptomatik entstehen, in schweren Fällen eine autistische Störung. In der untenstehenden Tabelle sind verschiedene alterstypische Störungsbilder, die aus der ZWVS resultieren können, aufgelistet.

Konsequenzen

Zunächst sollte stets überprüft werden, ob die beiden wichtigsten Sinnesorgane Auge und Ohr ihre Informationen symmetrisch ins Gehirn leiten. Dazu sollte eine ausführliche

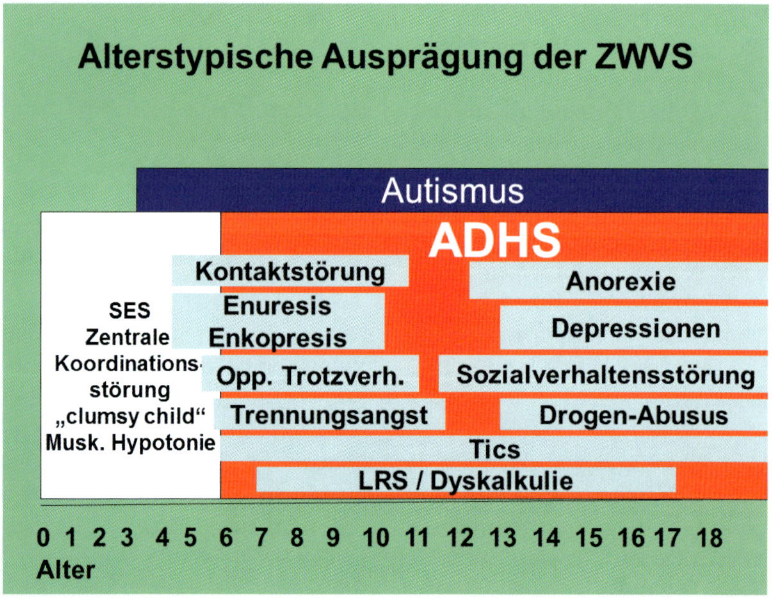

Hör- und Sehprüfung inklusive Astigmatismusprüfung erfolgen.

Auch kleinste Unterschiede des sensorischen Inputs sollten durch Hilfsmittel ausgeglichen werden. Eine ausführliche neurologische Untersuchung sollte kleinste Asymmetrien in der Bewegung herausarbeiten. Diese sollten dann physiotherapeutisch oder krankengymnastisch therapiert werden. Schädelasymmetrien lassen sich osteopathisch behandeln. In einer EEG-Ableitung sollte nach funktionellen Störungen oder Asymmetrien gesucht werden.

Zuhause sollte auf eine klar erkennbare, übersichtliche Raum- und Zeitstruktur geachtet werden und versucht werden, so weit wie möglich störende, irritierende Hintergrundreize zu vermeiden.

Informationen oder kognitive Inhalte, die gleichzeitig über mehrere sensorische Kanäle angeboten werden (sehen, hören und fühlen des gleichen Objekts oder Wortes), bewirken einen deutlich nachhaltigeren Eindruck in der Verarbeitung und der Gedächtnisbildung.

Bleiben alle therapeutisch konservativen Maßnahmen ohne nachhaltigen oder ausreichenden Erfolg, sollte nicht gezögert werden, auch medikamentöse Maßnahmen wie zum Beispiel Stimulation einzusetzen.

In schweren oder schwersten Fällen kann versucht werden, durch Einsatz von Neuroleptika störende Hintergrundreize in ihrer Intensität zu mindern oder durch den Einsatz niedrig dosierter Antikonvulsiva eine neuronale Stabilität für die Wahrnehmungsverarbeitung zu erreichen.

©S. Hofschlaeger /pixelio.de

Bei all dem darf aber nicht vergessen werden, dass für das Kind seine subjektive Wahrnehmung die richtige ist und dass in jedem Mangel auch eine Chance liegt, wie das Beispiel des John Franklin in "die Entdeckung der Langsamkeit" zeigt.

◆ ◆ ◆

Planungs- und Organisationskompetenz

Stillschweigend vorausgesetzt - oft eine unüberwindbare Hürde

Karin Jäkel

Unter normalen Umständen eignen sich ***offene Unterrichtsformen*** wie Frei- und Wochenplanarbeit in besonderer Weise dazu, die unterschiedlichen Lernvoraussetzungen der Schülerinnen und Schüler aufzufangen. Jedem Kind wird die Möglichkeit gegeben, in seinem je eigenen Tempo seinen Lernprozess individuell zu gestalten. Diese Arbeitsformen ***erfordern von den Kindern jedoch ein hohes Maß komplexer Fähigkeiten wie Planungs- und Organisationskompetenz*** sowie ein gewisses Zeitmanagement. Manche Kinder beherrschen diese Fähigkeiten von Anfang an und brauchen sie während der Schulzeit nur noch zu verfeinern, andere üben sie in den ersten Schuljahren ein. ***Frühgeborene Kinder allerdings weisen auch in diesem Bereich häufiger als andere Kinder Unsicherheiten und länger anhaltende Unreife auf.***

© S. Hofschlaeger/pixelio.de

Umfangreiche Aufgabenstellungen und reichlich bemessene Arbeitszeit können von ihnen nicht angemessen strukturiert werden. Das bedeutet in der Praxis:
Man stelle sich einen offenen Lernprozess als einen Weg vor, der von der Lernausgangslage (=Vorwissen bzw. vorhandene Fertigkeiten) zu einem spezifischen Lernerfolg (=erworbene/s neue/s Fertigkeit/Wissen) führt und den die SchülerInnen eigenständig entlanggehen sollen, indem sie bestimmte Arbeitsmaterialien bearbeiten. Zu dieser Vorstellung gehört es, dass man auf dem Weg möglicherweise falsch abbiegen oder sich verlaufen kann. Das Lernarrangement muss jedoch Möglichkeiten vorsehen, dass die SchülerInnen diese Fehlleistungen erkennen, sie selbsttätig korrigieren können und sich dadurch den Lerninhalt eigenständig und nachhaltig erarbeiten.

Ein solcher Lernweg beinhaltet allerdings für Kinder mit einer Schwäche in der Planungs- und Organisationskompetenz weit mehr Schwierigkeiten, das Ziel zu erreichen, als für die Klassenkameraden. ***Das be-***

ginnt schon mit der Entscheidung: „Welche Aufgabe nehme ich als erste vom Wochenplan in Angriff?". Kinder mit den besagten Schwierigkeiten vergeuden hierfür sehr viel Zeit und Energie. Man hat den Eindruck, sie finden überhaupt keinen Anfang, kramen in der Tasche, finden die benötigten Arbeitsmaterialien nicht, spitzen erst einmal den Stift, beginnen ein Schwätzchen, trödeln herum usw. Schon hier benötigen sie unter Umständen eine Hilfestellung, überhaupt in die Arbeitsphase hinein zu finden. ***Die zweite Hürde ist das genaue Lesen und Verstehen der Arbeitsanweisung.*** Gelingt dies nicht, erledigt das Kind möglicherweise lange Zeit etwas, was gar nicht gefordert war, während die Zeit, die zum Aneignen des eigentlichen Lerninhaltes zur Verfügung steht, verstreicht. Kommt dann noch ein mehrmaliges „Falsch-Abbiegen" auf dem Lernweg hinzu, wird das Kind die Erarbeitung bzw. Festigung des Lerninhaltes nicht in der vorgesehenen Lernzeit erreichen. Das Automatisieren der Fertigkeit bzw. das Abspeichern im Langzeitgedächtnis ist nicht gelungen. Das Kind fällt im Lernstand hinter die Vergleichsgruppe zurück.

Dieser Ablauf wird sich beständig wiederholen, wenn das Kind keine Hilfestellung erfährt. Sein Selbstbewusstsein wird permanent frustriert, seine Motivation zum Lernen wird verfliegen. Tragischerweise hat eine solche Entwicklung oft nichts mit den kognitiven Fähigkeiten bzw. der Intelligenz eines Kindes zu tun. Ist die Negativ-Spirale allerdings einmal in Gang gesetzt, ist es

umso schwerer, diese Entwicklung wieder umzukehren.

Freie Arbeitsformen müssen daher passgenau auf das jeweilige Kind zugeschnitten werden, damit es auf seinem Niveau der Planungsfähigkeit gefordert, aber nicht überfordert wird. Kürzere Arbeitsphasen, vorstrukturierte Arbeitsmaterialien bzw. Strukturierungshilfen und kleinschrittigere Arbeitsanweisungen sowie eine intensivere Betreuung können dem Kind helfen, die gestellte Aufgabe besser zu bewältigen.

Die Fähigkeit des Kindes zur Selbstkorrektur seiner Ergebnisse anhand von Freiarbeitsmaterial sollte unbedingt beobachtet werden. Ist diese Fertigkeit noch nicht in ausreichendem Maße vorhanden, muss das Kind hierin ebenfalls unterstützt werden. Sonst wird es die angestrebten Kenntnisse bzw. Fertigkeiten nicht sicher erwerben. Der Lernprozess läuft ins Leere, Arbeitszeit und -energie wurden vergeblich aufgewendet.

Zudem muss eine ausreichende Übezeit gewährleistet werden. Gerade SchülerInnen mit Schwierigkeiten in Organisations- und Planungskompetenz bzw. Konzentration scheinen vermehrtes Üben zu benötigen, um die erworbenen Fähigkeiten dauerhaft abspeichern zu können. Nur sicher Gespeichertes kann wieder abgerufen werden und damit als Grundlage für neuen Kenntniserwerb dienen. Eine solche sichere Abspeicherung, also eine Automatisierung des Gelernten, wird durch sog. Overlearning erreicht. Das bedeutet, dass das Gelernte mehrfach wiederholt und auf andere Zusammenhänge übertragen neu durchdacht wird. Der Wiederholung kommt dabei eine wichtige Funktion zu. Transferaufgaben alleine reichen bei vielen Kindern nicht aus, eine gute Automatisierung zu erlangen.

Auch sollte nicht zu viel Zeit zwischen dem Bearbeiten der Aufgabe und ihrer Besprechung vergehen, da diese Kinder schneller den Bezug zum Bearbeiteten verlieren und so der Lerneffekt geschmälert wird.

Oftmals reift die Planungsfähigkeit Frühgeborener wie bei den Klassenkameraden kontinuierlich weiter. Sie wird jedoch über längere Zeit hinter dem Stand der anderen zurückbleiben, da diese sich ja ebenfalls weiterentwickeln.

Ist die Schwäche der Planungs- und Organisationsfähigkeit deutlich ausgeprägt und behindert sie den Lernerfolg des Kindes wesentlich bzw. dauerhaft, könnte evtl. ein AD(H)S vorliegen. (s. auch Kap. 2: ▸ „Das Aufmerksamkeitsdefizitsyndrom - AD(H)S“)

◆ ◆ ◆

Welche Förderung und wie viel davon? Ein nicht endender Prozess des Abwägens - Teil 2

Familie B. aus Hessen

Fortsetzung des Berichts von Seite 47, Kapitel 1

Junge, 24. SSW, Rheinland-Pfalz u. Hessen, Rückstellung, Regelgrundschule, Ataxie, Entwicklungsverzögerung, Wahrnehmungsstörungen

Unsere konkreten Überlegungen bezüglich einer geeigneten Schule wurden leider schon bald hinfällig, ausgelöst durch die Suche nach dauerhaft geeignetem Wohnraum: Wir bauten – nach langer Suche zwar nur 30 km weiter, aber bezogen auf die Kinder größtenteils mit einer Neuorientierung verbunden. Nicht unwichtiger „Standortvorteil": die neue Nähe zu Kindergärten und Schule (unter fünf Minuten ohne Straßenverkehr) sowie zu den Großeltern; die Region – nun in Hessen – war bereits hinlänglich vertraut. Inzwischen war ich gelassen genug, es nicht als Schrecken zu empfinden, dass wir schulisch gesehen neu starten und davor noch ein dreiviertel Jahr im dortigen Regelkindergarten (mit Hilfsplan) zu überbrücken hatten. Die Veränderungen erzeugten bei unserem Sohn keine Irritationen, im Gegenteil! Die Bauphase verbunden mit neuen Nachbarn und deren Kindern im gleichen Alter waren ein derartiger Zugewinn, dass sie einen deutlich positiven Entwicklungsschub auslösten und er sich, wie er betonte, so glücklich wie noch nie fühlte. Im Gegensatz zur Mainzer Zeit hatte er seine Kindergartenfreunde in nächster Nähe, mit ihnen wurde er dann 2009 eingeschult.

Es stellte sich an der hiesigen Schule in Hessen nun die Frage nach einem Integrationshelfer. Als Integrationskind schied er aus organisatorischen Gründen aus, zumal eine sonderpädagogische Begutachtung auch zum Besuch einer Förderschule hätte führen können, wo ihn keiner sah. Mir wäre eine zeitweilige Förderung im Unterricht lieber gewesen als eine „Rundum-Betreuung" durch einen Integrationshelfer. Während mir höchstens eine auf wenige Stunden begrenzte Begleitung durch eine geschulte

Fachkraft vorschwebte, bevorzugte die Schulleitung das mit ehrenamtlichen oder jungen Leuten arbeitende örtliche Rote Kreuz. Dieses aber schlug mir in einem häuslichen Treffen eine Unterstützung vor, die damit beginnen sollte, früh morgens noch gemeinsam den Ranzen zu packen und ihn nachmittags zu diversen Therapien zu begleiten. Mein Mann zog sich heimlich aus diesem „Verkaufsgespräch" zurück, ich lehnte am nächsten Tag telefonisch dankend ab. Während die Direktorin uns gegenüber entweder mit Druck oder, wie ich es empfand, mit Angstmachen operierte („Sie wissen ja gar nicht, wie roh sich die höheren Klassen zum Teil gebärden ..."), kam von der untersuchenden Oberärztin am SPZ die Frage: Warum eigentlich nicht erst mal ohne Hilfe einschulen? Ihn erst seine eigenen Strategien finden lassen, statt ihm die Möglichkeit zur Selbsthilfe zu nehmen? Dieser Vorschlag entsprach genau der Vorstellung, die ich in den Monaten vor der Einschulung zu entwickeln begann, sowie der nach dem Umzug dazugewonnenen Selbstständigkeit. Wie jedes andere Kind ging er fast von Beginn an allein mit Altersgenossen zur Schule und nutzte die erste Klasse, ein Schulkind zu werden, die Fähigkeit zur Selbstorganisation eingeschlossen. Bislang gab es zudem keinen ungewöhnlichen Vorfall mit Mitschülern, Leo scheint vielmehr relativ hohen Respekt zu genießen, trotz seiner teilweise eckig anmutenden Bewegungsabläufe, wahrscheinlich aber auch aufgrund seines im Mündlichen deutlich vernehmbaren Selbstbewusstseins.

Nicht alles ist jedoch unproblematisch, Leo benötigt oft entschieden mehr Zeit und verfügt über ein relativ hohes Maß an Ablenkbarkeit. Während das erste Elterngespräch mit der neuen Lehrerin dennoch keinerlei „Mängel" aufzeigte, folgten kurz darauf ganz andere Töne seitens der Schulleitung, die inzwischen (wusste ich vorher nicht) im Unterricht hospitiert hatte. Ohne jegliche Ankündigung saß ich im nächsten Gespräch nun drei Vertretern der Schule gegenüber, was ich in dieser Konstellation bzw. Kurzfristigkeit ablehnte. Unter vier Augen ließ ich mir von der Direktorin ihre Sicht der Dinge erklären – ich sollte mir innerhalb kurzer Zeit überlegen, einen (von Schulen meist gern gesehenen) Integrationshelfer zu beantragen, dafür würden Gutachten der Schule geschrieben. Der Sache nicht grundsätzlich abgeneigt, gab ich mich tendenziell kooperativ. Die extra angefertigten Gutachten der Schule, die diese ohne mein Wissen entgegen der Vereinbarungen bereits vorab ohne meinen Antrag an das Amt geschickt hatte und die ich lediglich hinterher einblicken durfte, brachten mich jedoch ins Grübeln: Es wurde mit derartigen Übertreibungen, wie auch zugegeben wurde, gearbeitet, dass ich mich fragte, ob ich dies vor unserem Sohn würde vertreten können. Selbst ein – für seine Gesundheit wichtiger – Toilettengang während des Unterrichts wurde kritisiert, und angeblich musste man ihn von der Toilette zurückholen, trotz vorliegender Arztberichte über frühere Darm-OPs. Erörtert hatte man vor mir dies mit keiner Silbe. Kommentar der Schulärztin dazu: „Muss Ihr Sohn überhaupt während des Unterrichts auf Toilette gehen?" Wenige Monate später lag er wegen drohendem Darmverschluss in der Klinik, was nicht als unbedingte Folge zu sehen ist, aber zumindest die Brisanz der Problematik verdeutlicht. Ein Antrag meinerseits hätte aber indirekt die Argumentationen der Schule gestützt, das konnte ich mit mir spätestens jetzt nicht mehr vereinbaren. Mein Versuch, die Angelegenheit pragmatisch zu sehen (die Schule argumentiert nur so, um einen Helfer zu bekommen) scheiterte – da funkten wahrscheinlich die frühen und tiefsitzenden Ängste um das eben erst geborene Frühchen dazwischen. Außerdem fiel es mir schwer, darin hauptsächlich einen Vorteil für unseren Sohn zu sehen, vielmehr verlor ich leider nie das Gefühl, dass auf seine Kosten dem Amt teilweise Unwahrheiten vorgetäuscht werden sollten. Kennt man die personellen Engpässe an Schulen, dann lag der Schluss nahe, dass hier mit dieser neuen Kraft nicht allein für unseren Sohn kalkuliert wurde. Mir fiel aber auf, dass die Lehrerin selbst vor mir niemals unseren Sohn so dargestellt hatte, wie es inzwischen schriftlich geschehen war. Irgendwie war die Sache schief.

Die von mir einberufene Schulpsychologin sah keinen zwingenden Handlungsbedarf für einen Helfer, das Verhalten eher im normativen Bereich, und stellte mir die Entscheidung von daher frei, während die Schulleitung an ihrer Haltung festhielt. In dieser nun durchgeführten Runde hatte ich zwar den Eindruck, letzten Endes den Willen der Schule „befolgen" zu müssen, um meinem Sohn nicht zu schaden, zu Hause jedoch war ich unfähig, den Antrag zu Ende zu bringen, bis ich definitiv merkte: Ich stand nicht dahinter, vor allem nicht in Bezug auf eine Begleitung durch ALLE Stunden. Ohne es zu wissen, sprach die uns bekannte Oberärztin wiederum den gleichen Gedanken aus: Wenn überhaupt, warum nicht nur für die Hauptfächer? Die Schule lehnte ab. So ließ ich den Antrag auch für die zweite Klasse sein – in der Hoffnung, das

Gespür dafür zu bewahren, wann unser Sohn tatsächlich mehr Hilfe brauchen würde. Die Hausaufgaben sind mitunter zäh, auch Arbeitsblätter aus der Schule müssen zum Teil nachgeholt werden. Die Tests und inzwischen Noten liegen jedoch alle im Bereich 1 und 2, Tendenz 1 – und das ohne die Anwendung des ihm prinzipiell eingeräumten Nachteilsausgleiches. Die Anstrengungen sind nicht zu leugnen, das berichtete auch die zeugnisartige Beurteilung am Ende der ersten Klasse (Kommentar Oberärztin: „ein typisches Frühchenzeugnis"). Doch darin keinerlei Verriss, wie noch in den schulischen „Gutachten" durchgängig aneinandergereiht, insgesamt eine gute Bewertung.

Was die „Hausaufgabenberatung" durch die Schulpsychologin anging, so erwies sich der im Grunde einzige Tipp als fernab jeglicher Realität, nämlich jedes Fach nach 15 Minuten abzubrechen – wir hätten so in manchen Phasen kaum nennenswerte Ergebnisse erzielt und unser Sohn auf diese Weise keinerlei Ausdauer dazugelernt. Auch wenn es so aussehen mag, dass ich alle guten Ratschläge in den Wind schlug: Ich bin überzeugt, dass wir seine heutigen Schulleistungen ein Stück weit auch der Tatsache verdanken, dass wir zu Hause nicht nach kürzester Zeit alle Aufgaben wieder abbrachen. Was er und im Endeffekt auch wir brauchten, waren ja ein paar sichtbare Erfolgserlebnisse. Inzwischen ist oft er es, der weitermachen möchte, wenn wir einmal vorzeitig beenden möchten. Letztlich, obgleich wir punktuell enttäuscht von der Lehrerin waren, ist außerdem klar, dass sie ihn – auch nach meinem Widerstand – nicht fallen ließ und mit der entsprechenden Geduld förderte. Leos und mein Verhältnis zu ihr scheinen nachhaltig nicht getrübt zu sein, vielleicht hatte es ihr anfangs auch an Erfahrung mit Frühchen und deren Eltern gefehlt.

Das erste Elterngespräch in der zweiten Klasse mit der Lehrerin vor wenigen Wochen zeigte: Keine großen Beanstandungen, Entwicklung positiv – der Faktor Zeit verbessert sich und spielt eher beim Umziehen eine Rolle, aber er kann alles allein. Jetzt werde ich, egal wie es in Zukunft aussieht, wohl überlegen, wie die Negativbeurteilungen aus der Schulakte wieder verschwinden könnten . . . Vielleicht bin ich eine Rabenmutter, meinem Frühchen nicht jedwede Hilfe anzutragen – der bisherige „Erfolg" spricht jedoch aus aktueller Sicht noch dagegen, künftige Komplikationen nicht ausgeschlossen! Natürlich sind Möglichkeiten wie I-Helfer generell eine Errungenschaft. Ob sie stets die erste oder einzige Lösung darstellen, ist sicher auch Ansichtssache. Momentan arbeiten wir für unseren Teil an den Ursachen für Leos Schwierigkeiten lieber so gezielt wie möglich mit Hilfe von (lern)therapeutischen oder Entspannungstechniken.

◆ ◆ ◆

Schule ist sooo anstrengend

Familie F. aus dem Saarland

Mädchen, 31. SSW, Saarland, Realschule, geringe körperliche und seelische Belastbarkeit, geringes Selbstwertgefühl

Unsere Tochter Michelle wurde vor 14 Jahren in der 31. SSW geboren. Sie besucht jetzt die 8. Klasse einer Realschule.
Viele Schwierigkeiten der ersten Jahre konnten durch Therapien überwunden werden. Der Schulalltag ist für uns jedoch immer noch eine große Belastung.

Geringe Belastbarkeit

Michelle ist schneller erschöpft als andere Kinder. Besonders im Sportunterricht hat sie das Gefühl, immer an den Rand ihrer Kräfte gehen zu müssen, um nicht aufzufallen. Danach ist die dann so erschöpft, dass sie sich kaum noch auf den nachfolgenden Unterricht konzentrieren kann. Am frühen Nachmittag schläft sie häufig auf dem Sofa ein und die Zeit für die Hausaufgaben (für die sie mehr Zeit benötigt als ihre Klassenkameraden) wird knapp. An diesen Tagen ist sie sehr frustriert, da sie ja außer Schule und Hausaufgaben nichts machen kann.

> *Zitat Michelle:*
> ***Angenommen, ich hätte damals gewusst, was auf mich zukommt, wenn ich Frühchen bin, und falls ich es hätte kontrollieren können, dann hätte ich es garantiert unterlassen.***

Der Schulrucksack

Der Schulrucksack ist immer noch zu schwer, zumal Michelle häufig unter Rückenschmerzen leidet. Die von der Schule angebotene Möglichkeit, Bücher in einem Regalfach in der Klasse oder in einem gemieteten Spind im Schulflur zu lagern, akzeptiert unsere Tochter nicht. Sie ist zu unsicher und schüchtern, um zwischen den Unterrichtsstunden von ihrem Platz aufzustehen, und sie befürchtet, nicht gut genug organisiert zu sein, um immer die Übersicht zu haben, welches Buch in welcher

Stunde und welches zu Hause benötigt wird. In meiner eigenen Klasse (Klassenstufe 5-9) organisiere ich für die Schüler, die das wollen, die Verteilung und das Einsammeln der Schulbücher, die in einem Schrank, der ja in fast jedem Klassenraum steht, gelagert werden. Dies kann eine Hilfe sein, wenn der Klassenlehrer mitspielt. Von den Lehrern, die das nicht tun, ist das nicht böse gemeint, sie gehen einfach davon aus, dass ein Kind, das dem Grundschulalter entwachsen ist, dies selbstständig organisieren kann.

» Auf Veränderungen (auch positive) reagiert sie häufig mit jeglicher Art von Unwohlsein und wird auch häufiger krank. «

Leicht irritierbar

Auf Veränderungen (auch positive) reagiert Michelle häufig mit jeglicher Art von Unwohlsein (Kopfschmerzen, Bauchschmerzen, Kreislaufbeschwerden, Herzrasen etc.) und wird auch häufiger krank. Es reicht schon aus, dass der Schulhof neu gestaltet wurde und jetzt schöner ist und dass gleichzeitig der Klassenraum gewechselt wurde.

Geringes Selbstbewusstsein

Dieses Problem ist mir als Lehrerin nicht nur bei meiner Tochter, sondern auch früher schon bei mehreren ehemals frühgeborenen Kindern aufgefallen. Einige reden im Unterricht gar nicht oder so leise, dass weder Mitschüler noch Lehrer sie verstehen. Je nach Reaktion des Lehrers und der Mitschüler geben sie es dann oftmals ganz auf, sich im Unterricht zu melden. Dies führt dann zu einer schlechten Beurteilung der Mitarbeit und somit auch zu schlechteren Zeugnisnoten.

Selbstorganisiertes Lernen und Stationenarbeit

Beide Methoden haben gemeinsam, dass der Lehrer den Schülern Material zur Verfügung stellt, mit dessen Hilfe die Schüler (meist in Gruppen) den vom Lehrer vorgegebenen Unterrichtsstoff in einem größeren Zeitrahmen (meist eine bis drei Wochen) erarbeiten sollen.

Schüler, die unsicher und schüchtern sind,

- wagen es nicht, den Lehrer um Hilfe zu bitten, wenn sie dabei Probleme haben.

- sind unsicher, womit sie beginnen sollen, und bleiben gelegentlich „eingefroren“ auf ihrem Platz sitzen. Beim selbstorganisierten Lernen soll der Lehrer dies ignorieren und darauf warten, dass der Schüler von selbst zu ihm kommt.
- schaffen es gelegentlich nicht, sich auch ein Arbeitsblatt zu „erkämpfen“.
- müssen häufig am Wochenende alles nachholen, was sie in den letzten zwei oder auch drei Wochen nicht geschafft haben.
- bekommen am Ende für diese Wochen eine schlechte „Beobachtungsnote“, da sie zu wenig Initiative gezeigt haben.

Was uns geholfen hat:

- Als der Klassenraum für zwei Jahre im Erdgeschoss lag, half ein Trolley, damit Michelle das Gewicht des Schulrucksackes nicht tragen musste.
- Durch INPP (in England entwickelter Behandlungsansatz der Neurophysiologischen Entwicklungsförderung) wurden Koordination der Bewegungen, Schreibgeschwindigkeit, Lesbarkeit der Schrift und Schwindel beim Abschreiben sehr verbessert.
- Karate brachte dann nochmals eine Verbesserung des Reaktionsvermögens, der körperlichen Belastbarkeit und des Selbstbewusstseins.

◆ ◆ ◆

„Ich wollte nie auffallen …" - Teil 1

Familie B. aus der Schweiz

Mädchen, 30. SSW, Schweiz, Sekundarstufe I, Gymnasialempfehlung, minimale cerebrale Bewegungsstörung

Unsere Tochter wurde 1996 in der 30. SSW geboren. Sie wog 1150 g und war 42 cm gross. Ursache der Frühgeburt war eine schwere Präeklampsie der Mutter. S. durchlief eine um zwei Monate korrigierte altersgerechte Entwicklung. Sie war ein pfiffiges, sehr waches, fantasievolles Kind mit einer schnellen Auffassungsgabe. Es fielen in der motorischen Entwicklung leichte Unterschiede zu termingeborenen Kindern auf. Der Kinderarzt liess S. Zeit, sich nach ihrem individuellen Bauplan bis zum Eintritt in den Kindergarten mit fünf Jahren zu entwickeln.

Sie hatte z.B. Angst beim Klettern auf dem Klettergerüst, Balancieren auf niedrigen Mauern, beim Ballspielen mit anderen Kindern hielt sie sich abseits.

An diese Zeit kann ich mich natürlich überhaupt nicht mehr erinnern. Ich weiß nur aus Erzählungen, dass ich sehr stolz war, aufstehen zu können. Doch dann konnte ich mich nicht wieder hinsetzen, es ging einfach nicht. Dann soll ich mich vor Wut auf den Boden geschmissen haben und fast zwei Stunden meinen Frust und was weiß ich alles rausgeschrien haben.

In der Schweiz treten die Kinder mit vier oder fünf Jahren in den Kindergarten ein. Der Kindergarten ist mit einer Vorschule zu vergleichen und dauert zwei Jahre. Die Kindergärtnerinnen beobachteten beim Sport Auffälligkeiten in der Motorik und schlugen den Eltern vor, S. auf die Warteliste für die Psychomotoriktherapie zu setzen. Die Psychomotoriktherapeutin ist fest in der Schule angestellt. Bei der Abklärung durch den Arzt wurde eine minimale cerebrale Bewegungsstörung diagnostiziert. Der Arzt schlug eine Ergotherapie vor. In der Ergotherapie wurde z.B. das Gleichgewichtssystem für das Fahrradfahrern, Klettern usw. trainiert. Spezielle Übungen in der Feinmotorik in Vorbereitung für das Schreibenlernen wurden gemacht. Im Kindergarten wurde S. in Rücksprache mit der Ergotherapeutin nach ihren Fähigkeiten gefördert und gefordert und völlig gleichwertig behandelt. Sie ging gerne in den Kindergarten, und Eltern und Kindergärtnerinnen pflegten einen guten Kontakt.

Ich kann mich nur noch daran erinnern, dass ich, kurz bevor ich in die Schule kam, in den Ferien Rollschuhfahren üben sollte und üben sollte, über eine Leiter zu klettern.

Beim Übertritt in die Schule wurden die Lehrerinnen von Kindergärtnerinnen, Eltern und Ergotherapeutin über S.s Zustand informiert. S. wollte in der Schule wie alle Kinder behandelt werden, nur im Sportunterricht wurde Rücksicht genommen. Nach den ersten sechs Schulwochen in der ersten Klasse lief die Ergotherapie aus und anstelle einer Sportstunde ging sie in die Psychomotoriktherapie. Ein Ziel der Therapie war, S. Hilfestellung beim Schreibenlernen zu geben. Sie versuchte mit den Klassenkameraden mitzuhalten. Sie hatte gute Schulleistungen und war in der Klasse gut integriert.

»Ich wollte gleich schön und gleich schnell wie die anderen schreiben können. Dafür habe ich geübt und noch mal geübt.«

Ich wollte gleich schön und gleich schnell wie die anderen schreiben können. Dafür habe ich geübt und noch mal geübt. In der Psychomotorik habe ich oft gespielt. Einmal musste ich chinesische Schriftzeichen nachmalen. Den Sportunterricht habe ich schon damals nicht so besonders gemocht. Von mir aus hätte man den gleich ganz abschaffen können.

Anfang der dritten Klasse endete die Psychomotoriktherapie und neue Lehrer kamen. Beim gemeinsamen Gespräch zwischen Therapeutin, Kind, Lehrern und Eltern stellte sich heraus, dass die neuen Lehrerinnen vom Handicap noch nichts bemerkt hatten.

Ich habe es den Lehrern damals nicht ganz geglaubt, dass sie wirklich überhaupt nichts gemerkt hatten. Ich habe noch heute das Gefühl, dass das doch sofort auffallen muss, dass ich anders bin als andere.

Eine Physiotherapie begann, die bis heute anhält und wahrscheinlich das ganze Leben fortgeführt wird.

Das Hauptproblem war die Feinmotorik. Der Kinderarzt sah darin das Problem, dass ein normal intelligentes Kind seine Leistung in der Schule nicht erreichen kann, weil es mit dem Schreiben nicht hinterherkommt. Tritt der Fall ein, darf sie einen Laptop mit in die Schule nehmen. S. ist sehr ehrgeizig, hält mit den Klassenkameraden mit und möchte nicht, dass sie etwas von der Schwäche bemerken. Nur die zwei besten Freundinnen sind eingeweiht.

In der fünften und sechsten Klasse benötigte sie erneut eine Ergotherapie. Vorsorglich lernt sie das Zehnfingersystem für den Fall, dass der Laptop in der Schule nötig wird. Dem war aber nicht so.

Damals, als ich einmal die Woche in die Ergo und die Physio musste, kam irgendwann der Punkt, an dem ich das alles so satt hatte. So geht das wahrscheinlich allen, die irgendeine Therapie am Laufen haben, irgendwann werden sie therapiemüde. Aber das war nur eine Phase, danach habe ich normal weitergemacht.

Sie geht heute in die achte Klasse in der Sekundarstufe I und wurde fürs Gymnasium empfohlen.

In der siebten und achten Klasse gibt es ein obligatorisches Skilager. Es war schon immer ein „Chrampf", mich auf die Skier zu stellen. Es gab immer ein Geschrei, wenn es hieß, wir gehen Ski fahren. Aber es hat was gebracht: Heute komme ich den Berg runter, ohne hinzufallen. Das Skilager war eine Horrorvorstellung, aber so schlimm ist es gar nicht, zumal es einige Anfänger gibt. Das Skilager hat mir schlussendlich fast besser gefallen als die Landschulwoche. Es wäre aber besser, wenn man nicht nur Abfahrtslauf machen muss, sondern auch Langlauf. Denn Langlauf ist bei weitem nicht so schwierig für mich wie Abfahrt.

Für die Eltern war es sehr beruhigend, dass die Psychomotoriktherapeutin für eventuelle Schulprobleme im Hintergrund für uns Eltern und Lehrer die ganze Schulzeit zur Verfügung stand. Dass also wir Eltern und Lehrer in S.s Sinne gut zusammenarbeiten konnten.

Ich wollte immer gleich behandelt werden wie die anderen, nie auffallen. Natürlich hatte ich zu kämpfen mit dem Gefühl, den anderen zu unterliegen, weniger wert zu sein. Es war manchmal verdammt hart zu merken, wie man immer wieder an Grenzen stösst, die man nicht überwinden kann. Das Schlimmste war zu wissen, dass ich manche Sachen noch so lange üben kann und sie doch nie so können werde wie die anderen. Aber ich denke, ich und meine Familie, wir mussten früh lernen zu kämpfen und unseren eigenen Weg zu gehen und vor allem auf meinen Körper zu hören und halt zu akzeptieren, wenn etwas nun wirklich nicht geht, wenn ich es halt nun mal nicht kann. Ich wünsche mir für die Zukunft, dass ich einen Beruf finde, in dem ich mein Handicap nicht zu sehr spüre, und ich wünsche mir Menschen um mich, die meine Geschichte bis zu einem gewissen Grad verstehen oder es zumindest versuchen und es vielleicht sogar honorieren.

> **»Das Schlimmste war zu wissen, dass ich manche Sachen noch so lange üben kann und sie doch nie so können werde wie die anderen.«**

◆ ◆ ◆

„Ich wollte nie auffallen …“ - Teil 2

Co-Bericht des Lehrers

Seit eineinhalb Jahren besucht S. nun die Sekundarschule I und ist gut integriertes Mitglied unserer achten Klasse, die mit 25 SchülerInnen die größte im ganzen Schulhaus ist. Als Co-Klassenlehrer unterrichte ich die Fächer Mathematik, Naturkunde, Lebenskunde und Geographie. In der siebten Klasse kamen insbesondere noch technisches Gestalten und GTZ (Geometrisch-Technisches Zeichnen) dazu, also zwei Fächer, in denen die Motorik eine zentrale Rolle spielt. Bei S. fiel mir als Erstes auf, dass sie in der persönlichen Entwicklung etwas weiter, reifer war als die meisten anderen Jugendlichen. Sie war zwar nicht sehr selbstsicher, dafür aber sehr selbstbewusst, kannte ihre Stärken und Schwächen, wollte aber weder auf- noch abfallen.

In den ersten vier Wochen fiel mir an S. nur auf, dass sie in den Hauptfächern gute Leistungen erbrachte, im technischen Gestalten aber deutlich langsamer arbeitete als die anderen Jugendlichen und im GTZ nicht sehr genaue Zeichnungen anfertigen konnte. Dass S. etwas langsamer, manchmal auch etwas weniger exakt arbeitet, merkte ich zwar schon, fand aber keineswegs, dass S. damit aus dem Bereich des „Normalen" fiel. Insgesamt konnte sie gut mithalten, und die Teilbereiche, die ihr schwerer fielen, konnte sie mit großem Einsatz und Bereichen, welche ihr leicht fielen, scheinbar mühelos kompensieren.
Vor der Landschulwoche wurde ich von den Eltern und S. vorsorglich über ihren Hintergrund informiert. Mit Leidensgeschichten oder Sonderwünschen waren aber die Eltern wie auch S. eher sparsam, so dass ich erst durch diesen Bericht erfahren habe, wie viel Zeit in die Psychomotorik und Ergotherapie investiert wurde.

S. wollte einfach gleich behandelt werden wie alle anderen auch und nahm es in Kauf, in Fächern wie dem technischen Gestalten trotz großem Einsatz nicht perfekte Leistungen zu erbringen. Dennoch sind ihre Leistungen in jedem Bereich gut bis sehr gut. Sie hat gelernt, dass sie in manchen Bereichen mehr investieren muss, um auf einen „grünen Zweig" zu kommen. Diese Erfahrung müssen aber fast alle Menschen früher oder später machen. Dass sie diese Erfahrung schon gemacht hat und gelernt hat damit umzugehen, ist das, was sie vielleicht von anderen Gleichaltrigen unterscheidet.

» Dass sie diese Erfahrung schon gemacht hat und gelernt hat damit umzugehen, ist das, was sie vielleicht von anderen Gleichaltrigen unterscheidet. «

◆ ◆ ◆

Die eigentlich Dummen …

Familie B. aus Baden-Württemberg

Zwillingsmädchen, 29. SSW, Baden-Württemberg, Realschule, beinbetonte Spastik, motorische Auffälligkeiten

Meine zwei Töchter wurden im September 1995 in der 29. Schwangerschaftswoche mit 1100 g und 1200 g geboren. Schnell stand fest, dass Julia eine beinbetonte Spastik hat, und auch Michaela war von der Motorik auffällig. Beide haben sich trotzdem sehr gut entwickelt, geistig völlig normal.

Die ersten Probleme gab es mit der Wahl des Kindergartens, obwohl beide frei laufen konnten. Im Montessori-Kindergarten, der in unserem Wohnort ist, war es für alle kein Problem. Auch haben sich alle im Kiga sehr bemüht, eine passende Grundschule für meine Töchter zu finden. Es war für den Rektor der Grundschule in unserem Ort nicht möglich, obwohl beide geistig völlig in Ordnung waren, sie in dieser Schule einzuschulen. Weitere Ausführungen dazu will ich allen ersparen. Eine Grundschule zwei Orte weiter hatte keine Probleme damit, dass Julia nicht so gut laufen konnte. Es war weder für die Schüler noch für die Lehrer ein Problem, beide zu unterstützen, dazu muss man auch sagen, dass beide gute Schülerinnen waren. Das einzige, was anders für Julia war, sie durfte immer etwas früher aus der Pause hoch, damit sie in Ruhe die Treppen hochgehen konnte. Im Sport machten beide das mit, was sie konnten und sich zutrauten, auch nahmen beide am Schwimmunterricht teil (beide können schwimmen). Für die Klassenlehrerinnen in der 2. und 4. Klasse war es auch selbstverständlich, dass beide mit ins Schullandheim gehen.

> „Beide waren sehr zurückhaltende, schüchterne Kinder, auch mussten sie sich manchmal anstrengen, ein bestimmtes Tempo bei den Hausaufgaben zu halten."

Als die Wahl der weiterführenden Schule anstand, waren wir zwischen Gymnasium und Realschule hin und her gerissen, auch weil es vom Notendurchschnitt eigentlich das Gymnasium hätte sein müssen. Ich aber dachte, Noten sind nicht alles und sagen nicht alles über Kinder in diesem Alter aus. Beide waren sehr zurückhaltende, schüchterne Kinder, auch mussten sie sich manchmal anstrengen, ein bestimmtes Tempo bei den Hausaufgaben zu halten. Wir haben uns dann alle gemeinsam für die Realschule entschieden. Wir dachten noch, jetzt geht der Stress von vorne los. Aber bei uns gibt es nur ein Schulzentrum mit Realschule im nächsten Ort oder man entscheidet sich, seine Kinder mal wieder selber morgens in die Schule zu fahren und abzuholen. Dazu muss ich noch schreiben, beide waren immer schon sehr kleine, zierliche Kinder und für Julia wäre es auch nicht machbar gewesen, mit superschwerem Schulranzen im Gedränge in den Bus zu kommen. Wir entschieden uns für eine kleinere Realschule, auch aus dem Grund, dass unsere Töchter dorthin wollten, und die Rektorin sah keinen Grund, warum sie die beiden nicht aufnehmen sollte. Natürlich gibt es ein paar Dinge, die ich immer rechtzeitig mit der betreffenden Lehrerin oder Lehrer abspreche, denn Julia kann nicht so lange und weite Laufstrecken bewältigen.

Auch an dieser Schule treffen wir immer wieder auf intolerante Menschen, entweder Schülerinnen, aber was weitaus schlimmer ist, auf intolerante Lehrer. Ein weniger schönes Erlebnis hatten wir mit ihrem Klassenlehrer (zum Glück nur sechs Monate) im Schullandheim. Eigentlich hatte ich nach meinem rechtzeitigen Gespräch mit ihm schon gemerkt, dass es ihm am liebsten wäre, wenn Julia nicht mit ins Schullandheim ginge. So toll war es dann auch.

> „Wir waren bereit und hatten auch die Möglichkeit, unsere Kinder selber in Schulen zu bringen, die wir am besten fanden. Dieses hieß und heißt immer noch, selbst die Kinder mit dem Auto hinzubringen und abzuholen."

Beide sind jetzt in der 9. Klasse, sind gute Schülerrinnen und wollen eigentlich nach der Realschule weiter auf die Schule gehen.

Beide haben auch schon zwei Praktika gemacht, diese haben sehr gut geklappt. Was natürlich für uns auch sehr wichtig war, dass die beiden inzwischen mit leichtem Gepäck mit dem Bus oder der Straßenbahn mittags nach Hause fahren. Wir waren bereit und hatten auch die Möglichkeit, unsere Kinder selber in Schulen zu bringen, die wir am besten fanden. Dieses hieß und heißt immer noch, selbst die Kinder mit dem Auto hinzubringen und abzuholen. Es bedeutet aber auch, Zeit mitzubringen, und wenn man ein paar Stunden arbeitet, eine gute Organisation.

Meine Tipps zum Schluss:

- rechtzeitig mit der Schule Kontakt aufnehmen,
- einen persönlichen Termin mit seinem Kind beim Rektor ausmachen,
- sich nicht gleich abwimmeln lassen, Unterlagen, Atteste und Unterstützung vom Kindergarten mitnehmen,
- auch beim Wechsel in eine weiterführende Schule immer rechtzeitig einen persönlichen Termin bei der Schulleitung ausmachen,
- meine Erfahrung war: Steht die Schulleitung hinter deinem Kind, funktioniert es am besten,
- auch bereit sein, bei einem Wandertag mitzugehen, bis man merkt, das Kind kann es alleine schaffen,
- von sich aus Unterstützung anbieten,
- immer das Gespräch mit der Lehrkraft suchen, wenn mal etwas nicht so gut läuft und
- sich nicht so viel aufregen. Meine Töchter sind zwar auch manchmal traurig, weil sie motorisch nicht alles so gut können und weil manche meinen, mit einer Gehbehinderung (Julia) ist man gleichzeitig dumm.

„Im Leben trifft man halt immer wieder auf die eigentlich Dummen!“, das sagen meine Töchter.

◆ ◆ ◆

Wir sind sehr stolz auf unsere Jungs! - Teil 2

Familie K. aus Schleswig-Holstein

Fortsetzung des Berichts von Seite 71, Kapitel 1

Zwillingsjungen, 29. SSW, Schleswig-Holstein, Grundschule, Gesamtschule, leichte Wahrnehmungsstörungen, ADS

Jonas und Lukas kamen in eine Integrationsklasse mit 20 Kindern, davon 3 behinderte (oder von Behinderung bedrohte Kinder). Darüber war ich sehr froh, denn damit habe ich aufgrund der Aussagen vom Schulleiter nicht gerechnet!

Die Klasse war also überschaubar und Lukas hat gerade im ersten Schuljahr sehr von der Integration profitiert. Er war bei manchen Sonderaufgaben mit dabei, d.h. wenn die betroffenen Kinder aus der Klasse genommen wurden oder Extra-Aufgaben erhielten. Zusätzlich ist es grundsätzlich von Vorteil, wenn in den Hauptfächern zwei Pädagogen dabei sind, die Klasse ist ruhiger und es bleibt auch mehr Raum, um auf Schwierigkeiten einzugehen.

»Der erste Elternabend kam und ich sagte dann in großer Runde, dass ich die Hausaufgabenfülle als ganz schön viel erachte. Stille im Raum…«

Der erste Elternabend kam und ich sagte dann in großer Runde, dass ich die Hausaufgabenfülle als ganz schön viel erachte. Stille im Raum… Die Lehrerin erklärte dann in meine Verwirrung hinein, dass Jonas und Lukas immer die Aufgaben, die sie in der Schule nicht schafften, als Hausaufgaben mit bekamen. Super, das fängt ja schon gut an! Da wir dann beide wieder berufstätig waren, gingen Jonas und Lukas nachmittags in den Hort und machten dort ihre Hausaufgaben. Abends stellte sich dann oftmals heraus, dass sie nicht alles gemacht hatten oder etwas vergessen hatten oder vergessen wollten. Der Hort konnte natürlich nicht immer Hilfestellung geben, zumal in den ersten beiden Jahren auch viele Leseübungen dabei waren, die man möglichst laut und allein üben sollte. Abends war Lukas manchmal so fertig vom Tag, dass ich ihn die Aufgaben am nächsten Morgen machen ließ. Da war er fit und es ging auch viel schneller, als wenn wir uns abends gequält hätten. Natürlich bringt solch eine Handhabung scheele Blicke, aber wir fuhren gut damit. Dann jedoch ging ich (gegen Lukas' Willen) dazu über, Entschuldigungszettel zu schreiben, wenn Lukas Aufgaben nicht schaffte, mit dem Versprechen, dies nachzuholen. Dies wurde ebenfalls problemlos akzeptiert. Ab der zweiten Klasse hatte ich eine Schülerin für Nachhilfe engagiert, die mit den beiden 1x pro Woche Deutsch übte. Deutsch war und ist unser größtes Problem. Lukas hat in der ersten Klasse Pfeiffersches Drüsenfieber bekommen, war natürlich dementsprechend lange krank und isoliert und danach ebenfalls noch sehr lange geschwächt. Im Großen und Ganzen sind wir recht gut durch die Grundschule gekommen.

„Was haben wir manchmal Diktate geübt, um dann festzustellen, dass die geübten Sachen alle richtig waren – aber andere einfache bekannte oder auch unbekannte Wörter falsch waren…“

Jonas und Lukas erhielten die Empfehlung für die Realschule. Bei Lukas war dies wohl wackelig, aber das ist ja im Nachhinein unwichtig. In der Grundschule (und auch jetzt) hadere ich noch immer, ob ich Lukas zurücksetzen lasse oder nicht. Das Argument dagegen war und ist, dass beide Jungs sich sehr angestrengt haben, und sie als Belohnung dafür zurückzusetzen, wäre ungerecht, zumal die Noten durchaus in Ordnung waren. Es ist wichtig, dass die Anstrengung belohnt wird und nicht das Ergebnis. Was haben wir manchmal Diktate geübt, um dann festzustellen, dass die geübten Sachen alle richtig waren – aber andere einfache bekannte oder auch unbekannte Wörter falsch waren… Und auf einem Diktat als Text von der Lehrerin zu lesen, ob man wohl richtig geübt hätte, ist auch nicht so schön, wenn das Kind tatsächlich viel geübt hat. (Dies war aber schnell geklärt.) Ich habe Lukas auf Legasthenie testen lassen, die aber nicht eindeutig feststellbar war. Zusätzlich hat er eine Beidhändigkeit, d.h. bis zum Schulalter und auch später hatte er sich noch nicht festgelegt und konnte daher alles mit beiden Händen, aber nichts wirklich gut. Wir haben drei!! Händigkeitstests machen lassen, davon lief ein Test auf Rechtshändigkeit, der andere auf Linkshändigkeit aus. Der dritte Test war ein sog. emotionaler Händigkeitstest, und hier wurde festgestellt, dass Lukas fürs Schreiben, Malen, also leichte motorische Tätigkeiten, seine linke Hand benutzt, für die Dinge, die schwergängig sind oder viel Kraft benötigen, die rechte Hand. Und wenn man dies weiß, kann man damit sehr gut leben.

Ich selbst habe einen Kurs besucht, um unsere Hausaufgabenproblematik besser in den Griff zu bekommen. Die Kinder waren nicht motiviert, nörgelten und wir alle waren insgesamt mit dieser Situation unzufrieden. Dort wurde mit einer Kamera gefilmt, um die tägliche Situation/Reaktion zu erkennen. In diesem Kurs habe ich konstruktive Kritik erhalten, die zwar wehtat, aber im Nachhinein hilfreich war. Dort wurde mir gezeigt, wie man effektiv in wenig Zeit lernt und auch Konsequenz zeigt. Ich hielt mich zwar für streng, aber der Film und auch meine Worte (oder besser meine Blicke, Tonfall) sagten etwas anderes. Zusätzlich hatten wir auch Entlastung durch die Schülerin, die Jonas und Lukas Nachhilfe gab. Mein Problem war auch, dass Jonas jahrelang immer eine Brücke gebaut bekommen hat, um ihm aus bestimmten Situationen, nämlich Situationswechsel, Wutsituationen etc., herauszuhelfen. Das wurde jahrelang von uns gefordert und dann auf einmal nicht mehr. Sondern im Gegenteil, jetzt sollten wir bestimmte Dinge „durchziehen" – das kostet immense Kraft, und wer Jonas kennt, weiß, wovon ich rede.

Lukas ist in seiner Klasse der Kleinste und sehr leicht (10,5 Jahre, 1,34 m, 25 kg). Manchmal hat er aufgrund seines schmächtigen Aussehens einen „Welpenschutz", den er meist genießt, der ihn aber manchmal auch nervt. Und er möchte auch gern mindestens genauso groß wie die anderen Kinder sein. Wir waren jetzt bei einem Wachstumsspezialisten, der feststellte, dass Lukas bis zum 4. Lebensjahr normal gewachsen war und ab da nur unregelmäßig wuchs. Da wir als Frühcheneltern ja alles Mögliche dokumentiert haben, war das ziemlich einfach nachzuvollziehen. Sein Knochenalter betrug 8,5 Jahre (mit 10 Jahren). Nun lassen wir überprüfen, ob er jetzt regelmäßig wächst. Dann würde er halt einfach nur später als andere größer werden und damit können wir alle gut leben. Wenn nicht, dann müssen wir entscheiden, ob wir etwas unternehmen.

Jonas und Lukas gingen und gehen in die gleiche Klasse einer Gesamtschule & offenen Ganztagschule, Jonas wechselt jedoch nach dem Halbjahr in eine andere Klasse. Dies erstens, damit sie sich nicht immer gegenseitig behindern/anstacheln/vergleichen und zweitens eckt Jonas mit einem anderen Kind immer wieder an. Jonas hat noch immer seine Wahrnehmungsstörungen im leichten Ausmaße, die ihn in manchen Situationen unangemessen reagieren lassen. Er hat sich in der Schule meist unter Kontrolle, fällt dann aber zu Hause vollkommen aus dem Rahmen. Er ist sehr dickköpfig, was sicherlich auch von uns ein wenig vererbt ist. Er ist sehr kompromisslos. Ein Freund, der ihn ent-

täuscht, bekommt keine zweite Chance. Leider ist nun auch sein bester und einziger Freund weggezogen, so dass er momentan keinen Freund hat und sich gar nicht mehr um Freundschaften innerhalb der Klasse bemüht.

„Beim Sport (vor allem beim Laufen von langen Strecken) holt sich Lukas die Bestätigung, die er sich in der Schule mühsam erkämpfen muss."

Jonas und Lukas gehen jetzt zweimal pro Woche für je 2 Stunden zur Schülerhilfe. Der Schwerpunkt liegt noch immer auf Deutsch bei Lukas, bei Jonas auf Deutsch/Mathe. Sie sind gern dort, würden ihre Freizeit aber natürlich lieber mit anderen Dingen füllen. Ich bin sehr neidisch auf andere Eltern/Kinder, bei denen die Schule so durchweg problemlos verläuft. Beide Kinder leben im Sport auf, was wir sehr begrüßen. Jonas macht Judo, Lukas Leichtathletik und Judo, zusätzlich gibt es in der jetzigen Schule viele Kurse, die sie gern besuchen. Beim Sport (vor allem beim Laufen von langen Strecken) holt sich Lukas die Bestätigung, die er sich in der Schule mühsam erkämpfen muss. Die einzige „1" haben beide Jungs immer im Fach Sport.

....

Letztendlich fällt die Aufgabe der Kompensation jeglicher Defizite der Kinder den Eltern zu. Da manche Probleme nicht greifbar oder sehr vielseitig und ohne eindeutige Diagnose sind, sind sie für andere Menschen auch nicht da. Die Frühgeburt ist schon lange her, andere Kinder haben auch Probleme, es gibt zahlreiche Ausreden, etwas nicht zu tun. Bei Jonas wurde ADS diagnostiziert, aber wer hilft einem wirklich im Alltag? Er hat leichte Symptome, was ist richtig – Medizin oder nicht? Jeder sagt etwas anderes… Im Bekanntenkreis/Freundeskreis gibt es starke Befürworter und starke Gegner für Medikamentengabe. Zumal dann von anderen Menschen, die das Kind kaum kennen, eine Diagnose (oder eben auch nicht) gestellt wird.

Das erinnert mich immer an unsere erste Zeit, auch da hieß es von allen Seiten in Bezug auf die Entwicklung der Kinder immer: „Ja, das braucht Zeit…" Und im nächsten Satz wurden bestimmte Fähigkeiten abgefragt, die unsere Kinder (natürlich) noch nicht konnten. Und nebenbei gesagt, möchte ich - trotz aller Schwierigkeiten, die wir gehabt haben, haben und vielleicht noch bekommen werden – mit niemand anderem tauschen, auch wenn der Alltag nicht immer einfach ist. Wir sind sehr stolz auf unsere Jungs!

Siehe auch: ▸www.zwillingsfruehchen.de

◆ ◆ ◆

Tücken des Alltags

Familie J. aus Baden-Württemberg

Mädchen, 28. SSW, Baden-Württemberg, Sprachheilschule, Gymnasium, Realschule, Entwicklungsverzögerung (sprachlich, motorisch, emotional), Bewegungsstörung, Konzentrationsprobleme

Unsere Tochter Katharina kam in der 28. SSW (1.240 g) aufgrund vorzeitiger Wehen ganz unerwartet per Notkaiserschnitt auf die Welt. Sie musste mit dem Baby-Notarztwagen in die 35 Kilometer entfernte Kinderklinik transportiert werden. Der Zustand bei Geburt wurde in einem Arztbericht wie folgt beschrieben: Leblos, ohne Herzschlag, ohne Atmung.

Die ersten Wochen bangten wir wie viele Frühcheneltern um das Leben unserer Tochter. In der Folgezeit kamen dann die Sorgen um die körperliche und geistige Entwicklung. Vor allem im sprachlichen Bereich waren die Defizite besonders groß. Die Freude war besonders groß, als der Kindergarten der Lebenshilfe uns aufgrund eines Tests mitteilte, dass wir ein geistig altersgerecht entwickeltes Kind haben. Katharina war damals zweieinhalb Jahre alt und wog gerade mal 7,5 Kilo.

Als Katharina drei Jahre alt war, war sie noch sehr anhänglich und etwas wackelig auf den Beinen. Mit den Worten: „ Solche Kinder können wir hier nicht gebrauchen", versuchte die Erzieherin die Aufnahme in den örtlichen Kindergarten zu verweigern. Der Kindergarten der Lebenshilfe nahm Katharina gerne auf. Sie fühlte sich dort sehr wohl. Sie vermisste jedoch soziale Kontakte am Ort, die lange Fahrt zum Kindergarten war vor allem in den Sommermonaten sehr beschwerlich.

Als nun mit fast 7 Jahren (16 kg) die Schulzeit kam, wollte der Rektor der hiesigen Grundschule unsere Tochter nicht einschulen, weil sie im Lebenshilfe-Kindergarten war und noch nicht Einbeinhüpfen konnte. Das Einbeinhüpfen hat sie dann übrigens mit zehn Jahren auch noch gelernt. Der Kindergarten der Lebenshilfe war zum Ende der Kindergartenzeit überzeugt davon, dass Katharina einmal eine weiterführende Schule besuchen könne. Die Waldorfschule bemängelte, dass unsere Tochter zwar eine Acht malen konnte, eine Acht „gehen" gelang ihr jedoch nicht. Außerdem hatte sie beim Klatschen die Hände nicht richtig zusammengefaltet. Ein Lehrer der Waldorfschule rief entsetzt: „ Um Him-

mels willen, wie will denn das Kind Flöte spielen." Übrigens, das Kind spielt inzwischen drei Instrumente, u. a. auch Flöte.

Die Sprachheilschule hat Katharina gern in ihrer Grundschule aufgenommen. „So ein intelligentes Kind muss unbedingt gefördert werden", so die Worte des Rektors. Bei acht Kindern in der Klasse konnte Katharina im Unterricht gut mithalten. Ihre motorischen Probleme standen ihren eigentlichen Fähigkeiten oft im Wege. Das schüchterne Kind arbeitete stets gut mit und verstand sich gut mit ihren beiden Klassenlehrerinnen. Dienstags war allerdings Schwimmtag, da wollte Katharina nie in die Schule. Es dauerte noch Jahre, bis sie ihre Angst vor tiefem Wasser überwunden hatte.

Gegen Ende der vierten Klasse zog sich unsere Tochter immer mehr zurück, die Schule machte ihr keine Freude mehr. Die einst so lieben Lehrerinnen waren nicht mehr so zugänglich. Eine Psychotherapeutin stellte fest, dass unser Kind emotional nicht altersgerecht entwickelt war. Bis ins hohe Schulalter hinein tobte und schrie sie oft, der Grund war ihr und uns meistens unklar. Wahrscheinlich war es Frust. Daheim litt sie unter mangelndem Kontakt mit Gleichaltrigen. Wenn sie um 15.30 Uhr nach Hause kam, waren die meisten Kinder schon verabredet.

„Bis ins hohe Schulalter hinein tobte und schrie sie oft, der Grund war ihr und uns meistens unklar. Wahrscheinlich war es Frust."

Eine erfolgreiche Bewerbung am Mädchengymnasium scheiterte u.a. daran, dass die Rektorin aus der Drei in Sport schlussfolgerte, das Kind läge zu Hause wohl nur vor dem Fernseher (wir besaßen damals gar keinen). Die damals noch sehr offensichtliche Bewegungsstörung hatte sie glatt übersehen.

U. a. wegen der relativ kleinen Klassen (25 Schüler) und dem sicheren Schulweg besuchte unser Kind das Gymnasium in der Nähe. Der Übergang von der Sprachheilschule zum Gymnasium war hart. Es gefiel Katharina auf der neuen Schule gut und sie hat sich schnell dort eingelebt. Mit den ersten Zeugnissen waren wir sehr zufrieden. Den Erfolg verdankt sie sowohl ihrem überdurchschnittlichen Einsatz als auch der permanenten Unterstützung durch uns.

Jedes Unwetter und jede Unstimmigkeit mit dem Banknachbarn wirkte sich jedoch negativ auf die Noten aus. Da Katharina gut mitarbeitete und nicht störte, bekam sie als eine der Kleinsten ab der siebten Klasse einen Sitzplatz in der letzten Reihe. Die Klasse wurde immer unruhiger. Es war absolut interessant, was da alles in den vorderen Reihen für Zettelchen hin und her gingen und wer in der Arbeit von wem abschrieb. Ganz spannend wurde es in der achten Klasse, als die Lehrerin Socken strickte und dann während der Arbeit bei dem Schüler Maß nahm, der Schuhgröße 41 hatte. Kurz: Das Kind ist leicht ablenk- und irritierbar, was wohl niemand am Gymnasium erkannt hat.

» Das Kind ist leicht ablenk- und irritierbar, was wohl niemand am Gymnasium erkannt hat. «

Gruppenarbeit war für unsere Tochter stets schwierig. Mit wem? Sind die anderen mit mir zufrieden? Nehmen sie meinen Vorschlag an? Katharina las in der siebten Klasse wesentlich langsamer und noch nicht so fließend wie andere Kinder, was ihr dann oft als mangelnde Auffassungsgabe angekreidet wurde. Vorlesen durften nur die Kinder, die das ohnehin schon sehr gut konnten.

Unsere Tochter leidet auch sehr darunter, wenn sie immer dann aufgerufen wird, wenn sie sich nicht meldet. Sie braucht von Seiten der Lehrer viel mehr Anerkennung und Lob als andere Mitschüler. Aber bitte nur „echte" Anerkennung. Mit Themen wie Beziehungsproblemen und Mordgeschichten war Katharina oft überfordert. Unsere Tochter hat wesentlich mehr und größere Ängste als andere Kinder (z.B. auch vor Lehrern, Mitschülern, Klassenarbeiten, Angst, vor der Klasse zu stehen ...). Mit Hilfe einer Psychologin versuchen wir diese zu lindern.

> ***„Unsere Tochter hat wesentlich mehr und größere Ängste als andere Kinder (z.B. auch vor Lehrern, Mitschülern, Klassenarbeiten, Angst, vor der Klasse zu stehen ...).“***

Aufgrund motorischer Probleme nehmen Heftgestaltung, Anfertigung von Plakaten und Fächer wie BK überdurchschnittlich viel Zeit und Kraft in Anspruch. Unsere Tochter ist eine sehr begeisterte Sportlerin. Wenn es Sportnoten gibt, ist sie so aufgeregt, dass die Arbeiten in den Hauptfächern Nebensache sind. Die meisten Sportlehrer haben ihren Einsatz belohnt. Dass sie nur ein einziges Mal bei „Jugend trainiert für Olympia" hat mitmachen dürfen, findet sie deprimierend. Ratschläge wie z. B.: „Mach Trippelschritte, dann bist du schneller!" oder „Zieh die Schuhe verkehrt herum an!" (Fußstellung), sind in diesem Fall allerdings völlig deplatziert.

In der siebten und achten Klasse spielte Katharina noch sehr gerne Mutter-Vater-Kind. Gleichzeitig kam sie in die Pubertät. Die Eltern durften sich nicht mehr einmischen. Schule war jetzt allein ihre Sache. Mangelnde Selbstständigkeit, Konzentrationsprobleme, Zeitdruck, das Bedürfnis zu spielen, motorische Probleme, häufiger Lehrerwechsel, G 8 und mangelnde Kenntnis im Umgang mit Frühchen haben schließlich zu immer schlechteren Schulnoten und Aggressionen bei unserem Kind geführt. „Es interessiert mich nicht, warum das Kind in der Schule schlecht ist.", bekamen wir am Elternsprechtag zu hören. Eine eineinhalbseitige Ausführung zu den Problemen unseres Frühchens wurden mit: „Das mag ja alles schon so sein." abgetan. Ernsthaft mit der Problematik befasst hat sich auf dem Gymnasium jedoch keiner. Nicht alle Lehrer am Gymnasium haben alles falsch gemacht, viele haben auch, ohne etwas über den Umgang mit Frühchen zu wissen, keine groben Fehler begangen. Unsere Tochter hat auf die Realschule gewechselt und die Klasse wiederholt. Die Schulnoten sind deutlich besser geworden. Unsere Tochter hat einen sehr großen Wissensvorsprung. Die Probleme sind immer noch dieselben. Eingelebt hat sie sich nach einem halben Schuljahr jedoch noch nicht. In den Freistunden besucht sie regelmäßig den Unterricht am Gymnasium. Ihre Mitschüler freuen sich dann immer sehr.

Ein Schulwechsel ist immer schwierig – und für ein Frühchen ganz besonders.

◆ ◆ ◆

Hochbegabung eines Extremfrühchens – (K)ein Segen?

Familie P. aus Niedersachsen

Mädchen, 27. SSW, Niedersachsen, Montessori-Grundschule, hypophysärer Kleinwuchs, Hochbegabung

Am 04. April 2003 kommt unsere Tochter Talissa Cheyenne als Extremfrühchen bei 26+5 SSW mit 650 g zur Welt. Besonders die ersten Lebenswochen, aber auch die weiteren Lebensjahre sind von Krankheit und immer wieder neuen Diagnosen begleitet. Im September 2007 wird hypophysärer Kleinwuchs festgestellt. Seit dem 01. Oktober 2007 erhält Talissa täglich Wachstumshormone gespritzt. Das Wohlbefinden von Talissa hat sich mit diesem Tag verändert. Sie ist nicht mehr das fröhliche Kind, das trotz diverser Krankenhausaufenthalte den Schalk im Nacken hat. Im Kindergarten gibt es ein Jahr später einen psychisch-sozialen Zusammenbruch und Talissa verbringt anschließend drei Monate in der Tagesklinik der Kinder- und Jugendpsychiatrie. Ob Talissa im Sommer 2009 die Schule besuchen kann, ist zu diesem Zeitpunkt fraglich. Während des Klinikaufenthaltes und in weiteren Testverfahren wird deutlich, dass Talissa sehr weit für ihr Alter ist (hochbegabt) und die Diskrepanz zwischen Intelligenz/Begabung und Sozialverhalten immer größer wird. Die kommenden Wochen in der Klinik sind sehr hilfreich und Talissa kann stabilisiert werden und wieder den Kindergarten besuchen. Nach der Schuluntersuchung im Januar 2009 wird klar, sie muss in die Schule und das dringend.

Nun stellt sich die Frage, welche Schulform für unser Kind richtig ist. Die im Ort ansässige Grundschule hat keinen besonders guten Ruf. Klar für diese Schule spricht, dass die soziale Stabilität erhalten werden könnte, da Talissa zusammen mit ihren FreundInnen die Schule besuchen könnte. Daneben sehen wir uns zwei weitere Schulen an. Eine Grundschule in der Stadt Hannover mit einzelnen Plätzen in den Klassen für hochbegabte Schüler. In dieser Schule haben wir auch einen Vorstellungstermin. Der Termin ist sehr zweigeteilt. Während ich zuhöre und über die Angebote staune, krümmt sich Talissa auf dem Stuhl wie ein Fötus im Mutterleib und antwortet auf keine Frage. Eine uns bekannte typische Abwehrhaltung. Sie verschließt sich komplett und ist für keinerlei Informationen bereit. Die Schule ist toll und ich kann mir Talissa gut in dieser Schule vorstellen. Aber unsere Tochter wehrt sich mit Händen und Fü-

ßen. Sie möchte nicht in diese Schule, sie will mit ihrer besten Freundin zusammen die Schule besuchen. Die zweite alternative Schule zu unserer Grundschule im Ort ist eine bilinguale Privatschule. Hier wird bis auf Deutsch und Religion jedes Fach auf Englisch unterrichtet. Auf einem Informationsabend lernen wir die Schule kennen und sind grundsätzlich begeistert vom Konzept. Doch wollen wir ein Kind, das von Beginn an zweisprachig lernt und weniger Deutsch als Englisch spricht? Nachdem uns die monatlichen Kosten bekannt wurden, war eindeutig klar, diese Schule kommt für uns nicht in Frage.

Am 8. August 2009 wird Talissa auf der Grundschule im Ort eingeschult – mit einer großen Feier und vielen lieben Gratulanten. Bereits nach wenigen Wochen wird deutlich, dass Talissa große Probleme mit der Schule hat. Sie verweigert massiv die Hausaufgaben, so dass wir manche Tage zwei Stunden und mehr daran sitzen. Für sie ergibt es keinen Sinn, zehn Zeilen lang beispielsweise das große A zu schreiben. Es ist für sie unerklärlich. Das Alphabet konnte sie bereits im Alter von 4 Jahren komplett selbst schreiben. Fazit für uns ist ein Kampf um jede einzelne Zeile und dies täglich. Talissa weint jeden Tag wegen der Schule, und das zerreißt uns das Herz. Sie weint nicht, weil sie den Anforderungen nicht gewachsen ist, sondern weil sie sich tagtäglich langweilt. Die Lehrerin hatte als Antwort auf die Hausaufgabenprobleme nur: Mehr als eine Stunde am Tag soll nicht sein, dann muss sie den Rest eben am Wochenende erledigen. Das ist für uns als Eltern inakzeptabel, denn das Wochenende dient der Erholung - für uns alle. In der Klasse werden fast wöchentlich die Sitzplätze gewechselt, so dass Talissa keinerlei Möglichkeiten hat, sich an einen Sitznachbarn zu gewöhnen. Doch gerade diese feste Struktur ist für sie so wichtig. Kurz vor Weihnachten hat Talissa sämtliche Mathehefte durchgerechnet, mit dem Resultat, dass sie für den Rest des Jahres Aufgaben übertragen muss. Eine Forderung von Seiten der Lehrer findet nur selten statt. Im Gegenteil, die Lehrerin setzt leistungsstarke Kinder an einen Tisch und dann wird sich eben zu viert gelangweilt. Auf Talissas Probleme in der Schule sprechen wir die Lehrerin mehrmals an. Auch auf die Tests, die ergeben haben, dass Talissa hochbegabt ist. Aber die Lehrerin sieht dies nicht bestätigt. Aus unserer Sicht gibt es keinerlei Eingehen und Verständnis für die Schüler. Förderung und Forderung gibt es an dieser Schule nicht. Wir Eltern legen keinen

„Wir legen keinen Wert darauf, dass sie hochbegabt ist. Aber wir sind auch nicht damit einverstanden, dass sie in der Schule bereits in der 1. Klasse derart unglücklich ist."

Wert darauf, dass Talissa hochbegabt ist. Aber wir sind auch nicht damit einverstanden, dass sie in der Schule bereits in der 1. Klasse derart unglücklich ist.

Nach Weihnachten, zu Beginn 2010, begeben wir uns daher erneut auf die Suche nach alternativen Schulformen. Uns fallen sofort zwei Privatschulen positiv auf, von denen wir im Verlauf der letzten Monate immer mehr gehört haben. Von beiden Schulen lassen wir uns Informationsmaterial zukommen. Die Waldorfschule erhält nicht unser erstes Interesse, obwohl sie ihre Vorzüge hat. Das Konzept der Montessori-Schule hingegen interessiert und überzeugt uns sehr. Wir besuchen zunächst einen Informationsabend und später mit Talissa zusammen das „Gläserne Klassenzimmer": Hier kann man sich hautnah das Schulleben ansehen. Inzwischen kennen wir auch drei Kinder aus unserem Ort, welche ebenfalls die Schule besuchen und können auf diesem Weg auch wertvolle Tipps und Informationen aus Eltern-Sicht erhalten. Nach dem Besuch des Gläsernen Klassenzimmers erlebe ich Talissa wie nie zuvor. Als wir in unser Auto steigen, um nach Hause zu fahren, sagt sie: „Mama, zu der Schule möchte ich, ab morgen". Ich war baff, denn das habe ich nicht erwartet. Wir vereinbaren sofort einen Vorstellungstermin an der Schule. Mir ist klar, dass das Thema Frühgeburt und Kleinwuchs sehr kritisch betrachtet werden könnte. Aus diesem Grund vermerke ich bei der Anmeldung diese Tatsachen nicht, sondern berichte erst beim Vorstellungsgespräch darüber. Da Talissa zeitgleich in einem Klassenraum „getestet" wird und damit zeigen kann, dass gewisse Vorurteile, die einfach herrschen, auf sie nicht zutreffen, ist das parallele Erklären möglich. Talissa erhält einen Schulplatz. An jenen Abend (es war kurz vor 21 Uhr) erinnern wir uns mit großer Freude zurück. Als der für uns erlösende Anruf kommt, fällt uns allen ein „Stein vom Herzen". Für Talissa wird es natürlich schwierig, die Zeit bis zum Sommer zu überstehen. Aber es sind nur noch zwei Monate Schule. Endlich kein weinendes Kind mehr, keine auf den Tischen stehende Kinder und keine Kinder, die sich während der Unterrichtsstunde die Haare unter dem Waschbecken waschen. Keine Tränen mehr, weil man die Hausaufgaben schon tausende Male erledigt hat und derer überdrüssig ist.

„Mir ist klar, dass das Thema Frühgeburt und Kleinwuchs sehr kritisch betrachtet werden könnte. Aus diesem Grund vermerke ich bei der Anmeldung diese Tatsachen nicht, sondern berichte erst beim Vorstellungsgespräch darüber."

Am 07.08.10 wird Talissa in die Montessori-Schule (in Klasse 2) eingeschult. Seither erleben wir ein glückliches und freudestrahlendes Kind, welches gefordert wird. Montessori unterrichtet nicht frontal. Die Kinder arbeiten mit der Form der Freiarbeit. Dieses Konzept kommt Talissa sehr entgegen, da sie ihr Tempo und den Stoff somit selbst bestimmen kann. Entgegen kleiner Zweifel unsererseits findet sie sehr schnell neue Schulfreunde und auch der Kontakt mit ihren liebgewonnenen Freunden daheim bleibt bestehen. Als der Oktober und die Herbstferien nahen und unsere Tochter weinend nach Hause kommt, weil am Montag die Ferien beginnen und sie nicht zur Schule gehen kann, da wissen wir, Talissa ist angekommen und sie ist da, wo sie hingehört. Nach ersten Gesprächen mit den Lehrerinnen hat Talissa sich gut eingelebt. Montessori erteilt in der Grundschule keine Noten sondern Kompetenzen. Zusätzlich werden Pensenbücher geführt. Den ersten Einblick in die Pensenbücher gibt es jetzt, Ende Januar, zum Schulhalbjahr.

Ein Auszug zu Talissas Leistungen kann hier nachgelesen werden:

Persönliche
Kompetenzen von Talissa

Schuljahr 2010-11 / 2 **2. Schulbesuchsjahr**

	Deutsch	Mathe	Wissen	Englisch	Kunst	Musik	Sport	Philosophie Ethik Religion
Selbstständigkeit	□	□	□	□	□	□	□	□
Motivation	□	□	□	□	□	□	□	□
Arbeitstempo	□	□	□	□	□	□	□	□
Konzentration	○	□	□	□	□	□	□	□
Sorgfalt	○	□	□	□	□	□	□	□
Sozialverhalten	□	□	□	□	□	□	□	□

Bemerkung:
Schön, dass du dich als neuer Frosch gut bei uns eingelebt hast!

□ = gut
○ = wechselhaft
✧= Handlungsbedarf

Talissas Geschichte, basierend auf Tagebuchaufzeichnungen ihrer Mutter, ist auch als Buch erschienen:
„Drei Nummern zu groß - Kinderjahre mit hypophysärem Kleinwuchs".
▸ http://www.bod.de/index.php?id=1132&objk_id=405801

◆ ◆ ◆

Wie ich meinen Schulvormittag erlebe

Anmerkungen zum Protokoll einer 13-Jährigen

Mädchen, 32. SSW, Schleswig-Holstein, Gymnasium, Legasthenie

Nachdem meine Tochter nach einer risikoreichen Schwangerschaft bis zur 32. Woche „durchgehalten" und dann auch noch eine Herz-Operation überstanden hatte, waren wir als Eltern sehr glücklich und dachten, dass nun die größten Schwierigkeiten überwunden seien. In gewisser Weise stimmte das auch, denn die Probleme, die später auftauchten, waren weniger existentiell, aber wir ahnten noch nicht, wie dauerhaft und zermürbend Schulsorgen sein können.

Dankbar nahmen wir wahr, dass die körperliche Entwicklung unserer Tochter zwar einige Hochs und Tiefs mit sich brachte, wie sie sicher alle Frühchen-Eltern kennen, aber insgesamt so gut verlief, dass in diesem Bereich keinerlei gesundheitliche Einschränkungen bestehen. Ihr Körperbau blieb allerdings immer zart, ihre Stimme leise und es fiel ihr von Anfang an schwer, sich in größeren Gruppen zu behaupten. Schon im ersten Lebensjahr hatte die behandelnde Krankengymnastin festgestellt, dass sie ihre Bedürfnisse kaum äußerte und dass sehr schwer zu erkennen war, was sie wollte und brauchte. Dieses Muster hat ihr Sozialverhalten offenbar weiterhin bestimmt.

In der Kindergarten- und Grundschulzeit fand sie noch überschaubare Gruppen und verlässliche Bezugspersonen, die ihre Eigenarten und Fähigkeiten wahrnahmen und schätzten – soziale Kontakte zu schließen, schien ihr leicht zu fallen, auch wenn sie sich dabei oft anderen anpasste, die das Verhältnis dominierten. Intellektuell kam sie problemlos mit, hatte allerdings – vielleicht auch wegen ihrer Legasthenie - wenig Freude am Unterricht und litt unter der Lautstärke und Unruhe in der Schule. Am Unterrichtsgespräch beteiligte sie sich von Anfang an nur wenig.

Über die Gymnasialempfehlung, die sie am Ende der 4. Klasse erhielt, freuten wir uns natürlich alle – mit der Wahl eines Sonderzweiges, der ihren musischen Interessen besonders entgegenkam, hofften wir auf eine ruhigere, homogenere soziale Umgebung. Aber es folgten Jahre großer Verunsicherung. Die Orientierungsstufe stellte ihre Belastbarkeit auf eine harte Probe. Das frühe Aufstehen, die langen Schultage mit viel Wech-

sel von Fächern und Lehrern und die Lautstärke in der Schule führten zu einer ungeheuren Erschöpfung – manchmal warf sie sich mittags auf den Küchenfußboden, sobald sie die Wohnung betrat und den Ranzen abgelegt hatte, weil sie es nicht mehr bis zu ihrem Bett schaffte. Unseren Rat, zwischendurch mal „Austage" zu nehmen, nahm sie selten an, da sie Angst hatte, Stoff zu versäumen, den sie später umso aufwändiger würde nacharbeiten müssen.

Zahllose Gespräche mit verschiedenen Lehrern führten punktuell zu einem besseren Verständnis und zu Erleichterungen, aber immer, wenn sich die Situation gerade entspannte und Vereinbarungen zu greifen schienen, stand der nächste Lehrerwechsel an und der Kampf begann von Neuem. Da meine Tochter aufgrund ihrer sehr stillen Art in einer Klasse von 30 Schülern, die überwiegend laut und extrovertiert sind, oft kaum wahrgenommen wurde, verschlechterte sich die Beurteilung ihrer Leistungen permanent, da die Gesamtzensur wesentlich auf der mündlichen Mitarbeit beruht.

Der folgende Text stellt einen Auszug aus einer Hausaufgabe für den Deutschunterricht dar, das Thema lautete: „Wie ich meinen Schulvormittag erlebe". Als sie den Text verfasste, war sie 13 Jahre alt und in der 8. Klasse.

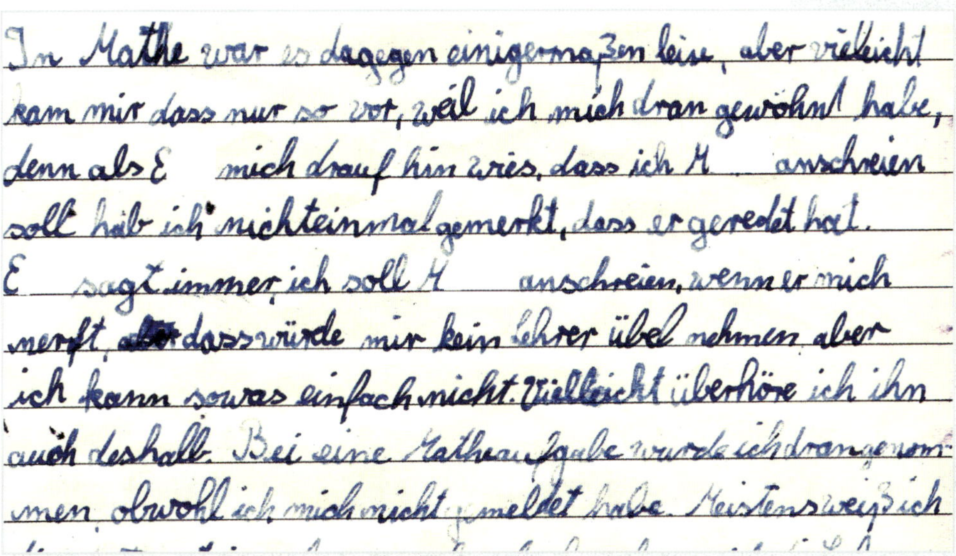

In Mathe war es dagegen einigermaßen leise, aber vielleicht kam mir dass nur so vor, weil ich mich dran gewöhnt habe, denn als E mich drauf hin wies, dass ich M anschreien soll hab ich nichteinmal gemerkt, dass er geredet hat. E sagt immer, ich soll M anschreien, wenn er mich nerft, aber dass würde mir kein Lehrer übel nehmen aber ich kann sowas einfach nicht. Vielleicht überhöre ich ihn auch deshalb. Bei eine Matheaufgabe wurde ich drangenommen, obwohl ich mich nicht gemeldet habe. Meistens weiß ich

[…] In Mathe war es dagegen einigermaßen leise, aber vielleicht kam mir das nur so vor, weil ich mich dran gewöhnt habe, denn als L. (Anm.: ihre Freundin und Sitznachbarin) mich darauf hinwies, dass ich K. anschreien soll, hab ich nicht einmal gemerkt, dass er geredet hat. L. sagt immer, ich soll K. anschreien, wenn er mich nervt, das würde mir kein Lehrer übelnehmen, aber ich kann so was einfach nicht. Vielleicht überhöre ich ihn auch deshalb. Bei einer Matheaufgabe wurde ich drangenommen, obwohl ich mich nicht gemeldet habe. Meistens weiß ich die Antwort ja, aber manchmal übersehen mich die Lehrer, wenn ich mich melde, denken, ich melde mich nie und nehmen mich ausgerechnet dann dran, wenn ich die Antwort nicht weiß. Aber diesmal war die Antwort kein Problem. Vielleicht melde ich mich wirklich nicht sehr oft, aber es stimmt nicht, dass ich es nie tue […] Manchmal kann ich mich nicht melden, weil der Lehrer schon jemanden drangenommen hat und ich keine Zeit dazu habe. Wenn es darum geht, einen Text vorzulesen, melde ich mich immer und werde immer übersehen. Es kam schon mehr als einmal vor, dass ich mich als Einzige gemeldet habe und trotzdem übersehen werde. Immer wenn ich was sage, ist es total still und ich bin froh, dass die Zeiten vorbei sind, in denen alle klatschen, wenn ich einmal den Mund aufmache. Damit haben sie eigentlich erreicht, dass ich mich noch weniger melde. […] In Latein melde ich mich öfter und ich glaube, das liegt daran, dass wir weniger sind. […]

»*Trotz permanenter Anstrengung gelingt es ihr nicht, eine angemessene Anerkennung ihrer schulischen Leistungen zu erhalten.*«

Trotz permanenter Anstrengung gelingt es ihr nicht, eine angemessene Anerkennung ihrer schulischen Leistungen zu erhalten. Ihre kreativen Fähigkeiten verwirklicht sie außerhalb der Schule – beim Tanzen, Malen, Musizieren; dort findet sie auch Bestätigung.

Ein Schulwechsel käme für sie zurzeit nicht in Frage - wohin auch? Wo wir leben, gibt es wenig Alternativen. Was immer wir angedacht haben: Eine passende Schule für sie scheint es nicht zu geben.

»*Eine passende Schule für sie scheint es nicht zu geben.*«

◆ ◆ ◆

Klein, aber oho! - Teil 1

Geschwister B. aus Norddeutschland

Zwillingsmädchen, 29. SSW, Niedersachsen u. Hamburg, Gymnasium, Studium

Bei unserer Geburt in der 29. SSW brachten wir es zusammen nicht einmal auf 2 kg. „Die müssen nur essen und wachsen", meinte damals der behandelnde Arzt, „ansonsten gibt es keinen Grund zur Sorge". Wir hatten das Glück, unsere frühe Geburt ohne spätere Folgeschäden zu überstehen und uns normal zu entwickeln – bis auf unsere Körpergröße, die hinter unserem Potenzial von 165 cm zurück blieb. Als wir über unsere Mutter den Aufruf zu Beiträgen zum Thema „Frühchen und Schule" erhielten, waren wir sofort interessiert, diese Initiative mit unseren Erfahrungen zu unterstützen. In der gemeinsamen Analyse fiel es uns allerdings immer schwerer, unsere Erfahrungen in der Schule der Tatsache zuzuschreiben, dass wir als Frühchen auf die Welt gekommen waren. Mit zunehmender Entwicklung, spätestens im Schulalter, hatten wir eigentlich dieselben Probleme, die andere Schüler auch hatten, die etwas kleiner und schüchterner waren.

Vielleicht sind wir kleiner geblieben, weil wir Frühchen und gleichzeitig schlechte Esser waren. Vielleicht sind wir schüchtern, weil wir Frühchen waren und generell Vertrauen erst langsam aufbauen. Als Zwillinge haben wir aber auch eine besondere Beziehung zueinander und zu anderen. Bis zum Schulabschluss erlebten wir mehrere Umfeldwechsel und mussten uns auf neue Bedingungen einstellen: Vorschulalter in Deutschland im Dorf (Kindertagesstätte (Kita) und Kindergarten (Kiga)), Grundschulalter bis Klasse 5 in Lateinamerika (Privatschule mit 10 Kindern in einer Klasse) und Jugendalter in einer deutschen Großstadt (Gymnasium mit 28 Schülern pro Klasse bzw. 90 Schülern in der Oberstufe). Unsere Vergangenheit als Frühchen wurde selten thematisiert, außer wenn jemand bemerkte, dass wir im Vergleich zu anderen Kindern sehr zart gebaut waren. Dann hieß es nur „Ach so!" und das Thema war durch. Wir entwickelten uns geistig und körperlich normal und gänzlich ohne besonderen Förderunterricht.

Bücher waren unsere frühe Leidenschaft (unsere Eltern meinten beispielsweise, unser erstes Wort sei „Bu.." gewesen). Terminkalender wie bei anderen Kindern, die nachmittags von einem Termin zum nächsten mussten, kannten wir nicht. Als Kleinkinder turnten und spielten wir zu zweit sowie mit anderen Kindern, die wir im Mütterzentrum und der Nachbarschaft kennen lernten. Mit anderthalb Jahren kamen wir in eine Kita, mit drei Jahren in den Kiga. Dort wurde gebastelt, gesungen und gespielt, so dass wir viel lernten, ganz ohne spezielle Frühchenförderung. Mit fünf Jahren lernten wir schwimmen, mit sechs Jahren setzte unsere Mutter uns auf ein Pferd und brachte uns das Reiten bei. Mit vierzehn Jahren begann unsere Volleyballkarriere, wo wir trotz (oder gerade wegen?) unserer geringen Größe als Zuspielerin und Libera unsere Nische fanden.

Bei der Einschulungsuntersuchung sollten wir nichtsdestotrotz zunächst als nicht schulfähig eingestuft werden, weil wir das Sollgewicht von 20 kg nicht hatten. Eine wog mit 6 Jahren gerade 15 kg, die andere nur 13 kg. Wir waren zwar schlank, allerdings gesund, geistig voll entwickelt und unser Sozialverhalten war altersgerecht, so dass die Ärztin am Ende doch überzeugt war und wir in die Schule durften. Wäre das Ganze nur nach dem Gewicht gegangen, wären wir frühestens mit 8 Jahren eingeschult worden. Nach zwei Jahren Kita und 3 Jahren Kiga waren wir ausgiebig mit dem „rauen" Schulalltag vertraut. Wir hatten unter anderem gelernt, mit körperlich überlegenen Kindern umzugehen, die an ADS litten, mit Kindern, die eine oder uns beide hänselten, weil wir kleiner oder schüchterner waren als andere, mit Lehrern, die eine fragten, warum sie etwas nicht verstehe, wo die Schwester es doch verstanden habe. Wir waren seit dem Kindergarten bestens darauf vorbereitet, dass in der Schule ein anderer Wind wehte.

Glücklicherweise zogen wir gleich zu Beginn des ersten Schuljahres nach Lateinamerika um, wo wir in eine zweisprachige internationale Grundschule kamen. Dort saßen 10 Schüler aus aller Welt in einer Klasse und die Unterrichtssprachen waren Englisch und Spanisch. Respekt vor dem Anderssein und Disziplin im Unterricht waren die obersten Gebote. Vom Sozialverhalten konnte teilweise sogar die Versetzung abhängen! Die Lehrer legten Wert darauf, dass alle sich an die Regeln hielten und alle wussten, dass Fehlverhalten Konsequenzen nach sich zog. In der Grundschule waren wir als einzige blond, kamen aus Deutschland und wir konnten anfangs weder Englisch noch Spanisch sprechen oder verstehen – mehr Unterschiede gab es allerdings nicht zu den Klassenkameraden und nach drei Monaten waren wir bereits bestens in die Gruppe integriert. Wachstumsunterschiede zwischen den Kindern waren nicht relevant und jedes Kind wurde nach seinen Fähigkeiten gefördert. Es war eine kleine Welt, in der wir viel lernten und uns wohl fühlten. Da die Schule nur eine Klasse pro Stufe hatte und Alternativen am Ort nicht existierten, gingen wir bis Stufe 5 dort in dieselbe Klasse.

Der Orts- und Schulwechsel mit Stufe 6 auf ein Gymnasium in einer norddeutschen Großstadt war für uns beide ein Schock. „Die Schule ist so groß!" „So viele Schüler in einer Klasse!" Wir wollten weiterhin gemeinsam in eine Klasse gehen und uns nicht trennen und unsere Eltern respektierten das. Viele Jugendliche in unserer Stufe waren deutlich größer als unsere Freunde in Lateinamerika – ganz getreu dem Klischee vom riesengroßen Norddeutschen. Unser Selbstbewusstsein sank erst einmal wieder, insbesondere als wir merkten, dass das Sozialverhalten unserer Mitschüler hinsichtlich Respekt vor anderen und Disziplin im Unterricht nicht annähernd so lief, wie wir es bisher gewohnt waren. Die Lehrer schien das nicht zu interessieren und eigentlich konnte jeder machen, was er wollte. Es gab Regeln, doch anscheinend keine Konsequenzen, wenn diese gebrochen wurden. Für uns eine neue Welt, in die wir erst hineinwachsen mussten. Dass wir einmal als Frühchen auf die Welt kamen, spielte hierbei überhaupt keine Rolle mehr. Es war eher ein Kulturschock, den wir erlebten. Am Gymnasium in Deutschland gab es keinen Platz für Rücksicht und Integration. „Survival of the fittest", hieß es, „sonst gehörst du nicht aufs Gymnasium." Statt der gewohnten Einser und Zweier hagelte es Dreier, Vierer und Fünfer. Wer sich am lautesten im Unterricht durchsetzte, bekam am Halbjahresende gute Noten. Die

„Wer sich am lautesten im Unterricht durchsetzte, bekam am Halbjahresende gute Noten."

schriftliche Leistung, die uns beiden sehr viel mehr lag, wurde anders als in Lateinamerika weniger stark berücksichtigt. Lediglich in Spanisch und Englisch, wo wir uns beide im Gegensatz zu den deutschen Mitschülern und Mitschülerinnen pudelwohl fühlten, stand stets eine Eins im Zeugnis.

Uns ging es am Gymnasium eigentlich nicht anders als anderen Schulkameraden, die schüchtern waren. Wir mussten alle lernen, unsere Ängste zu überwinden, Vertrauen in uns selbst zu bekommen und manchmal gemeine Kommentare anderer Schüler auszuhalten. Unsere Lehrer damals in der Grundschule in Lateinamerika hatten für uns Schüler ein offenes Ohr. Es war eine Ganztagsschule, wo wir von 8 bis 15 Uhr waren und hinterher noch zuhause ein paar Hausaufgaben hatten. Jeder wurde nach seinen Fähigkeiten gefördert. Auf dem Gymnasium waren unsere Lehrer keine echte Hilfe mehr, denn sie kamen eher als Lehrkräfte rüber und weniger als Menschen, in die wir Vertrauen haben konnten. Unsere Eltern ermutigten uns immer wieder und halfen uns mit ihrem Rat, unsere Stärken zu entwickeln, auch oder gerade, weil wir kleiner waren als viele andere. Im Gymnasium auf Nachsicht zu hoffen, weil ein Mensch schüchterner und zarter gebaut ist als viele andere, das erscheint uns selbst im Rückblick auch naiv. Was meinte doch gerade die Lehrerin später einmal zu uns, der unsere Mutter im Elterngespräch der Stufe 10 sagte, dass wir Frühchen waren: „Ihr werdet hier (in der Oberstufe) mit Pauken und Trompeten untergehen". Na, wenn das nicht Mut macht! Wollte sie uns damit provozieren und aus der Reserve locken? Dann ist es ihr gelungen. Wenn nicht, dann zeugt es von deutlich fehlendem Einfühlungsvermögen ihrerseits. In dem Moment waren wir jedoch einfach nur entsetzt von ihrem Ausspruch. Wer die Leistung am Gymnasium nicht bringen kann oder will, sollte aus unserer Sicht ein anderes Schulsystem wählen und sich nicht diesem Druck aussetzen. Wir hatten wirklich Glück, dass wir die Grundschulzeit in Lateinamerika in einer kleinen Privatschule verbringen durften, wo die Lehrer Zeit für ihre Schüler hatten und wir eine gute Grundlage für unser Leben bekamen.

Fortsetzung des Berichts auf Seite 386, Kapitel 5

Kämpferin mit Erfolg - Teil 1

Frau T. aus Hessen

Frau, 27. SSW, Niedersachsen, Rückstellung, Grundschule, Gymnasium, Studium, zierlich

Mein Bericht beginnt im Jahr 1986, denn an diesem Tag wurde ich in der 27. Schwangerschaftswoche mit nur 660 g in der Kinderklinik Göttingen geboren. Bedingt durch die Schwangerschaft hatten bei meiner Mutter die Nieren versagt und ich musste per Kaiserschnitt geholt werden. Somit begann für meinen Vater und meine Verwandten eine schlimme Zeit voller Sorge. Die Ärzte machten ihnen keine großen Hoffnungen, denn zu dieser Zeit war die Medizin noch nicht so fortgeschritten. Doch das Außergewöhnliche geschah: Meine Mutter erholte sich und ich konnte zwei Monate später endlich alleine atmen. Nach weiteren zwei Monaten wurde ich dann mit einem Gewicht von 5 Pfund und einer Größe von 50 cm entlassen.

Zu Hause entwickelte ich mich weiterhin gut. Probleme gab es beim Essen, denn ich aß wenig und sehr langsam. Bezogen auf die Entwicklung machte ich gute Fortschritte. Die Ärzte sagten, dass ich gemessen am eigentlichen Geburtstermin die Entwicklungsmeilensteine im Bereich Sprache, Kognition und Motorik erreichte. Auffälliger hingegen waren

„Meine Eltern berichteten von einer willenlosen Anpassung an Befehle anderer und der Unfähigkeit, eigene Wünsche zu äußern oder mich in bestimmten Situationen gegenüber den „Großen" durchzusetzen."

die Größe und das Gewicht, denn da lag ich unterhalb der Entwicklungskurve. Dieses führte mit sechs Jahren zu einem Konflikt bei der Einschulung, denn ich sollte aufgrund meiner „Unreife" in die Vorschulklasse eingeschult werden. Da meine Eltern aber von mir und meiner kognitiven Leistung überzeugt waren, leiteten sie rechtliche Schritte ein und kämpften mit Erfolg um ein verlängertes Kindergartenjahr. So wurde ich ein Jahr später mit sieben Jahren eingeschult.

Trotzdem war ich immer noch die Kleinste, Leichteste und Schwächste in der Klasse. Besonders im Sport wurde ich oft ausgegrenzt und in Mannschaftssportarten als Letzte gewählt, weil ich nicht so weit springen oder werfen konnte. Auch im sozialen Bereich hatte ich Schwierigkeiten. Meine Eltern berichteten von einer willenlosen Anpassung an Befehle anderer und der Unfähigkeit, eigene Wünsche zu äußern oder mich in bestimmten Situationen gegenüber den „Großen" durchzusetzen. Trotzdem konnte ich im kognitiven Bereich mithalten und bekam nach der Orientierungsstufe eine Empfehlung für das Gymnasium. Jetzt wurden auch die Folgen des Brutkastens immer mehr sichtbar und ich bekam eine immer stärkere Brille.

„Trotzdem war ich immer noch die Kleinste, Leichteste und Schwächste in der Klasse. Besonders im Sport wurde ich oft ausgegrenzt."

Fortsetzung des Berichts auf Seite 387, Kapitel 5

Das verlorene und wiedergefundene Lachen

Familie A. aus Rheinland-Pfalz

Mädchen, 26. SSW, Rheinland-Pfalz, Vorschule, Grund-, Hauptschule, ADS, Dyskalkulie, Wahrnehmungsstörungen, Entwicklungsverzögerungen

Emma wurde in der 25. SSW + 5 Tage mit einem Geburtsgewicht von 840 g geboren und drei Monate später aus dem Krankenhaus entlassen (2.125 g). Emma ist mittlerweile fast 13 Jahre alt und ein freundliches, aufmerksames und kontaktfreudiges Mädchen mit einer hohen sozialen Komponente im Umgang mit Gleichaltrigen. Bei den Lehrern und Mitschülern ist sie sehr beliebt.

Übergang Kindergarten/Schule

Der Kindergartenbesuch von Emma war eher unauffällig. Die Erzieherinnen fanden allerdings folgende Verhaltensweise des Kindes merkwürdig: Sobald Emma während ihres ganztägigen Aufenthaltes im Kindergarten überreizt war, legte sie sich auf den Boden und überkreuzte die Beine und nahm sich so eine Auszeit. Aus ärztlicher Sicht wurde diesem Verhalten keine größere Bedeutung beigemessen, sondern als ein Bewegungsmuster diagnostiziert, das wohl durch ihre extreme Frühgeburt zu begründen war. Mit tatkräftiger Unterstützung von Emmas damaliger Turntherapeutin im Psychomotorikkurs (jetzt Motopädagogisches Turnen) konnten wir die Erzieherinnen des Kindergartens davon überzeugen, dass Emma schon einen weiten und anstrengenden Weg hinter sich gebracht hat und diese vielleicht ungewöhnlichen Bewegungen nicht von Bedeutung sind. Sehr hilfreich bei diesem Gespräch waren u. a. auch eini-

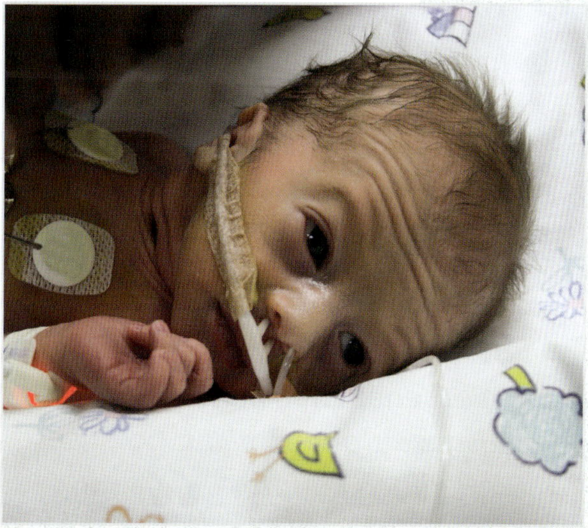

ge wenige Bilder von ihren ersten Lebenstagen im künstlichen Koma, mit künstlicher Beatmung, übersät mit Blutergüssen und verbundenen Augen. Diese Bilder haben vielleicht dem einen oder der anderen die Augen geöffnet.

Auf der anderen Seite hatten die Erzieherinnen aufgrund ihrer damals schon sehr guten sprachlichen Begabung die Einschulung mit sechs Jahren befürwortet. Mit sechs Jahren hatte sie jedoch noch keinerlei Mengen-/Zahlenverständnis. In der Feinmotorik (z. B. Ausmalen) und auch grobmotorisch hinkte sie den Gleichaltrigen deutlich hinterher. Auch aus mütterlicher Intuition ließ ich Emma mit sechs Jahren in die Vorschule und somit nicht in die erste Grundschulklasse einschulen. Durch die Pädagogin der Vorschulklasse konnte Emma spielerisch das Ausmalen, Malen, feinmotorische Schwungübungen und Stifthaltung usw. ohne Lern- und Hausaufgabendruck erlernen.

Das Fazit der Vorschulklasse: Das Kind ist mit Freude morgens zur Schule gegangen. Durch die sehr gute pädagogische Betreuung konnte Emma eine Vielzahl ihrer Defizite minimieren.

Grundschule

Der Eintritt in die Grundschule war einschneidend. Wir sagen immer, damals hat sie ihr Lachen verloren. Die täglichen Hausaufgaben machten ihren Grundschulalltag zur Hölle. Im Unterricht selbst war sie eher unauffällig. Die Lehrerin bescheinigte ihr, dass sie dem Unterricht gut folgen konnte und auch sehr gut mitarbeitete. Bei den Klassenarbeiten und schriftlichen Aufgaben wäre sie zwar etwas langsamer als alle anderen Mitschüler, aber alles in allem sei sie eine gute und folgsame Schülerin. Im Lesen war sie stets die Klassenbeste. Die Lehrerin konnte aufgrund dieser Leistungen überhaupt nicht verstehen, dass nachmittags bei uns „der Bär getanzt" hat. Die Stifte und Radiergummis flogen durchs Zimmer. Sehr oft hatte Emma Wutausbrüche, da sie überfordert war und in den vorgegebenen Zeiten die Hausaufgaben nicht erledigen konnte. Trotz freier Zeiten zwischen Schule und Hausaufgaben häuften sich immer wieder die Wutausbrüche, da sie zum einen sehr ehrgeizig war und die Hausaufgaben auch erledigen wollte, aber ganz oft zwei, drei Stunden dafür benötigte, was in der Grundschul-

» Die täglichen Hausaufgaben machten ihren Grundschulalltag zur Hölle. «

» Sehr oft hatte Emma Wutausbrüche, da sie überfordert war und in den vorgegebenen Zeiten die Hausaufgaben nicht erledigen konnte. «

zeit einfach zu viel war. Begonnen haben wir immer mit den Hausaufgaben, die für sie einfach zu erledigen waren, also Deutsch, Musik und Sachkunde. Erst danach haben wir uns durch das Fach Rechnen gequält. Nach einer langen Durststrecke hatten wir für die Hausaufgaben in Rechnen folgende Absprache mit der Lehrerin getroffen: Sofern Emma die Hausaufgaben in einer Stunde nicht fertigstellen konnte, habe ich einen handschriftlichen Vermerk auf dem Hausaufgabenblatt angebracht, dass Emma nach xx Minuten nicht mehr aufnahmefähig war und wir die Hausaufgaben z. B. am Wochenende nacharbeiten würden. Die Lehrerin hat ihre Mühen gewürdigt und mitgenommen, dass Emma sich sehr angestrengt hatte.

Leider hatte sich die Hausaufgabensituation auch in der dritten und vierten Klasse nicht entspannt. Als Mutter musste ich immer wieder feststellen, dass ich das Kind aus lauter Verzweiflung angeschrien habe und es immer wieder wegen der Hausaufgaben zu unschönen Auseinandersetzungen kam. Dann habe ich mich entschlossen, die Mathe-Hausaufgaben vollständig an Dritte „auszulagern“. Ich fand es zu schade, dass es ständig wegen der Hausaufgaben zum Streit kam.

Emma hatte das Glück, dass in unserem Haus eine Grundschullehrerin im Vorruhestand wohnte, die ein- bis zweimal pro Woche die Hausaufgaben mit ihr erledigte. Außerdem übernahm der Opa wochentags oder mein Ehemann am Wochenende die Hausaufgaben und Vorbereitungen auf Klassenarbeiten im Fach Rechnen. Zusätzlich haben wir gegen Entgelt eine Studentin ein- bis zweimal pro Woche mit der Hausaufgabenbetreuung beauftragt. Mit dritten Personen hatte Emma keine Schwierigkeiten und Wutausbrüche mehr. Zwar wurde sie bei Überforderung immer wieder mal besonders lustig und unkonzentriert, aber die Studentin holte sie dann wieder auf den „Boden der Tatsachen“ zurück. Im schlechtesten Fall war keine der genannten Personen verfügbar, dann habe ich mich bei den Hausaufgaben neben sie gesetzt und habe gestrickt. Damit war ich sehr abgelenkt und habe nicht ständig Leistungen von ihr abgefordert und wurde nicht so schnell ungehalten, wenn sie nicht rechtzeitig „die Kurve“ bekommen hat.

Fazit Grundschule: Emma hatte auch hier sehr viel Glück, eine sehr kompetente, verständnisvolle Pädagogin an ihrer Seite zu haben, die auch sehr gut ihre Stärken fördern konnte.

Übergang Grundschule/weiterführende Schule

Die Auswahl der weiterführenden Schule ist uns sehr schwer gefallen. Allein wegen ihrer schwachen Leistungen im Rechnen erhielt sie von der Grundschule 2009 eine Realschul-/Gesamtschul-Empfehlung. In allen anderen Fächern hatte sie gute Noten, Zweien und auch Einsen. Wegen der Dyskalkulie und den Problemen bei den Hausaufgaben wollten wir das Kind jedoch nicht überfordern, daher kam ein Gymnasium überhaupt nicht in Frage, dort wäre sie vermutlich „untergegangen". Die örtlichen IGS haben Emma aufgrund der Größe und Vielzahl der Klassen und Schüler nicht gefallen. Nach einer Hospitation stand fest, dass sie lieber an einer Hauptschule mit freiwilliger zehnter Klasse unterrichtet werden wollte; diesem Wunsch sind wir gefolgt. Während der letzten Schulwochen in der Grundschule war sie schon etwas „geknickt", dass alle Freundinnen auf das Gymnasium oder Integrierte Gesamtschulen gegangen sind, nur sie nicht. Wir haben oft darüber gesprochen, dass Emma in ihrer Person eine Vielzahl von Fertigkeiten und Stärken vereint, die sich nicht unbedingt in den schulischen Noten niederschlagen.

»Wir haben oft darüber gesprochen, dass Emma in ihrer Person eine Vielzahl von Fertigkeiten und Stärken vereint, die sich nicht unbedingt in den schulischen Noten niederschlagen.«

Dies hat sich auch in der weiterführenden Schule bewahrheitet. Im Vergleich zu ihren Klassenkameraden ist sie sprachlich sehr begabt und in ihrem verbalen Ausdruck ihren Mitschülern deutlich überlegen. In Deutsch und Englisch werden ihr gute bis sehr gute Leistungen attestiert. In allen anderen Fächern hat sie eine gute Zwei, in Rechnen mit viel Übung eine Drei. Emma liest aus eigenem Antrieb ständig viele, viele Bücher. In den Ferien können das schon mal zehn Bücher mit einer Seitenzahl von 500 aufwärts sein. Emma fühlt sich auf ihrer Schule sehr wohl. Die pädagogische Leistung an dieser Schule, u.a. Montessori-Lernansätze, freie stille Arbeit, den fächerübergreifenden vernetzten Unterricht usw. schätzen wir als besonders wertvoll ein. Wir möchten Emma jedoch eine Schulausbildung ermöglichen, in der auch ihre Stärken (insbesondere Sprachen) gefördert werden. Daher ziehen wir einen Schulwechsel zur siebten Klasse auf eine

Realschule oder IGS in Erwägung, da in ihrer derzeitigen Klassenstufe eine zweite Fremdsprache als Wahlpflichtfach nicht angeboten wird. Als Eltern sind wir in einem Zwiespalt. Die Hauptschule sehen wir aufgrund der eher praktischen Ausrichtung nicht unbedingt als ideale Schulform an, haben aber Bedenken, dass in einer anderen Schule wieder der Stress mit den Hausaufgaben beginnt. Vielleicht können wir Emma mit einer Hospitation den Übergang auf eine andere weiterführende Schule mit sprachlichem Schwerpunkt erleichtern, denn durch ihre ausgeprägte Kontaktfreudigkeit dürfte sie sicher wieder schnell Anschluss finden.

Fazit weiterführende Schule: Emma zählt (bis aufs Rechnen) zu den Klassenbesten. Die Lehrer und Mitschüler schätzen sie sehr. Der Klassenlehrerin ist es sogar gelungen, Emma in ihrem gehassten Fach Rechnen aus der Reserve zu locken, und sie versucht versiert, ihrer Rechenschwäche zu begegnen (wunderbar!). Wir haben (fast) keine Hausaufgabenprobleme mehr, da die Hausaufgaben zum Großteil in der Schule erledigt werden (u.a. Nachmittagsbetreuung). Der Schulalltag gestaltet sich sehr einfach, es sei denn, eine Rechenarbeit ist vorzubereiten. Am Wochenende haben wir viele Freiräume zum Lernen, allerdings ist Emma kaum bereit, freiwillig mehr für die Schule zu tun, sie möchte doch kein Streber sein. Leider wurde ihre Schule erst im Folgeschuljahr zur Realschule Plus, daher bleibt ein etwaiger Schulwechsel mit Schwerpunkt Sprachen im Moment noch offen.

Unterstützung

Drei Monaten bis zwei Jahre:
Mit Pausen erhielt Emma im Alter von drei Monaten bis zu ihrem zweiten Lebensjahr Krankengymnastik (freies Laufen mit 22 Monaten). Die Therapeutin zeichnete sich dadurch aus, dass sie Emma spielerische Anreize gab, damit sie sich in die gewollte Bewegung begab. Sie vermied es, selbst das Kind anzufassen, damit Emma allein durch den eigenen Entdeckungswillen weiterkommen konnte/sollte. Glücklicherweise unterstützte mich die Therapeutin sehr darin, Emma im Säuglingsalter im Tragetuch ganz eng an meinem Körper zu tragen. Diese Nähe war für uns beide sehr sehr wichtig.

Drei bis sechs Jahre:
Vom Kindergartenalter bis zur Grundschule nahm Emma an wöchentlichen ergotherapeutischen Einheiten teil. Damit konnte ihren Schwächen im taktilen Wahrnehmungsvermögen, in der Geschicklichkeit, in der Konzentration usw. entgegengewirkt werden. Abgerundet wurde diese Maßnahme mit einem Psychomotorik-Kurs (Turnen für Kinder mit Entwicklungsverzögerungen), dort lernte sie ihre grobmotorischen Be-

wegungsabläufe deutlich zu verbessern.

Sieben bis elf Jahre:
Seit ihrem siebten Lebensjahr darf Emma einmal pro Woche zu einer heilpädagogischen Reitstunde. Diese innige und liebevolle Arbeit mit den Pferden (auch Füttern, Säubern und Pflege) ist für sie sehr sehr wichtig. Durch die hervorragende pädagogische Leistung der Reitlehrerin, die Wärme und Beständigkeit der Tiere usw. wird in Teamarbeit mit einer Reitpartnerin insbesondere die Konzentration gefördert. Über die Jahre lernte sie das Voltigieren auf den Pferden, danach das eigenständige Führen an der Longe bis zum Reiten in Sattel und Zügeln. Leider werden diese Maßnahmen nicht von der Krankenkasse übernommen und stellen daher eine zusätzliche finanzielle Belastung dar.

Seit der zweiten Klasse bis zum Übergang in die weiterführende Schule nahm Emma wöchentlich an einer Therapieeinheit in einem kinderpsychiatrischen Zentrum teil. Durch die versierte Unterstützung einer heilpädagogischen Kraft wurden Emma alltägliche Lernstrategien, Maßnahmen zur Selbstkontrolle bei Wutausbrüchen usw. vermittelt. In diesem multiprofessionellen Team wurde ich als Mutter auch geschult. Durch diese sehr wertvolle therapeutische Unterstützung konnten wir die sehr anstrengende Grundschulzeit erfolgreich meistern.

Aktuell:
Im Moment ziehen wir eine wöchentliche Dyskalkulieförderung in Erwägung. Die Rechenschwäche wird uns noch ärztlich bescheinigt, dann stellen wir einen Antrag auf Gewährung von Jugendhilfe.

Problemfelder

Bei Emma liegt ein „leichtes" ADS (ohne H) vor, das sich insbesondere in den Grundschuljahren mit erheblichen Problemen bei den Hausaufgaben hauptsächlich in dem Fach „Rechnen" und ihrer Rechenschwäche (Dyskalkulie) bemerkbar macht. Im alltäglichen Leben lässt sie sich schnell ablenken und ihr oppositionelles Verhalten/Impulsivität münden schnell in unnötige Diskussionen. Wegen der leichten ADS-Form haben wir ihr keine Medikamente verabreicht.

...das hat sich bei uns (noch) bewährt....

Rituale:
Klare Strukturen im Tagesablauf erleichtern den Alltag, diese geben Halt und Beständigkeit und ...„täglich grüßt das Murmeltier"...

In der Zusammenarbeit mit Lehrern/ Pädagogen:
Bilder der ersten Lebenstage von der künstlichen Beatmung, künstlichem Koma und Größenvergleich, Hand der Mutter zur Körpergröße Kind. Zu Beginn eines Elterngespräches legte ich den Lehrern diese Fotos vor, damit sich diese ein Bild vom schweren Lebensstart von Emma machen konnten. Die wenigsten Lehrer können sich in den langen Weg eines Frühchens (und dessen Eltern) hineinversetzen, evtl. haben diese selbst (noch) keine Kinder. Sie wissen nicht, was es heißt, wenn ein Kind zwei, drei oder dreieinhalb Monate vorzeitig den Mutterleib verlässt. Dies fällt so manch einem umso schwerer, wenn die „großen Frühchen" doch ohne äußerliche „Blessuren" vor ihnen stehen. Das Kind ist doch völlig in Ordnung! Oder?

»Die wenigsten Lehrer können sich in den langen Weg eines Frühchens (und dessen Eltern) hineinversetzen.«

Zettel zum Abhaken einzelner Punkte = "To-do-Liste"
Als „roter Faden" mit täglich zu erledigenden Dingen, die damit nicht ständig verbal eingefordert werden müssen (oder zumindest nicht mehr so oft). Alle Hausaufgaben gemacht? Ranzen gepackt? Diese Liste kann dann auch zur Selbstkontrolle dienen. Habe ich alles erledigt?

Medien/Gameboy:
Nur im geringst möglichen Umfang, wenn überhaupt, dann nur als Belohnung, wenn Lernen, Hausaufgaben, To-do-Liste etc. erledigt wurden. Nintendo wurde nicht angeschafft. Nach langer Durststrecke wurde dann aus Langeweile gelesen. Hat sich nach wie vor bewährt. Generell ein fernseh- und medienfreier Tag in der Woche. Argument: Es gibt Familien, die immer ohne TV/PC auskommen können/müssen.

Sport:
Wir sind eine sportliche Familie, die sonntags durch das Wandern immer unterwegs ist (noch gemeinsam). Emma geht seit ihrem fünften Lebensjahr zum Schwimmen. Vor kurzem entdeckte sie ihre Leidenschaft für das Trampolinspringen, das im Turnverein angeboten wird.

◆ ◆ ◆

Schlechte Prognose

Nathalie Brand aus Rheinland-Pfalz

Mädchen, 30. SSW, Rheinland-Pfalz, Realschule, vorgeburtlicher Schlaganfall, Beeinträchtigung des Sprachzentrums und der rechten Körperhälfte

Mein Name ist Nathalie Brand. Ich bin 16 Jahre alt und besuche zurzeit die Abschlussklasse der Blandine-Merten-Realschule in Trier. Ich bin ein „Frühchen" aus der 30. Schwangerschaftswoche. Im Mutterleib erlitt ich einen Schlaganfall, der mein Sprachzentrum und die Motorik meiner rechten Körperhälfte beeinträchtigt.

Die ersten Therapien erfolgten in der Kinderfrühförderung in Trier. Hier wurde meinen Eltern auch mitgeteilt, dass ich wahrscheinlich nie würde sprechen können. Nach einem Aufenthalt in der Kinderneurologischen Klinik in Bonn ließen sich meine Eltern jedoch nicht weiter verunsichern und ich wurde wie gleichaltrige Kinder erzogen.

Mit 3 Jahren kam ich in den integrativen Kindergarten „Haus Tobias" in Trier. Dort hatte ich Ergotherapie, Krankengymnastik und Logopädie. Das „Haus Tobias" habe ich insgesamt 3 Jahre besucht.

Nach diesen Jahren ging ich für ein weiteres Jahr in den Kindergarten Olewig, denn dort sollte ich die Grundschule besuchen. Von da an hatte ich außerschulische Therapiesitzungen in Ergotherapie und Krankengymnastik. Dieses Jahr im Regelkindergarten hat mir geholfen, meine späteren Klassenkameraden kennenzulernen und schon Freundschaften zu schließen. Daraufhin besuchte ich 4 Jahre lang die Grundschule Olewig und hatte keinerlei Probleme, dem Unterricht zu folgen und mich in die Klasse zu integrieren, bis ich in der 4. Klasse Opfer von heftigen Verbalattacken wurde.

» Obwohl ich eine Gymnasial-Empfehlung hatte, beschlossen meine Eltern, dass ein langsameres Lerntempo auf der Realschule das Beste für mich sei. «

Aufgrund dieser Vorkommnisse haben meine Eltern beschlossen, dass es für mich das Beste wäre, eine Mädchenschule zu besuchen. Obwohl ich eine Gymnasial-Empfehlung hatte, beschlossen meine Eltern, dass ein langsameres Lerntempo auf der Realschule das Beste für mich sei. Ich hatte mich schnell auf der Schule eingelebt. Insbesondere nahmen meine Sprach- und Sportlehrer große Rücksicht auf meine Beeinträchtigung.

Inzwischen kann ich ganz gut im Sportunterricht mithalten und betreibe auch außerschulische sportliche Aktivitäten wie zum Beispiel Reiten und Basketball. Natürlich kann ich auch Fahrrad fahren, Ski fahren und schwimmen.

Die Fremdsprachen bereiten mir keine größeren Probleme, besonders Französisch, das viele als schwierig erachten, macht mir großen Spaß. Nach der Mittleren Reife strebe ich das Abitur in Fachrichtung Soziales an. Später möchte ich Sonderschulpädagogik studieren.

◆ ◆ ◆

Sicherheit - Teil 1

Geteilter Zwillingsbericht: Erfahrungen des Mädchens

Familie B. aus Rheinland-Pfalz

Mädchen, Zwilling, 28. SSW, Rheinland-Pfalz, Realschule

Mein Name ist Sina-Alicia Bayer und ich wurde in der 28. SSW mit 880 g im Klinikum Mutterhaus Trier geboren. Ich habe einen Zwillingsbruder Joshua-Leon, der mit 970 g zur Welt kam.

Gemeinsam besuchten wir zunächst den Regelkindergarten. Nach einem halben Jahr wechselten wir in einen integrativen Kindergarten, da sich bei meinem Bruder Sprachprobleme herausstellten und ich mich ohne ihn verlassen fühlte.

Wir waren in getrennten, gegenüberliegenden Gruppen. Da ich damals sehr schüchtern war, brauchte ich Joshi, um nach einem gemeinsamen ersten Spiel den Weg in meine Gruppe zu schaffen. Tagesplanänderungen verunsicherten mich sehr. Mein „großer Bruder" gab mir in dieser Zeit sehr viel Halt. Auch das Verständnis meiner Erzieherinnen half mir, an Sicherheit zu gewinnen.

„Tagesplanänderungen verunsicherten mich sehr. Mein „großer Bruder" gab mir in dieser Zeit sehr viel Halt. Auch das Verständnis meiner Erzieherinnen half mir, an Sicherheit zu gewinnen."

Da Joshi aufgrund seiner Sprachprobleme noch ein Jahr länger im Kindergarten blieb, musste ich den Schritt in die Grundschule alleine gehen.

Somit wurde ich in die Regelgrundschule in unserem Ort eingeschult. Hier kannte ich bereits die Kinder aus der Krabbelgruppe sowie aus der Zeit im Regelkindergarten. Die Schule war sehr klein und überschaubar. Meine Klasse zählte damals 14 Kinder. Unser Klassenlehrer war sehr konsequent und verständnisvoll, ebenso seine Nachfolgerin, als er im dritten Schuljahr in den Ruhestand ging. Im Sportunterricht hatte ich zunächst nicht so viel Kraft wie die anderen Kinder, aber das änderte sich im Laufe der Jahre. Mich persönlich störte das auch gar nicht. In Mathematik setzte ich mich aber zunehmend unter Druck, weil die Jungen immer besser und schneller sein wollten.

Dadurch, dass ich mich immer so sehr unter Druck setzte, entschieden sich meine Eltern und meine Lehrer für die Realschule, die zudem auch eine reine Mädchenschule ist und von einem Orden geführt wird. Trotz der größeren Klasse mit der doppelten Anzahl Kinder fühlte ich mich sofort wohl. Mir gefiel die ruhige Klasse und es gab kein Imponiergehabe der Jungs mehr. Auch auf dieser Schule sind die Lehrer sehr konsequent, aber auch sehr verständnisvoll. Wir schreiben viele Tests. Das finde ich gut, weil es mir Sicherheit gibt.

Ich lese sehr gerne und liebe Sprachen. Im sechsten Schuljahr möchte ich als zweite Fremdsprache Französisch wählen. In Mathematik melde ich mich ganz viel im Unterricht, wodurch ich viel sicherer geworden bin.

In meiner Freizeit spiele ich am liebsten mit Joshi und meinen Freunden draußen und plane wahnsinnig gerne Urlaub und Häuser.

Anmerkung der Eltern:
Konsequentes Handeln, klare Strukturen und sich zu akzeptieren, wie man ist, hat unserer Tochter Sina geholfen, heute zu einer sehr sozialen, gefestigten Persönlichkeit heranzuwachsen.

„Konsequentes Handeln, klare Strukturen und sich zu akzeptieren, wie man ist, hat unserer Tochter Sina geholfen."

Fortsetzung des Berichts auf Seite 355, Kapitel 4

Ganz normal verschieden

Sonderpädagogische Unterstützung

Sonderpädagogische Unterstützung war bisher in Deutschland in verschiedener Form zugänglich, zum einen als Beschulung in einer der zahlreichen Förderschulen verschiedenen Schwerpunkts oder zum anderen als Integrationsmaßnahme in einer Regelschule, indem ein Schulkind in bestimmtem Umfang von einer sonderpädagogischen Fachkraft zusätzlich gefördert wurde. ...

Inhalt Kapitel 4

Infotexte

Erfahrungsberichte

Was Sie in diesem Kapitel erwartet

Karin Jäkel

Sonderpädagogische Unterstützung war bisher in Deutschland in verschiedener Form zugänglich, zum einen als Beschulung in einer der zahlreichen Förderschulen verschiedenen Schwerpunkts oder zum anderen als Integrationsmaßnahme in einer Regelschule, indem ein Schulkind in bestimmtem Umfang von einer sonderpädagogischen Fachkraft zusätzlich gefördert wurde. Das inklusive Schulsystem, das nach Vorgabe der UN-Behindertenrechts-Konvention in Deutschland aufgebaut werden soll, wird die Aufgabe bewältigen müssen, sonder- und heilpädagogisches Fachwissen an allen bisher so genannten „Regelschulen" zu etablieren. In einigen Bundesländern werden jedoch die vorhandenen Förderschulen trotzdem zusätzlich weiter bestehen.

Zurzeit sind die Bundesländer in der Umsetzung der Vorgaben der Behindertenrechtskonvention unterschiedlich weit vorangeschritten. Wie die Rolle der Sonderpädagogik im Konzept der inklusiven Schule aussehen kann, beschreibt Angela Ehlers im Infotext ▸ „Möglichkeiten der Beschulung für frühgeborene Kinder - Ein sonderpädagogischer Fachbeitrag". Dabei hebt sie u. a. die Aufgabe der Elternorganisationen bzw. der Selbsthilfe hervor, die Rechte der „besonderen Kinder" auf eine inklusive Schule einzufordern wie auch die Umsetzung des neuen Schulkonzepts wach und kritisch zu begleiten.

Aus dem Blickwinkel einer sozialpädiatrisch tätigen Kinderärztin betrachtet Cathrin Schäfer die Konzeption des gemeinsamen Unterrichts im Beitrag ▸ „Inklusion und Integration in der Schule". Sie erläutert dabei den gegenwärtigen Stand der Umsetzung der inklusiven Konzepte. Darüber hinaus zeigt sie auf, welchen Anforderungen die inklusiven Konzepte genügen müssen, damit Kinder mit Einschränkungen überhaupt von ihnen profitieren können.

Wie viele bzw. wie wenige der Kinder mit sonderpädagogischem Förderbedarf im Schuljahr 2009/10 inklusiv/integrativ den Unterricht an einer Regelschule besuchten, zeigt die nebenstehende Abbildung, welche die Aktion Mensch im August 2011 veröffentlichte. Nach Bundesländern aufgeschlüsselt gibt sie dabei jeweils die absolute Zahl der Kinder mit sonderpädagogischem Förderbedarf sowie denjenigen prozentualen Anteil der sonderpädagogischen Förderung an, der inklusiv/integrativ in der Regelschule geleistet wird.

Anteil der Schüler mit Förderbedarf in Regelschulen

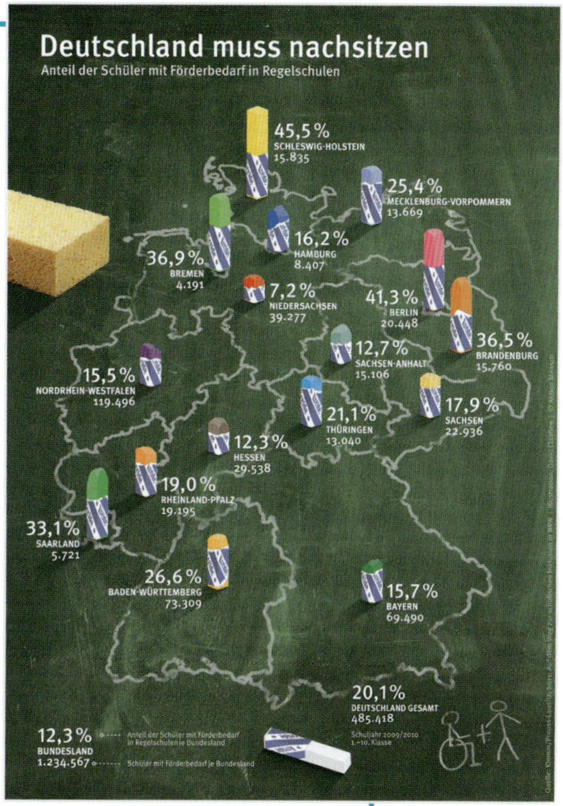

Verteilung nach Bundesländern:

- *Schleswig-Holstein:* 45,5 %, 15.835 Schüler
- *Bremen:* 36,9 %, 4.191 Schüler
- *Hamburg:* 16,2 %, 8.407 Schüler
- *Mecklenburg-Vorpommern:* 25,4 %, 13.669 Schüler
- *Niedersachsen:* 7,2 %, 39.277 Schüler
- *Berlin:* 41,3 %, 20.448 Schüler
- *Brandenburg:* 36,5 %, 15.760 Schüler
- *Sachsen-Anhalt:* 12,7 %, 15.106 Schüler
- *Nordrhein-Westfalen:* 15,5 %, 119.496 Schüler
- *Saarland:* 33,1 %, 5.721 Schüler
- *Rheinland-Pfalz:* 19,0 %, 19.195 Schüler
- *Hessen:* 12,3 %, 29.538 Schüler
- *Thüringen:* 21,1 %, 13.040 Schüler
- *Sachsen:* 17,9 %, 22.936 Schüler
- *Baden-Württemberg:* 26,6 %, 73.309 Schüler
- *Bayern:*15,7 %, 69.490 Schüler

- ***Deutschland gesamt:*** 20,1 %, 485.418 Schüler

Quelle Text und Bild: ▸ www.aktion-mensch.de, September 2011

Die Erfahrungsberichte im vorliegenden Kapitel beruhen allerdings alle auf den Gegebenheiten des herkömmlichen noch-nicht-inklusiven Schulsystems.

Man unterscheidet grob folgende Schultypen, die auf den jeweiligen Förderbedarf des entsprechenden Kindes gezielt eingehen können:

- Förderschulen für Blinde, für Sehbehinderte oder für Taubblinde,
- Förderschulen für Gehörlose oder für Schwerhörige,

- Förderschulen für Körperbehinderte (KB),
- Förderschulen für Sprachentwicklung („Sprachheilschulen"),
- Förderschulen mit dem Schwerpunkt emotionale und soziale Entwicklung (früher Schule für Erziehungshilfen o.ä.),
- Förderschulen mit dem Schwerpunkt geistige Entwicklung (GE),
- Förderschulen für Lernbehinderte (LB).

Im Schuljahr 2009/10 wurden in den Förderschulen deutschlandweit etwa 400.000 SchülerInnen in 40.000 Klassen von 65.000 Lehrkräften unterrichtet. Fast die Hälfte dieser Schulkinder besuchten Schulen mit dem Förderschwerpunkt Lernen, ca. 75.000 Kinder wurden im Schwerpunkt geistige Entwicklung gefördert, jeweils ca. 37.000 in den Schwerpunkten Sprachentwicklung sowie emotionale und soziale Entwicklung.
(Quelle: ▸ http://www.kmk.org/fileadmin/pdf/Statistik/Aus_Sopae_2009.pdf)

Eine sonderpädagogische Förderung in einer allgemeinbildenden Schule (Integration) erhielten im gleichen Schuljahr ca. 98.000 SchülerInnen. Davon wurden ca. 43.000 im Schwerpunkt Lernen unterstützt, 23.000 im Schwerpunkt soziale und emotionale Entwicklung sowie ca. 15.000 im Schwerpunkt Sprache. Der Großteil der Integrationsmaßnahmen erfolgte im Bereich der Grundschule (ca. 55.000) oder der Hauptschule (ca. 16.000). Dem stehen z.B. ca. 1.800 IntegrationsschülerInnen im Bereich der Realschule und ca. 2.000 im gymnasialen Bereich gegenüber.
(Quelle: ▸ http://www.kmk.org/fileadmin/pdf/Statistik/Aus_SoPae_Int_2009.pdf)

Integrationsmaßnahmen, die z.B. aufgrund von Teilleistungsproblematiken begonnen wurden, laufen oft auch in späteren Schuljahren aus, d.h. die SchülerInnen benötigen keine zusätzliche Förderung mehr.

Neben der pädagogischen Fachkraft kann in bestimmten Fällen ein Integrationshelfer beantragt werden, der das Kind in organisatorischen Dingen auf dem Schulweg sowie im Unterricht begleitet und unterstützt. Welche Aufgaben ein Integrationshelfer hat und welche Kostenträger jeweils zuständig sind, erläutert der Artikel ▸ „Schulassistenz und Integrationshelfer".

Ob und in welchem Umfang ein Kind einen besonderen Förderbedarf hat, kann vor oder während der Schulzeit durch eine sogenannte „sonderpädagogische Überprüfung" festgestellt werden. Wie dieses Verfahren abläuft, ist – ebenso wie die organisatorische Ausgestaltung einer Integration - in den einzelnen Bundesländern durch Verordnungen geregelt. Einen gezielten Zugriff auf die Regelungen in Ihrem Bundesland ermöglicht die Linkliste ▸ „Nachteilsausgleich und sonderpädagogische Förderung".

Im Infoteil erläutern zusätzliche Texte zu den Themen ▸ „Epilepsie", ▸ „Cerebralparesen" und ▸ „Autismus" Störungsbilder, die bei frühgeborenen Kindern häufiger zu finden sind als bei den anderen SchülerInnen.

Die Berichte der Familien in diesem Kapitel erzählen aus der Praxis von ihren vielfältigen Erfahrungen mit Integrationsmaßnahmen, Förderschulen und Integrationshelfern.

Wie schwierig die Schulwahl war und welche Überlegungen bzw. Recherchen sie diesbezüglich angestellt haben, schildern die Eltern meist sehr ausführlich. Einige der Texte im vorliegenden Kapitel überspringen jedoch diesen Part und setzen erst während der Schulzeit ein. Ein entsprechender Hinweis hilft Ihnen als Lesern in diesem Fall, den Textteil, der die Vorschulzeit betrifft, im Kapitel ▸ „Bereit für die Schule?" zu finden.

Über welche Fähigkeiten und Fertigkeiten Kinder verfügen sollten, um ohne besondere Unterstützung in die Schule zu kommen, beschreibt der Artikel ▸ „Schulstart für Frühgeborene Was ist zu bedenken?" im Kapitel „Bereit für die Schule?".

Die passende Schule bzw. die passende Unterstützung für ihr Kind zu finden, ist eine immense Aufgabe für viele Eltern. Auch bei guter Beratung und (kinder-)ärztlicher Begleitung bleiben oft große Unsicherheiten.

Wenn das Kind etwa nur in bestimmten Bereichen Schwächen aufweist oder aber wenn es nur geringe Defizite, dafür aber in vielen Bereichen, gegenüber Gleichaltrigen hat, muss man herausfinden, ob es sich um vorübergehende Störungen handelt, das Kind also einfach nur reifen muss, oder ob es sich um permanente Probleme handelt, die jederzeit einer besonderen Unterstützung bedürfen. Diese Frage wäre u.a. wesentlich für den Einschulungszeitpunkt, kann aber oft nur im Nachhinein beantwortet werden. Was soll man also tun?

Viele Eltern wählen in einem solchen Fall eine Rückstellung oder aber eine Beschulung durch eine Form der Förderschule, deren Lehrplan es erlaubt, die Kinder nach 2 bis 3 Jahren in die allgemeinbildende Schule überzuleiten.

ANDERS IST AUCH NORMAL

Weist das Kind ein klar definiertes Handicap auf, können die Eltern, sofern die Tragweite der Einschränkung weitgehend bekannt ist, die Förderbedürfnisse in der Regel besser artikulieren. Auch sie müssen aber die regionale Situation der Förderangebote sichten. Oft ist die „erste Wahl" einer Schule aus verschiedenen Gründen nicht zu verwirklichen.

Nicht selten stellt sich das Ausmaß einer Einschränkung auch erst durch die Konfrontation mit den Anforderungen des schulischen Lernens heraus. Solche Situationen sind meist besonders schwierig und bedürfen einer sorgfältigen pädagogischen sowie medizinischen Diagnose und Beratung, um eine passgenaue Unterstützung für das Kind zu finden.

Bei allen dauerhaften Handicaps stehen die Eltern, später auch die Kinder, vor der Aufgabe, das Anderssein - auch trotz bzw. in aller Integration/Inklusion - zu akzeptieren. Dies kann ein langer schmerzhafter Prozess sein.

Ein wichtiges Kriterium, ob eine Integration in einer allgemeinbildenden Schule oder der Besuch einer Förderschule die beste Wahl für ein Kind ist, liegt sicherlich in der psychischen Grundstimmung des Kindes. Fühlt es sich durch das Zusammensein mit Kindern, die schneller und leichter lernen, eher herausgefordert und wird es dadurch motiviert, seine eigene Leistungsfähigkeit zu steigern, ist vermutlich eine Integration/Inklusion zu seinem Vorteil. Wäre es in einer solchen Konstellation jedoch eher frustriert und traurig oder würde es beständige Überforderungszeichen wie Kopf- oder Bauchweh zeigen, wäre es wahrscheinlich in einem „geschützten Bereich" besser aufgehoben. Neben der Leistungsebene sollte man dabei immer auch die Verhaltensebene der MitschülerInnen betrachten.

In den Berichten werden einige Schwierigkeiten in der Umsetzung einer angemessenen Förderung benannt. So stellen manche Eltern die passgenaue Förderung ihres Kindes durch seine Förderschule in Frage, fürchten oder bemerken eine Unterforderung. Andere erleben, dass eine Integration, obwohl sorgfältig geplant und abgestimmt, in der Praxis einfach nicht gelingen will. Viele leiden darunter, dass es für das Kind schwierig ist, soziale Kontakte zu Gleichaltrigen aufzubauen und zu pflegen. Zahlreiche Eltern sorgen sich um die (spätere) Berufsfindung ihrer Kinder.

Andererseits gibt es aber auch Berichte von gelungener Integration, der passenden Förderschule oder davon, dass anfängliche Fehleinschätzungen korrigiert wurden und dass das Kind endlich dort angekommen ist, wo „es passt".

◆ ◆ ◆

Möglichkeiten der Beschulung für frühgeborene Kinder

Ein sonderpädagogischer Fachbeitrag

Dr. Angela Ehlers
Behörde für Schule und Berufsbildung der Freien und Hansestadt Hamburg

1. Die UN-Behindertenrechtskonvention

Seit zwei Jahren ist das Übereinkommen der Vereinten Nationen über die Rechte von Menschen mit Behinderungen – im Folgenden kurz UN-Konvention genannt - nationales Recht und gilt damit für alle Menschen mit vorübergehendem oder dauerhaftem Förderbedarf.

Für Eltern und Kinder besonders bedeutsam ist der ***Artikel 24,*** der das ***Recht von Menschen mit Behinderungen auf Bildung*** und den Auftrag an alle Vertragsstaaten zur ***Gewährleistung eines inklusiven Bildungssystems lebenslangen Lernens*** festschreibt.

Weiterhin sind für Menschen mit Behinderungen – auch vorübergehender Art – besonders wichtig

- ***Artikel 7 – Wohl des Kindes,*** der den gleichberechtigten Genuss aller Menschenrechte und Grundfreiheiten einschließlich der freien Meinungsäußerung und die Berücksichtigung des Wohles des einzelnen Kindes sichert;
- ***Artikel 8 – Förderung des Bewusstseins,*** der eine respektvolle Einstellung gegenüber den Rechten von Menschen mit Behinderungen auf allen Ebenen des Bildungssystems fordert;
- ***Artikel 33 - Überwachung der Durchführung,*** der fordert, dass die Zivilgesellschaft – insbesondere Menschen mit Behinderungen und die sie vertretenden Organisationen - in den Umsetzungsprozess einbezogen wird und in vollem Umfang daran teilnimmt.

Das Elternwahlrecht ist auf der Grundlage der UN-Konvention ein hohes Gut. Die Sorgeberechtigten müssen die Wahl zwischen einer allgemeinen Schule und einer speziellen Schule (Sonderschule) für ihr Kind haben. Dabei muss es möglich sein, auch vorübergehend eine Son-

derschule zu besuchen und dann in eine allgemeine Schule (zurück) zu wechseln.

2. Die spezielle Unterstützung von Kindern mit besonderen Bedürfnissen

Die sonderpädagogische Unterstützung der Schülerinnen und Schüler muss in allen sonderpädagogischen Förderschwerpunkten, auf allen Entwicklungsniveaus und an allen Lernorten gekennzeichnet sein von zwei zentralen Leitideen:

- Jedes Kind erhält ein passgenaues individuelles Angebot einer förderplanorientierten Bildung und Erziehung.
- Die sonderpädagogische Unterstützung leistet eine passgenaue Verbindung von lernprozessbegleitender Diagnostik und Intervention in Bildung und Erziehung, um die größtmögliche Aktivität und Teilhabe für jedes Kind zu sichern.

Sonderpädagogische Förderung orientiert sich stets an den Bildungsstandards und Lehrplänen der allgemeinen Schulen in den Bundesländern.

Die Bildung und Erziehung von Schülerinnen und Schülern mit sonderpädagogischem Förderbedarf wird in integrativen Bildungsangeboten immer von Regelschullehrkräften aller Schularten und von Sonderpädagoginnen und Sonderpädagogen sowie weiteren Fachkräften gemeinsam verantwortet, im Förderplan verankert und kooperativ umgesetzt und regelmäßig überprüft.

Sonderpädagogische Unterstützung stellt für jede Schülerin und jeden Schüler unabhängig vom Förderort ein individualisiertes, zeitlich und inhaltlich abgestimmtes sowie systematisiertes Lernen sicher.

3. Die sonderpädagogischen Unterstützungszentren

Unterstützungszentren - die in den Bundesländern Förder-, Kompetenz- oder Bildungszentren heißen - arbeiten regional/bezirklich und überregional.

Regionale Unterstützungszentren sind in der Regel für die Förderschwerpunkte Lernen, Sprache sowie emotionale und soziale Entwicklung, geistige Entwicklung sowie körperliche und motorische Entwicklung zuständig.

Überregionale Unterstützungszentren sind meistens für die Förderschwerpunkte Sehen, Hören sowie autistisches Verhalten und dauerhaft kranke Schülerinnen und Schüler zuständig.

Die sonderpädagogischen Unterstützungszentren haben die Aufgaben der

- Prävention in allen Schularten, Schulstufen und im Elementarbereich,
- Förderung der Inklusion in allen Schularten,
- Begleitung und Unterstützung

im gemeinsamen Unterricht und der binnen- und gegebenenfalls äußerlich differenzierenden Förderung,

- Mitwirkung bei der Erstellung und Evaluation der Förderkonzepte aller Bildungseinrichtungen,
- Erstellung von Eingangsdiagnosen, der unterrichtsbegleitenden individuellen Diagnostik und der Entwicklung individueller Förderpläne für alle Förderschwerpunkte im Team,
- Prüfung und Weiterentwicklung der individuellen Förderpläne,
- Beratung der Angehörigen und der Fachkräfte anderer Bildungseinrichtungen.

4. Eltern mit zu früh geborenen Kindern

Bei zu früher Geburt können Entwicklungsverzögerungen und –störungen aller Art ebenso auftreten wie Funktionsstörungen einzelner oder mehrerer Sinne und Organe. Diese können in einzelnen Entwicklungsphasen eher vorübergehender Natur sein oder aber auch dauerhaft bestehen bleiben.

In jedem Fall kann es wichtig sein, die Fachleute der Unterstützungszentren mit ihren spezifischen Fachkenntnissen unterschiedlicher Förderschwerpunkte zu Rate zu ziehen, ohne dass die Eltern und Angehörigen Angst haben müssen, dass das Kind gegen ihren Willen eine Sonderschule besuchen muss.

Es ist immer wichtig, dass die Fachleute so früh wie möglich einbezogen werden, um präventive Maßnahmen ergreifen zu können. Häufig kann so ein dauerhafter sonderpädagogischer Förderbedarf vermieden werden.

Eltern von zu früh geborenen Kindern haben die gleichen sozial- und schulrechtlichen Möglichkeiten wie Eltern behinderter oder von Behinderung bedrohter Kinder, auch wenn die Sorgen möglicherweise nur vorübergehender Natur sind. Besonders intensiv treten sie erfahrungsgemäß an Schnittstellen wie dem Übergang von der Kindertageseinrichtung in die Grundschule auf.

Dafür ist es wichtig, dass sich die Angehörigen zu Elternvereinigungen, Behindertenorganisationen und Selbsthilfegruppen zusammenschließen, sich gegenseitig stärken und mit Fachverbänden kooperieren, so wie es der Artikel 33 der UN-Konvention vorsieht.

5. Die richtige Schule für das besondere Kind

Heute gilt der Grundsatz: Welche Schule passt zu meinem Kind? und nicht andersherum: Kann ich mein Kind so fit machen, dass es zur Schule passt?

Jede Schule muss sich bemühen, die größtmögliche Teilhabe und Aktivität aller Kinder und Jugendlichen sicherzustellen, und die Eltern haben das Recht und die Möglichkeit, das jeweilige Schulprogramm einzusehen und die speziellen Angebote für entwicklungseingeschränkte Kinder

© R_B_by_S. Hofschlaeger/pixelio.de

ebenso wie für Kinder mit besonderen Begabungen kennenzulernen.

Fast alle Kinder freuen sich am Ende ihrer Kindergartenzeit auf die Schule. Aber häufig ist der Übergang in die Grundschule mit Ängsten, Stress und Fremdheitsgefühlen belastet. Das muss nicht sein, wenn Schule und Kindertageseinrichtung gemeinsam und rechtzeitig damit beginnen, die Kinder auf die Schule vorzubereiten. Auch das können die Eltern über die Gremien einfordern.

Die Schulen sollen ihre diagnostischen Kompetenzen vorstellen können, um Entwicklungsbedürfnisse von Kindern wahrzunehmen. Sie sollen ihre methodischen Kompetenzen aufzeigen können, um die individuellen Lernprozesse der Kinder anzuregen. Ferner sollen sie über Beratungskompetenz verfügen, um Verständnis für die Besonderheiten jedes einzelnen Kindes zu entwickeln und dieses Verständnis auch bei ihren Bezugspersonen, insbesondere bei den Eltern und Großeltern, immer wieder herzustellen.

Gute Lehrerinnen und Lehrer wissen, dass der Übergang in die Grundschule für viele – auch für viele frühgeborene - Kinder schwierig und für die Eltern oft mit Sorgen, schlechten eigenen Erfahrungen und Erlebnissen mit älteren Geschwisterkindern besetzt ist.

Die Bandbreite der kognitiven Voraussetzungen und des Lernverhaltens ist sehr groß. Immer häufiger werden Schülerinnen und Schüler mit massiven Einschränkungen in der sozialen Kompetenz und Kommunikationsfähigkeit, mit hohem Unterstützungsbedarf sowie hoher Bedürfnisorientierung eingeschult, die oft schon Erfahrungen des Scheiterns in einer oder sogar in mehreren Kindertageseinrichtungen hinter sich haben. Daneben gibt es immer mehr Kinder, deren Eltern auf eine allgemeine Hochbegabung oder auf besondere Begabungen in bestimmten Teilbereichen hinweisen. ***Kenntnisse von Entwicklungsverläufen und die Begleitung aller Kinder mit ihren individuellen Besonderheiten sowie die gemeinsame Verantwortung des gesamten Lehrteams sind Grundvoraussetzungen einer erfolgreichen Arbeit im Übergang in die Schule.*** Das gemeinsame, Schwierigkeiten vorbeugende Arbeiten beginnt allerspätestens mit dem – in den einzelnen Ländern unterschiedlichen - Anmeldeverfahren zur Schule. Die Beteiligung des zuständigen Förderzentrums beim Anmeldeverfahren und bei den Besprechungen mit dem schulärztlichen Dienst und den Schulleitungen der Grundschulen ist dabei ebenso wichtig und notwendig wie die gute Kooperation mit den Kindertageseinrichtungen und den Eltern der Einschulungskinder.

Die vorhandenen Ressourcen der Eltern müssen in jedem Fall gestärkt und gefördert werden. Eine wichtige Voraussetzung hierfür ist die Anerkennung und Würdigung der Elternleistung in der jeweiligen, zum Teil sehr belasteten Lebenssituation. ***Eltern wollen grundsätzlich Positives für ihr Kind erreichen. Deshalb ist es für jede Schule notwendig, Erziehungspartnerschaften zwischen Eltern und Bildungseinrichtungen herzustellen.*** Eltern müssen über das Erleben einer positiven Entwicklung der eigenen Kinder in ihren Kompetenzen gestärkt werden, um selbst für Neuorientierungen und unterstützende Hinweise offen zu sein.

Alle Kinder müssen voneinander lernen können und nicht zu früh sortiert und nicht beschämt werden, indem sie aus einer Lerngruppe herausgehen und es noch einmal neu versuchen müssen. Jedes Kind hat besondere Stärken und Kompetenzen, von denen die anderen Kinder profitieren können. Dazu gehören stets eine freundliche, nicht beschämende Ansprache und eine stärkenorientierte Förderung.

Hierfür ist eine individuelle Förderplanung für alle Kinder mit Unterstützungsbedarfen bereits in den Kindertageseinrichtungen und anschließend in den Grundschulen unter Einbezug der Vorstellungen der Eltern und der Ideen der Kinder zu verwirklichen. Das sieht zuerst nach deutlich mehr Arbeit aus, macht sich aber schnell bezahlt, wenn die Fachleute erkennen, dass die Angebote nun besser zu den Kindern passen und die Kinder ausgeglichener und zufriedener sind. In schwierigen Situationen müssen Fallkonferenzen durchgeführt werden, um festzulegen, wer im interdisziplinären, leistungs- und trägerübergreifenden Team welche Aufgaben übernehmen soll.

> ***»Alle Kinder müssen voneinander lernen können und nicht zu früh sortiert und nicht beschämt werden, indem sie aus einer Lerngruppe herausgehen und es noch einmal neu versuchen müssen.«***

6. Ein wichtiges Thema: Prävention

Prävention ist ein Begriff, der heute in aller Munde ist. Was bedeutet eigentlich Prävention? Prävention stammt von dem lateinischen Wort praevenire und bedeutet so viel wie zuvorkommen oder verhüten. Gemeint sind also vorbeugende Maßnahmen, um unerwünschte Ereignisse oder Entwicklungen gar nicht erst entstehen zu lassen, sondern sie von vornherein zu vermeiden.

Dabei unterscheiden wir verschiedene Präventionsansätze, die allesamt wichtig sind:

- die spezifische Prävention, die stets auf einen ganz bestimmten Fall ausgerichtet ist,

- die unspezifische Prävention, die auf die Vermeidung von unterschiedlichen Risiken abzielt,
- die Verhaltensprävention, die sich auf das individuelle Verhalten der Menschen ausrichtet und
- die Verhältnisprävention, die auf die Verringerung schädlicher Umwelteinflüsse und auf die Schaffung einer gesunden Lebens-, Lern- und Arbeitswelt hinwirken will.

Was kann das nun für die tägliche Arbeit in einem pädagogischen Wirkungsfeld bedeuten? Prävention ist dort

- die gemeinsame Suche nach guten Ideen für die Schaffung förderlicher Lern- und Entwicklungsbedingungen für jedes einzelne Kind,
- die wechselseitige Bereitschaft zur Kooperation und zum professionellen Austausch über die Grenzen der Berufsgruppen hinweg,
- die interdisziplinäre, pädagogische und organisatorische Bildungs- und Erziehungsbegleitung, damit Lern- und Entwicklungsstörungen gar nicht erst entstehen,
- die gemeinsame Suche nach möglichen Ursachen und Risikofaktoren für eine Lern-, Entwicklungs- oder Verhaltensstörung bei einzelnen Kindern,
- das frühzeitige Erfassen von Problemen oder Beeinträchtigungen,
- das kooperative Bemühen um die Vermeidung oder Verminderung von Folgeproblemen und negativen Begleiterscheinungen,
- die volle Ausnutzung der längeren Lernzeit in der Grundschuleingangsphase für alle Kinder mit Entwicklungs- und Lernproblemen,
- die Inanspruchnahme der personellen, organisatorischen und sächlichen Unterstützung durch das zuständige sonderpädagogische Unterstützungszentrum, ohne dass die Eltern die Befürchtung haben müssen, dass ihr Kind eine Sonderschule besuchen muss.

7. Wenn alles gut klappt

Wenn alles gut klappt und alle an Schule beteiligten Personen sich untereinander gut austauschen, dann haben Kinder, Eltern und Fachkräfte gemeinsam viel gewonnen:

- das gemeinsame und vernetzte Handeln in ihrem Bereich,
- ein erfolgreiches Übergangsmanagement,
- Kinder mit unterschiedlichen Bedürfnissen, die alle gern in die Schule kommen,
- zufriedene Eltern, Großeltern und Angehörige,
- einen guten Ruf der Bildungseinrichtung und
- einen schier unerschöpflichen Ideenpool bei kleineren und größeren Schwierigkeiten.

Wenn Sie etwas über den Hamburger Weg in eine inklusive Bildung nachlesen möchten, schauen Sie unter ▸ www.hamburg.de/integration-inklusion nach.

◆ ◆ ◆

Inklusion und Integration in der Schule

Dr. med. Cathrin Schäfer
Rheinhessen-Fachklinik Mainz,
Zentrum für Kinderneurologie und Sozialpädiatrie (KINZ)

Inklusion im schulischen Bereich beinhaltet als zentrales Element den gemeinsamen Unterricht von beeinträchtigten und nicht beeinträchtigten Kindern nach deren individuellen Bedürfnissen. Hierbei orientiert sich die Schule an den Erfordernissen der Kinder, wobei zu berücksichtigen ist, dass sich die inklusive Pädagogik aus der integrativen Pädagogik entwickelt hat. Beide stehen für das Recht aller Kinder, gemeinsam unterrichtet zu werden, und zwar unabhängig von ihren Fähigkeiten oder Beeinträchtigungen wie auch von ihrer kulturellen, ethnischen oder sozialen Herkunft. Der Ansatz der Inklusion sieht vor, dass eine Schule für alle konzipiert werden soll, in der ***kein*** Kind ausgesondert wird, weil es den Anforderungen der Schule nicht entsprechen kann.

Auf der UN-Generalversammlung wurde 2006 in New York ein Übereinkommen über die Rechte von Menschen mit Behinderungen (Behindertenrechtskonvention) verabschiedet. Es hat zum Ziel, Menschen mit Behinderungen eine gleichberechtigte Teilhabe an der Gesellschaft zu ermöglichen und eine Ausgrenzung zu verhindern. Dies beinhaltet insbesondere auch eine inklusive Beschulung. In Deutschland trat die Konvention im März 2009 in Kraft, in Österreich im Oktober 2008. Insgesamt hatten bis Ende 2010 155 Staaten und die EU diese Konvention unterzeichnet. In der Realität zeigen sich bereits seit den 80er Jahren im schulischen Bereich einige Ansätze, um auf Integration bzw. Inklusion und gemeinsamen Unterricht aller Kinder hinzuarbeiten, wobei diese Bestrebungen durch die UN-Konvention einen verbindlichen Charakter bekommen haben. In der Praxis handelt es sich aber um Integration von Kindern mit nachgewiesenem sonderpädagogischen Förderbedarf und weniger um die Umsetzung einer wirklich inklusiven Beschulung.

Während die Integration die Eingliederung von bisher ausgesonderten Personen zum Ziel hat, will die Inklusion die Verschiedenheit im Gemeinsamen anerkennen und die Menschen nicht mehr in Gruppen, wie zum Beispiel anderssprachig, autistisch, behindert oder hochbegabt, einteilen. Die Inklusion will von einer defizit- zu einer kompetenzorientierten Sichtweise gelangen.

Die folgende Tabelle verdeutlicht die Unterschiede zwischen Integration und Inklusion:

Praxis der **Integration**	Praxis der **Inklusion**
Eingliederung behinderter Kinder in die allgemeine Schule	Leben und Lernen aller Kinder in der allgemeinen Schule
Differenziertes System je nach Schädigung	Umfassendes System für alle
Zwei-Gruppen-Theorie (behindert / nichtbehindert)	Theorie einer pädagogisch ununterteilbaren heterogenen Gruppe
Aufnahme von Kindern mit Behinderung	Profilierung des Selbstverständnisses der Schule
Individuumszentrierter Ansatz	Systemischer Ansatz
Fixierung auf die administrative Ebene	Beachtung der emotionalen, sozialen und unterrichtlichen Ebenen
Ressourcen für Kinder mit besonderem Bedarf	Ressourcen für ganze Systeme (Klasse, Schule)
Spezielle Förderung für Kinder mit Behinderungen	Gemeinsames und individuelles Lernen für alle
Individuelle Curricula für einzelne	Ein individualisiertes Curriculum für alle
Förderpläne für Kinder mit Behinderungen	Gemeinsame Reflexion und Planung aller Beteiligten
Anliegen und Auftrag der Sonderpädagogik und SonderpädagogInnen	Anliegen und Auftrag der Schulpädagogik und SchulpädagogInnen
SonderpädagogInnen als Unterstützung für Kinder mit Behinderungen	SonderpädagogInnen als Unterstützung für heterogene Klassen und KollegInnen
Ausweitung von Sonderpädagogik in die Schulpädagogik hinein	Veränderung von Sonder- und Schulpädagogik
Kombination von Schul- und Sonderpädagogik	Synthese von Schul- und Sonderpädagogik
Kontrolle durch ExpertInnen	Kollegiales Problemlösen im Team

Quelle: Praxis von Integration und Inklusion (nach Hinz 2002),
▸ http://bidok.uibk.ac.at/library/boban-qualitaetsentwicklung.html#id3102385
August 2011

2011 wurden in den einzelnen Bundesländern unterschiedliche Gesetzesentwürfe verabschiedet, die in den jeweiligen Ländern perspektivisch auf die Umsetzung der UN-Konvention abzielen. So können in ***Bayern*** einige Schulen mit Zustimmung der zuständigen Schulaufsichtsbehörde das Schulprofil „Inklusion" entwickeln. Auf der Grundlage eines gemeinsamen Bildungs- und Erziehungskonzepts soll im Unterricht und Schulleben eine individuelle Förderung für alle Schülerinnen und Schüler stattfinden. Den Bedürfnissen der Kinder mit sonderpädagogischem Förderbedarf soll dabei in besonderem Maße Rechnung getragen werden. Es wird betont, dass die inklusive Schule ein Ziel der Schulentwicklung aller Schulen ist. Allerdings sind die angemessenen Vorkehrungen gesetzlich nicht garantiert. Die Schulen außerhalb der Profilschulen für Inklusion werden mit den Anforderungen einer konzeptionell reflektierten, individuellen Förderung allein gelassen. Gleichzeitig wird in Bayern wie in allen anderen Bundesländern am mehrgliedrigen Schulsystem festgehalten.

Die ***hessische Landesregierung*** hat im Juni 2011 im Rahmen der Novellierung des hessischen Schulgesetzes die Umsetzung der UN-Konvention versprochen, wobei ausdrücklich ein Ressourcenvorbehalt gemacht wurde. Zwar wird den Eltern zuerst die Wahlmöglichkeit für eine allgemeinbildende Schule zur Beschulung ihres Kindes eingeräumt, allerdings ist dies nur möglich, wenn ein Förderausschuss der vorgesehenen

! Die Umsetzung der UN-Konvention ist Ländersache !

Schule das Urteil trifft, dass die Beschulung des jeweiligen Kindes mit den bestehenden Voraussetzungen an der Schule gewährleistet werden kann. Ist dies aufgrund nicht ausreichender räumlicher und personeller Möglichkeiten oder aufgrund des Fehlens der erforderlichen apparativen Hilfsmittel und besonderen Lehr- oder Lernmittel nicht möglich, bestimmt das staatliche Schulamt, an welcher allgemeinen Schule oder Förderschule die Beschulung erfolgen soll. Die Wahlmöglichkeit besteht somit in vielen Fällen nur auf dem Papier.

In Hessen übernehmen sonderpädagogische Beratungs- und Förderzentren Aufgaben der Beratung und der ambulanten sonderpädagogischen Förderung an den allgemeinbildenden Schulen. Sie stellen den Schulen Förderschullehrkräfte für die inklusive Beschulung „im Rahmen des Stellenkontingentes“ zur Verfügung. Dabei soll das mehrgliedrige Schulsystem beibehalten werden. Die Auflösung von Förderschulen wird mit dem Argument des Elternwillens und der Wahlfreiheit nicht angestrebt. Zudem wurde auf ministerialer Ebene ein „Projektbüro Inklusion“ eingerichtet, welches ein Gesamtkonzept zur Umsetzung der UN-Konvention unter Einbeziehung der Schulträger und der Jugendhilfe (Jugendamt/Sozialamt) erarbeiten soll. Das bisherige Konzept wurde allerdings zur Wiedervorlage auf 2012/2013 vertagt und soll bis dahin weiter ausgearbeitet werden.

In ***Rheinland-Pfalz*** wurde im März 2010 ein Aktionsplan zur Umsetzung der UN-Konvention seitens der Landesregierung vorgestellt, der unter Beteiligung der Selbsthilfeverbände erstellt wurde. Er umfasst verschiedene Handlungsfelder, unter anderem den Bereich Erziehung und Bildung. Die Vision ist ein Lernen, das lebenslang gemeinsam stattfinden soll und alle Kinder in ihren individuellen Stärken und Besonderheiten unterstützt und respektiert. Durch ihr Umfeld und besonders durch pädagogische, medizinische und therapeutische Begleitung erfolgt eine individuelle Förderung der Kinder.

Im schulischen Bereich wurde in Rheinland-Pfalz sicher gestellt, dass ein Anspruch auf schulische Integration besteht. Die schulische Integration von beeinträchtigten Kindern mit sonderpädagogischem Förderbedarf wurde durch die Einführung von sogenannten Schwerpunktschulen voran getrieben. In diesen Schulen wurde die Klassenmesszahl in den integrativen Klassen reduziert und die KlassenlehrerInnen werden in unterschiedlicher Stundenzahl durch SonderpädagogInnen unterstützt. Oft werden zusätzlich Maßnahmen der Jugendhilfe (z.B. Einzelintegration) eingesetzt, um die integrative Beschulung zu ermöglichen.

Insgesamt lässt sich feststellen, dass es zwar gesetzliche Vorgaben in Richtung einer gemeinsamen Beschulung gibt, die ressourcenabhängig jedoch nur begrenzt umgesetzt werden. Viel bleibt dem Eigenengagement der einzelnen Schulen, PädagogInnen und Eltern überlassen, wobei Erfahrungsberichte von PädagogInnen, die sich auf die Thematik einlassen, immer wieder darauf hinweisen, wie positiv der Einfluss einer gelebten und erfolgreich umgesetzten Inklusion für alle Beteiligten sein kann.

Aus medizinischer Sicht gilt es im Umgang mit beeinträchtigten Kindern von der Säuglingszeit an, die Kompetenzen jedes einzelnen Kindes zu erkennen und seine Motivation zum Lernen zu unterstützen. Um das Potenzial eines Kindes individuell fördern zu können, ist es notwendig, seine Stärken und

Schwächen zu analysieren und daraus einen individuellen und interdisziplinären Förderplan zu entwickeln, der ausgerichtet ist auf mögliche Entwicklungsprozesse und Kompetenzen. Ziel ist es, bestehende Beeinträchtigungen zu verringern, einer Verschlechterung entgegenzuwirken bzw. nach Kompensationmöglichkeiten zu suchen. Bei allem Bemühen um eine gemeinsame Beschulung aller Kinder sollte man die emotionale Situation der Kinder nie außer Acht lassen. Kinder vergleichen sich und messen ihre Kräfte und Fähigkeiten. Dies ist in einer letztendlich leistungsorientierten Gesellschaft schwierig zu unterlassen, schließt aber die Toleranz für Unterschiedlichkeit nicht aus.

Auch Menschen mit Beeinträchtigungen entwickeln ein Bewusstsein für ihre Schwächen, da sie sich selbst auch mit anderen vergleichen. Sie leiden darunter, trotz ihrer Anstrengungen und Motivation nicht das Gleiche zu erreichen wie die Menschen in ihrem Umfeld. Eine wichtige Aufgabe der inklusiven Beschulung ist daher auch der Umgang mit dieser Frustration, das Hervorheben der Stärken und das Aufzeigen von Perspektiven.

Hier muss deutlich gemacht werden, dass eine inklusive Pädagogik keine leistungsfeindliche Pädagogik ist. Auch in integrativen Klassen wird von allen SchülerInnen optimaler Einsatz und bestmögliche Aneignung der Kulturtechniken erwartet. Vor diesem Hintergrund wurden einige Studien durchgeführt, die zeigen, dass Kinder mit Beeinträchtigungen es von der sozialen und emotionalen Befindlichkeit her in Sonderschulklassen leichter haben. Dagegen besteht in den Integrationsklassen an allgemeinen Schulen in ca. einem Drittel der Fälle ein Problem mit der Außenseiterrolle. Auch bei wohnortnaher Beschulung im gewohnten sozialen Umfeld ist es für die beeinträchtigten Kin-

der schwer, außerhalb der Schule Kontakte zu MitschülerInnen aufrecht zu erhalten.[1]

Es ist zudem nicht selbstverständlich, dass Kinder es schaffen, ihr Potenzial selbst zu verwirklichen. Je nach Art und Ausmaß einer Beeinträchtigung ist hierfür eine umfangreiche Unterstützung notwendig, die unterschiedliche Fördermaßnahmen und Therapien, aber auch Hilfsmittel beinhaltet. Immer jedoch gilt es, dass die innere Motivation des Kindes Voraussetzung zum Lernen ist. Genau hierin liegt bei beeinträchtigten Kindern jedoch die Schwierigkeit. Ihre Motivation zum Lernen zu wecken und einen Weg zu finden, Inhalte zu vermitteln, stellt sowohl im medizinisch-therapeutischen wie auch im schulischen Bereich eine schwierige Aufgabe dar.

Besonders bei Kindern mit einer Beeinträchtigung aus dem autistischen Formenkreis, aber auch bei Kindern mit einer ADHS verstärken sich erfahrungsgemäß die Auffälligkeiten in größeren Gruppen noch, so dass sie nicht in der Lage sind, in einem solchen Umfeld ihr Potenzial zu entfalten.

Kinder mit oppositionellen und aggressiven Verhaltensauffälligkeiten fallen immer sehr schnell auf und es wird nicht in Frage gestellt, dass Interventionen erforderlich sind, die sich positiv auf das Verhalten auswirken, nicht zuletzt um den Unterricht im Klassenverband weiter zu ermöglichen. Jene Kinder allerdings, die wie viele ehemalige Frühgeborene eher ein internalisierendes Verhalten aufweisen, langsam arbeiten und leicht ablenkbar, dabei aber ruhig sind und sich eher zurückziehen, fallen nicht auf. Leider wird daher oft auch ihr Potenzial nicht erkannt und demzufolge auch die Notwendigkeit von Fördermaßnahmen in Frage gestellt.

Selbst bei den häufig vorkommenden Teilleistungsstörungen (Legasthenie und Dyskalkulie) bei Kindern mit durchschnittlichen ko-

1 Klicpera, C. & Gasteiger-Klicpera, B. 2003: Soziale Erfahrungen von Grundschülern mit sonderpädagogischem Förderbedarf in Integrationsklassen – betrachtet im Kontext der Maßnahmen zur Förderung der sozialen Integration. Heilpädagogische Forschung, 29 (2), S. 61 – 71.

gnitiven Fähigkeiten ist eine innerschulische, zusätzliche Förderung nicht regelhaft gewährleistet.

Die Übernahme der ***Kosten von zusätzlichen Fördermaßnahmen,*** die für eine gemeinsame Beschulung erforderlich sind, stellt häufig eine kaum zu überwindende Hürde dar. Ein hohes Engagement der Eltern und die Kenntnis der in Frage kommenden Fördermöglichkeiten und bürokratischen Hindernisse ist erforderlich, um eine Förderung überhaupt zu erhalten. ***Daher ist die interdisziplinäre Zusammenarbeit mit TherapeutInnen, ÄrtzInnen und der Schule die zentrale Voraussetzung für eine an den Kompetenzen und dem Potenzial der Kinder orientierte Förderung.***

Ziel sollte daher sein, dass der für die schulische Entwicklung eines Kindes notwendige individuelle Förderbedarf ohne zusätzliche bürokratische Hindernisse für jedes Kind im Schulalltag abgedeckt werden kann. Es spielt dabei keine Rolle, ob es sich um eine Lese-Rechtschreibförderung, Dyskalkulieförderung, Sprachförderung für Migrantenkinder, soziales Kompetenztraining, Hochbegabtenförderung oder z.B. Koordinationstraining und Graphomotorikschulung handelt. Der zusätzliche Förderbedarf müsste idealerweise in den täglichen Unterricht eingebunden werden. Um diesem Anspruch gerecht zu werden, ist eine hohe fachliche Kompetenz und spezifisches Wissen über die pädagogischen Möglichkeiten und Ansätze, die sich je nach Muster und Ausmaß der

©Benjamin Klack/pixelio.de

Beeinträchtigung sehr unterscheiden, erforderlich. Man denke nur an die Beschulung von Kindern mit einer Störung aus dem autistischen Formenkreis.

Inklusion stellt eine hohe Herausforderung an die unterrichtenden LehrerInnen dar, weil nicht die Kinder sich den Anforderungen der Schule anpassen müssen, sondern die schulischen Angebote individuell auf die Fähigkeiten der einzelnen Kinder abgestimmt werden sollen, ohne das Ziel der bestmöglichen schulischen Ausbildung außer Acht zu lassen.

Bislang sind in den Lehramtstudiengängen aber Veranstaltungen, die sich mit gemeinsamem Unterricht beschäftigen, nicht verpflichtend, das gilt auch für Kurse zur Sonderpädagogik. Dies führt dazu, dass es den PädagogInnen an allgemeinbildenden Schulen oftmals schwerfällt, sich auf SchülerInnen, die Beeinträchtigungen haben, einzustellen, weil sie auf einen inklusiven Unterricht überhaupt nicht vorbereitet sind.

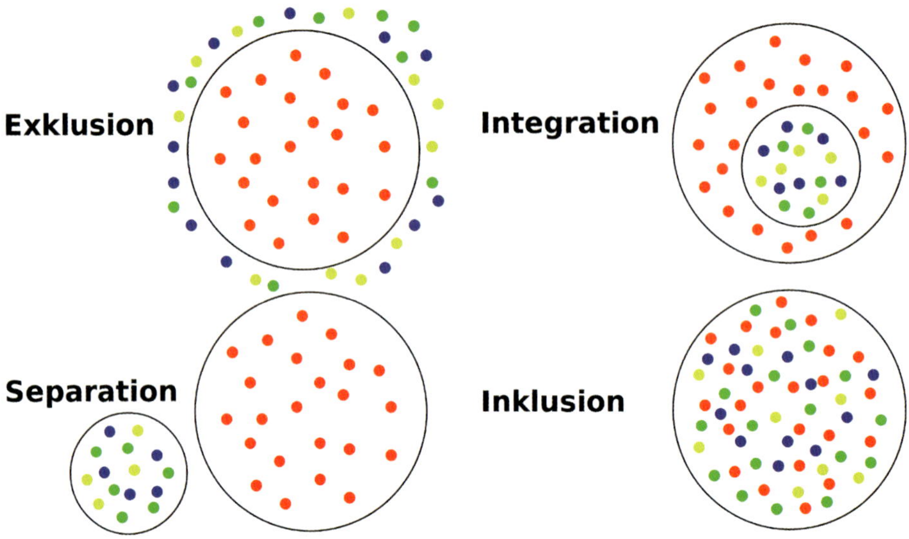

Auch mit entsprechenden fachlichen Kenntnissen und ausreichender Erfahrung ist es nicht immer einfach, das Potenzial und die Zugangsmöglichkeiten von Kindern mit Beeinträchtigungen zu erkennen, wobei dies die Basis für eine individuelle Förderung ist. Hierfür ist eine interdisziplinäre Zusammenarbeit der Schule mit den Elternhaus, den Kindertagesstätten und der medizinisch-therapeutischen Einrichtungen notwendig. ***Gerade bei Kindern mit Beeinträchtigungen müssen die Eltern, die die Möglichkeiten und Zugangswege zu ihrem Kind am besten kennen, mehr einbezogen werden,*** um zusammen Zielsetzungen und Wege zum Erreichen der Ziele zu erarbeiten und regelmäßig zu reflektieren. In diesem Zusammenhang sollte bei allem Streben nach Leistung unbedingt die Verschiedenheit der Kinder akzeptiert werden. ***Dies bedeutet auch, dass Leistung individuell anhand von persönlichen Fortschritten bemessen werden sollte und nicht an der Erfüllung starrer Lehrpläne.***

Die Realität in der Umsetzung einer inklusiven Beschulung ist bislang noch weit von den theoretischen Anforderungen entfernt. Der Anspruch, dass jedes Kind nach seinem individuellen Entwicklungsstand differenziert unterrichtet werden soll, ist schon bei Kindern ohne wesentliche Beeinträchtigungen nicht immer einfach und fast jeder Pädagoge hat sicherlich schon erlebt, dass ein oder zwei Kinder z.B. durch ihr Verhalten die Klasse „sprengen“ können. Die Unterstützung durch FörderpädagogInnen, die Kinder mit festgestelltem sonderpädagogischem Förderbedarf für wenige Stunden pro Woche zusammen mit der KlassenlehrerIn unterrichten, reicht oftmals nicht aus, um den hohen Förderbedarf der einzelnen Kinder zu gewährleisten. ***Eine feste Installation von SonderpädagogInnen an allen Schulen***

wäre daher sinnvoll, um einen rascheren Zugriff auf deren Unterstützung und einen regelmäßigen Informationsaustausch zu gewährleisten. Um Kindern mit schweren Beeinträchtigungen gerecht zu werden, benötigt man oft eine zusätzliche enge Bezugsperson, die das Kind möglichst langfristig begleitet. Diese Bezugsperson kann in der Regel nicht durch das Lehrpersonal gestellt werden. Es wird meist nach Überwinden der bürokratischen Hindernisse eine Integrationshilfe installiert, die in begründeten Fällen seitens des zuständigen Jugendamtes oder Sozialamtes finanziert wird. Mit dieser Integrationskraft ist es in vielen Fällen möglich, die betroffenen Kinder im Klassenverband zu unterrichten. Es besteht zusätzlich die Option, das jeweilige Kind zeitweise aus dem Klassenverband herauszunehmen, wenn es sich überfordert zeigt.

Bereits aus einer Studie von Specht (1993) geht hervor, dass für das Gelingen von Integration eine Weiterentwicklung von Unterrichtsstilen (u.a. Teamteaching) und eine differenzierte Ausbildung im förderpädagogischen Bereich die erste Voraussetzung ist. Außerdem betont er, dass eine möglichst heterogene Klassenzusammensetzung von Vorteil ist. Der Unterricht muss dieser Heterogenität Rechnung tragen, indem auf Organisationsformen zurückgegriffen wird, die einen abwechslungsreichen, aber sehr klar strukturierten Unterrichtsablauf gewährleisten. Die Klassengröße ist nach den Ergebnissen seiner Studie, wenn alle anderen Voraussetzungen erfüllt sind, nicht so entscheidend, wobei er zu dem Schluss kommt, dass die optimale Klassengröße zwischen 20 und 24 Kindern liegt. Schlussfolgernd ist Inklusion eine gesamtgesellschaftliche Aufgabe, die von jedem Einzelnen gelebt werden muss, damit sie funktionieren kann. Dazu ist ein allgemeines gesellschaftliches Umdenken erforderlich, außerdem die ***optimale Bereitstellung von Ressourcen und Optimierung des pädagogischen Know-Hows.***

Voraussetzung für die Umsetzung von inklusiver Pädagogik ist demnach eine umfassende materielle und räumliche Ausstattung der Schulen, sowie insbesondere ausreichende personelle und pädagogische Ressourcen, die es den LehrerInnen auch ermöglichen, den individuellen Bedarf ihrer Schüler zu erkennen und ihre pädagogische Vorgehensweise darauf abzustimmen. Diese Bedingungen müssen erfüllt sein, bevor Inklusion stattfinden kann.

» ***Inklusion ist nicht als Schmalspurversion umsetzbar, wird aber langfristig positive Auswirkungen im Bereich der gesellschaftlichen Toleranz und der Bildung bewirken.*** «

Inklusion ist nicht als Schmalspurversion umsetzbar, wird aber langfristig positive Auswirkungen im Bereich der gesellschaftlichen Toleranz und der Bildung bewirken.

Vernünftig umgesetzt, verbessert Inklusion die schulische Situation für alle Kinder.

Für Eltern ist es unter den aktuellen Bedingungen sehr wichtig, dass sie sich umfassend über die jeweiligen Gegebenheiten in ihrem Umfeld informieren, sich die in Frage kommenden Schulen ansehen und dann für ihr Kind entscheiden, an welcher Schule es in einem annehmenden Umfeld die Fördermöglichkeiten erhält, die ihm am besten entsprechen.

Ob und in welchem Umfang eine gemeinsame Beschulung für ein beeinträchtigtes Kind möglich und sinnvoll ist, wird in den nächsten Jahren auch weiterhin davon abhängig sein, in welchem Bundesland eine Familie wohnt und welche Ressourcen zur Verfügung stehen. Inklusion ist dabei eine Vision, die noch verankert werden muss.

» *Inklusion ist dabei eine Vision, die noch verankert werden muss.* «

Quellen:

EBH Elternbrief, Elternbrief Hessen e.V mitdenken, mitwirken, mitentscheiden.
Nr. 104, IV Quartal, Dezember 2010: Inklusive Schule

TPS Leben, Lernen und Arbeiten in der Kita,
Ausgabe 1/2011, Inklusion statt Integration

Deutscher Bildunsserver
[▸ www.bildungsserver.de/zeigen.html?seite=3511], 8/2011, Suchbegriff: Inklusion

Zeitschrift für Inklusion-online net
ISSN 1862 – 588, Nr. 2 2011 [▸ www.inklusion-online.net/ , 8/2011]

Klicpera, C. & Gasteiger-Klicpera, B. 2003: Soziale Erfahrungen von Grundschülern mit sonderpädagogischem Förderbedarf in Integrationsklassen – betrachtet im Kontext der Maßnahmen zur Förderung der sozialen Integration.
Heilpädagogische Forschung, 29 (2), S. 61 – 71.

Specht, W. (1993): Evaluation der Schulversuche zum gemeinsamen Unterricht behinderter und nicht behinderter Kinder. Ergebnisse einer bundesweiten Befragung von Lehrerinnen und Lehrern im Schulversuch.
Forschungsbericht. Graz: Zentrum für Schulversuche und Schulentwicklung, Abteilung II

Schwohl, Joachim & Sturm, Tanja (Hg.): Inklusion als Herausforderung schulischer Entwicklung.
Bielefeld 2010. ISBN 978 – 3 – 8376 – 1490 - 9

◆ ◆ ◆

Schulassistenz und Integrationshelfer

Dipl.-Psych. Ulrike Reichmann
Club Aktiv e.V., Trier

Was ist Schulassistenz?

Artikel 3 unseres Grundgesetzes besagt, dass niemand aufgrund seiner Behinderung benachteiligt werden darf. Auf dieser Basis sichern die Eingliederungshilfe für seelisch behinderte Kinder und Jugendliche nach § 35a SGB VIII und die Eingliederungshilfe für behinderte Menschen nach § 54 SGB XII die Gleichstellung in den Bereichen Kindergarten und Schule, sodass eine individuelle Förderung und Unterstützung gewährt ist. Eine Möglichkeit stellt ***der Einsatz eines Integrationshelfers dar, der zur Erreichung von Chancengleichheit beitragen soll.***

Die Zuordnung zu dem einen oder anderen Bereich – Kinder mit einer Autismusspektrumstörung werden i.d.R. als seelisch behindert eingestuft, geistig u./o. körperlich beeinträchtigte Kinder dem SGB XII zugeordnet – ist nicht immer eindeutig und wird von den Kommunen unterschiedlich gehandhabt – zumeist erfolgt eine Zuordnung danach, welche der vorhandenen Beeinträchtigungen überwiegend alltagsrelevant ist.

Wer kann einen Integrationshelfer bekommen?

Schulassistenz ist eine Form von Eingliederungshilfe, die Menschen mit Beeinträchtigung (oder die davon bedroht sind) auf Antrag gewährt werden kann, wenn die Einschränkung (voraussichtlich) länger als 6 Monate anhält und die Teilhabe am Leben in der Gesellschaft dadurch erschwert ist oder eine derartige Beeinträchtigung zu erwarten ist.

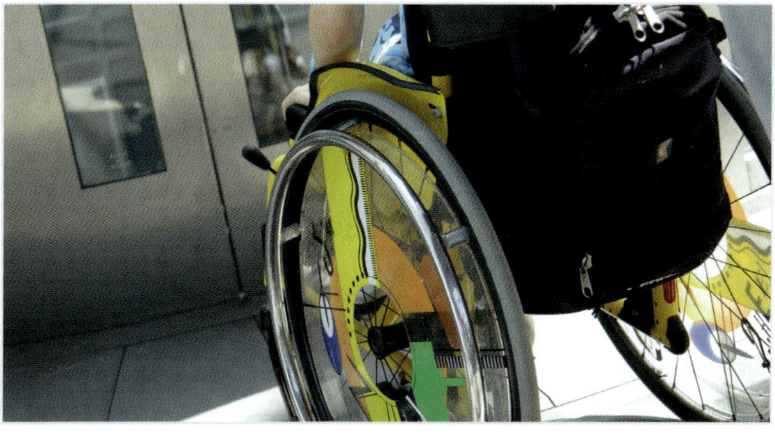

Wenn die Schule (oder der Kindergarten) nicht in der Lage ist, den notwendigen Rahmen für eine angemessene Betreuung und Förderung Ihres Kindes sicherzustellen, kann über die Einrichtung eines Integrationshelfers nachgedacht werden. Dazu ist es notwendig, ein entsprechendes ärztliches Gutachten einzuholen. Eine Stellungnahme der Einrichtung, die Ihr Kind besucht, kann dem Antrag bereits beigefügt werden oder wird im Hilfeplanungsverfahren von dem jeweiligen Kostenträger eingefordert.

Was kann ein Integrationshelfer leisten?

Die Hilfen orientieren sich immer am individuellen Hilfebedarf des Schülers und den Gegebenheiten der Schule. Die konkreten Hilfen werden in der Regel in Form eines Hilfeplanes oder Individuellen Teilhabeplanes festgeschrieben.

Hier muss man grundsätzlich unterscheiden, ob die Hilfe nach SGB VIII oder SGB XII gewährt wird.

Im Bereich ***SGB XII*** sind es ***pflegerische Leistungen*** wie Hilfe bei Toilettengängen, Umlagerungen oder die Versorgung mit Windeln, die im Bedarfsfall geleistet werden können. Einen großen Teil nehmen meist ***einfache Hilfestellungen bei lebenspraktischen Tätigkeiten*** wie z.B. Hilfe beim An- und Auskleiden, Klassenraumwechsel, Orientierung im Schulgebäude oder bei der Nahrungsaufnahme ein. Dazu gehört auch die ***Unterstützung im***

Hilfe nach SGB XII umfasst

- ***pflegerische Leistungen***
  (Hilfe bei Toilettengängen, Umlagerungen, Windelversorgung ...)
- ***einfache Hilfestellungen bei lebenspraktischen Tätigkeiten***
  (An-/ Auskleiden, Klassenraumwechsel, Orientierung im Schulgebäude, Nahrungsaufnahme ...)
- ***Unterstützung im schulischen Freizeitbereich***
  (Pausenbetreuung, Arbeitsgemeinschaften, Schulfeste oder Wandertage ...)
- ***direkte Hilfen im Unterricht***
  (persönliche Ansprache und Ermunterung des Kindes, die Verdeutlichung von Arbeitsaufträgen, das Umsetzen von Übungssequenzen im Unterrichtsgeschehen ...)
- ***indirekte Hilfen***
  (Vernetzung von Schule, Elternhaus, Helfer und Träger, Beteiligung an der Förderplanung, regelmäßige Dokumentation und Teambesprechungen, Anleitung und Aufsicht von Helfern ...)
- Pädagogische Tätigkeiten zählen **nicht** zu den Aufgaben eines Integrationshelfers.

Hilfe nach SGB VIII umfasst darüber hinaus

- ***Hilfen wie nach SGB XII*** jedoch
- ***Hilfen im Unterricht werden viel stärker gewichtet*** (Verdeutlichung und Strukturierung im Unterrichtsgeschehen, Aufmerksamkeitslenkung, ggf. gestützte Kommunikation, Hilfen beim Beziehungsaufbau innerhalb der Klassengemeinschaft, stellvertretend fürsprechende Assistenz, Unterstützung bei der Umsetzung der Nachteilausgleichsgewährung ...)
- ***Zusammenarbeit, z.B. mit Therapeuten***
- ***Einsatz einer pädagogischen Fachkraft ist die Regel***

schulischen Freizeitbereich wie Pausenbetreuung, Arbeitsgemeinschaften, Schulfeste oder Wandertage. Direkte *Hilfen im Unterricht* sind beispielsweise die persönliche Ansprache und Ermunterung des Kindes, die Verdeutlichung von Arbeitsaufträgen und das Umsetzen von Übungssequenzen im Unterrichtsgeschehen.

Neben den hier beschriebenen unmittelbaren Hilfestellungen sind ***indirekte Hilfen*** durch die Vernetzung von Schule, Elternhaus, Helfer und Träger sinnvoll und notwendig. Hierzu sollte auch die Beteiligung an der Förderplanung gehören, ebenso regelmäßige Dokumentation und Teambesprechungen sowie die Anleitung und Aufsicht von Helfern. (Auflistung in Anlehnung an den PARITÄTISCHEN Landesverband Rheinland-Pfalz/ Saarland, 2005)

In der Praxis werden gerade die indirekten Hilfestellungen leider oft nicht in der Hilfeplanung berücksichtigt und bewilligt.

Pädagogische Tätigkeiten zählen nicht zu den Aufgaben eines Integrationshelfers. Grundsätzlich sollten die beschriebenen Hilfestellungen von geeigneten Personen ohne spezielle Ausbildung geleistet werden, die über ein entsprechendes Maß an sozialen Kompetenzen und Einfühlungsvermögen verfügen. Im Einzelfall kann davon allerdings abgewichen werden und auch eine Fachkraft bewilligt werden.

Bei einer notwendigen Schulassistenz nach § 35 a ***SGB VIII*** ist der Einsatz einer pädagogischen Fachkraft (zumeist Erzieher, Sozialpädagogen, Heilerziehungspfleger oder Ergotherapeuten) die Regel. Neben den oben genannten Tätigkeiten haben die ***Hilfen im Unterricht*** ein viel stärkeres Gewicht. Verdeutlichung und Strukturierung im Unterrichtsgeschehen, Aufmerksamkeitslenkung, ggf. gestützte Kommunikation gehören hier ebenso dazu wie Hilfen beim Beziehungsaufbau innerhalb der Klassengemeinschaft, stellvertretend fürsprechende Assistenz und die Unterstützung bei der Umsetzung der Nachteilausgleichsgewährung. Auch die Zusammenarbeit, z.B. mit Therapeuten des Autismus-Therapiezentrums, ist ein wichtiger Bestandteil der Tätigkeit.

Insgesamt ist es gerade bei der Arbeit mit seelisch behinderten Kindern hilfreich, möglichst langfristig eine konstante Bezugsperson einzusetzen.

Oft ist eine Vertretung im Krankheitsfall des Assistenten schwierig; manche Träger stellen Ersatz, andere nicht, gegebenenfalls kann das Kind in dieser Zeit den Unterricht nicht besuchen. Dies muss im Einzelfall mit der Schule und dem Träger besprochen werden.

Wo muss ich den Integrationshelfer beantragen?

Eingliederungshilfe in Form von Schulassistenz ist eine Sozialleistung und muss entsprechend beim örtlichen Träger der Sozial- oder Jugendhilfe vom Sorgeberechtigten des Kindes beantragt werden. Der Antrag kann formlos gestellt werden. Hilfreich ist es, sich durch eine Beratungsstelle oder einen Leistungserbringer dabei unterstützen und beraten zu lassen, denn je schneller alle erforderlichen Unterlagen beigebracht sind, desto schneller kann mit der Hilfe begonnen werden. Grundsätzlich sollten Sie von der Antragstellung bis zum Bewilligungsbescheid einiges an Zeit einplanen – oft muss zunächst die Zuständigkeit innerhalb der Ämter geprüft werden, die Anspruchsberechtigung wird geprüft, es wird Gespräche mit Fachkräften der Ämter geben, gegebenenfalls wird auch ein amtsärztliches Gutachten angefordert.

Die eigentliche Hilfeplanung wird von den einzelnen kommunalen Hilfeträgern sehr unterschiedlich durchgeführt: Während einige Ämter grundsätzlich nur nach Aktenlage entscheiden, ob und in welchem zeitlichen und finanziellen Umfang die Hilfe gewährt wird, werden sie bei anderen zu einer sog. Teilhabekonferenz eingeladen, bei der man sich über Art und Umfang der Hilfe sowie deren Befristung (zumeist werden gewährte Hilfen für ein halbes oder ein Jahr befristet; zur Weitergewähr muss erneut ein Antrag gestellt werden) austauscht und eine Entscheidung trifft. Im Jugendhilfebereich ist es meist üblich, sich mit allen Beteiligten zu einem runden Tisch vor Ort in der Einrichtung oder Schule des Kindes zu treffen. Das hat sich bewährt, da eine gute Zusammenarbeit mit der Einrichtung oft erfolgsentscheidend ist.

Abschließend erhalten Sie den Bewilligungsbescheid und gegebenenfalls ein Protokoll der Hilfeplanung. Die Hilfe kann als Sachleistung erbracht werden – in der Regel beauftragen die Leistungsträger dann einen Träger mit der Suche nach einem geeigneten Assistenten und rechnen die Leistung entsprechend mit der Trägereinrichtung ab. ***Bei der Auswahl der Trägereinrichtung und der Auswahl des Assistenten dürfen Sie Wünsche äußern, denn letztendlich hängt das Gelingen einer solch sensiblen Maßnahme oft davon ab, dass die Chemie zwischen allen Beteiligten stimmt.***

Grundsätzlich ist die Leistung einer Integrationshilfe nach § 17 SGB IX i. V. m. § 57 SGB XII budgetfähig. Dabei ist das persönliche Budget so zu bemessen, dass es den individuell festgestellten Hilfebedarf auch tatsächlich deckt, was in der Praxis leider nicht immer so ist. Mit dem bewilligten Budget können Sie einen Träger Ihrer Wahl beauftragen, der dann mit Ihnen abrechnet, oder aber selbst als Arbeitgeber auftreten. Hier gibt es viele Für und Wider der ein oder anderen Form, nehmen Sie hier am besten kompetente Beratung in Anspruch.

Sind Sie mit der Entscheidung des Hilfeträgers bzw. mit der Höhe des bewilligten Budgets nicht einverstanden, können Sie innerhalb eines Monats Widerspruch einlegen. Bei Selbsthilfeverbänden, Einrichtungen der Behindertenhilfe und spezialisierten Anwälten können Sie dabei Unterstützung bekommen.

Was sollte ich beachten?

Eine regelmäßige Mitarbeit Ihrerseits ist unumgänglich. Vor allem in der Erstantragsphase fallen viele Termine an und Ihre Geduld wird zum Teil deutlich strapaziert. Im Gegensatz zu anderen Leistungen der Eingliederungshilfe ist die Schulassistenz ohne Anrechnung von Einkommen und Vermögen zu gewähren (besondere Regelungen des § 92 Abs. 2 SGB XII).

Jede von der Hilfeplanung abweichende zusätzliche Leistung – z.B. die Begleitung zur Klassenfahrt oder ein Schulfest – muss meist gesondert beantragt werden.

Die Ämter sind dazu angehalten, Kosten zu sparen. Es werden grundsätzlich nur ***notwendige*** Leistungen bewilligt, die vom Optimum zum Teil recht weit entfernt sind. Wenn z.B. ein viel zu niedriger Stundensatz angerechnet wurde oder Ihnen die eigentlich notwendige Fachkraft

durch eine Nichtfachkraft ersetzt wird, kämpfen Sie für Ihre Rechte! Vieles kann dadurch erreicht werden, gegebenenfalls sogar vor Gericht erstritten werden.

»...kämpfen Sie für Ihre Rechte! Vieles kann dadurch erreicht werden, gegebenenfalls sogar vor Gericht erstritten werden.«

Entgegen der landläufigen Meinung kann auch in einer ausgewiesenen Förderschule/-einrichtung bei Vorliegen der Bedingungen - in begründeten Ausnahmefällen heißt es in den Empfehlungen des Ministeriums - eine Integrationshilfe in Anspruch genommen werden. Ebensolche Ausnahmefälle sind die Begleitung auf dem Schulweg oder Hausaufgabenhilfe.

Es ist grundsätzlich nicht Aufgabe eines Integrationshelfers, pädagogische Tätigkeiten im Sinne des schulischen Bildungsauftrages zu leisten. Im Bereich SGB XII gibt es seit 2006 eine Gemeinsame Empfehlung des Ministeriums für Arbeit, Soziales, Gesundheit, Familie und Frauen, des Ministeriums für Bildung, Wissenschaft, Jugend und Kultur sowie der Kommunalen Spitzenverbände in Rheinland-Pfalz zu den Aufgabenfeldern eines Integrationshelfers im Zusammenhang mit der schulischen Bildung von Schülern mit Behinderung, die auf dem Bildungsserver niedergelegt ist. (Bildungsserver RLP ▸ http://foerderung.bildung-rp.de/behinderung/integrationshelfer.html). Für den Bereich SGB VIII gibt es eine solche Empfehlung leider bis heute nicht.

Ein weiteres Instrument zur Sicherstellung von Chancengleichheit stellt der Nachteilsausgleich dar. Unter ▸ http://www.schule-bw.de/schularten/sonderschulen/sonderschultypen/sfk/schulen/krankheitsbilder/rechtlichegrundlagen.html finden Sie entsprechende Informationen – oder sprechen Sie mich einfach an!

Siehe auch ▸ „Linkliste: Nachteilsausgleich und sonderpädagogische Förderung“ in diesem Kapitel.

◆ ◆ ◆

Linkliste: Nachteilsausgleich und sonderpädagogische Förderung

Karin Jäkel

Hinweis:
Linkangaben vom August 2011. Beachten Sie bitte, dass diese Angaben nicht verbindlich sind und Linkadressen im Internet oft geändert werden. Aktuelle Daten finden Sie auf der Homepage
▶ www.fruehgeborene-bildung.de

Grundsätzlich gilt:
„Niemand darf wegen seiner Behinderung benachteiligt werden."
Grundgesetz Artikel 3, Abs. 3, Satz 2

„ (1) Die Vorschriften über Hilfen für behinderte Menschen zum Ausgleich behinderungsbedingter Nachteile oder Mehraufwendungen (Nachteilsausgleich) werden so gestaltet, dass sie unabhängig von der Ursache der Behinderung der Art oder Schwere der Behinderung Rechnung tragen." - **§ 126 Sozialgesetzbuch Neuntes Buch (SGB IX)**

Länderspezifische Ausgestaltungen dieser Grundsätze:

Baden-Württemberg

Kinder und Jugendliche mit besonderem Förderbedarf und Behinderungen, Verwaltungsvorschrift vom 8. März 1999, Az.: IV/1-6500.333/61, zuletzt geändert durch Verwaltungsvorschrift vom 22.08.2008
▶ http://www.landesrecht-bw.de/jportal/?quelle=jlink&query=VVBW-2205-1-KM-19990308-SF&psml=bsbawueprod.psml&max=true

Bayern

Staatliche Schulberatung Bayern: Übersicht Nachteilsausgleich
▶ http://www.schulberatung.bayern.de/schulberatung/bayern/fragen_paed_psy/lern_leistungsschwierigkeiten/index_07807.asp

Förderschulen in Bayern
▶ http://www.km.bayern.de/ministerium/schule-und-ausbildung/schularten/foerderschule.html

Berlin

- http://www.berlin.de/sen/bildung/foerderung/sonderpaedagogische_foerderung/

Brandenburg

Nachteilsausgleich
- http://bildungsserver.berlin-brandenburg.de/8356.html

Sonderpädagogische Förderung
- http://www.mbjs.brandenburg.de/sixcms/detail.php/5lbm1.c.138527.de

Bremen

Lese-Rechtschreib-Schwäche und Dyskalkulie
- http://www.bildung.bremen.de/sixcms/detail.php?gsid=bremen117.c.22976.de

Förderzentren
- http://www.bildung.bremen.de/sixcms/detail.php?gsid=bremen117.c.22921.de

Hamburg

Richtlinie zur Förderung von Schülerinnen und Schülern mit besonderen Schwierigkeiten im Lesen, Rechtschreiben oder Rechnen
- http://www.hamburg.de/contentblob/69558/data/bbs-vo-richtl-foerderung-lesen-rechnen-11-06.pdf

Sonderpädagogische Förderung
- http://www.hamburg.de/integration-inklusion/

Hessen

Nachteilsausgleich für Schülerinnen und Schüler mit Funktionsbeeinträchtigungen, Behinderungen oder für Schülerinnen und Schüler mit besonderen Schwierigkeiten beim Lesen, Rechtschreiben oder Rechnen, Erlass vom 18. Mai 2006

- ▶ http://www.kultusministerium.hessen.de/
  Hier der Navigation folgen
  ▶Schule ▶Allgemeines ▶Unterricht ▶Schwierigkeiten beim Lesen, Rechtschreiben oder Rechnen

Sonderpädagogische Förderung in Hessen

- ▶ http://www.kultusministerium.hessen.de/irj/HKM_Internet?cid=9826175756adc83044fc071c043ee224

Mecklenburg-Vorpommern

Handreichung mit Empfehlungen zur Förderung von Schülerinnen und Schülern mit besonderen Schwierigkeiten im Lesen, Rechtschreiben oder Rechnen

- ▶ http://www.bildung-mv.de/export/sites/lisa/de/schule/grundschulen/lrs_klassen/handreichung_lrs.pdf

Handreichung Förderplanung

- ▶ http://www.bildung-mv.de/export/sites/lisa/de/schule/foerderplanung/handreichung_foerderplanung.pdf

Niedersachsen

Schwierigkeiten im Lesen, Rechtschreiben und Rechnen

- ▶ http://www.mk.niedersachsen.de/live/live.php?navigation_id=1891&article_id=6411&_psmand=8

Sonderpädagogische Förderung/Inklusion

- ▶ http://www.mk.niedersachsen.de/live/live.php?navigation_id=1820&article_id=56406&_psmand=8

Nordrhein-Westfalen

Gemeinsames Lernen von Schülerinnen und Schülern mit und ohne Behinderungen

- ▶ http://www.schulministerium.nrw.de/BP/Inklusion_Gemeinsames_Lernen/index.html

Verordnung über die sonderpädagogische Förderung, den Hausunterricht und die Schule für Kranke
(Ausbildungsordnung gemäß § 52 SchulG – AO-SF) vom 29. April 2005, zuletzt geändert durch Gesetz vom 5. November 2008

▶ http://www.schulministerium.nrw.de/BP/Schulrecht/APOen/AO_SF.pdf

Förderung von Schülerinnen und Schülern bei besonderen Schwierigkeiten im Erlernen des Lesens und Rechtschreibens (LRS), RdErl. d. Kultusministeriums v. 19. 7. 1991

▶ http://www.schulministerium.nrw.de/BP/Schulrecht/Erlasse/LRS-Erlass.pdf

Rheinland-Pfalz

Förderung von Schülerinnen und Schülern mit besonderen Schwierigkeiten im Lesen und Rechtschreiben, Verwaltungsvorschrift des Ministeriums für Bildung, Wissenschaft, Jugend und Kultur vom
28. August 2007

▶ http://foerderung.bildung-rp.de/fileadmin/user_upload/foerderung.bildung-rp.de/Lernschwierigkeiten/KMK/VV_Lernschwierigkeiten_Sek_I.pdf

Integrierte Fördermaßnahmen

▶ http://foerderung.bildung-rp.de/integrierte-foerdermassnahmen.html

Behinderung als Thema und Herausforderung

▶ http://foerderung.bildung-rp.de/behinderung.html

Saarland

Richtlinien zur Förderung von Schülerinnen und Schülern mit besonderen Schwierigkeiten beim Erlernen des Lesens und/oder Rechtschreibens vom 15. November 2009

▶ http://www.bvl-legasthenie.de/landesverbaende/saarland

Sachsen

Legasthenie

▶ http://www.bvl-legasthenie.de/landesverbaende/sachsen

Sachsen-Anhalt

Nachteilsausgleich

- http://www.bildung-lsa.de/schule/schulformen/foerderschule/gemeinsamer_unterricht/nachteilsausgleich.html?historyback=1#art6165

Verordnung über die sonderpädagogische Förderung

- http://www.bildung-lsa.de/schule/schulformen/foerderschule/rechtsvorschriften.html?historyback=1#art8043

Schleswig-Holstein

Förderung von Schülerinnen und Schülern mit Lese-Rechtschreib-Schwäche, Erscheinungsdatum: 27.06.2008

- http://www.schleswig-holstein.de/Bildung/DE/Schulen/Schulrecht-Schulgesetz/Erlasse/Downloads/Legasthenie.html

Landesverordnung über sonderpädagogische Förderung

- http://www.schleswig-holstein.de/Bildung/DE/Service/Schulrecht/Data/A_E/behinderung.html

Thüringen

Fachliche Empfehlung zu Fördermaßnahmen für Kinder und Jugendliche mit besonderen Lernschwierigkeiten in den allgemein bildenden Schulen(außer Förderschule) in Thüringen vom 20. August 2008

- http://www.thueringen.de/imperia/md/content/tkm/schule/foerderung/fachliche_empfehlung_lernschwierigkeiten_20_08_2008.pdf

Broschüre: Fachliche Empfehlung zur sonderpädagogischen Förderung in Thüringen

- http://www.thueringen.de/imperia/md/content/tkm/schule/brosch__re_sonderp__dagogische_f__rderung.pdf

◆ ◆ ◆

Epilepsien im Kindesalter

Dr. med. Christa Löhr-Nilles,
Klinikum Mutterhaus der Borromaeerinnen gGmbH, Trier

Der Begriff „Epilepsie" stammt aus dem Griechischen und bedeutet „auf etwas fallen, umfallen, von etwas plötzlich heftig ergriffen sein".

Ca. 1 % aller Menschen sind an einer Epilepsie erkrankt, bei ca. 5% aller Menschen kommt es im Verlauf ihres Lebens zu mindestens einem Krampfanfall und etwa 50% der Epilepsien beginnen im Kindes- und Jugendalter. Die Epilepsie ist die häufigste chronische neurologische Erkrankung in dieser Altersgruppe.

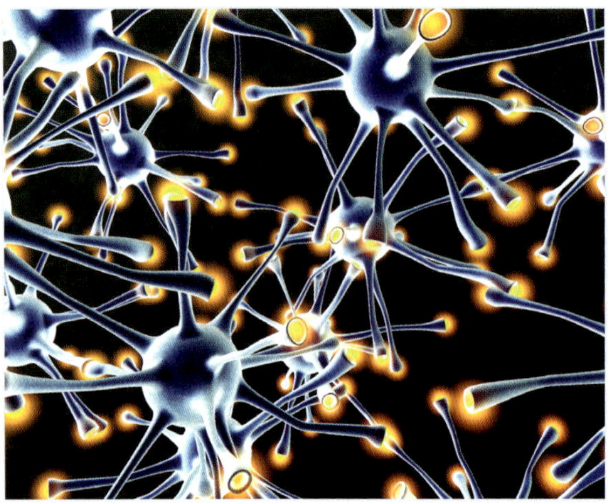

Epileptische Anfälle entstehen im Gehirn. Die Informationsübertragung zwischen den vielen Milliarden Nervenzellen folgt nach einem festen Plan aus Erregung und Hemmung. Werden die Prozesse an den Synapsen/Verbindungsstellen gestört, können die Nervenzellen ihre gesteigerte Aktivität nicht mehr unterdrücken und es kommt zu einer sich explosionsartig ausbreitenden Erregung großer Nervenzellverbände oder auch des gesamten Gehirns. Nicht jeder epileptische Anfall ist gleichzusetzen mit einer Epilepsie.

Tritt z.B. ein Krampfanfall nur in einer bestimmten Situation auf, sprechen wir von „Gelegenheitsanfall". Die häufigste Form der Gelegenheitsanfälle sind die Fieberkrämpfe zwischen dem ersten und fünften Lebensjahr.

Ursachen der Epilepsie

Epilepsien können aufgeteilt werden in:

- *„Symptomatische" Epilepsien*
  Es sind verschiedene Faktoren bekannt, die das Entstehen der Epilepsie begünstigen. Dies können Störungen/Schädigungen vor der Geburt (Infektion, Stoffwechsel), während der Geburt (Sauerstoffmangel, Hirnblutung) oder nach der Geburt (Entzündung, Unfall, Hirntumor) sein.
- *„Idiopathische" Epilepsien*
  Hierbei wird die Neigung zu Anfällen vererbt. Trotz zunehmender technischer Untersuchungsmög-

lichkeiten bleiben die Ursachen vieler Epilepsien im Kindesalter weiter noch ungeklärt.

- *„Kryptogene" Epilepsien*
  Die Ursache konnte bislang nicht zugeordnet werden.

Diagnostik bei Epilepsie

Die Krankheitsvorgeschichte (z.B. Frühgeburt, Unfall) kann wichtige Hinweise auf mögliche Ursachen der Epilepsie geben. Eine genaue Anfallsbeschreibung durch den Patienten, Eltern, Lehrer oder Freunde ist von großer Bedeutung (Anfallsdauer, Anfallsbeginn, Bewusstseinslage, Seitenbetonung). Hat das Kind zu Beginn des Anfalls ein Vorgefühl („Aura"), ergeben sich Hinweise, aus welcher Hirnregion der Anfall kommt. Visuelle Auren (z.B. verzerrte optische Wahrnehmung, Lichtblitze) lassen auf den Anfallsursprung in der Sehrinde (Hinterkopf) schließen.

Untersuchungen

- ***Blut:***
  zur Klärung möglicher Ursachen, zur Funktionsprüfung von Organfunktionen und in der medikamentösen Verlaufskontrolle.
- ***LP (Lumbalpunktion):***
  Untersuchung von Nervenwasser zum Ausschluss einer entzündlichen Ursache oder einer Stoffwechselerkrankung.
- ***EEG:***
  zur Klärung, ob eine Anfallsbereitschaft vorliegt.
  Zur genaueren Beurteilung können noch Schlaf-EEG, Langzeit-EEG über 24 Stunden, EEG mit synchroner Video-Überwachung und ein Schlafentzugs-EEG veranlasst werden. Sowohl das Schlafentzugs-EEG als auch die Fotostimulation und Hyperventilation stellen Provokationsmethoden/Stress für das kindliche Gehirn dar.
- ***MRT (Magnetresonanztomographie)***
- ***CT (Computertomographie), Sonographie (Ultraschall)***
- ***PET (Positronen-Emissions-Tomographie) und SPECT (Single-Photonen-Emissions-CT)***
  messen Durchblutung und Stoffwechsel im Gehirn.

EEG unauffällig

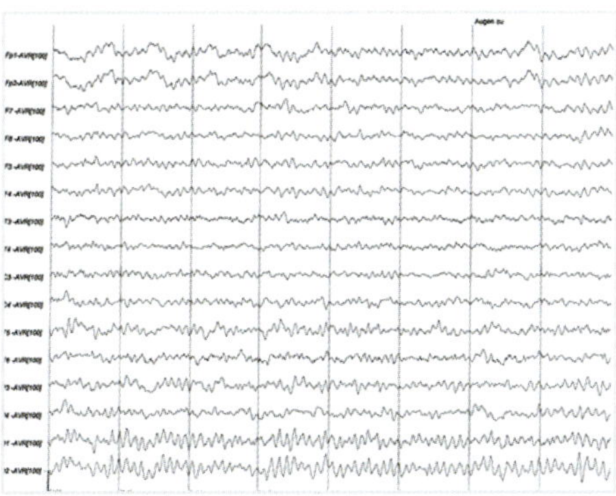

EEG auffällig

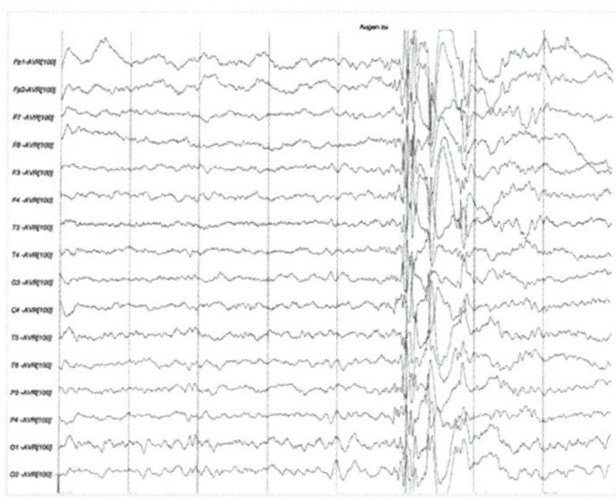

Eine Bildgebung wird durchgeführt, wenn die Art der Anfälle und das EEG den Verdacht auf eine zugrunde liegende Schädigung im Gehirn vermuten lassen.

Anfallsformen (Klassifikation)

Je nach Erscheinungsbild und EEG-Befund werden Anfälle eingeteilt in:

- ***Fokale Anfälle***
  Das Anfallsgeschehen geht von einer Hirnregion aus und erfasst nur bestimmte Körperteile oder Sinnesorgane, z.B. Zuckung in einer Hand. Das Bewusstsein ist erhalten.
- ***Generalisierte Anfälle***
  Das Anfallsgeschehen erfasst sofort das gesamte Gehirn, das Bewusstsein ist getrübt bzw. erloschen. Das Kind sinkt zu Boden.
- ***Sekundär generalisierte Anfälle***
  Der Anfall geht zwar von einer Hirnregion aus, breitet sich aber in der Folge weiter aus über das gesamte Gehirn.

Die generalisierten Anfälle werden nach den hervorgerufenen Körperbewegungen unterschieden in:

- Tonische Anfälle:
  die Muskeln sind angespannt, versteift
- Klonische Anfälle:
  rhythmische Zuckungen treten auf
- Tonisch-klonische Anfälle:
  Kombination aus beiden
- Myoklonische Anfälle:
  vereinzelt auftretende Zuckungen
- Astatische Anfälle:
  Verlust des Muskeltonus
- Absencen:
  Sekunden dauernde Bewusstseinspause/Abwesenheit. Der Patient hält für Sekunden in seiner Bewegung inne, blickt abwesend, Blinzeln der Augen.

Verschiedene Epilepsieformen treten in bestimmten Lebensphasen auf:

- ***Neugeborene:***
  Neugeborenenanfälle;
- ***Säuglingsalter***:
  BNS-Anfälle (Blick-Nick-Salaam), frühinfantile myoklonische Encephalopathie;
- ***Kleinkindalter:***
  Frühkindliche Grand-Mal-Epilepsie, frühkindliche Absencen;
- ***Schulalter:***
  Benigne fokale Epilepsie, Absencen des Schulalters, myoklonische Absencen;
- ***Jugend:***
  Aufwachepilepsie, myoklonische Epilepsie.

Verhalten im Anfall

- Möglichst Ruhe bewahren,
- Schutz vor Verletzungen (Gegenstände aus der Hand nehmen, hinlegen, weichen Gegenstand unter den Kopf legen),
- Seitenlage, um Atemwege frei zu halten,
- Anfallsbeobachtung, Blick zur Uhr (Dauer des Anfalls),
- Gabe des vom Arzt verordneten Notfallmedikamentes nach 3-5 Minuten, falls der Anfall nicht abklingt,
- Notfallmedikamente können als Tropfen oral gegeben werden, als Tablette in die Wangentasche gelegt werden oder als Klysma (Rec-

tiole) in den Enddarm verabreicht werden.
- Sollte der Anfall danach nicht beendet sein, ist der Notarzt zu verständigen.

Therapie der Epilepsie

Ziel einer medikamentösen Therapie ist es, eine Anfallsfreiheit mit möglichst geringen oder keinen Nebenwirkungen zu erreichen. Abhängig von der Art der Epilepsie, dem Alter und der Grunderkrankung muss eine medikamentöse Therapie zeitnah eingeleitet werden. Das Medikament wird langsam eindosiert unter genauer Beobachtung des Kindes. Führt eine Monomedikation nicht zum Erfolg, wird in einer Umstellungsphase ein weiteres Medikament entweder dazugegeben (Kombinationstherapie) oder gegen das erste schrittweise ausgetauscht. Eine mindestens zweijährige Anfallsfreiheit sollte vor einer möglichen langsamen Reduktion erreicht sein. Bestimmte Epilepsieformen können spezielle Therapien erfordern. So kann bei einer BNS-Epilepsie ***Cortison*** zum Einsatz kommen.

Schwer einstellbare Epilepsien sprechen vereinzelt auf ***ketogene Diät*** (hoher Fettanteil in der Nahrung) gut an.

Ein ***Vagusnervstimulator*** wird diskutiert, wenn die medikamentöse Therapie nicht ausreichend hilft. Ein implantierter Stimulator sendet dabei elektrische Impulse zum Gehirn.

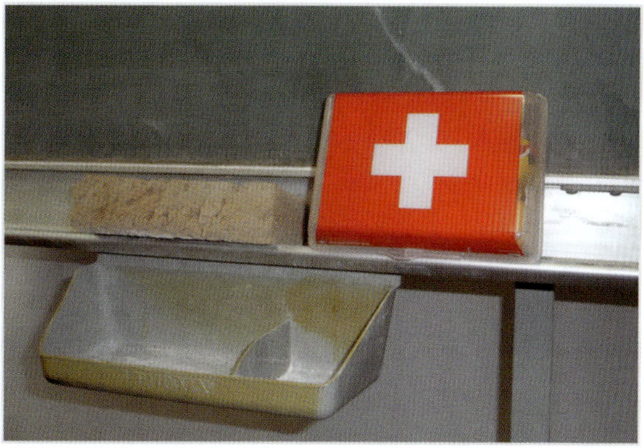

Verhalten im Anfall

- Ruhe bewahren!
- Schutz vor Verletzungen
- stabile Seitenlage
- Anfallsbeobachtung, Zeitdauer notieren
- vom Arzt verordnetes Medikament verabreichen
- ggf. Notarzt verständigen

Homöopathie kann die genannten Maßnahmen unterstützen.

Epilepsiechirurgie kommt zum Einsatz, wenn umschriebene Gewebeveränderungen im Gehirn (Narben, gestörte Hirnanlage) ursächlich für die Epilepsie sind und deren Entfernung ohne größere Verletzung von gesundem Hirngewebe möglich ist.

Neben den genannten Therapiemaßnahmen ist es besonders wichtig, die Auswirkungen auf den psychischen und sozialen Bereich der betroffenen Kinder und ihrer Familie im Auge zu behalten. Hierzu gehört neben einer umfassenden Schulung und Aufklärung der Patienten und ihrer Familie eine gute

© schemmi/pixelio.de

Integration in Kindergarten, Schule und Beruf.

Entwicklung

Während eines Anfalls ist die Hirnfunktion gestört, erholt sich danach jedoch wieder.

Häufig auftretende Anfälle können mit Entwicklungsproblemen oder mit einem Abbau von Fähigkeiten einhergehen. Zahlreiche kurze Absencen oder nur eine deutlich gesteigerte Anfallsbereitschaft im EEG (bei klinisch bestehender Anfallsfreiheit) können zu eingeschränkter Leistungsfähigkeit, Konzentrations- und Lernstörungen führen.

Auch die medikamentöse Therapie kann die Entwicklungschancen der Kinder beeinflussen durch Störung der Aufmerksamkeit und vermehrte Müdigkeit. Nach der Diagnose einer Epilepsie und auch in deren Verlauf sollte daher eine neuropsychologische Testung durchgeführt werden. Eine angemessene Förderung kann dadurch erfolgen.

Die meisten Kinder mit einer Epilepsie entwickeln sich jedoch normal.

Information über Unterstützungsmöglichkeiten und über Maßnahmen wie Eingliederungshilfe, sonderpädagogischen Förderbedarf, Integration, Pflegegeld, (Familien)-Kuraufenthalte oder die Beantragung eines Behindertenausweises (bei Minderung der Erwerbsfähigkeit) erleichtern oft den Alltag.

Weitere Informationen:
- „Hilfreiche Anschriften“ und
- „Literaturempfehlungen“

im Anhang

◆ ◆ ◆

Ursachen und Formen einer zerebralen Bewegungsstörung

Dr. med. Ingrid Müller, Köln

Der nachfolgende Beitrag wurden mit freundlicher Genehmigung des Bundesverbandes für körper- und mehrfachbehinderte Menschen e.V. (bvkm) übernommen. Die Broschüre „Kinder mit cerebralen Bewegungsstörungen - Eine Einführung" sowie weitere Informationen finden Sie auf der Webseite unter

▸ http://www.bvkm.de .

Wenn Eltern erfahren, dass bei ihrem Kind der Verdacht auf eine „zerebrale Bewegungsstörung" besteht, werden sie neben dem Kummer von sehr vielen Fragen bewegt. Wird mein Kind laufen lernen? Kann es in den Kindergarten gehen, den sein Bruder besucht? Welche Schule kommt in Frage? Wird es später selbstständig leben können? Und vor allem – was können wir tun?

Die Fragen umfassen die gesamte Lebensperspektive des Kindes, sollten jedoch in einer fachspezifischen und einfühlsamen Beratung und Begleitung in zeitnahe Informationsschritte zerlegt werden.

Was ist eine zerebrale Bewegungsstörung?

Eine zerebrale Bewegungsstörung wird auch als infantile (kindliche) Cerebralparese (ICP) bezeichnet. Fachleute sprechen von einer Gruppe von Krankheitsbildern, die zu einer Störung von Haltung, Bewegung und motorischen Funktionen führen. Diese Störung ist dauerhaft vorhanden, aber nicht fortschreitend. Erscheinungsbild und Funktionsfähigkeit verändern sich durch Hirnreifung und möglicherweise durch sekundäre Schäden an Muskeln und Gelenken. Als Ursachen sind bleibende Störungen am unreifen kindlichen Gehirn anzusehen, die vor, während oder nach der Geburt entstanden sind.

Welches sind die Ursachen?

Die häufigste Ursache sind Schädigungen des unreifen Gehirns durch Sauerstoffmangel vor, während oder nach der Geburt. Einen besonderen Risikofaktor stellt die Frühgeburtlichkeit dar. Hierbei handelt es sich um Kinder, die vor der 37. Schwangerschaftswoche (SSW) geboren werden. Aber auch angeborene Fehlbildungen des Gehirns, entzündliche Erkrankungen und Gefäßprozesse, Hirnblutungen und Hirnverletzungen, z.B. unter der Geburt, können eine Zerebralparese (CP) auslösen. Zerebralparesen sind nicht vererbbar, aber sie können zum Bild einer genetischen oder Stoffwechselstörung gehören.

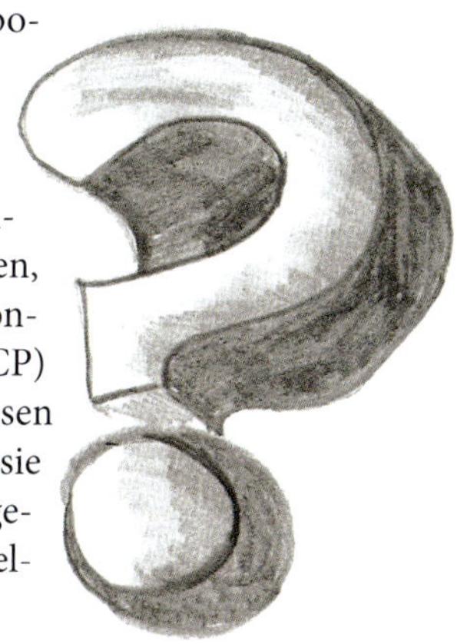

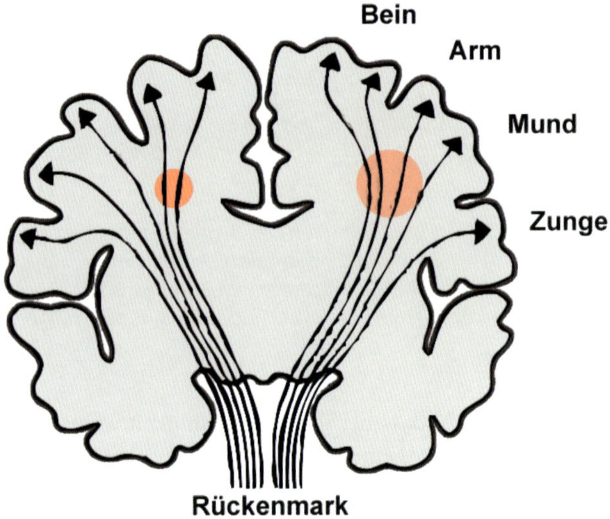

Schädigung der Pyramidenbahn

Frühgeborene (6,3% aller Lebendgeborenen) sind um so gefährdeter, eine zerebrale Bewegungsstörung zu entwickeln, je unreifer sie geboren werden. Durch Störungen im Atem- und Herz-Kreislaufsystem kommt es zu Mangeldurchblutung, Mangelversorgung, aber auch zu Blutungen in Hirnkammern und Hirngewebe. Wenn dadurch motorische Zentren oder Bewegungsbahnen (Pyramidenbahn) betroffen sind, kann eine Bewegungsstörung entstehen.

Wie häufig kommen zerebrale Bewegungsstörungen vor?

Insgesamt ist bei allen Lebendgeborenen von einer Häufigkeit um 0,25% (2-3 auf 1000 Kinder) auszugehen. Davon sind 30-40% Frühgeborene. Bei Frühgeborenen unter der 30. Schwangerschaftswoche steigt die Erkrankungsrate auf mehr als 10% an.

Welche Formen werden unterschieden?

Zerebrale Bewegungsstörungen werden in der Regel nach der Art der Veränderung der Muskelspannung (Muskeltonus) und dem Verteilungsmuster der Symptome eingeteilt. Die aktuell gebräuchliche Klassifikation unterscheidet in:

- spastische Zerebralparesen,
- dyskinetische Zerebralparesen sowie
- ataktische Zerebralparesen.

Die spastischen Zerebralparesen sind mit 90% die am häufigsten auftretende Form.

Was bedeutet Spastik?

Durch eine Störung der Signalübertragung von der Hirnrinde über die Bewegungsbahn (Pyramidenbahn) und das Rückenmark zur Muskulatur der Arme und Beine ist es nicht möglich, die Muskelspannung vor und während einer Bewegung in richtiger Weise an die Situation anzupassen. ***Um Haltungskontrolle zu ermöglichen, wird zu viel Muskelspannung (Spastik) aufgebaut.*** Eine abgestimmte Aktivierung der Beuge- und Streckmuskulatur (Koordination) gelingt nicht. ***Hinzu kommt, dass die Kontrolle der Bewegung durch das Bewegungsgefühl ebenfalls gestört ist.***

Die Spastik nimmt nicht nur bei schnellen Bewegungen, sondern auch bei psychischer Erregung zu. Durch die Überspannung verändert sich im Laufe der Zeit häufig das Muskelgewebe, d.h. dass zum Beispiel durch eine Muskelverkürzung die Beweglichkeit der Gelenke eingeschränkt wird (Kontrakturen). Im Krankheitsverlauf verändern sich abhängig von Situation, Aktivität, Bewegungsgeschwindigkeit und Befindlichkeit nicht nur Bewegungsqualität, sondern auch Kraftentwicklung, Geschicklichkeit und Ausdauer.

Welche spastischen Bewegungsstörungen gibt es?

Die ***spastische Hemiparese*** (30%) ist durch eine halbseitige Ausprägung (eine Körperseite betroffen) spezifischer Symptome gekennzeichnet.

Die Symptomatik kann arm-, bein- oder gleich betont auftreten. Die Störung wirkt sich auf die Regulation des Muskeltonus, auf Haltungs- und Bewegungsmuster sowie Funktion und Aktivität aus. In der Folge sind Stütz- und Greiffunktion von Arm und Hand beeinträchtigt. Das Gangbild ist vor allem durch die sich meist entwickelnde Spitzfußstellung in typischer Weise verändert. Erschwerend kommt häufig eine deutliche somatosensorische Störung (Neglect) hinzu, die auf der gesamten Körperseite ausgeprägt ist und zu ***Unsicherheit im Körpergefühl und zur Störung von Körperschema und räumlicher Orientierung führt. Zusätzliche Probleme im Bereich des Sehvermögens, der Sprache und Kognition*** sowie im ursächlichen Zusammenhang stehende Anfallsleiden können die Prognose beeinträchtigen. Frühsymptome zeigen sich bereits im Säuglingsalter in Haltungsasymmetrie, Ablehnung der Bauchlage, einseitigen Aktivitäten im Stützen, Greifen, Drehen, Robben oder Krabbeln. Freies Laufen erfolgt meist verspätet nach dem 18. Lebensmonat.

Ursache und Zeitpunkt der zentralen Schädigung sind bei manchen betroffenen Kindern schwer zu bestimmen. Inzwischen ist bekannt, dass die meisten spastischen Hemiparesen vorgeburtlich oder frühkindlich erworben sind, z. B. durch Gefäßverschlüsse, Mangeldurchblutung, Hirnfehlbildungen oder durch Entzündungen und Schädelhirntraumen.

Die Gesamtprognose ist abhängig von Größe und Lokalisation der Hirnschädigung, die in sicherem Zusammenhang mit dem neurologischen Befund und der motorischen Funktionsbeeinträchtigung steht.

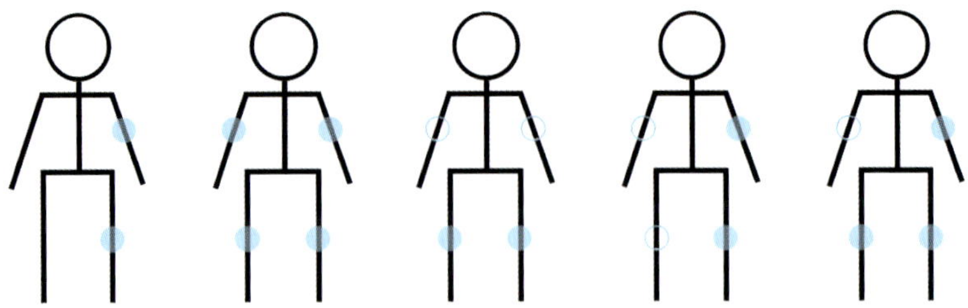

Die Halbseitensymptomatik kann im Laufe der Entwicklung des Kindes durch einseitige Wachstums- und Durchblutungsstörungen zu orthopädisch versorgungsbedürftigen Problemen wie Beinverkürzung, Hüftdysplasien, Fuß- und Wirbelsäulenfehlstellungen führen.

Bei ***spastischen Tetraparesen*** (60%) sind immer Arme und Beine betroffen. Die Bewegungsstörung kann abhängig von der Lokalisation der zerebralen Schädigung arm-, bein-, seiten- und/oder gekreuzt betont auftreten.

Die häufigste Form ist die beinbetonte Tetraparese (früher auch Diparese genannt). Zwei Drittel der betroffenen Kinder sind ehemalige Frühgeborene. Die motorischen Funktionsausfälle sind gravierender als die Störung der sprachlichen und kognitiven Fähigkeiten.

Die oberen Extremitäten sind stets, aber unterschiedlich schwer, mitbeteiligt. Die Symptome reichen von ausgeprägter Spastik mit massiver Funktionseinschränkung beim Stützen, Greifen, Schreiben usw. bis zu leichten Koordinationsproblemen. Im Bereich der unteren Extremitäten zeigt sich ein typisches Bewegungsmuster, das durch Adduktion und Innenrotation der Beine im Hüftbereich, vermehrte Hüft- und Kniebeugung sowie Spitzfußstellung gekennzeichnet ist.

Je nach Ausprägung der Bewegungsstörung werden bereits im Säuglingsalter Veränderungen im Muskeltonus, Bewegungsarmut und verzögerte motorische Entwicklung deutlich. Außerdem können Saug-, Kau- und Schluckstörungen, verzögerte Bildung von Lauten oder eine Schielstellung der Augen hinweisend sein. Zusätzliche Probleme wie Anfallsleiden sind relativ selten, Sehstörungen dagegen mit etwa 30% häufig. ***Die kognitive Leistungsfähigkeit wird weniger durch Intelligenzstörungen als durch umschriebene Entwicklungsstörungen in Aufmerksamkeit, räumlich-visueller Wahrnehmung, Auge-Handkoordination und durch eine allgemein herabgesetzte und verlangsamte Handlungskompetenz beeinträchtigt.***

Seiten-, gekreuzt- und armbetonte Tetraparesen findet man vorwiegend bei reifgeborenen Kindern, welche schwere Infektionen oder Atem- und Kreislaufstörungen unter der Geburt erlitten haben, aber auch bei hochgradig unreifen Frühgeborenen mit ausgeprägten Hirnblutungen. Insgesamt haben diese Tetraparesen eine ungünstigere Prognose und sind mit vermehrten Begleitsymptomen belastet. Anfallsleiden, geistige Retardierungen, Sprach-, Seh- und Hörstörungen erschweren die Gesamtentwicklung und die soziale Selbstständigkeit. Auch in Bezug auf Bewegungs- und Handlungsfähigkeit muss die Prognose sehr vorsichtig gestellt werden. Langfristig sind besonders bei schwerst mehrfach behinderten Kindern Sekundärprobleme zu erwarten, die beispielsweise durch Gelenkkontrakturen, Hüftluxationen und Fehlstellungen der Wirbelsäule die Eigenaktivität zusätzlich beeinträchtigen.

Pflege und Betreuung dieser Kinder können durch Schlaf-, Ess-, Wachstums- und Gedeihstörungen, Verdauungsprobleme, vermehrte Infektanfälligkeit und mangelnde Kommunikationsfähigkeit hochgradig erschwert sein, so dass spezielle Hilfen notwendig werden.

Die Frühdiagnose einer spastischen Tetraparese kann im ersten und zweiten Lebensjahr schwierig sein, da ein objektiver Nachweis nicht möglich ist. Hilfreich ist die Erfassung und engmaschige Betreuung von Risikokindern, die einer sorgfältigen kinderneurologischen Untersuchung bedürfen. Zusätzliche diagnostische Verfahren ermöglichen die Bestimmung des zu erwartenden Schweregrades, allerdings mit höherer Sicherheit erst im vierten Lebensjahr.

Was sind weitere Formen von zerebralen Bewegungsstörungen?

Bei den ***dyskinetischen Zerebralparesen*** (6%) stehen unwillkürliche Bewegungen im Vordergrund. Die so genannte ***Athetose*** ist durch unkontrollierte, ausfahrende schraubende oder wurmartige Bewegungen gekennzeichnet. Die mehr ***choreo-athetotische*** Form zeigt raschere, unwillkürliche Zuckungen mit „abgehackten“ Bewegungsabläufen. Hinzu kommt eine ständig wechselnde Muskelspannung infolge gestörter Tonusregulation. Der gesamte Körper mit allen seinen Bewegungsmöglichkeiten, auch das Gesicht, ist beteiligt. Handlungsaktivität oder psychische Erregung können „Bewegungsstürme“ auslösen.

Beide Formen sind heutzutage eher selten, da die Hauptursache, eine schwere Neugeborenengelbsucht (Kernikterus), erfolgreich behandelt wird. Atemstörungen mit Sauerstoffmangel unter der Geburt können bei reifgeborenen Kindern entsprechende Krankheitsbilder auslösen. Besondere Strukturen, die sogenannten „Hirnkerne“, werden geschädigt.

Bei der mehr ***dystonen Form*** besteht in der Regel eine Kombination von erhöhter Muskelspannung mit anhaltenden Muskelkontrakti-

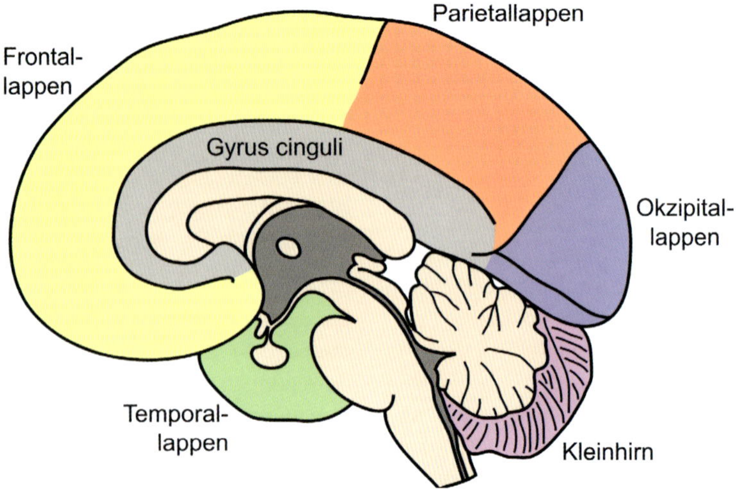

onen und verzerrten willkürlichen und unwillkürlichen Bewegungen. Es finden sich auffällige Haltungsmuster besonders im Bereich von Rumpf, Armen und Händen. Die Ursachen sind unterschiedlich. Sauerstoffmangel unter der Geburt, aber auch angeborene genetische oder Stoffwechselstörungen können eine Rolle spielen.

Bei den beschriebenen Bewegungsstörungen sind schwere motorische Behinderungen möglich. ***Eine begleitende Störung der Mundmotorik behindert häufig die Sprachentwicklung (Dysarthrie). Die kognitiven Fähigkeiten sind dagegen vergleichsweise gut.***

Die ***ataktische Form*** zerebraler Bewegungsstörungen (Ataxie) ist relativ selten (4%). Häufig verdeutlichen sich die Symptome erst im Laufe des zweiten und dritten Lebensjahres. Im ersten Lebensjahr können herabgesetzte Muskelspannung (Hypotonie) und „Augenzittern" (Nystagmus) hinweisend sein. Später zeigen sich mehr oder minder schwere Störungen der Koordination, der Haltung und Bewegung, z.B. sehr unsicheres Greifen (Greifataxie) und „taumelnder Gang" (Gangataxie). Es handelt sich um eine Schädigung des Kleinhirns.

Die Ursachen sind vielfältig und reichen von Sauerstoffmangel unter der Geburt, besonders bei Frühgeborenen, über angeborene Fehlbildungen, Virusinfektionen und toxische Schädigungen in der Schwangerschaft (z.B. durch Alkoholverzehr der Mutter) bis zu erblichen Erkrankungen. ***Begleitende Störungen der Sprache (des Sprachflusses) und der kognitiven Leistungsfähigkeit sind möglich.*** Bei besonders schweren Ausprägungen erreichen die Kinder keine Steh- und Gehfähigkeit.

Um eine prognostische Einschätzung zu ermöglichen, ist eine diagnostische Abklärung unbedingt zu empfehlen.

Nach heutiger Auffassung gibt es keine Form von zerebralen Bewegungsstörungen, die langfristig hypoton (schlaff) bleibt. Hypotonie ist aber vorübergehend (in den ersten Lebensmonaten) möglich. Hypotonie kann ein Symptom verschiedenster Krankheitsbilder im Bereich von Gehirn, Rückenmark, Nervensystem, Muskulatur oder Bindegewebe sein.

Welche Begleiterkrankungen finden sich bei zerebralen Bewegungsstörungen?

Zusätzliche Störungen neben der Bewegungsbeeinträchtigung sind immer von Lokalisation und Ausprägung der Schädigung im Gehirn abhängig. Einige wurden bereits im Rahmen der einzelnen Krankheitsbilder beschrieben. ***Grundsätzlich besteht die Gefahr, dass sich ein Anfallsleiden entwickeln kann. Probleme des Seh-, aber auch des Hörvermögens und der Sprache sind relativ häufig.*** Störungen der Augen- (Schielfehler) und Mundmotorik (Saug-, Schluck- und Kaustörungen) müssen frühzeitig beachtet und behandelt werden. Kognitive und Verhaltensstörungen beeinflussen die Gesamtprognose.

Welche diagnostischen Maßnahmen sind zu empfehlen?

Eine kontinuierliche Entwicklungsbegleitung eines zerebralparetischen Kindes/Jugendlichen ist unbedingt zu empfehlen. Hierzu bieten sich verschiedene Möglichkeiten an, die nach Angebot und Wohnortnähe ausgewählt werden sollten. Sozialpädiatrische Zentren (SPZ), kinderneurologische und orthopädische Ambulanzen sowie Frühfördereinrichtungen verfügen sowohl über fachspezifische ärztliche und therapeutische als auch psychologische und pädagogische Angebote, die die Eltern in diagnostischen Fragen, aber auch in der Förder- und Behandlungsplanung ihres Kindes beraten können.

Neben den notwendigen entwicklungsneurologischen Untersuchungen sind instrumentelle diagnostische Standards für Kinder mit zerebraler Bewegungsstörung nicht sinnvoll. Diese können eher belastend sein. Zur Abklärung von Ursachen werden vor allem bildgebende Verfahren (Sonografie oder Kernspintomografie des Kopfes) eingesetzt. Die Befunde lassen in den meisten Fällen eine relativ sichere Aussage zu Schwere des neurologischen Befundes, motorischer Beeinträchtigung und Prognose zu. Im Verlauf sind bei Auftreten besonderer Symptome, z.B. bei Anfällen, ein EEG (Elektoenzephalogramm), Laboruntersuchungen u.a. notwendig. Augen- und HNO-ärztliche Kontrollen sollten bereits im ersten Lebensjahr erfolgen. Orthopädische Untersuchungen sowie sonografische bzw. Röntgenkontrolle der Hüften müssen individuell abgestimmt werden.

> *»Eine kontinuierliche Entwicklungsbegleitung eines zerebralparetischen Kindes/Jugendlichen ist unbedingt zu empfehlen.«*

Therapeutische Messverfahren und entwicklungspsychologische Untersuchungen sind zur Verlaufsbeurteilung und zur Beratung von Kindergarten-, Schul- und Berufsperspektive sinnvoll.

Wie ist die Prognose einer zerebralen Bewegungsstörung einzuschätzen?

Von medizinischer Seite erfolgt zwar eine diagnostische Zuordnung, trotzdem hat jedes betroffene Kind sein eigenes Krankheitsbild. Der Entwicklungsverlauf ist natürlich von Art und Schwere der Schädigung, aber in besonderem Maße von den familiären und Umfeldbedingungen abhängig. ***Neben der Nutzung therapeutischer Möglichkeiten ist die Eigenaktivität des Kindes im sozialen und lebenspraktischen Bereich ausschlaggebend für spätere Lebensqualität, Leistungsfähigkeit und Teilhabe am gesellschaftlichen Leben.***

Mit der von der Weltgesundheitsorganisation (WHO) erstellten „Internationalen Classification of Function“(ICF) steht ein System zur Einschätzung der Fähigkeiten und Schwierigkeiten eines bewegungsgestörten Kindes zur Verfügung, das nicht nur eine krankheits- und defizitorientierte Einschätzung ermöglicht, sondern sich vor allem an den Fähigkeiten des Kindes orientiert, eigene oder umfeldbezogene Ressourcen zu nutzen.

Neben der Einbindung in das Familiensystem sind eine am Kind/Jugendlichen orientierte Förderung und Bildung in Kindergarten, Schule und Beruf für die Lebensperspektive ausschlaggebend.

Wie bei allen Kindern und Jugendlichen wird es ein individueller, aber angesichts der erschwerten Entwicklungsvoraussetzungen ein besonderer Weg sein.

Autismus oder „Leben in einer anderen Welt“

Abdruck mit freundlicher Genehmigung des Autismus-Therapie-Zentrums Saar gGmbH

▸ http://autismuszentrum-saar.de

Autistische Menschen leben in einer eigenen Wahrnehmungswelt, die anderen nur schwer zugänglich erscheint; sie wehren sich gegen Einflüsse von außen, beschäftigen sich immer wieder mit den gleichen Dingen, sondern sich (scheinbar) ab. Insbesondere die Auswirkungen der autistischen Störung auf die Fähigkeit der Betroffenen, zu kommunizieren und mit anderen Menschen in Kontakt zu kommen, sind verheerend. Bei Autismus handelt es sich um eine angeborene tiefgreifende Entwicklungsstörung, die bei etwa 60 von 10 000 Menschen auftritt. Heute spricht man vom Autismusspektrum, das die breite Varianz des Störungsbildes beschreibt. Gleich sind bei allen Ausprägungen Beziehungs- und Kommunikationsprobleme sowie Probleme bei der Verarbeitung der Sinneswahrnehmungen.

Menschen, die von Autismus betroffen sind, brauchen eine dauerhafte intensive und individuell an ihren Fähigkeiten orientierte Förderung, Unterstützung und Begleitung. Die damit verbundenen Belastungen stellen die betroffenen Familien vor Herausforderungen, die sie nicht immer alleine bewältigen können.

Autismus wird nach den Kriterien der Weltgesundheitsorganisation WHO und gemäß der ICD-10 den tiefgreifenden Entwicklungsstörungen zugeordnet und ist somit sozi-

alrechtlich als eine schwere Mehrfachbehinderung anzusehen. Verschiedene Erscheinungsformen und Schweregrade in der Ausprägung der Behinderung lassen uns von Autismus-Spektrums-Störungen sprechen.

In der ICD-10 werden im Rahmen der tiefgreifenden Entwicklungsstörungen drei Erscheinungsformen einer autistischen Behinderung beschrieben:

- frühkindlicher Autismus (ICD-10 F84.0)
  - Beginn der Störung in den ersten drei Lebensjahren
  - Auffälliges Kontaktverhalten in der Beziehung zu anderen Menschen
  - Gleichförmigkeit und Stereotypien in Bewegung, Spiel, Verhalten und bei Interessen
- Asperger – Syndrom (ICD-10 F84.5)
  wesentlicher Unterschied zum frühkindlichen Autismus:
  - keine verzögerte Sprachentwicklung
  - keine Beeinträchtigung der Kognition
  - sonstige Kennzeichen wie frühkindlicher Autismus, insbesondere:
    - Soziale Verhaltensauffälligkeit
    - Interaktions- und Kommunikationsprobleme
    - Ausgeprägte Sonderinteressen
    - Repetitives, zwanghaftes Verhalten
    - Mangelnde praktische Handlungskompetenzen
    - Motorische Ungeschicklichkeiten
- Atypischer Autismus (ICD-10 F84.1)
  unterscheidet sich vom frühkindlichen Autismus entweder durch das Alter bei Störungsbeginn (z.B. erste Symptome treten nach dem dritten Lebensjahr auf) oder dadurch, dass die diagnostischen Kriterien nicht in allen drei Bereichen erfüllt werden.

Unterscheidungsmerkmale

Die drei Formen des autistischen Spektrums unterscheiden sich im Wesentlichen in ihren Erscheinungsformen, im Schweregrad der Ausprägung der autistischen Störung und durch den Grad an zusätzlichen Beeinträchtigungen (Komorbidität) mit anderen neurologischen Behinderungen (z. B. Anfallsleiden, cerebrale Bewegungsstörungen, geistige Behinderungen u. a.) und/oder seelischen Erkrankungen (z.B. Phobien, Zwänge, Psychosen, Schizophrenie u. a.) und/oder anderen Begleitstörungen (z. B. Fremd- und/oder Autoaggression, Ess- und Schlafstörungen u. a.).

Kernsymptome

Auch wenn Autismus in unterschiedlichen Erscheinungsformen auftritt und mit anderen Begleitstörungen assoziiert sein kann, zeigt er sich bei allen drei Formen mit folgender Kernsymptomatik:

- In einer qualitativ beeinträchtigten sozialen Orientierung und Interaktion;
- In einer qualitativ beeinträchtigten Kommunikation im sprach-

lichen und nicht-sprachlichen Bereich;

- In auffälligen stereotypen Verhaltensweisen und/oder Fixierungen auf einseitige Interessen und/oder zwanghaft-stereotypen Formen der Beschäftigung und durch große Ängste vor Veränderungen.

Zum Verständnis autistischen Verhaltens:

Grundsätzlich fehlt autistischen Menschen neurologisch bedingt und unabhängig von ihrem Intelligenzstatus weitestgehend die Möglichkeit, emotionale und soziale Signale zu verstehen, eigene Kontaktimpulse sozial adäquat auszusenden und im sozialen Miteinander sinnvoll zu gebrauchen. ***Nicht von ungefähr wird die autistische Behinderung eines Menschen auch mit den Begrifflichkeiten einer schweren Kontakt- und Beziehungsstörung charakterisiert.*** Gleichbedeutend schwer wiegt ein weiteres Grundproblem autistischer Menschen im Umgang mit Veränderungen, d.h. von einer sozialen Situation in die nächste „flexibel" und situationsadäquat wechseln zu können.

Aus diesen Grundproblemen entwickeln sich häufig Verhaltensauffälligkeiten, die im täglichen Miteinander (Leben in der Gemeinschaft) zu weiteren schweren Belastungen wie Ängsten, Phobien, Schlaf- und Essstörungen, Wutausbrüchen, Aggressionen und selbstverletzendem Verhalten führen. Diese gefährden in besonderem Maße die Eingliederung des jeweils betroffenen Menschen in soziale Systeme.

Die auftretenden Merkmale innerhalb der beschriebenen Kernsymptomatik können sich bei verschiedenen Personen sehr unterschiedlich zeigen. Die Symptome können undeutlich und schwach, aber auch sehr stark und deutlich ausgeprägt auftreten. Dies bedeutet, dass es trotz gleicher Diagnose unterschiedliche Förderbedarfe, Förderintensitäten und Zielsetzungen bei den Betroffenen geben kann.

Auswirkungen auf Teilhabe an der Gemeinschaft

Das Zusammenwirken der für Autismus relevanten Kernsymptome charakterisiert das typische Gesamtbild dieser tiefgreifenden Entwicklungsstörung, wobei der Entwicklungsweg dieser Menschen von Geburt an durch ihre nicht selbstverständliche emotionale und soziale Orientierung geprägt und damit auch beeinträchtigt ist.

In Folge all dessen finden Lern- und Entwicklungsprozesse bei Menschen mit Autismus vor allem im sozialkommunikativen Bereich kaum spontan statt. Änderungen im Umfeld und soziales Unverständnis lösen fast immer massive Ängste aus und Missverständnisse sind störungsbedingt ständig vorprogrammiert. Diese führen häufig zu erheblichen Krisen im Zusammenleben in der Gemeinschaft. Die Familienstrukturen sind im besonderen Maße gefährdet und laufen Gefahr, ohne spezielle Unterstützung zu zerbrechen. ***Nicht selten droht den Betroffenen ein Ausschluss von Teilhabe und Partizipation an institutioneller vorschulischer, schulischer und nicht zuletzt beruflicher Bildung.***

Häufigkeit

Schätzungen zur Verbreitung autistischer Behinderungen gehen von unterschiedlichen Zahlen aus. Der Anteil der Diagnose „Frühkindlicher Autismus“ wurde vor einigen Jahren auf ca. 4-5 von 10 000 Kindern geschätzt. Aktuelle Einschätzungen gehen davon aus, dass ca. 17 von 10 000 Kindern unter frühkindlichem Autismus, weitere 8 von 10 000 Kindern an einem Asperger-Syndrom leiden.
Autismus tritt bei Jungen etwa drei- bis viermal häufiger als bei Mädchen auf. Die diagnostizierten Mädchen sind allerdings meistens stärker betroffen.

Förderung

Es gibt heute wissenschaftlich erprobte Fördermöglichkeiten, die Kindern mit einer autistischen Störung und ihren Bezugspersonen (Eltern, Familie) bei der Bewältigung ihres Lebens erfolgreich helfen können.

Insbesondere kann durch passende Förderung die Kommunikation (Sprache) aufgebaut und weiterentwickelt werden, die emotionalen, interaktiven und sozialen Fähigkeiten der Kinder verbessern sich, ***sie können lernen, dass sie Dinge, die sie lernen sollen, weil sie gesellschaftlich relevant sind, auch „Lernen-Können“***, damit ihnen der Weg der Teilhabe an schulischer Bildung nicht verwehrt bleibt.

◆ ◆ ◆

Die richtige Schule - Teil 1

Familie P. aus Baden-Württemberg

Junge, 24. SSW, Baden-Württemberg, Förderschule, soziale Integration, Shunt, Sehbehinderung, kognitive und feinmotorische Defizite

Martin wurde am 18.07.1996 in der 24. SSW geboren. Er wog 630 g und war 29 cm groß. Er hatte beidseitig eine drittgradige Hirnblutung, wodurch sich ein Hydrozephalus entwickelte, weshalb er bis heute einen Shunt (Hirnwasserableitung) hat.

Von 2000 – 2003 besuchte Martin mit Unterstützung einen Regelkindergarten. Doch dann kam die Frage der Schulwahl. Eine Regelschule konnten wir uns nicht vorstellen, da wäre schon die Größe der Klasse ein Problem gewesen. Wir haben uns für eine damals noch sehr neue Förder- und Erziehungshilfeschule, die Raphaelschule Pforzheim, entschieden. Diese Schule arbeitet wie die Waldorfschule und die Klasse hat maximal 12 Schüler. Erst ein Jahr vor Martins Einschulung wurde diese Schule gegründet.

Mit seinem Klassenlehrer hatte er großes Glück. Er strahlt eine angenehme Ruhe aus, ist sehr geduldig und hat durch eigene Erfahrungen durchaus Verständnis für die Probleme von Frühchen. Trotzdem fiel es Martin anfangs sehr schwer, sich in den Schulalltag einzugewöhnen. Durch sein Verhalten steht sich Martin oft selbst im Weg. Was er kann, zeigt er oft nur, wenn er es will. Auf gezielte Fragen erhält man oft zur Antwort, dass er es nicht wüsste. Buchstaben und Zahlen lernte er alle. Bis heute fällt es Martin jedoch sehr schwer, diese Buchstaben als Wörter zu lesen. Ein normales Textblatt kann er nicht flüssig lesen, obwohl er jetzt schon in der 8. Klasse ist. Manchmal üben wir auch mit einem Leselernprogramm, bei dem man Silbe für Silbe hervorheben kann. Es fällt Martin dann leichter zu lesen. Zudem muss es ausreichend groß geschrieben sein, denn durch die Frühgeburt hat er auch Probleme mit den Augen. Auf einem Auge sieht er fast gar nichts. Auf dem besseren Auge sieht er sehr schlecht in die Ferne, zum Lesen reicht es aber eigentlich aus. Wir haben ihn extra in einer Schu-

„Durch sein Verhalten steht sich Martin oft selbst im Weg. Was er kann, zeigt er oft nur, wenn er es will.“

le für Sehbehinderte untersuchen lassen. Die Problematik des Lesens hängt aber nicht nur mit den Augen zusammen.

Rechnen fällt Martin leichter. In der 3. Klasse hat er das kleine 1x1 gelernt. Schwierigkeiten hat er aber z. B. beim Lesen von Textaufgaben, und manchmal braucht er auch Hilfestellung, wie er etwas rechnen muss. Etwa seit Anfang der 7. Klasse haben wir mit seinem Lehrer besprochen, dass er für die Schule und für die Hausaufgaben einen kleineren Laptop bekommt. Vorher hatten wir schon Hausaufgaben an unserem größeren Laptop zuhause gemacht und ausgedruckt, aber der war zu schwer, um ihn mit in die Schule zu nehmen. Durch Martins Probleme mit der Feinmotorik ist es oft schwer, seine Handschrift zu lesen. Wenn er z. B. in der Schule von der Tafel abgeschrieben hat, konnte man manchmal den Anfang noch lesen, doch dann war es oft ein Ratespiel, was er geschrieben hatte. Oft wusste er es selbst nicht, dann musste ich bei Klassenkameraden anrufen, um zu erfahren, was er machen musste. Durch den Computer ist es zwar besser geworden, trotzdem kommt es vor, dass man den Text nicht lesen kann, wenn nicht in der Schule ein Klassenkamerad den Text durchschaut und evtl. verbessert.

Überhaupt stellen Hausaufgaben oft eine besondere Herausforderung dar. Es kann vorkommen, dass ich ihm z. B. beim Rechnen eine Hilfestellung geben will und er bekommt einen „Ausraster". Oder wenn ich ihn beim Lesen verbessern muss, sagt er: „Lies doch du den Text!" Manchmal verlässt er dann wütend sein Zimmer und rennt durch das Treppenhaus. Zum Glück gibt es aber auch Phasen, wo es besser läuft. Auf jeden Fall braucht man jede Menge Geduld.

» Was Martin sehr gut kann, ist Texte auswendig lernen. «

Was Martin sehr gut kann, ist Texte auswendig lernen. In der Schule lernten sie z. B. schon den Zauberlehrling, den Erlkönig oder die Bürgschaft. Wenn er etwas oft genug hört, kann er es sich gut merken. Die Texte musste ich dann oft vorlesen, bzw. in der Schule haben sie es zusammen gesprochen. So lernte er übrigens auch das 1x1, indem ich ihm eine Zeit lang jeden Abend etwa drei Reihen vorsagte.

Seit einiger Zeit gibt es in der Schule auch „offenen Unterricht" in Deutsch und Rechnen, wo die Kinder je nach Wissensstand klassenübergreifend unterrichtet werden. In der 6. und 7. Klasse hat Martin über längere Zeiträume Unterstützung durch die Frau seines Klassenlehrers bekommen. Sie half ihm bei den Hausaufgaben, machte Referate mit ihm und vertiefte den Unterrichtsstoff. Aus gesundheitlichen Gründen ist es momentan leider nicht möglich, dass wir das weitermachen können. Es wäre aber auch ein zeitliches Problem, da er dieses Jahr den Konfirmandenunterricht im Ort besucht. Glücklicherweise gibt es dort ehemalige Konfirmanden, die ihm beim Ausfüllen von Textblättern helfen. Alles in allem glauben wir, die richtige Schule für Martin gefunden zu haben. Auch wenn ihm vieles schwer fällt, denke ich doch, dass er eine Menge gelernt hat.

Ein weiteres Problem stellen die sozialen Kontakte dar. Da ich vor Martins Geburt bereits zwei Fehlgeburten in der 22. und in der 8. SSW hatte, ist er ein Einzelkind. Seinen Cousin, der fünf Jahre jünger ist, sieht er auch nicht so oft, da dieser ca. eine halbe Autostunde entfernt wohnt. Mit anderen Kindern Kontakt aufzunehmen, fällt ihm sehr schwer. Schon im Kindergarten hielt er sich lieber an die Erzieherinnen. Als Mutter versuche ich zwar immer wieder, Kontakte mit anderen Kindern herzustellen, mit zunehmendem Alter der Kinder wird das aber auch schwieriger. Ein Schüler z. B., von dem Martin sich wünschen würde, dass er ihn besucht, möchte nicht kommen.

Fortsetzung des Berichts auf Seite 381, Kapitel 5

Eine Erfolgsstory mit vielen Stolpersteinen - Teil 2

Familie S. aus Niedersachsen

Fortsetzung des Berichts von Seite 55, Kapitel 1

Junge, 25. SSW, Niedersachsen, Realschule, Integration, Halbseitenlähmung, Epilepsie

Ein Jahr besuchte Joel dann die Schule für Körperbehinderte (Zweig Lernbehinderung), wo bei einer Klassenstärke von sieben Kindern zwei nette Lehrerinnen die Kinder betreuten. Seine Ängstlichkeit anderen Kindern gegenüber wurde weniger, zumal sie mit ähnlichen Problemen zu kämpfen hatten wie er, und nach einem halben Jahr traf er sich zu Hause am Nachmittag mit seinen Mitschülern, was uns sehr freute. Es herrschte eine sehr entspannte Lernatmosphäre mit keinerlei Druck. Nach kurzer Zeit hatten wir durchaus den Eindruck, dass Joel mehr würde leisten können. Joel gab sich nicht viel Mühe und brauchte es auch nicht, da die Lehrerinnen davon ausgingen, dass er vom Sonderpädagogen richtig eingeordnet war und nicht zu besseren Leistungen fähig war. Ihm fehlten eindeutig der Antrieb und das Vorbild durch bessere Schüler. Also strebten wir den Wechsel an die Regelgrundschule als Einzelintegrationskind an. Klingt so einfach, ist es aber nicht. Nach hartem Kampf erklärte sich die Grundschule einverstanden, ihn zunächst auf Probe mit den anderen Kindern zu unterrichten.

Da Joel im ersten Jahr nicht viel gelernt hatte, wurde er ein zweites Mal eingeschult, diesmal in die Regelgrundschule mit einer wöchentlichen eintägigen Betreuung einer Sonderpädagogin von der Körperbehindertenschule. Zunächst lief alles wunderbar. Nach kurzer Zeit erhielten wir einen Brief der Schule, dass die Klassenlehrerin der Ansicht sei, Joel könne „zielgleich" unterrichtet werden. Welch ein großer Schritt! Auch mit der großen Anzahl von Mitschülern und dem hohen Geräuschpegel kam er einigermaßen klar. Nach meinen Ermunterungen lud er sich auch Freunde nach Hause ein, tat sich aber sehr schwer einen Gegenbesuch zu machen, weil er immer noch den Schutz von Vertrauenspersonen suchte. Wenn er aber erst einmal dort gewesen war und sich sicher fühlte, klappte das auch. Unverständlich war aber für uns und die Lehrer weiterhin sein je nach Tagesform extrem unterschiedliches Leistungsvermögen. Einmal hatte er z.B. eine gute Mathearbeit geschrieben, doch einen Tag später bei der gemeinsamen Berichtigung in der Klasse wusste er überhaupt nicht mehr, wie er die Aufgaben am Vortag gerechnet hatte. Man konnte sich nie sicher sein, ob er am Tag der Arbeit dazu in der Lage war, das Gelernte abzurufen. Er und wir waren dann häufig sehr traurig und hilflos darüber, wenn es mal wieder nicht so gut geklappt hatte. Laut Aussage der Lehrer träumte er im Unterricht auch häufig und starrte vor sich hin. Auch direkte Ansprache reichte teilweise nicht, man musste ihn sanft anfassen, um ihn aufzuwecken.

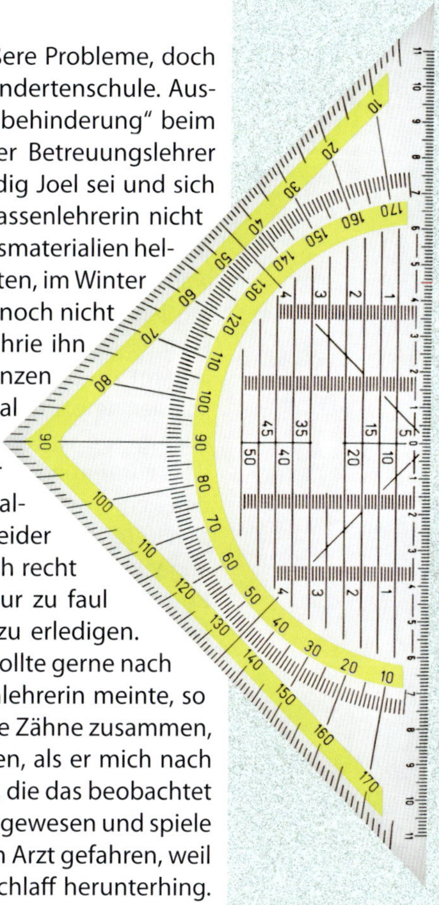

Das erste Halbjahr verlief aber trotzdem ohne größere Probleme, doch dann wechselte die Betreuung von der Körperbehindertenschule. Ausgerechnet der Sonderpädagoge, der ihm die „Lernbehinderung" beim Einschulungstest attestiert hatte, wurde sein neuer Betreuungslehrer und der tat alles, um zu belegen, wie unselbstständig Joel sei und sich überall bedienen lasse. Ab dann durfte ihm die Klassenlehrerin nicht mehr beim Herausholen und Bereitstellen der Arbeitsmaterialien helfen, er erhielt auch keine Zusatzzeit für Klassenarbeiten, im Winter stand er mit offener Jacke vor der Tür, da er sie sich noch nicht alleine zumachen konnte. Der Sonderpädagoge schrie ihn während des Unterrichts an, kippte den ganzen Ranzen vor allen anderen Kindern aus, weil Joel wieder einmal nicht sein Geodreieck gefunden hatte. Joel entwickelte richtig Angst vor den Montagen, an denen der Sonderpädagoge kam. Die Note für das „Arbeitsverhalten" verschlechterte sich umgehend von 2 auf 4-. Leider ließ sich auch die Klassenlehrerin, die bis dahin noch recht rücksichtsvoll war, davon überzeugen, dass Joel nur zu faul und verwöhnt war, seine Aufgaben selbstständig zu erledigen. Einmal stürzte er morgens im Sportunterricht und wollte gerne nach Hause gehen, weil sein Arm schmerzte. Die Klassenlehrerin meinte, so schlimm sei das ja wohl nicht. Joel biss wie immer die Zähne zusammen, jammerte nicht weiter, fing aber sofort an zu weinen, als er mich nach Schulschluss vor der Schule sah. Die Klassenlehrerin, die das beobachtet hatte, meinte, er sei den ganzen Vormittag gut drauf gewesen und spiele sich jetzt vor mir nur auf. Natürlich bin ich gleich zum Arzt gefahren, weil ich sofort sah, dass der gelähmte Arm so seltsam schlaff herunterhing. Selbstverständlich war er angebrochen und Joel musste sechs Wochen einen Gips tragen – soviel zum Thema Einfühlungsvermögen und Rücksichtnahme. Trotz aller Schwierigkeiten schaffte er nach Abschluss der Grundschule zumindest eine Empfehlung für die Hauptschule, was im Hinblick auf seinen Werdegang ja eine ganz tolle Leistung war.

Der Direktor der Haupt- und Realschule war Behinderten gegenüber sehr aufgeschlossen und wir fühlten uns zum ersten Mal wirklich erwünscht. Er empfahl uns eine Schulbegleitung zu beantragen, wie es auch ein anderes sehbehindertes Kind in der Klasse hatte. Wir hatten vorher noch nie davon gehört. Die Genehmigung machte keine großen Probleme. Für Joel bedeutete die Schulbegleitung eine unglaubliche Erleichterung. Es half ihm jemand beim Ranzen tragen, Jacke anziehen, Bereitstellen der Materialien, Lineal halten und vieles mehr. Wider Erwarten kam Joel auch mit den anderen Kindern (vor allen Dingen mit den Mädchen) sehr gut zurecht. Keiner machte sich über ihn lustig und selbst die schwierigen Schüler der Klasse stellten sich schützend vor ihn. Wer hätte das erwartet?

„Und dann geschah das absolut Unerwartete."

Und dann geschah das absolut Unerwartete: Kurz vor Ende des Halbjahres rief uns die Klassenlehrerin an und meinte, Joel sei in der Hauptschule völlig unterfordert. Sie empfahl uns einen Wechsel in eine Realschulklasse. Wir konnten das gar nicht ganz glauben und haben sicherheitshalber noch das Schuljahr abgewartet und erst im neuen Schuljahr den Schulwechsel vollzogen. Im ersten Jahr musste er einiges aufholen, aber mit viel Fleiß und meiner Hilfe schaffte er es. Und jetzt ist er tatsächlich in der 8. Klasse der Realschule, lernt zusätzlich mit Freude Französisch und ist inzwischen ein guter Schüler geworden. Er ist erstaunlich selbstsicher geworden und trägt auch gerne vor versammeltem Publikum in der Aula mit anderen Kindern zusammen Theaterstücke o.ä. vor. Der neue Sonderpädagoge kann den Lehrern Joels Probleme wunderbar verständlich machen. Joel hat sich unter Anleitung der Schulbegleiterinnen ein tolles Arbeitsverhalten angeeignet, worin er jetzt stets auf 2 steht. Seine Lehrer motivieren ihn durch Lob und Anerkennung und trösten ihn auch, wenn etwas nicht so klappt, wie er es sich vorgestellt hat. Erstaunlicherweise sind auch die extremen Leistungsschwankungen fast völlig verschwunden. Langsam kann man sich wirklich Gedanken machen, welchen Beruf er später einmal ausüben kann und will …

„Seine Lehrer motivieren ihn durch Lob und Anerkennung und trösten ihn auch, wenn etwas nicht so klappt, wie er es sich vorgestellt hat."

Wir fragen uns immer wieder, wie es zu einer derartigen Leistungssteigerung kommen konnte. Einen entscheidenden Einfluss scheint seine Epilepsieerkrankung in Kombination mit der Medikamentengabe zu haben. Nach Abschluss der Grundschulzeit haben wir auch die Medikamente auf Keppra umgestellt, wodurch Joel sogleich wesentlich aufmerksamer und leistungsmäßig ausgeglichener wurde. Er ist seitdem anfallsfrei, die Dosis wurde nicht erhöht, sodass er langsam aus ihr herauswächst. Obwohl wir seit seiner Geburt regelmäßig einen Augenarzt aufgesucht haben, hat sich erst vor ein paar Monaten in einer Spezialklinik herausgestellt, dass Joel die ganzen Jahre mit einer Sehbehinderung durch eine Sehnervschädigung mit 30% Sehkraft und einer massiven Gesichtfeldeinschränkung gemeistert hat. Seitdem trägt er eine Bifokalbrille, die ihm vor allem das Lesen von Texten und die Kartenarbeit unheimlich erleichtert. Jedoch bleibt auch mit Brille eine starke Sehbehinderung bestehen. Man fragt sich manchmal, wie er ohne diese Hilfe bei einem derart schlechten Sehvermögen vorher alleine klar gekommen ist. Vielleicht ein Grund, weshalb er den Testbogen des Sonderpädagogen so schlecht bearbeiten konnte?

◆ ◆ ◆

Gelungene Integration - durchdacht und umfassend realisiert - Teil 2

Familie H. aus Hessen

Fortsetzung des Berichts von Seite 57, Kapitel 1

Junge, 27. SSW, Hessen, beinbetonte Tetraspastik, Cerebralparese, Entwicklungsrückstand, Integrationshelfer

In der Zwischenzeit hatten wir die Genehmigung für einen Integrationshelfer erhalten. Sebastian bekam einen Zivildienstleistenden zugeordnet. Vor der Einschulung waren der Unterstützungsumfang, Wegestrecken, Besonderheiten usw. abzuklären. Sebastian konnte seinen ersten ‚Zivi' noch vor seiner Einschulung kennenlernen. Es wurde ein schöner und tragender Kontakt.

Sebastian war schon sehr gespannt auf seine Einschulung. Am 5. August 2008 war es dann soweit. Sebastian war Erstklässler. Er besuchte von Beginn an gerne die Schule. In seiner Klasse sind 18 Schüler. Bis auf die beiden behinderten Kinder leben alle in der Umgebung der Grundschule. Sebastian verlässt zusammen mit seinem Integrationshelfer eine Stunde vor Unterrichtsbeginn sein Zuhause, um mit öffentlichen Verkehrsmitteln die Schule rechtzeitig zu erreichen. Der gemeinsame Unterricht mit zwei behinderten Kindern in der Klasse ermöglicht die Addition der Förderstunden beider Kinder, sodass die Klasse an drei Wochentagen von zwei Lehrern unterrichtet wird. Dies ist für alle Kinder der Klasse von Vorteil. Beim ersten Elternabend wurde der Idee gefolgt, ein Elternteil eines nicht behinderten und ein Elternteil eines behinderten Kindes in den Elternbeirat zu wählen, um alle Interessen zu wahren.

„Sebastian war sehr motiviert zum Lernen. Es zeigte sich jedoch schnell, dass er für die Erledigung der Aufgaben mehr Zeit benötigte."

Sebastian war sehr motiviert zum Lernen. Es zeigte sich jedoch schnell, dass er für die Erledigung der Aufgaben mehr Zeit benötigte. Das bezieht sich sowohl auf den Unterricht als auch auf die Hausaufgaben. Mit dem Förderbedarf einhergehend wurden im ersten Elterngespräch mit der Klassenlehrerin und dem Sonderpädagogen die Förderziele und die Nachteilsausgleiche besprochen. Vereinbart wurde u. a., dass wir ins Hausaufgabenheft rückmelden können, wenn Sebastian nicht alle Hausaufgaben schafft, weil seine Konzentration dies nicht mehr zulässt. Des Weiteren wurde die Anschaffung eines Laptops mit verschiedenen Lernprogrammen besprochen. Es wurde auch festgelegt, wo der Integrationshelfer unterstützen darf, z.B. bei der Stifthaltung beim Schreiben, Hilfen beim Ausmalen usw. Sebastian hat im ersten Schuljahr die Buchstaben (uns war es wichtig, dass er neben dem Laptop trotzdem zumindest die Druckschrift lernt) und das Lesen gelernt. Große Mühe bereitete von Beginn an das Rechnen. Von Zahlen eine Vorstellung zu bekommen, ist die größte schulische Herausforderung.

Sebastian wurde von Anfang an in den Sportunterricht integriert. Seine Physiotherapeutin begleitet seitdem den Sportunterricht, um neben der integrierten Therapie auch die Lehrer im Umgang mit Sebastians Körperbehinderung anzuleiten. Sebastian ist seit seinem fünften Lebensjahr mit einem Aktivrollstuhl ausgestattet. Seit er 2008 eine veränderte Orthesenversorgung erhielt, macht er im motorischen Bereich große Fortschritte. Seine gesteigerte Mobilität hat einen stark positiven Einfluss auf das schulische Lernen.

Sebastian hat neben dem Klassenstundenplan jede Woche eine Förderstunde mit dem Sonderpädagogen, in der vor allem nochmals intensiv Übungen zum Rechnen durchgeführt werden. Zu seiner jungen Klassenlehrerin hat Sebastian ebenso wie zum Sonderpädagogen einen guten Kontakt, was sein Lernen stützt und ihn stets motiviert.

Sebastian freut sich auch im zweiten Schuljahr auf die Schule. Doch auch in jeder neuen Phase gibt es neue Anforderungen. Sebastian kann in den meisten Unterrichtsfächern gut folgen. Doch im Fach Mathematik benötigt Sebastian sehr viel mehr Zeit als seine Mitschüler, um sich den Zahlenraum zu erschließen bzw. über-

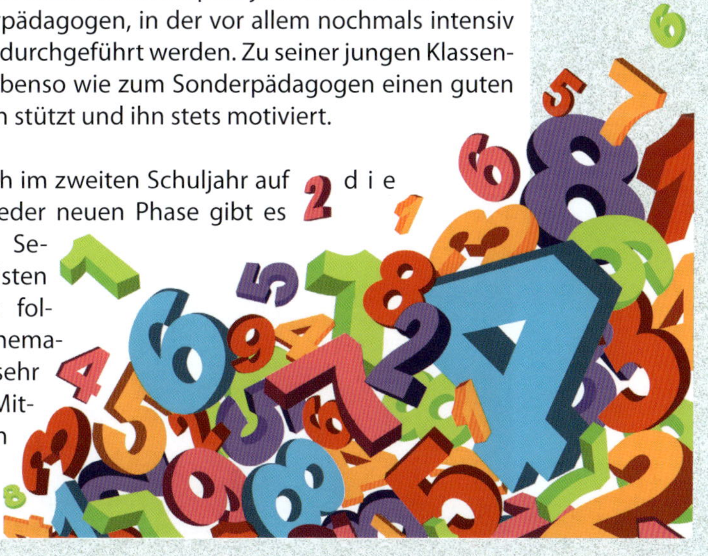

haupt eine Vorstellung für die Bedeutung von Zahlen zu bekommen. Aufgrund dessen erhält er eine abweichende Aufgabenstellung. Dies hat zur Folge, dass Sebastian im Fach Mathematik größtenteils außerhalb des Klassenverbands arbeitet. Unterstützt wird er dabei vom Sonderpädagogen. Bei dessen Abwesenheit bearbeitet Sebastian mit seinem Integrationshelfer vorbereitete Aufgaben. Die Klassenarbeit wird entsprechend seinem Lernniveau gestellt. Im Fach Deutsch dagegen erhält Sebastian die allgemeine Klassenarbeit, jedoch in verkürzter Version. Er schreibt seine Arbeiten auf dem Laptop. Es war ein Schuljahr, in dem uns das Thema Integrationshelfer sehr stark forderte. Sebastian reagierte nach dem ersten Halbjahr mit starken Ängsten gegenüber dem Zivildienstleistenden. Offensichtlich hatte es verschiedene Vorfälle gegeben. Dies führte zu einer Krise, in der Sebastian viel weinte und nicht mehr zur Schule gehen wollte. Wir haben die zuständige Dienststelle um eine schnelle Ablösung des Integrationshelfers gebeten. Die Situation entspannte sich für Sebastian mit dem Wechsel des Zivildienstleistenden. Durch sehr häufige Krankmeldungen des ersten Integrationshelfers waren ständig wechselnde Vertretungen im Einsatz gewesen, die weder unser Kind kannten, noch über die Wegstrecken zur Schule oder die zu leistende Unterstützung Bescheid wussten. Die Koordination erfolgte entsprechend am frühen Morgen in unserem Zuhause. Diese Problematik hat viel Zeit und Energie gekostet. Als Sebastian am frühen Morgen das Haus verließ, blieben wir an so machen Tagen zurück in der Sorge, ob der Tag denn wohl gut verlaufen würde.

Seit der dritten Klasse haben die Schüler wöchentlich Schwimmunterricht. Noch im alten Schuljahr wurden in Elterngesprächen die Voraussetzungen einer Teilnahme Sebastians besprochen. Sebastian ist sehr

glücklich, mit seiner Klasse zum Schwimmen gehen zu können. Er wird dabei intensiv vom Sonderpädagogen und seinem Integrationshelfer unterstützt. Außerdem steht der Schule ein Schwimmtrainer zur Seite, der auf Behindertensport spezialisiert ist. Sebastian ist jede Woche stolz auf seine Fortschritte, die er im Wasser macht. Inzwischen traut er sich, zu tauchen und sich auf den Rücken zu legen. Im Fach Englisch, das die Klasse seit einem Jahr hat, arbeitet Sebastian mündlich gerne mit. Seine Diktate im Fach Deutsch schreibt er meistens fast fehlerfrei. Sebastian liest zunehmend flinker. Mit seinem neuen Integrationshelfer sind sowohl Sebastian als auch wir sehr glücklich. Er ist sehr zuverlässig, geht liebevoll mit Sebastian um und unterstützt ihn gut beim Lernen.

Ein weiterer wichtiger Aspekt des schulischen Lernens ist das Erledigen der Hausaufgaben und das Üben zu Hause. Sebastian benötigte in den ersten beiden Schuljahren sehr viel individuelle Zuwendung. Seine Konzentrationsspanne war, je nach Tagesform, sehr kurz und es kam schnell zur Ermüdung. Mittlerweile führt Sebastian Aufgaben in kleinen übersichtlichen Abschnitten selbständig an seinem Schreibtisch durch. Das Arbeiten im Fach Mathematik erfordert von uns viel Geduld. Gedankenstützen bzw. das Verbildlichen von Zahlen mit Gegenständen ist notwendig. Das logische Verständnis unterliegt großen Schwankungen. Sebastian lernt stark computergestützt.

In der Klassengemeinschaft fühlt sich Sebastian wohl und aufgehoben. Die anderen Kinder gehen mit Sebastian freundschaftlich um und versuchen, ihn nach ihren Möglichkeiten ins Spiel zu integrieren. Dennoch: Mit zunehmendem Alter differieren die Interessen und Möglichkeiten, insbesondere was die Jungs betrifft. Fußball spielen in den Pausen ist für Sebastian nicht möglich, zu den aktuellen Themen der Jungs, wie z.B. der Lego-Technik, findet Sebastian aufgrund seines insgesamt großen Entwicklungsrückstandes kaum Zugang. Hier stellt sich die Anforderung an den Integrationshelfer, gerade auch in den unterrichtsfreien Phasen Sebastian mit einzubinden. Sebastian hat in seiner Freizeit Kontakt mit seiner behinderten Klassenkameradin. Sie besuchen gemeinsam eine Kinderrollstuhlsportgruppe.

Bei der Wahl eines Ziels für die Klassenfahrt am Ende der Klasse 3 achtete die Klassenlehrerin darauf, dass es behindertengerecht ausgestattet ist. Sebastian nimmt zunehmend die Unterschiede zu seinen Mitschülern wahr. Er benennt seine Behinderung. Vermehrt äußert er zu Hause den Wunsch nach Eigenständigkeit. Er möchte nicht stän-

» Sebastian nimmt zunehmend die Unterschiede zu seinen Mitschülern wahr. Er benennt seine Behinderung. Vermehrt äußert er zu Hause den Wunsch nach Eigenständigkeit. «

dig Mama oder Papa in seiner Nähe haben. Wenn Vorhaben ohne Unterstützung dann misslingen, reagiert er mit Wut bzw. Enttäuschung.

Die Zeit der Beschulung Sebastians im Rahmen des gemeinsamen Unterrichts an der Grundschule ist schon ein großes Stück vorangeschritten. Für uns heißt das bereits in absehbarer Zeit wieder neue Energien zu mobilisieren, um dann auch wieder eine gute Lösung für Sebastian zu finden, was die weiterführende Schule anbetrifft.

Welche Ratschläge können wir anderen Eltern geben?

Zum einen ist es sicherlich sinnvoll, frühzeitig das Angebot von Schulen in der Region zu erkunden, sich zu informieren und gegebenenfalls Informationsgespräche zu führen. Darüber hinaus sollte man beim Überprüfungsverfahren selbst Ideen einbringen und verdeutlichen, dass man an der Schulentscheidung aktiv mitwirken möchte. Schließlich hat man sich schon viele Jahre auf unterschiedlichen Ebenen für eine gute Versorgung und Förderung des eigenen Kindes eingesetzt und sie mühevoll im Alltag umgesetzt. Von zentraler Bedeutung im Entscheidungsprozess ist es, sich auf das eigene Gefühl zu verlassen, welche Schule für das Kind gut sein könnte. Schließlich kennt man trotz aller Tests und Überprüfungen das eigene Kind am besten.

Nach Jahren der Integration in den Regelkindergarten war es für uns wichtig, diesen Gedanken für die Grundschulzeit fortzusetzen und unser Kind nicht von Beginn an auf eine Förderschule zu geben. Grundlage dabei waren unsere bisherigen Beobachtungen, dass das eigene Kind das Zusammensein mit nicht behinderten Kindern nicht als tägliche Frustration erlebt, sondern es vor allem dadurch motiviert wird.

Wenn vor Ort eine Möglichkeit besteht herauszufinden, ob weitere behinderte Kinder eingeschult werden, wäre es sinnvoll, sich mit den Eltern zusammenschließen, um eventuell eine Beschulung in einer Klasse anzustreben. Den Kindern stehen dadurch wie oben beschrieben mehr Stunden mit doppelter Lehrerbesetzung zur Verfügung. Außerdem ist eben das eigene Kind nicht das einzige, auf das mehr Rücksicht im Schulalltag genommen werden muss. Für die Eltern ermöglicht es einen Austausch über die Situation der behinderten Kinder in der Klasse und eine stärkere Position in der Elternschaft. Gegenüber der Schule ist ein offener Dialog, eine konstruktive Haltung sinnvoll, die über Sachverhalte aufklärt und der Schule die notwendigen Informationen bereitstellt. Dies führt zu einer dauerhaften vertrauensvollen Zusammenarbeit zwischen Schule und Elternhaus im Sinne des Wohlbefindens und einer möglichst optimalen Förderung des Kindes. Des Weiteren stellt sich an die Eltern des behinderten Kindes die Anforderung der Akzeptanz der

Unterschiedlichkeit trotz aller Integration. Dem eigenen Kind bei der Schulintegration Schwächen beim Lernen zuzugestehen, zu spüren und zu sehen, dass eben nicht immer alles möglich ist, stellt zugegebenermaßen einen Prozess dar, der Zeit braucht.

Nicht zuletzt ist es wichtig, auch die Rolle des Integrationshelfers zu betrachten, denn dieser ist eine ganz entscheidende Säule in der Schulintegration. Er begleitet viele Stunden in der Woche das eigene Kind. Der Integrationshelfer ist mit dem Kind auf den Schulwegen unterwegs, macht notwendige Pflegearbeiten und setzt die vereinbarten Nachteilsausgleiche mit dem Kind in der Schule um. Die Art und Weise seines Umgangs mit dem Kind wirkt sich auf dessen Schulmotivation und die Integrationsmöglichkeiten, z.B. auf die Spielmöglichkeiten mit den Mitschülern in den großen Pausen, aus. Deshalb ist ein Dialog mit der den Integrationshelfer stellenden Stelle notwendig, um eventuell, wie oben beschrieben, notwendige Veränderungen zum Wohl des Kindes vornehmen zu können.

»Dem eigenen Kind bei der Schulintegration Schwächen beim Lernen zuzugestehen, zu spüren und zu sehen, dass eben nicht immer alles möglich ist, stellt zugegebenermaßen einen Prozess dar, der Zeit braucht.«

◆ ◆ ◆

Schublade Lernbehinderung? - Teil 1

Familie E. aus Nordrhein-Westfalen

Mädchen, 31. SSW, Nordrhein-Westfalen, Frühförderung, Sehbehindertenschule, Berufsvorbereitendes Jahr, Einstiegsqualifizierungsjahr, Sehbehinderung, Entwicklungsverzögerung, Rechenschwäche, Schielen

Anna wurde am 11.4.1991 neun Wochen vor dem ausgerechneten Termin mit Kaiserschnitt geboren, da beim CT erhöhte Herzfrequenz festgestellt wurde (Grund: Nabelschnur um den Hals und zweimal um den Fuß gewickelt, dadurch beim Bewegen stranguliert). Während des dreimonatigen Klinik-Aufenthaltes wurde sie zunächst zwei Wochen beatmet, musste dann aber wegen eines Infekts ab der dritten Woche erneut beatmet werden für weitere zwei Wochen. Bei Entlassung wurde uns über die Entwicklung der Frühchen nur gesagt, dass man Entwicklungsstörungen bzw. -verzögerungen bis hin ins hohe Schulalter feststellen könnte. Des Weiteren seien Frühchen die dankbarsten Kinder. Beides hat sich bewahrheitet!

Als Anna etwa fünf Monate alt war, wurde ein Schielwinkel festgestellt. Da musste sie dann zusätzlich zum Überwachungsgerät noch ein Schielpflaster tragen. Durch unsere Kinderärztin, die glücklicherweise vorher Ärztin auf der Kinder-Intensivstation war und sich mit Frühchen bestens auskannte, haben wir Kontakt zur Sehschule im Uni-Klinikum bekommen. Die wiederum haben uns Unterstützung aus der Sehbehindertenschule (Frühförderung) besorgt. Eine Lehrerin hat Anna dann abwechselnd im Kindergarten und zu Hause besucht und uns sowie den Erzieherinnen Tipps gegeben, wie wir Anna unterstützen können. Anna hinkte mit allem hinterher, Laufen konnte sie erst mit 19 Monaten – bei der Sprachentwicklung gab es keine Probleme. In ihren Bewegungsabläufen und Reaktionen war sie immer sehr langsam.

Sie wurde nach erfolgreicher Schieloperation mit 7 Jahren in die Sehbehindertenschule eingeschult. Eine Einschulung in die Regelschule mit integrativer Betreuung kam nicht in Frage, da Anna auch sehr schüchtern und zurückhaltend ist. In einer großen Gruppe wäre sie „untergegangen". So war es ebenfalls schwierig, für sie das richtige Hobby zu finden. Hier wurde uns von der Kinderärztin Therapeutisches Reiten empfohlen, das Anna schon viele Jahre einmal wöchentlich macht. Seit kurzem spielt sie mit Begeisterung Schlagzeug, was auch einen therapeutischen Effekt hat.

„In einer großen Gruppe wäre sie „untergegangen"."

Die Grundschulzeit hat ihr viel Spaß gemacht, da sie in einer kleinen Klasse mit sechs Kindern optimal betreut war. Nachmittags musste ich sehr viel mit ihr üben, weil sie alles mehrfach wiederholen muss, bevor sie es versteht. Außerdem hat sie eine extreme Rechenschwäche, woran ich manchmal verzweifelte, obwohl ich ein sehr geduldiger Mensch bin. Seit etwa ihrem achten Lebensjahr sind ihr ihre Handicaps immer bewusster geworden und aus dem immer sehr fröhlichen Mädchen wurde ein oft trauriges und frustriertes Kind. Hinzu kommt, dass sie eine knapp zwei Jahre ältere Schwester hat, der schon immer alles sehr leicht gefallen ist. Wir sind dann über einige Jahre zur Psychomotorik und Ergotherapie gegangen. Das hat sie wieder etwas aufgebaut. Um den Frust zu Hause abzubauen, habe ich ihr eine Trommel gekauft, um sich abzureagieren. Meistens half auch schon ein langes festes Drücken.

Wir haben uns viele Bücher gekauft, von anderen Frühchen-Eltern, über Entwicklungsstörungen und über verschiedene Therapien. Aber eigentlich ging es immer nur um das Baby-Alter. In der Schule haben wir uns gewehrt, Anna als ‚LB' lernbehindert einzustufen, da sie auch ihre Stärken hat. In Deutsch und vor allem in Englisch hatte sie keine Probleme, außer dass sie etwas langsamer ist als andere. Das Schlimme ist einfach, dass alle Kinder mit individuellen Problemen in eine Schublade gesteckt werden und als ‚LB' abgestempelt werden. In der Sehbehindertenschule haben sich die Lehrer mit Anna zwar viel Mühe gegeben, weil sie auch immer sehr sozial eingestellt war und anderen Kindern geholfen hat, aber es fehlte den Lehrern auch an Zeit, um jedem Kind gerecht zu werden.

Im vorletzten Schuljahr haben wir noch Tests machen lassen bzgl. Lernbehinderung, die nicht gut ausgefallen sind. Anna war auch eigentlich schon ‚zu alt' für diese Tests. Wir haben dann auch einen Schwerbehindertenausweis beantragt – nach langem Kampf wurde dann der Grad der Behinderung auf 40 % festgelegt. Mit dem Begriff ‚Teilleistungsschwäche' weiß leider kaum jemand etwas anzufangen.

» Wir haben uns viele Bücher gekauft, von anderen Frühchen-Eltern, über Entwicklungsstörungen und über verschiedene Therapien. Aber eigentlich ging es immer nur um das Baby-Alter. «

Fortsetzung des Berichts auf Seite 382, Kapitel 5

Schublade Lernbehinderung? - Teil 2

Berichte von Annas Therapeuten und Schule

Stellungnahme der Förderschule Sehen zum Lern- und Leistungsverhalten:

Anlass der Stellungnahme

In den vergangenen Schuljahren zeigte Anna vermehrt Schwierigkeiten, den Lernstoff zu bewältigen. Sie brauchte immer viel Ruhe und Zeit, die Aufgaben zu bewältigen, konnte aber trotzdem den Inhalten folgen. Mit zunehmendem Alter und steigenden Anforderungen konnte sie dieses Niveau jedoch dauerhaft nicht halten. Intensive Unterstützung und Reduzierung der Lerninhalte erzielten zwar gute Fortschritte, eine Diskrepanz zu den Anforderungen blieb aber bestehen. Gemeinsam mit Anna und den Eltern wurde beschlossen, dass Anna die Klasse 8 wiederholt.

Es zeigt sich aber, dass Anna weiterhin Schwierigkeiten hat, in vielen Fächern den steigenden Anforderungen in der zur Verfügung stehenden Zeit zu entsprechen.

Informationen zur Sehbeeinträchtigung

Neben ... besteht der Verdacht auf eine Wahrnehmungsverarbeitungsschwäche. Anna braucht trotz guten Sehvermögens eine große Schrift mit sehr guten Kontrasten und 1,5fachen Zeilenabstand. Durch ihr Schielen ist dies notwendig, um unklare Bilder zu vermeiden. Oft kommt es vor, dass sie „klar erkennbare" Dinge übersieht. Anna kann nicht mit Umweltpapier arbeiten, da die Kontraste dann zu gering sind. Außerdem hat sie einen hohen Lichtbedarf, dem durch eine Lampe an ihrem Schülertisch entsprochen wird.

Sozialverhalten

Anna ist sehr fantasievoll, feinfühlig und kann sich gut in andere Menschen hineinversetzen. Sie kann sehr humorvoll sein und versteht auch Ironie. Da sie sehr zurückhaltend ist, hat sie Schwierigkeiten, aktiv auf andere zuzugehen und mit deren Tempo mitzuhalten. Sie ist aber fest in die Klassengemeinschaft eingebunden. Anna fällt es in großen Gruppen außerordentlich schwer, sich zu entfalten und am Geschehen aktiv teilzunehmen. Um in einem Team erfolgreich arbeiten zu können, braucht Anna ein ruhiges, ihr zugewandtes Arbeitsklima.

© knipseline/pixelio.de

Lern- und Arbeitsverhalten

Anna ist im Unterricht aufmerksam, aber sehr passiv. Ihr Arbeitstempo ist zu langsam, um mit ihren Mitschülern mithalten zu können, obwohl sie sehr bemüht ist. Bei schriftlichen Aufträgen braucht sie viel Zeit, ihre Gedanken zu ordnen und mit der Aufgabe zu beginnen. Diese bearbeitet sie dann aber gewissenhaft und sorgfältig. Mündlich ist sie sehr still und braucht viel Zeit, um auf eine Frage zu antworten. Während Partner- und Gruppenarbeiten ist sie oft zurückhaltend und wirkt ver-

unsichert. Besonders in größeren Kleingruppen kann sie sich schlecht gegen ihre Mitschüler durchsetzen. Treten Störungen auf, kann sie selbst auf gelernte, geübte Verhaltensmuster nicht mehr zurückgreifen. Sie ist dann verunsichert, blockiert sich dadurch selbst und kommt nicht mehr an ihr Leistungspotential heran.

Fördermaßnahmen:
Reduzierung der Lerninhalte; Verlangsamung des Tempos; individuelle Unterstützung und Erklärungen durch die Lehrpersonen; Vermeidung von Situationen, in denen Anna sich unter Druck gesetzt fühlt; akzentuierter Einsatz von Gruppenarbeit mit Personen, denen Anna vertraut und von denen sie Unterstützung bekommen kann; Adaption von Unterrichtsmaterial hinsichtlich Übersichtlichkeit und Reduktion von Informationen; Verbalisierung von schriftlichen/grafischen Informationen im Unterricht; akzentuierter Einsatz von Methoden, um Informationen zu erfassen, zu ordnen und zu strukturieren (Mind-Maps, Tabellen, Stichwörter, Unterstreichungen, Zusammenfassungen, Vortragen von Informationen, Leitfragen beantworten und selbst stellen).

Ergebnis der entwicklungsdiagnostischen Testung im Alter von 17 Jahren:
„Anna verfügt in diesem Test an diesem Tag über eine sehr niedrig ausgeprägte Gesamtintelligenz und wäre nach klassischem Schema kaum noch lern-, eigentlich schon geistig behindert."

Therapiebericht der Ergotherapeutin:

Feinmotorische Aktivitäten löst sie trotz ihrer Sehbehinderung recht geschickt. Es fällt jedoch immer wieder auf, dass sie Probleme hat, ihre Handlungen in einem entsprechenden Zeitrahmen zu planen. Sie arbeitet langsam und macht ganz viele Pausen. ... Manchmal braucht sie unheimlich lange, um Wörter zu finden und Dinge zu erzählen. ... In der Bewegungsplanung ist es für sie ebenfalls schwierig, die einzelnen Handlungssequenzen zeitlich und räumlich aufeinander abzustimmen. ... Anna zeigt deutliche Schwächen in der Gleichgewichtsanpassung und -regulation, hat teilweise Schwierigkeiten ihren Körpertonus aufzubauen.

◆ ◆ ◆

Eine falsche Entscheidung?

Familie V. aus Baden-Württemberg

Mädchen, 25. SSW, Baden-Württemberg, Sehbehindertenschule, Konzentrationsprobleme, Wahrnehmungsstörung, motorische Unruhe, sensomotorische Auffälligkeiten, Sehstörung, Rechenschwäche

Ich möchte über meine Tochter Alexandra berichten. Sie ist neun Jahre alt und kam in der 25+0 SSW (700 Gramm) zur Welt.

Sie besuchte mit drei Jahren den Regelkindergarten und zeigte da schon gewisse Auffälligkeiten. Seit über fünf Jahren ist sie in ergotherapeutischer Behandlung. Sie wurde mit sechs Jahren zurückgestellt und auf meinen Wunsch hin besuchte sie ein Jahr eine Grundschulförderklasse. Auch dort hatte ich einige Gespräche mit ihrer Lehrerin, weil sie auch hier Auffälligkeiten zeigte. Sie arbeitete langsamer, hatte große Schwierigkeiten im sozialen Bereich und kein Selbstvertrauen.

„Sie arbeitete langsamer, hatte große Schwierigkeiten im sozialen Bereich und kein Selbstvertrauen."

Wir waren jedes Jahr zur Untersuchung im SPZ, aber es fand keine Frühförderung statt. Stattdessen kam die Empfehlung, sie sei in einer Förderschule wohl am besten aufgehoben. Fragt sich nur, für wen das am besten gewesen wäre. Ich habe mich dagegen entschieden und daraufhin Kontakt mit einer Sehbehindertenschule aufgenommen. Da Alexandra schielt, kann sie nicht beidäugig sehen und hat kein räumliches Sehen. Der Betreuungslehrer der Sehbehindertenschule hat uns nach einigen Tests empfohlen, sie dort einschulen zu lassen. Alexandras Augenarzt war nicht dafür, er meinte sie braucht diese Art der Förderung nicht, weil sie eine Sehschärfe von über 80% habe.

Ich habe mich nach langem Hin und Her doch dafür entschieden. Das Schulsystem hat mir keine andere Wahl gelassen und ich bereue meine Entscheidung heute. Jedes Jahr bekommen die Eltern einen Förderplan,

„Jedes Jahr bekommen die Eltern einen Förderplan, dort werden die Stärken und die Schwächen der Kinder wiedergegeben."

dort werden die Stärken und die Schwächen der Kinder wiedergegeben. Ich werde nun einige Punkte von Alexandras Förderplan 2009/2010 nennen:

- großes Bedürfnis nach emotionaler Zuwendung,
- hat Schwierigkeiten ihre Bedürfnisse / Gefühle mitzuteilen,
- setzt sich selbst unter Druck,
- möchte den anderen in nichts nachstehen und
- sucht nach Anerkennung bei Gleichaltrigen und Erwachsenen....

Alexandra hatte nie weniger Selbstvertrauen und war nie unselbstständiger als heute! Sie macht nachts wieder ins Bett, hat oft Kopf- und Bauchschmerzen. Dazu kommt noch, dass sie an einer Rechenschwäche leidet und im Unterricht nicht mehr mitkommt. Ganz zu schweigen von den Hausaufgaben. Es ist jeden Tag eine Qual, sie sitzt teilweise stundenlang an ihrem Schreibtisch und selbstständig bekommt sie einfach kaum etwas hin. Sie hat kaum Freunde. In der Klasse fällt es ihr nicht leicht, wirklich Anschluss zu finden, sie wird manchmal ausgeschlossen und schließt sich auch selbst teilweise aus. Im Unterricht ist sie unruhig, wendet sich sehr häufig an ihre Lehrerin. Geht häufig auf die Toilette und wartet dann vor der Klassenzimmertür, weil sie sich nicht traut, wieder reinzugehen. Aufgrund ihrer häufigen Fehlzeiten, die sie im Winter 2009 hatte (sie hat einen chronischen Lungenschaden und ist häufig krank), wird sie wahrscheinlich demnächst in die 2. Klasse zurückgestuft.

Mein Ziel ist es, dass sie irgendwann die Regelschule besuchen kann, denn ich denke, diese Kinder haben auf jeden Fall eine Chance verdient! Ich habe diesen Bericht hier in der Hoffnung geschrieben, dass die Frühchen, die da noch kommen werden, die Frühförderung erhalten, die sie benötigen. Es kann nicht sein, dass Frühchen aufgrund ihres „Handicaps" in Schulen wiederzufinden sind, in die sie einfach nicht reingehören!

◆ ◆ ◆

Seifenblase Integration - am Alltag gescheitert

Geteilter Zwillingsbericht: Erfahrungen des Mädchens

Familie G. aus Bayern

Mädchen u. Junge, Zwillinge, 26. SSW, Bayern, Grundschule, Realschule, Gehörlosigkeit, Integration, AD(H)S?

1. Teil des Berichts: Seite 167, Kapitel 2

Zwillingsfrühgeburt in der 26. SSW in einem neonatologischen Zentrum

Besonderheiten bei der Entlassung
Hörscreening auffällig – stellte sich als Gehörlosigkeit heraus.

Die Einschulung beider Kinder erfolgte in die gleiche Klasse nach drei Jahren Regelkindergarten in eine Regelgrundschule (Kleinstadt 60.000 Einwohner) mit regulär sechs Jahren und neun Monaten:

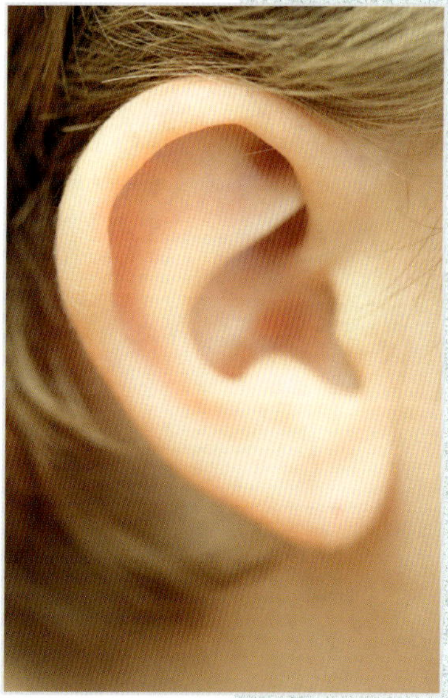

Für das hörgeschädigte, seit ihrem ersten Lebensjahr mit einem Cochlea-Implantat versorgte Mädchen stellte die Umstellung von der lauten Kindergartengruppe zur weitgehend ruhigen Schulklasse eine Erleichterung der Hör- und Entwicklungssituation dar. Wir Eltern waren unsicher bezüglich einer eventuellen Rückstellung bzw. möglichen Überforderung durch die Einschulung mit sechs Jahren, doch eine differenzierte Schulreifetestung im Hörgeschädigtenzentrum bestätigte die gute Schulreife unserer Tochter und gab für uns deshalb auch gefühlsmäßig grünes Licht für diese schwierige Entscheidung. Von Anfang an unterstützte der Mobile Sonderpädagogische Dienst (MSD) Schwerpunkt Hören das Mädchen auf ihrem schulischen Werdegang.

Die ersten beiden Schuljahre:

Positiv war die Tatsache, dass in dieser Schule eine Klasse für hörgeschädigte Kinder untergebracht war – so war die Lehrkraft „auf kurzen Wegen" bezüglich der Hörproblematik (Cochlea-Implantat mit FM-Anlage für den Schulalltag) stets gut „begleitet". Zugute kam unserer Tochter auch die Tatsache, dass diese Schule und damit die Klasse einen sehr hohen Ausländeranteil hatte. Der Unterricht war dadurch (natürlich vor allem dank der Kompetenz der erfahrenen Lehrerin) methodisch sehr gut aufbereitet, auch wurde keine unterstützende Elternarbeit zu Hause vorausgesetzt, die wir in ihrem speziellen Fall natürlich dennoch umfassend leisteten. Unsere Tochter zeigte jedoch Schwierigkeiten beim sauberen und ordentlichen Gestalten der Hefte und Ordner, oft verlor sie Arbeitsmaterial oder Stifte etc. Fokus war jedoch immer ihre Hörbehinderung. Fragen wie: Klappte alles, nahm sie genug „Input" aus dem Unterricht mit, wie hatten die Lehrkraft und wir zu Hause damit umzugehen, dass es ihr manchmal von den Höreindrücken „einfach zu viel wurde", bestimmten unseren Schulalltag mit ihr.

Schuljahr drei und vier:

Es kam eine „allgemeine" Integrationsklasse zustande mit 19 Kindern, in welche unsere Tochter zum 3. Schuljahr innerhalb der bisherigen Grundschule wechselte. Da sie aufgrund der Hörschädigung „offiziellen Förderbedarf" hatte, stand ihr fortan eine zusätzliche Stunde pro Schulwoche zu, die ihr in der Form zugute kam, dass ein Förderlehrer sie bei Proben und Diktaten im Nebenraum gebärdenunterstützt begleitete. Für uns Eltern war dieser Lehrer „vom Fach" auch eine Bereicherung bei Lehrer-Elterngesprächen, er war stets optimistisch und bezüglich der Hörbehinderung irgendwie auch „Anwalt" für unsere Tochter und uns. Die Klassenlehrerin war im Grunde sehr aufgeschlossen und bemüht, sie konnte aber über die längste Strecke ein entsprechendes Lernumfeld für unsere Tochter nicht gewährleisten, denn die Integrations-Klasse mit weniger Kindern (davon einige mit anderweitigem Förderbedarf) war wesentlich lauter und damit von den Hörvoraussetzungen hinderlicher für unsere Tochter als die vorhergehende größere Klasse. Oft musste die Lehrerin „schreien", was über die Mikrofonanlage direkt in das ohnehin lärmempfindliche und mit einem Cochlea-Implantat versorgte Ohr unseres Mädchens „eingespeist" wurde – sie hört nur auf diesem einen Ohr dank Hörprothese. Dann gab es wieder Kollektivstrafen: Mehr Hausaufgabe, Verzicht auf die Sportstunden .... Diesbezüglich war unsere Tochter dann nicht nur einfach, sondern vielfach bestraft für etwas, unter dem sie selbst litt. Alternative wäre nur gewesen, das kleine Mädchen (nach der ohnehin leidvollen Frühchenvorgeschichte) in ein weit entferntes Internat zu geben bzw. auf einen

einfach zweistündigen Schulweg in eine entsprechende Schule für Hörgeschädigte zu geben.

Was unsere Tochter betraf, wurde offensichtlich, dass nicht nur die Gehörlosigkeit einen beachtenswerten Aspekt in ihrem Schulalltag darstellte, sondern dass ihre Ungenauigkeit, ihre Schlampigkeit, ihre gelegentlichen „Black outs" (wenn gar nichts mehr ging, wenn das Verständnis für die Hausaufgabe plötzlich für den Rest des Nachmittags völlig fehlte – dies ereignete sich an etwa zehn bis zwölf Tagen in jedem Schuljahr) als mögliche Auswirkung der frühen Geburt (pädagogisch) zu besehen und zu berücksichtigen war. Denn auch sie strengte sich nach Kräften an und erreichte auch in ihrem Zeugnis diesbezüglich nur die Aufforderung, sich bei Einträgen „mehr Mühe" geben zu sollen.

Dennoch erreichten beide Kinder einen eindeutigen Notendurchschnitt, um entweder das Gymnasium (Sohn) oder die Regelrealschule (Tochter) besuchen zu können.

Weiterführende Schulen, 5. Jahrgangsstufe:

„Feuer und Flamme" zeigte sich eine kleine Mädchenrealschule für die Integration von ihr und rüstete in den Sommerferien vor dem Schulübertritt sogar ein Klassenzimmer für unsere Tochter mit Schallschutzmaßnahmen aus. Wir als Eltern initiierten in Kooperation mit dem MSD und der Beratungsstelle für Hörgeschädigte eine Informationsveranstaltung im Rahmen einer Lehrerkonferenz mit dem Inhalt der speziellen Hörsituation unseres Kindes. Die Schulleitung war unglaublich engagiert und wir hatten ein sehr gutes Gefühl. Mittlerweile hat sich herausgestellt – angedeutet hatte sich das bereits am ersten Elternabend nach zwei Wochen (und zwar für alle Eltern!), dass die Klassenleitung die 31 Kinder leider nicht im Griff hat, sich „überfordert fühlt" (eigene Aussage), was besonders für die Schwächsten problematisch ist: Ein Kind mit Behinderung ist elementar darauf angewiesen, dass sich irgendwer (zumindest eine Person im Kollegium) persönlich dafür verantwortlich fühlt, sich der schwierigen Situation eines Kindes annimmt, das Kommunikationsprobleme hat und dadurch ganz schnell „zum Außenseiter" werden kann. Trotz mehrfacher Aufklärung ist bis heute (das erste Halbjahr geht bereits dem Ende zu) noch nicht allen Lehrkräften klar, dass unserer Tochter ein entsprechender Nachteilsausgleich mit Zeitzuschlag und Verzicht auf Listening in Englisch

> *„Wöchentlich müssen wir für ihre Rechte kämpfen und stehen mittlerweile auf folgendem Standpunkt: Diese Integration ist möglicherweise gescheitert an der „pädagogischen Software"."*

sowie der Verzicht von Diktaten zusteht. Wöchentlich müssen wir für ihre Rechte kämpfen und stehen mittlerweile auf folgendem Standpunkt: Diese Integration ist möglicherweise gescheitert an der „pädagogischen Software". Wurde hier womöglich das Kollegium (jede einzelne beteiligte Lehrkraft) gar nicht gefragt, ob es diese Integration mittragen und unterstützen wird? Wurde hier einer Integration leichtfertig zugestimmt, ohne sich darüber im Klaren zu sein, dass es einen Mehraufwand für die Beteiligten bedeuten wird? War die Aufklärung nicht ausreichend genug – fühlten sich die Pädagogen nicht verantwortlich, auch eigene Informationen (bspw. Lektüre über hörgeschädigte Kinder) einzuholen und sich fortzubilden? Nächste Woche hat unsere Tochter einen Schnupperbesuch an einer Realschule für hörgeschädigte Kinder – der ein Internat angeschlossen ist. Um unserer Tochter eine begabungsadäquate Schulform bieten zu können, müssen wir vielleicht die bittere Entscheidung treffen, sie zumindest unter der Woche dort wohnen zu lassen, um ihr das wichtigste Kapital in dieser Gesellschaft (gerade für behinderte Menschen!) nicht vorzuenthalten: Eine angemessene und optimale Chance auf Bildung.

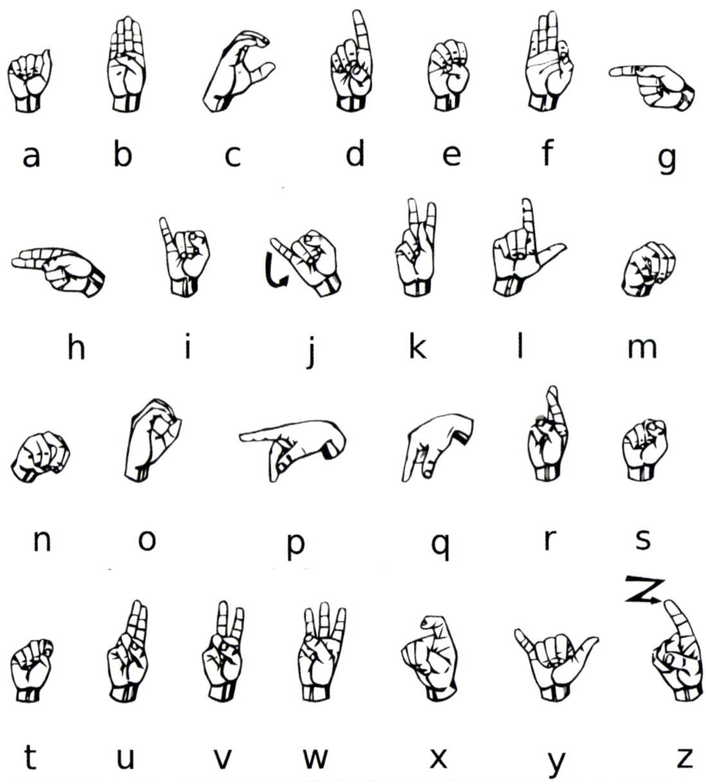

◆ ◆ ◆

Kindergarten, Schule, Ausbildung – Ständig neue Fragen - Teil 2

R. + U. M. aus Nordrhein-Westfalen

Fortsetzung des Berichts von Seite 63, Kapitel 1

Mädchen, 28. SSW, Nordrhein-Westfalen, Grundschule, Integration, Waldorfschule, Förderschule, Berufsfachschule, Entwicklungsverzögerung, Körperbehinderung, Gleichgewichtsstörungen, verzögerte Reaktion

August 1999 - „Schule hat begonnen"

S. wurde ab August 1999 in einer Grundschule integrativ beschult. Sie hatte von Anfang an einen speziellen Stuhl, der für sie angepasst wurde und auf dem sie optimal sitzen konnte. Dieser Stuhl wurde von der Schulbehörde bezahlt. Nachdem ja nun alles Behördliche geregelt war, hatten wir erwartet, am ersten Schultag darüber informiert zu werden, wann der Sonderpädagoge für drei Stunden in der Woche kommt. Es geschah aber nichts. Nach mehrmaligen Gesprächen mit allen Beteiligten kam dann heraus, dass die Klassenlehrerin mit einer Sonderpädagogin telefoniert hatte. Die Sonderpädagogin hielt nach den Schilderungen der Klassenlehrerin keine zusätzliche Förderung für nötig. Es wurde also, ohne mit uns Rücksprache zu halten, gar keine Zusatzkraft geschickt.

Bis zu den Herbstferien hatte sich S. gut eingelebt. In diesem Zeitraum war eine Lehrerin als zusätzliche Aufsicht für die Betreuung eines jugoslawischen Kindes während der Pausen anwesend. Sie kümmerte sich auch um S. und ein weiteres integrativ eingeschultes Kind aus der Parallelklasse. Nach den Herbstferien war diese Lehrerin nicht mehr eingeplant.

Auf unser Drängen hin kam endlich am ersten Tag nach den Herbstferien eine Sonderpädagogin und sah sich S. im Unterricht an. Sie kam zu dem Schluss, S. würde keine zusätzliche Förderung benötigen.

Von den Herbstferien bis zu den Weihnachtsferien ist S. mehrmals von anderen Kindern versehentlich umgestoßen worden. Sie war und ist auch heute noch körperlich aufgrund ihrer Gleichgewichtsstörungen und ihrer verzögerten Reaktion nicht in der Lage, herumlaufenden Kindern problemlos auszuweichen. Zwischenzeitlich saß sie neben einem

Jungen, der ihre Schwächen ausnutzte und irgendwann anfing, sie in den Pausen zu ärgern und nach S.s Aussage auch absichtlich umzurennen. Ich konnte daraufhin bei S. starke Veränderungen feststellen:

- bei den Hausaufgaben wurde sie zusehends unkonzentrierter und damit auch unselbstständiger;
- sie hatte Angst einzuschlafen, weil sie wieder etwas Schlimmes träumen könnte;
- sie wurde vermehrt nach dem Einschlafen wach, schrie und weinte dabei vor Angst;
- sie wurde wieder anhänglicher; von ihrer Motorik her ist sie unsicherer geworden; das Treppensteigen z.B. bereitete wieder mehr Angst;
- sie war uns gegenüber aufsässiger (maulte herum, wollte in Ruhe gelassen werden).

Der Schulhof war für S. eine nicht überschaubare Fläche mit einem Gewimmel an Kindern, die sie jederzeit umrennen können. Dadurch war sie natürlich in den Pausen sehr angespannt; selbst der Weg zur Toilette war für sie ein fast unüberwindbares Hindernis, da sie im ersten Schuljahr von ihrem Klassenraum kommend den gesamten Schulhof überqueren musste. Wenn sie hinfiel, hatte sie auch nicht die notwendige Orientierung, um sich an eine der Aufsichtspersonen wenden zu können.

Wir bemühten uns zu dieser Zeit erfolglos, über das Schulamt eine zusätzliche Aufsichtsperson zu bekommen. Der Junge wurde an einen anderen Platz gesetzt. Die Klassenlehrerin hatte noch einmal mit den Kindern über S. gesprochen und achtete nun scheinbar mehr auf die Kinder, die die Schwächen von S. ausnutzten. Die Schlafstörungen waren nach den Weihnachtsferien des ersten Schuljahres wieder verschwunden.

Das zweite Halbjahr wurde wesentlich besser. Für den Gang zur Toilette hatten wir eine Regelung gefunden (S. ging immer am Ende der Pausen, wenn der Schulhof wieder leer war). Während der Pausen achteten ehemalige Schülerinnen aus dem 4. Schuljahr auf S.. Auf dem Schulhof hatte sie ein etwas abgegrenztes Terrain für sich. Dies wirkte sich auch positiv auf die Hausaufgaben aus, die sie mehr und mehr selbstständig machte. Das Zeugnis zeigte im Juni ein tolles Ergebnis. S. war richtig stolz auf sich. Und wir natürlich auch.

Im ersten Schuljahr war einmal pro Woche Schwimmen angesagt. Dort fühlte sie sich mit den Schwimmflügeln wohl, obwohl die anderen Kinder keine hatten.

Inzwischen war S. im zweiten Schuljahr und entwickelte sich in der Schule weiterhin prächtig. Allerdings hat sie bis heute große Mühe, morgens „in die Gänge" zu kommen. Wir vermuten, dass das auch etwas mit ihrer Muskulatur zu tun hat, die ja tagsüber sehr angespannt ist und in der Nacht entspannt (abschlafft). So richtig munter wurde sie morgens auf dem Fußweg zur Schule. Sie ist selbstbewusster geworden. Am besten verstand sie sich mit Mädchen. Jungen waren ihr zu grob. Sie schrieb und las sehr gerne. Die großen Überschriften in der Zeitung hat sie gerne mitgelesen, auch seitenverkehrt.

S. gehörte zu den besten Schülern und hatte damit sogar eine Empfehlung für das Gymnasium von der Klassenlehrerin bekommen. Allerdings war für S. nur eine kleine Schule mit kleinen Klassen empfehlenswert.

Übergang Grundschule / weiterführende Schule

Oktober 2002 - Waldorfschule

S. war bis Oktober 2002 in der staatlichen Grundschule. Im Oktober 2002 kam sie in die Freie Waldorfschule. Wir hielten es für eine gute Möglichkeit, da S. in einer kleinen Schule mit kleinen Klassen lernen konnte. Über ihre „Erfahrungen als Quereinsteigerin" hat sie folgenden Artikel für das Infoheft der Waldorfschule geschrieben, der auch später im Mitteilungsblatt des Bundesverbandes „Das frühgeborene Kind" e.V. erschienen ist:

Als Quereinsteiger in der Waldorfschule

Im Herbst 2002 bin ich als Quereinsteiger in die 4. Klasse der Waldorfschule gekommen. Bei mir war das so:

Am Tag vorher konnte ich es kaum noch abwarten, bis es endlich Morgen war. Ich habe lange wachgelegen. Als es dann endlich soweit war, bin ich ganz schnell aufgestanden, habe mich gewaschen und angezogen. Beim Frühstück habe ich kaum was gegessen, so aufgeregt war ich. Dann sind mein Papa und ich zur Bushaltestelle gegangen. Ich war ganz schön zappelig, weil ich es kaum abwarten konnte, bis der Bus endlich kam. Am ersten Schultag ist mein Papa mit mir im Bus gewesen. Er hat mir erklärt, wo ich aussteigen muss und worauf ich achten muss. Als ich dann in der Klasse ankam, hatte ich ein komisches Gefühl im Bauch. Aber ich

> ***„Als ich dann in der Klasse ankam, hatte ich ein komisches Gefühl im Bauch. Aber ich denke, das ist normal, wenn man in eine neue Klasse kommt."***

denke, das ist normal, wenn man in eine neue Klasse kommt. Ich wurde von den Mädchen ganz nett aufgenommen. Anfangs war ich noch etwas schüchtern, aber das ist bald verflogen. Ich fühlte mich in der neuen Klasse sehr wohl. Bevor der Unterricht begann, wurde ich bei allen Kindern vorgestellt. Der Unterricht war etwas völlig Neues für mich. In meiner alten Schule hatten wir abwechselnd eine Mathestunde, eine Sprachestunde etc. In der Waldorfschule haben wir Epochenunterricht. Hierbei haben wir den gleichen Unterricht mehrere Wochen lang. Der größte Unterschied war für mich, dass wir viel malen, dass es keine Bücher gibt und dass die Hefte keine Linien haben. Wir müssen viel aufschreiben, was mir allerdings Spaß macht. Für den Musikunterricht musste ich mir erst einmal eine Blockflöte schenken lassen. Der Fremdsprachen-Unterricht war zwar sehr neu für mich, aber ich bin ganz gut mitgekommen.

Auf dem Schulhof habe ich mich erst mal mit allen Kindern richtig bekannt gemacht. Wir haben rumgestanden und geredet und auch gespielt.
Nach der Schule hat mich mein Papa mit dem Auto abgeholt, weil ich noch nicht mit dem Bus zurück fahren konnte. Am zweiten Schultag wollte mich mein Papa eigentlich wieder begleiten, aber ich wollte alleine fahren. Also hat er mit mir auf den Bus gewartet und ich bin alleine eingestiegen. Im Bus habe ich sofort meine neue Freundin getroffen, so dass ich mir keine Sorgen mehr machen musste. Natürlich bin ich an der richtigen Bushaltestelle ausgestiegen, weil es ja die Endstation ist. Die Rückfahrt mit dem Bus habe ich dann zwei Wochen später alleine geschafft. Hierbei haben mir meine Schulfreundinnen sehr geholfen.
Mir gefällt es in der Schule immer noch sehr gut.

(02/2003, S., Schülerin der 4. Klasse)

Ich selbst habe S. mal bei einem Sommerfest an der Schule beobachtet, als sie versuchte, die Außentreppe herunter zu kommen. Diese Erfahrungen habe ich auch im Infoblatt der Schule veröffentlicht:

Sommerfest an der Schule
Es ist ein schöner, sonniger Tag.
Überall Lachen, Spielen und Laufen.
Auf der Außentreppe sitzen Kinder und Erwachsene.
Es kommt ein Kind von oben und bittet darum, Platz zu machen.

Es beugt sich nach unten und sagt freundlich, dass es das Geländer benötigt.
Es wird nicht zur Kenntnis genommen und muss es noch einmal sagen.
Ebenfalls freundlich bittend. – Und noch einmal.
3 x, bis die beiden Erwachsenen (!) endlich reagieren!
Sie machen aber nicht etwa Platz.
Sie weisen das Kind darauf hin, dass sie nicht an die Seite gehen können, weil unten auf der Stufe ihr Kaffeegeschirr steht.
Das Kind geht die Treppe wieder am Geländer nach oben.
Es gelingt ihr, mit dem Geländer auf der anderen Seite die Treppe herunterzugehen.

Im 3. und 4. Schuljahr kam S. in der Waldorfschule gut klar. Ab dem 5. Schuljahr wurde es dann schlechter. Die Klasse vergrößerte sich durch weitere Quereinsteiger bis auf 32, wobei die Schüler teilweise mit den unterschiedlichsten Problemen aufgenommen wurden.

Im Dezember 2003 war S. zu einer sechswöchigen Kur in Murnau, anschließend erkrankte sie an Keuchhusten und fehlte dann noch einmal fast zwei Monate in der Schule. Anschließend konnte sie sehr schlecht den Anschluss finden. Zu allem Übel hatten Freundinnen von ihr die Schule in der Zwischenzeit verlassen. Es blieben nur noch Mitschüler/innen übrig, die sie ständig ärgerten und provozierten. Sie bekam Ein- und Durchschlafprobleme, Angstträume und Magenschmerzen. Nach den für S. erholsamen Sommerferien hatte sich die Schülerzahl auf 34 erhöht und S. wurde sogar in den Pausen auf dem Schulhof von Kindern aus anderen Klassen genervt, regelrecht verfolgt.

Im November 2004 haben wir sie für den Rest des Jahres in der Schule krank gemeldet, da sie eine starke Magenschleimhautentzündung hatte und nicht mehr in die Waldorfschule gehen wollte. In der ganzen Zeit hatten wir natürlich immer wieder Gespräche mit der jeweiligen Klassenlehrerin, die sie auch unterstützt hat. Letztendlich konnte sie sich natürlich nicht nur auf S. konzentrieren und stimmte uns zu, dass S. besser doch eine andere Schule besuchen sollte.

Wir stellten daraufhin einen Eilantrag für ein „Verfahren zur Feststellung des sonderpädagogischen Förderbedarfs" beim Schulamt und haben uns eine Förderschule für Körperbehinderte angeschaut. Dort gab es eine Klasse, in der einige Kinder nach Hauptschulrichtlinien unterrichtet wurden. Nach den Weihnachtsferien konnte S. dann dort einsteigen.

Förderschule

S. besuchte ab Dezember 2005 eine Klasse mit 13 Kindern und 2 Lehrkräften. Die Ruhe in der Klasse tat ihr sichtlich gut, auch die intensive Betreuung. Von den Mitschüler/innen ist sie schnell akzeptiert worden. Allerdings stellte sich auch schnell heraus, dass sie in den Fächern Deutsch und Englisch unterfordert war. Sie hat mehrmals Zusatzaufgaben bekommen, damit sie sich nicht langweilt. Der Mathematik-Unterricht hat ihr sehr gut getan, zumal sie mit der Lehrerin gut zurechtkam.

„Die Ruhe in der Klasse tat ihr sichtlich gut."

Morgens und nachmittags hatte sie eine lange Fahrtstrecke vor sich. Sie wurde um 7:00 Uhr morgens mit einem Kleinbus abgeholt und war um ca. 16:30 Uhr wieder zu Hause. Auch das war anstrengend für sie. Im letzten Schuljahr hatte sie das Pech, nur noch mit körperlich und geistig schwerstbehinderten Kindern zusammen fahren zu können. Der Lärmpegel war entsprechend hoch, was sie zusätzlich belastet hat.

S. hat sehr gerne an Klassenfahrten, Karnevalsfeiern, Sportveranstaltungen, Schulfesten und Projektwochen teilgenommen. Sie konnte dabei auch immer ihr musikalisches Talent mit einbringen.

Die Schule hatte auch mehrere Therapieangebote für körperbehinderte Schüler. S. hat dort regelmäßig Krankengymnastik gemacht, was ihr sehr gut getan hat.

Fortsetzung des Berichts auf Seite 383, Kapitel 5

Welche Schule ist die Richtige?

Familie D. aus Niedersachsen

Junge, 30. SSW, Niedersachsen, Grundschule mit Förderung „Schwerpunkt Lernen", Entwicklungsverzögerung, ADS, bronchopulmonale Dysplasie

In Kurzfassung die Vorgeschichte: Unser Sohn ist ein ehemaliges Frühgeborenes der 30. Schwangerschaftswoche. Eigentlich sah trotz Frühgeburt der Start unseres Sohnes ins Leben sehr gut aus. Er war recht kräftig, ich selber habe vorher Lungenreifespritzen bekommen. Leider hat sich in den ersten beiden Lebenstagen doch noch ein Pneumothorax entwickelt. Dann hieß es volle Intubation, Lungendrainage. Er hatte zum Glück keine Hirnblutung davongetragen, ließ sich aber von der Beatmungsmaschine und dem Sauerstoff recht schwer entwöhnen. Zu dem Zeitpunkt der eigentlichen Geburt ist er dann mit Monitor wegen Gefahr eines plötzlichem Kindstods nach Hause entlassen worden, mit einer bronchopulmonalen Dysplasie 2. Grades, aber ohne Sauerstoff.

Er war immer in der Entwicklung zurück, bekam ab dem ersten Lebensjahr Frühförderung, im Kiga war er zwei Jahre lang Integrationskind. Er hat sehr viel gelernt - hat aber den Stand von Kindern in seinem Alter nie erreicht. Er hatte aber definitiv keine geistige Behinderung. Wegen diverser Auffälligkeiten im Verhalten sind wir in einem SPZ vorstellig geworden, wo ein ADS diagnostiziert worden ist. Er hat einen normalen IQ (aber im unteren Bereich).

„Er hat sehr viel gelernt - hat aber den Stand von Kindern in seinem Alter nie erreicht. Er hatte aber definitiv keine geistige Behinderung."

Wegen der Schulform sind wir vom Kiga angesprochen worden, doch mal einen Elternabend zu besuchen, der nur für „besondere Kinder" gedacht ist. Da begann das Dilemma! Welche Schule ist die Richtige? Erstmal wollten wir ihn zurückstellen und ihn die Vorschule besuchen lassen, um zu sehen, wie er überhaupt mit dem Thema „Schule" klarkommt.
Das war auf jeden Fall für uns die richtige Entscheidung! Wir hatten ihn erst mal „blind ins Messer" laufen lassen, um zu sehen, was passiert. Nach ein paar Wochen hatten wir den ersten Elternabend im „kleinem Kreis".

Es war leider alles so eingetreten, wie erwartet! Er war sehr unruhig, Konzentration ganz gering, hatte kein Ziel, Stifthaltung unmöglich, motorisches Verhalten völlig unkoordiniert... (und das alles trotz jahrelangen psychomotorischen Turnens und Ergotherapie). Daraufhin haben wir dann mit einer Medikamenteneinstellung wegen des ADS angefangen, und wir haben intensiv nach der richtigen Schulform gefahndet!

Hier in der Ecke sind wir leider noch „Entwicklungsland", so viele Möglichkeiten standen uns also nicht offen. Die vorgestellten Schulen waren:

- Die Förderschule für geistige Entwicklung - nichts für uns - es besteht definitiv keine GB.
- Die Förderschule für körperliche Beeinträchtigung - wäre super gewesen, weil die Kinder dort den „normalen Grundschulstoff" lernen, aber mehr Zeit und meist eine zweite Person im Unterricht haben. Leider hatten wir keinen Zugriff darauf, weil er definitiv keine körperlichen Beeinträchtigungen hat.
- Die Förderschule für Lernbehinderungen - wollten wir sehr ungern, da diese Schule, die für unser Einzugsgebiet zuständig ist, „Sammelpunkt" für alle auffälligen Kinder ist, Kinder mit Lernbehinderungen genauso wie Kinder mit emotionalen/sozialen Problemen. Zudem wäre der Junge schon wieder aus dem Ort herausgenommen worden und hätte keine Freundschaften pflegen können.

In der Vorschule ist auch ein sonderpädagogischer Förderbedarf beantragt worden. Dabei ist ein Förderbedarf im „Schwerpunkt Lernen" festgestellt worden, mit der Option, ihn auch an dem „RIK-Programm" in der hiesigen Grundschule teilnehmen zu lassen. Jetzt hatten wir das Glück, dass die hier ansässige Grundschule in dem Jahr der Einschulung dieses Programm aufgenommen hat. Das heißt, dass die Kinder nach den Richtlinien der „Förderschule Lernen" unterrichtet werden, aber in der ortsnahen Grundschule. Dazu kommt dann ein/e Förderschullehrer/in extra in die Grundschule. Vorteile sind, dass die Kinder im Ort verbleiben, von den anderen Kindern sich eine Menge abgucken können, und vor allem haben sie die Chance, dass sie, wenn sie den Stoff der anderen Klassenkameraden beherrschen, den Förderstatus verlieren und automatisch als „Regelkind" zählen (ein Kind hat es geschafft). Nachteil ist, dass die Anzahl der angebotenen Förderstunden, die die Förderschullehrkraft in der Schule verbringt, sehr gering ist - nämlich nur 3 Stunden pro Woche pro Klasse! (Wirklich viel zu wenig!)

Wir haben nun diese Schulform gewählt - es klappt so einigermaßen, die Lehrer sind sehr engagiert. Den Anschluss an den Lernstoff der anderen Kinder hat unser Sohn aber leider dennoch nicht geschafft. Er besucht jetzt die dritte Klasse (die zweite und dritte Klasse sind noch einmal

ein großer Schritt). Wir bemerken, dass „die Schere" zu seinen Kameraden leider doch größer wird anstatt kleiner, er selbst merkt es auch. Er bekommt recht oft „Extrawürstchen", weil er einfach nicht mehr kann! Hausaufgaben sind dann nicht mehr möglich, Üben für ein Diktat… Als Elternteil hat man ständig Kontakt, um Überforderungen aufzufangen und zu erkennen. Zu Hause ist es ein Drahtseilakt, die goldene Mitte zu behalten, damit er nicht allzu sehr hinterherhinkt - aber dennoch Zeit zum „Kind-Sein" hat. Diverse Therapien sind ja meist auch noch da (Ergo z. B.). In der Förderschule „Lernen" wäre er wahrscheinlich unterfordert - er hat den Stoff, den die Förderschule in der vierten Klasse durchnimmt, schon in der zweiten Klasse gehabt und auch verstanden. Nur eben nicht in der Menge wie seine Klassenkameraden. Wie der weitere Werdegang aussieht, muss sich jetzt mal zeigen.

Leider haben wir uns am Ende mit der „zweiten Wahl" zufrieden geben müssen. Die ideale Schulform gibt es hier einfach nicht! Er benötigt, bedingt durch seine Reifeverzögerung, durch die Frühgeburtlichkeit und sein ADS, einfach nur länger. Diese benötigte Zeit zum Lernen kann ihm hier leider die bestehende Schulform nicht geben! Und weil „Frühgeburtlichkeit" keine körperliche Beeinträchtigung ist, hat er keine Chance, die Schule für Kinder mit körperlichen Behinderungen zu besuchen. Da hätte er meiner Meinung nach die besseren Chancen gehabt, den „normalen Stoff" in mehr Zeit zu erlernen mit Hilfe von Lehrern, die für alle da sind, und ihn nicht zu etwas „Besonderem" durch die Anwesenheit der Förderschullehrerin in der Klasse machen.

„Leider haben wir uns am Ende mit der „zweiten Wahl" zufrieden geben müssen. Die ideale Schulform gibt es hier einfach nicht!"

◆ ◆ ◆

Ein zermürbender Kampf

Familie N. aus Thüringen

Mädchen, 27. SSW, Thüringen, Regelgrundschule mit Integration, Entwicklungsverzögerung (grobmotorische Bewegung und Gleichgewichtsstörung), starke Sehschwäche, gestörte Wahrnehmung (Raum-Lage-Beziehung/Auge-Hand-Koordination), Schallleitungsschwerhörigkeit

Karla wurde in der 27. SSW mit 965 g und 32 cm als spontaner Kaiserschnitt geboren. Sie kämpfte sich in den 13 Wochen Klinikaufenthalt ins Leben. Nach einwöchiger kompletter Beatmung musste sie immer wieder unterstützend beatmet werden. Daneben kamen Gehirnblutung, Bluttransfusion, Lungenröhrchen (künstlicher Hohlraum), Dextrokardie, verzögerte Ductusentwicklung und zum Schluss noch eine Aspiration dazu, wodurch sie wieder tagelang komplett beatmet werden musste.

Nach der Entlassung wurde sie gleich physiotherapeutisch betreut, später in dem vierjährigen integrativen Kindergartenaufenthalt wurde diese Therapie noch mit Logopädie, Ergo– und Sehtherapie ergänzt.

Ihre Entwicklung ging sehr langsam, aber stetig voran, sie war aber geprägt von wenigen Kraftreserven und passivem Verhalten. Sie ist gern unter Kindern, bringt sich aber kaum selbstständig mit ein. Durch ihre starke Sehschwäche, die gestörte Wahrnehmung (Raum-Lage-Beziehung/Auge-Hand-Koordination) und verzögerte Entwicklung (grobmotorische Bewegung und Gleichgewichtsstörung) kommt sie in der Gruppe nicht richtig mit und lässt sich einfach treiben. Nur bei besonderem Interesse lebt sie auf, was für alle Beteiligten bis heute eine Herausforderung ist.

» Es war vom ersten Tag an ein harter Kampf. «

In der Vorschulphase wurde sie von einer Sonderpädagogin begleitet, um eine geeignete Schule für Karla zu finden. Parallel dazu haben wir als Eltern an verschiedenen Schulen telefonisch oder persönlich vorgesprochen. Es war vom ersten Tag an ein harter Kampf, da viele Schulen in unserer Umgebung sich spezialisiert haben und/oder kein breites Hilfsangebot anbieten können. Die Wahl für alle Beteiligten fiel auf die Körperbehindertenschule, die uns aber drei Jahre lang trotz ärztlichen/sonderpädagogischen Gutachtens stetig ablehnte. Demzufolge musste eine andere sinnvolle Lösung gefunden werden, bei der Karla ausreichend gefördert werden konnte. Nach einigen Gesprächen und Schnuppertag/Hospitation fiel die Wahl auf eine normale Grundschule, die zu dem Zeitpunkt ein integratives Projekt startete. Sie hatten bereits Erfahrung mit Kindern, die im gemeinsamen Unterricht der Schule lernten. Durch die Kooperation mit der Förderschule können Förderangebote der Sonderpädagogen gezielt genutzt werden.

© Thommy Weiss/pixelio.de

Karla lebte sich gut ein und hatte sich mit intensiver Unterstützung erste grundlegende Kenntnisse, Fähigkeiten und Fertigkeiten im Lesen, Schreiben und Rechnen angeeignet. Dies bedeutete aber für sie täglich neu eine enorme Anstrengung, wodurch sie oft nach kurzer Zeit erschöpft und überfordert war. Das zeigte sich in motorischer Unruhe/Schaukelbewegungen, aus denen sie immer wieder motivierend herausgeholt werden musste. Die daraus resultierende verzögerte Auffassung und die stark verlangsamte Wahrnehmung hatten zur Folge, dass sie die geforderten Lernziele nicht erreichte und die Schuleingangsphase um ein Jahr verlängert werden musste. Das bedeutete für sie einen Klassenwechsel/Sonderpädagogenaustausch und auch eine veränderte Förderung, da das integrative Projekt nicht weiter fortgeführt wurde. Eine höhere Förderstundenanzahl und ein Integrationshelfer wurde vom Schul- bzw. Jugendamt mehrfach abgelehnt. Im gleichen Atemzug wurde uns eine Beschulung in einer Schule für geistig Behinderte vorgeschlagen, die wir mit Unterstützung unseres Psychologen abgelehnt haben.

So kam sie in derselben Grundschule nochmal in die erste Klasse/zweites Schulbesuchsjahr, um das Gelernte zu festigen und ein höheres Lernziel zu erreichen. Da die drei Stunden sonderpädagogischer Begleitung nicht ausreichten, wurden diese freiwillig bis zur Gründung einer kleinen Lerngruppe für Mathe und Deutsch erhöht. Doch in beiden Lernbereichen wurden nur sehr begrenzte Lernfortschritte bis zum Schuljahresende erzielt, sodass erneut ein Schulwechsel in die Geistig-Behindertenschule vorgeschlagen wurde.

Um eine gezielte und unterstützende Hilfe für Karla voranzubringen, wurde von den Ämtern/Schule ein Gutachten vom SPZ mit Nachdruck gefordert. Da nur ein Termin in Thüringen nach einigen ausführlichen Gesprächen wirklich Sinn machte, meldeten wir sie in einem dortigen SPZ an. Um die neunmonatige Wartezeit sinnvoll zu gestalten, versuchten wir über einige spezielle Tests eine breitgefächerte Analyse aufzubauen. Dass durch unseren langjährigen behandelnden Psychologen eine Legasthenie und Dyskalkulie diagnostiziert wurde, überraschte uns nicht. Wohl aber, dass sich durch ausführliche Elterngespräche im Arbeitskreis „Frühchen in der Grundschule" ein wertvoller Hinweis in Richtung auditiver Wahrnehmungsstörung als weiterer Meilenstein herausstellte. Nach mehrmaligen wochenlangen Hörtests wurde bei Karla eine Schallleitungsschwerhörigkeit festgestellt, die auch nach drei Operationen nur mit einem Hörgerät ausgeglichen werden konnte.

» Einen Schulwechsel in die Geistig-Behinderten-Schule lehnten wir erneut ab. Aber eine befriedigende Alternative gab es nicht, sodass sie „nur" weitergeschleppt wurde. «

Jetzt stand das dritte Schulbesuchsjahr (zweite Klasse) vor der Tür und wir hatten nicht wirklich einen Plan, wie es weitergehen soll. Der SPZ-Termin lag noch in weiter Ferne und einen Schulwechsel in die Geistig-Behinderten-Schule lehnten wir erneut ab. Aber eine befriedigende Alternative gab es nicht, sodass sie „nur" weitergeschleppt wurde. Durch unseren Psychologen konnte wenigstens eine begleitende Legasthenietherapie begonnen werden, da uns ja eine Dyskalkulietherapie bisher verwehrt wurde. Eine darauffolgende stationäre Entwicklungsdiagnostik durch das SPZ und eine abgelehnte Anfrage zur Lernförderung über eine ortsansässige Tagesklinik brachten uns leider keine weiterführende Hilfe. Für Karla wird es zunehmend zur Qual und sie baut psychisch immer mehr ab.

◆ ◆ ◆

Schulanfang für unser Kind - Teil 2

Familie T. aus M., Hessen

Fortsetzung des Berichts von Seite 76, Kapitel 1

Mädchen, 28. SSW, Hessen, Grundschule, Integration, beinbetonte spastische Halbseitenlähmung

Bea ist jetzt ein Jahr in der Eingangsstufe unserer Grundschule im Ort und es klappt ganz gut. Natürlich sind wir als Eltern gefordert, die Kommunikation ist super wichtig. Es fehlt manchmal an ganz einfachen Dingen: Wieso wird in jeder Sportstunde Fangen gespielt? Wer immer nach fünf Sekunden gefangen wird und selbst keinen Klassenkameraden erwischen kann, verliert sehr schnell die Lust am Sport. Das musste dann mit der Lehrerin besprochen werden, weil sie das einfach nicht „gemerkt" hat, nur, dass Bea immer so oft auf die Bank wollte und nicht mehr mitmachte. Oder die Pausensituation, in der alle Freundinnen schon längst im Schulhof sind und sich Spielpartner suchen, meine Tochter aber noch mit dem „verflixten" rechten Schuh kämpft, der nicht an den Fuß „will". Hat man hier keine einfühlsame Pausenaufsicht, ist die Pause für unser Kind gelaufen, ehe sie richtig angefangen hat. Ich könnte hier noch 100 Beispiele für solche alltäglichen Schulproblemchen geben, es ist so, als müssten wir, durchaus gemeinsam mit der engagierten Klassenlehrerin, jeden Tag das Rad neu erfinden. Es gibt einfach keine Erfahrung im gesamten Lehrkörper und manche Lehrkräfte haben erst nach einem halben Jahr die Akten von Bea eingesehen. Kommentar von der Mathelehrerin: „Ach, Dyskalkulie kann mit einer frühen Geburt zusammenhängen? Das ist mir ja ganz neu, das habe ich zuvor noch nie gehört. Können Sie mich da mal informieren?"

> ***„Es ist so, als müssten wir, durchaus gemeinsam mit der engagierten Klassenlehrerin, jeden Tag das Rad neu erfinden."***

Aber es gibt auch viele Lichtblicke: Bea hat viele liebe Schulfreunde, sie liebt „ihre" Klassenlehrerin, sie macht gerne Bewegungspausen mit Yoga-Übungen, sie lernt gerne neue Lieder und die Buchstaben und die Zahlen....

Bea geht also gerne in der Schule, dennoch ist sie oft traurig, weil sie hier merkt, dass sie anders ist als die anderen. Sie möchte auch so schnell sein, rennen können u.u.u. Dass jeder „anders" ist und viele in irgendeiner Art eingeschränkt oder einfach auch nicht so leistungsfähig sind, kann sie mit ihren sechs Jahren noch nicht verstehen.

Oft kehrt unsere Tochter aus der Schule heim und ist „fix und fertig", sie weint aus geringsten Anlässen, somatisiert und lässt sich schwer beruhigen. In der Schule hingegen „spielt" sie immer die Fröhliche und Starke. Dass sie sich oft damit überanstrengt, merke ich dann zu Hause. Wenn ich die Lehrer darauf aufmerksam mache, bekomme ich die Antwort, dass dies leider meine Aufgabe als Mutter sei (die Beruhigung der Tochter), denn in der Schule mache sie einen aufgeräumten Eindruck.

»Es ist schon bei uns oft so, dass wir uns ständig Sorgen machen, dauernd Dinge hinterfragen und die Schule nie einfach mal „nur laufen lassen".«

Es fällt uns deshalb schwer, den Blick für das „Normale" zu behalten, weil wir das Normale nicht kennen oder erkennen und wir deswegen oft nachts nicht schlafen können. Es ist schon bei uns oft so, dass wir uns ständig Sorgen machen, dauernd Dinge hinterfragen und die Schule nie einfach mal „nur laufen lassen".

Dennoch bleiben wir „dran" und schauen Woche für Woche, ob Bea glücklich ist. Wenn Bea dem Druck, sei es intellektuell oder sozial, nicht standhalten könnte, würden wir uns umentscheiden und eine sonderpädagogische Beschulung in Betracht ziehen. Das Wichtigste für uns bleibt, dass sie ein glücklicher und selbstbewusster Mensch ist/wird, und dann erst kommt die Bildung!

Fazit: Es gibt wahrscheinlich sehr oft nicht „die" optimale Lösung für die Schulwahl eines frühgeborenen Kindes, welches vielfach mehr Aufmerksamkeit braucht. Wir haben die Erfahrung gemacht, dass es sehr viele willige Lehrer/Erzieher gibt, die aber im Alltag dann doch ab und zu scheitern, sei´s aus Mangel an Erfahrung oder schlicht wegen der Strukturen der Einrichtung. Man darf sich nicht zu schade sein, immer wieder für sein Kind einzustehen – quasi als Experte, was das eigene Kind angeht. Dabei versuchen wir auch immer, die andere Seite zu sehen, z.B. die Mathelehrerin, die noch andere 25 Kinder zu umsorgen hat. Mit viel Ausdauer und mit Zuneigung für das Kind auf beiden Seiten gelingt uns das oft, natürlich nicht immer!

Wir wünschen anderen Familien viel Erfolg und Geduld bei der Schulwahl!

◆ ◆ ◆

Sicherheit - Teil 2

Geteilter Zwillingsbericht: Erfahrungen des Jungen

Familie B. aus Rheinland-Pfalz

Fortsetzung des Berichts von Seite 264, Kapitel 3

Junge, Zwilling, 28. SSW, Rheinland-Pfalz, Sprechapraxie, graphomotorische Probleme, Förderschule

Hallo, ich heiße Joshua, bin 11 Jahre alt und möchte allen Mut machen, die auch Stolpersteine im Weg liegen haben.

Ich wurde in der 28. SSW mit meiner Zwillingsschwester Sina geboren. Als ich zweieinhalb Jahre alt war, sagte eine Therapeutin meiner Mama, dass ich nur 3 Worte verstehen könnte. Als ich das hörte, wurde ich so traurig, dass ich die Unterlagen dieser Frau nahm, ihr vor die Füße warf und weg lief. Dabei verstand ich sehr wohl den ganzen Satz. Ich hatte nämlich ganz schön viele Gedanken in meinem Kopf, konnte sie allerdings nicht in Worte fassen. Die Erwachsenen nennen das Sprechapraxie. Zu dieser Therapeutin sind wir dann nie wieder hingegangen.

Glücklicherweise lernten wir eine Logopädin kennen, die vom ersten Tag an sagte: „Joshua, du schaffst das!". Nach 8 Jahren harter Arbeit konnte ich dann die Logopädie beenden und kann nun ganz prima sprechen. Ich sage euch, denen hab´ ich es aber richtig gezeigt!

Zunächst besuchte ich den Regelkindergarten in unserem Ort, wo alle wirklich nett zu mir waren. Aber die Sprache … Ich wechselte mit meiner Zwillingsschwester nach einem halben Jahr in einen Sprachheilkindergarten. Da fühlte ich mich rundherum wohl. Ich traute mir allerdings nicht viel zu und so suchte ich immer die Unterstützung meiner Erzieherin, die mir Kraft gab. Und da war ja auch noch meine „kleine Zwillingsschwester Sina", die mich brauchte, um sich sicher zu fühlen. Ich musste einfach stark sein und das tat mir so richtig gut. Dann wurde Sina eingeschult und ich blieb aufgrund meiner Sprachprobleme noch ein Jahr länger im Kindergarten. Nun mussten wir beide lernen, die nächsten Schritte alleine zu wagen.

Nach einem weiteren Jahr ging ich in eine Schule, die meine Sprache fördern sollte. Leider stellte ich fest, dass ich meine Hand beim Schreiben nicht so gut bewegen konnte wie die anderen Kinder. Auch hier verwenden die Erwachsenen ein anderes Wort und nennen das Graphomotorik. So wechselte ich nach einem halben Jahr die Schule und besuche seither eine Schule, die mich darin fitter machen soll. Rundherum wohl fühlte ich mich aber auch hier zunächst nicht. Ich war recht häufig aufgedreht und schrie viel in der Gegend herum. Niemand wusste warum, ich übrigens auch nicht. Hatte ich doch eine sehr einfühlsame Lehrerin. Was mich allerdings extrem beunruhigte, waren die Probleme meiner Klassenkameraden, die den Unterrichtsalltag sehr bestimmten. Dadurch war es in der Klasse immer sehr laut. Laute Geräusche mag ich nicht, die musste ich mir ja lange genug als Alarm auf der Intensivstation anhören. So kam ich nach drei Jahren in meine heutige Klasse. Hier fühle ich mich so richtig wohl. Die Kinder sind sehr ruhig und haben ähnliche Probleme wie ich. Ich bin froh, dass meine Lehrerinnen mir helfen, neu anzufangen und an meine Fähigkeiten zu glauben. Was ich auch toll finde, ist, dass ich Integrationshelferinnen habe, die mir immer wieder sagen:"Joshua, du schaffst das schon!", und das hilft mir sehr.

Leider höre ich ganz häufig: „Kann der Joshua das überhaupt?" Das macht mich dann sehr traurig und unsicher. Ich finde das überhaupt nicht gut, wenn die Leute über mich reden. Die kennen mich doch gar nicht richtig. Wenn ich stark genug geworden bin, werde ich denen das mal sagen.

Meine Zwillingsschwester hilft mir ganz toll, weil sie mich richtig klasse findet und so mag, wie ich bin. Das gibt mir ganz viel Sicherheit. Wir sind schon ein starkes Team, für sie würde ich alles tun! Mama und Papa unterstützen uns immer, wenn sie uns etwas zutrauen und an uns glauben. Ich wette, sie sind ganz schön stolz auf uns.

Anmerkung der Eltern:
Sicherheit ist die Grundvoraussetzung, um wachsen zu können. Wir Eltern können unseren Kindern Sicherheit geben, indem wir sie immer wieder in ihren Fähigkeiten bestärken und ihnen helfen, mit ihren und den Schwächen anderer umzugehen. Dies im Besonderen nach einem so schwierigen Start wie einer Frühgeburt. Es ist zwar ein mitunter steiniger Weg und es gilt, sich vieles hart zu erarbeiten, aber es lohnt sich, sich für diese kleinen Kämpfer richtig ins Zeug zu legen.

Übergang ins Berufsleben

Wie der Übergang in den Beruf für ehemalige Frühgeborene aussieht, hängt natürlich völlig davon ab, welche Entwicklung die jungen Erwachsenen bis dahin genommen haben. So breit gefächert die individuellen Verläufe waren, so unterschiedlich ist auch die Art ihres Eintritts ins Erwerbsleben.

Inhalt Kapitel 5

Infotexte

Erfahrungsberichte

Was Sie in diesem Kapitel erwartet

Karin Jäkel

Wie der Übergang in den Beruf für ehemalige Frühgeborene aussieht, hängt natürlich völlig davon ab, welche Entwicklung die jungen Erwachsenen bis dahin genommen haben. So breit gefächert die individuellen Verläufe waren, so unterschiedlich ist auch die Art ihres Eintritts ins Erwerbsleben.

Die Studienlage zu den langfristigen Auswirkungen einer Frühgeburt ist uneinheitlich:
Eine amerikanische Untersuchung stellte 2004 fest, dass ehemalige Frühgeborene mit geringem Geburtsgewicht im Erwachsenenalter vermehrt Angststörungen, Depressionen und andere psychische Probleme aufwiesen. Dabei zeigte sich, dass vor allem Mädchen später mehr Ängste, Depressionen und die Tendenz zeigten, sich zurückgestoßen zu fühlen. Jungen aus dieser Studiengruppe zeigten dagegen als Erwachsene eher Schizophrenieähnliche Symptome als ihre bei der Geburt normalgewichtigen Altersgenossen. Alle jedoch neigten zu einem eher vorsichtigen Verhalten und waren auch weniger anfällig für Suchtgefahren oder Delinquenz. (Quelle: Maureen Hack et al., Behavioral Outcomes and Evidence

of Psychopathology Among Very Low Birth Weight Infants at Age 20 Years, PEDIATRICS Vol. 114 No. 4 October 2004, pp. 932-940)

Demgegenüber kommt eine deutsche Studie im Jahr 2007 zum Ergebnis, dass viele Frühgeborene als Erwachsene ein ganz normales Leben führen. „Bisher wurde die langfristige Prognose gerade extrem kleiner Frühgeborener eher als schlecht beurteilt, da in Studien in über 30 Prozent der Fälle im Jugendlichenalter unterschiedliche Gesundheits-, Lern- und Verhaltensprobleme festgestellt worden sind. Daraus resultieren nicht selten vielfältige Probleme wie Herz-Kreislauferkrankungen, Stoffwechselstörungen und psychiatrische Erkrankungen. Nach den nun vorliegenden Ergebnissen einer bundesweiten Studie scheinen Schulerfolg, Gesundheitszustand und die Lebensqualität von ehemaligen sehr kleinen Frühgeborenen im Alter von 18 bis 25 Jahren jedoch nicht schlechter zu sein als bei Normalgeborenen." So lautet die Pressemeldung zur Studie, die Prof. Dr. Hans-Michael Straßburg von der Universitäts-Kinderklinik Würzburg erstellte.

Und weiter: „Die zentralen Erkenntnisse:

- Rund 80 Prozent aller Befragten haben einen qualifizierten Schulabschluss, 25 Prozent von ihnen das Abitur und 35 Prozent einen Realschulabschluss.
- 85 Prozent konnten ihren Alltag selbstständig ohne spezielle Unterstützung bewältigen und hatten keine wesentlichen körperlichen Einschränkungen.
- Bei Fragen zur Lebensqualität bezüglich Körper, Psyche, Selbstwert, Familie, Freunde und Schule schneiden die ehemaligen Frühgeborenen in den neuen wie auch in den alten Bundesländern genauso gut ab wie ihre normal geborenen Altersgenossen.

Zwar möchte Straßburg die Ergebnisse, die in allen Regionen des Bundesgebiets im Wesentlichen vergleichbar gewesen sind, nicht überbewertet wissen, da nur 30 Prozent der angeschriebenen Personen verwertbar geantwortet haben. Zudem müsse man davon ausgehen, dass gerade die frühgeborenen jungen Erwachsenen, die ihre Lebensqualität eher schlecht beurteilen, nicht geantwortet haben. Trotzdem könne aber die bisher weit verbreitete These, wonach allein durch die Frühgeburt und den damit verbundenen Belastungen bleibende psychische Traumatisierungen und Krankheiten entstehen, nicht aufrechterhalten werden."

Quelle:
- http://www.presseportal.de/pm/55202/1096973/dt_gesellschaft_fuer_sozialpaediatrie_und_jugendmedizin/

Diesen Studienergebnissen stehen im vorliegenden Kapitel einige exemplarische Einzelerfahrungen gegenüber, in denen die betroffenen jungen Leute bzw. ihre Eltern zu Wort kommen. Von acht Betroffenen in sechs Berichten beginnen vier ehemalige Frühchen „ganz normal“ ihre Ausbildung bzw. ihr Studium. Zwei oder drei weitere junge Menschen werden jedoch vermutlich nur schwer auf dem sogenannten „ersten Arbeitsmarkt“ Fuß fassen können. Ein junger Mann allerdings hat durch eine besondere außerschulische Begabung trotz fehlenden Schulabschlusses seinen Weg gemacht.

In den Infotexten dieses Kapitels wird ein besonderes Augenmerk auf diejenigen Frühgeborenen gelegt, die durch ihre zu frühe Geburt eine Beeinträchtigung davongetragen haben und die deswegen beim Übergang in den Beruf einer besonderen Unterstützung bedürfen.

Entsprechende Fachleute geben darum wertvolle Einblicke und Tipps, wie ein Berufseinstieg mit einem mehr oder weniger ausgeprägten Handicap angegangen werden kann.

Wolfgang Fuchs-Lambrix, bis vor kurzem Reha-Berater bei der Agentur für Arbeit, erläutert ausführlich, welche vielfältigen Hilfen die Agentur für Arbeit in den Bereichen Beratung und Vermittlung anbietet. Seine Ausführungen unter dem Titel ▸ „Übergang in Ausbildung und Beruf“ haben besonders die möglichen Leistungen für Jugendliche mit Teilleistungsstörungen und/ oder AD(H)S im Blick. Darüber hinaus finden sich in diesem Infotext aber auch wichtige Informationen für Heranwachsende, deren Beeinträchtigung auf anderen Gebieten liegt.

Wie vielfältig in der sonderpädagogischen Förderung die Berufshinführung gestaltet und die Berufsfindung angebahnt wird bzw. werden soll, erklärt Annette Kriszio, Rektorin eines Förderzentrums mit dem Förderschwerpunkt „Lernen“ in ihrem Beitrag ▸ „Berufsorientierung - Berufsvorbereitung - Berufsausbildung“. Sie erläutert z. B., welche Kompetenzen die Jugendlichen im Hinblick auf die Berufsreife entwickeln sollen und empfiehlt u.a.: “Grundsätzlich sind Eltern gut beraten, sich frühzeitig nach dem Konzept der Berufsorientierung und Berufshinführung der Schule ihres Kindes zu erkundigen.“

◆ ◆ ◆

Übergang in Ausbildung und Beruf

Welche Hilfen können Menschen mit Teilleistungsstörungen und AD(H)S erwarten?

Wolfgang Fuchs-Lambrix
Der Verfasser war Berufsberater für behinderte Jugendliche und ist Mitglied sowie Fachbeirat für Ausbildung und Beruf bei SeHT e.V. (Selbständigkeitshilfe bei Teilleistungsschwächen).

Die realistische Einschätzung der eigenen Interessen, Erwartungen und Kompetenzen (Selbsterkundung) sowie das zielgerichtete Sammeln und individuelle Bewerten von Informationen über Berufe und Bildungsgänge ist für jugendliche Berufswähler eine schwer zu bewältigende Herausforderung. Jugendliche mit Teilleistungsstörungen und AD(H)S haben oft zusätzlich noch Entwicklungsdefizite. Jugendliche mit (diesem) Handicap benötigen daher erst recht Hilfe und Unterstützung bei der Berufsfindung und beruflichen Eingliederung. Nachstehend sollen Hilfe-Möglichkeiten beim Übergang von der Schule in Ausbildung und Beruf erläutert werden.

Familie

Jugendliche mit Teilleistungsstörungen und AD(H)S können oft ihre Störungen und Defizite benennen, sind sich ihrer Fähigkeiten und positiven Eigenschaften aber weit weniger bewusst. Nicht zuletzt auch zur Förderung der Berufswahlkompetenz ist daher eine frühzeitige Unterstützung und Förderung des Selbstbildes wichtig: täglich sehen, was gut läuft, und dies auch benennen, häufig direkte Rückmeldung geben. So kann das Selbstbewusstsein sowie die Fähigkeit zur Selbsteinschätzung gestärkt werden. Andererseits besitzen sowohl Jugendliche als auch Eltern aus verständlichen und nachvollziehbaren Gründen nicht immer die notwendige Distanz für eine objektive Einschätzung der Fähigkeiten und der daraus resultierenden beruflichen Möglichkeiten; ***eine externe Beratung kann hilfreich sein.***

Schule und Arbeitsagentur

Durch die Berufswahlvorbereitung in den Förder-, Haupt- und Realschulen werden Schüler verstärkt in den letzten beiden Schuljahren zur Berufs- und Arbeitswelt hingeführt und zu eigenständigen Berufswahlüberlegungen angeregt. Dies geschieht erfreulicherweise immer häufiger durch handlungsorientiertes Lernen: die Schüler erhalten in Projekten, bei Betriebsbesuchen und Betriebspraktika Gelegenheit zur Selbsterkundung und Selbsterfahrung. Die beruflichen und insbesondere die betrieblichen Anforderungen lernen die Schüler recht realistisch im Rahmen der zwei-

bis dreiwöchigen Betriebspraktika kennen. Inzwischen bieten auch Gymnasien die Durchführung wenigstens eines Betriebspraktikums an. Dies ist eine wichtige (Selbst-) Erfahrung für jugendliche Berufswähler, besonders für solche mit Teilleistungsstörungen. Über das schulische Angebot hinaus sollten daher auch in der Freizeit oder in den Ferien Kontakte zu Betrieben geknüpft und Hospitationen oder Schnupperpraktika organisiert werden. Die Berufsberater/innen der Arbeitsagentur beteiligen sich am Berufswahlunterricht der Schulen. In Absprache mit den Lehrkräften übernehmen sie Unterrichtsanteile und gestalten Elternabende. Zudem bieten sie individuelle Berufsberatung und Ausbildungsvermittlung an. ***Mit der Schulklasse oder als Einzelbesucher können Jugendliche und Eltern das umfassende Medienarchiv im Berufsinformationszentrum (BIZ) der Arbeitsagentur nutzen.*** Interessant sind hier vor allem die berufskundlichen Kurzfilme zu fast allen Ausbildungsberufen. Darüber hinaus können die PC-Arbeitsplätze im BIZ für Internetrecherchen genutzt werden.

Berufskundliche Literatur und Internet

Informationen über berufliche und betriebliche Anforderungen lassen sich aus Gesprächen mit Berufstätigen gewinnen. Hinweise zu den Erwartungen und Anforderungen der Betriebe liefern auch Stellenangebote in Zeitung und Internet. Aber nicht immer sind diese Informationen objektiv. Objektivere Informationen sind im Taschenbuch „Beruf Aktuell“ mit seinen Kurzbeschreibungen der staatlich anerkannten Ausbildungsberufe zu finden. Das Online-Angebot ▸ berufenet.de der Arbeitsagentur informiert umfassend über ca. 3 200 aktuelle Berufe. Das Taschenbuch „Studien- & Berufswahl“ beinhaltet Entscheidungshilfen für Schüler mit Hochschulreife, Informationen über Studienorte, Studiengänge und andere Ausbildungsmöglichkeiten. Das periodisch erscheinende Berufswahlmagazin „planet-beruf“ gibt Hinweise zur Unterstützung des Berufswahlprozesses oder bietet ein Bewerbungstraining. Diese Schriften erhalten Schüler über die Schule direkt von den Verlagen oder bei der Arbeitsagentur. Sie sind aber auch im Internet zugänglich bzw. dort bestellbar.

- www.arbeitsagentur.de oder
- www.planet-beruf.de

Berufsberatung

Professionelle Berufsberatung kann Überlegungen im Berufswahlprozess anregen und strukturieren, das Erkennen eigener Interessen, Motive, Begabungen und Potenziale fördern, bei der Beschaffung von Informationen über Bildungsgänge und über den Arbeitsmarkt helfen und die Bewertung dieser Informationen unterstützen. Berufsberatung kann so dabei helfen, eine eigenverantwortliche Entscheidung zu treffen, die sowohl die individuellen Lebensbedingungen als auch die Situation auf dem Arbeitsmarkt berücksichtigt (Hilfe zur Selbsthilfe).

Berufsberatung gehört zum Dienstleistungsangebot der Agentur für Arbeit: ***Für eine berufliche Einzelberatung können mit den Berater/innen der Arbeitsagentur individuelle Gesprächstermine vereinbart werden.*** Bei Bedarf werden zur Überprüfung der Berufseignung oder zur Absicherung der Selbsteinschätzung Eignungsgutachten beim psychologischen und/oder ärztlichen Dienst der Arbeitsagentur veranlasst. Diese Hilfen sind kostenlos. Eine vergleichbare Dienstleistung bieten inzwischen auch die Integrationsämter für Schüler einzelner Förderschulen. Berufsberatung wird aber zunehmend und in unterschiedlicher Qualität sowie zu unterschiedlichen Preisen auch von privaten Dienstleistern angeboten. Einen Nachweis seriöser und professioneller Beraterinnen und

Berater bietet der „Deutsche Verband für Bildungs- und Berufsberatung". Beratung im Sinne beruflicher Information gehört auch zum Angebot der Ausbildungsberater der Handwerks- bzw. der Industrie- und Handelskammern (HwK bzw. IHK).

JobPatenschaften

In den letzten Jahren haben sich bei unterschiedlichen Trägern auch Dienste etabliert, die Jugendliche und junge Erwachsene beim Übergang in den Beruf unterstützen und begleiten. Beispielhaft sei hier genannt das PATENMODELL/Arbeit durch Management der Diakonie sowie Job-Fux und Jugend-Scouts der Kommunen. Speziell für junge Menschen mit AD(H)S bietet SeHT e. V. in der Metropolregion Rhein-Neckar seit Mai 2011 die Betreuung durch in Störungs- und Handlungswissen geschulte ehrenamtliche JobPaten an (s. a. Aktuelles unter ▸ www.sehtlu.de).

Feststellung des Hilfebedarfs wegen Förderbedürftigkeit bzw. Behinderung

Im Rahmen der Berufsberatung bei der Agentur für Arbeit kann auch geklärt werden, ob und in welchem Ausmaß die Berufsfindung bzw. Berufsausbildung durch ein Handicap wie AD(H)S oder Teilleistungsstörungen beeinträchtigt sein könnte. Davon kann abhängen, ob bzw. welche weitergehenden Hilfen genutzt werden müssen, um die berufliche Eingliederung zu ermöglichen. ***Es empfiehlt sich daher auch aus diesem Grund unbedingt, den Berater/innen gegenüber offen über vorhandene oder vermutete Defizite zu sprechen.*** Für eine Eignungsbegutachtung beim ärztlichen und/ oder psychologischen Dienst der Arbeitsagentur ist es in der Regel hilfreich, vorhandene Atteste/Arztberichte auswerten zu können.

Bei Jugendlichen mit einer festgestellten Behinderung kann zum Beispiel die Überprüfung der Berufseignung unterstützt werden durch Maßnahmen der Berufsfindung oder Arbeitserprobung in einem Berufsbildungswerk (BBW).

© Thommy Weiss/pixelio.de

Bei den möglichen Hilfen gilt der Grundsatz: so normal wie möglich – so speziell wie erforderlich. Die Prüfung des Hilfebedarfs wegen einer Behinderung bzw. die Prüfung, ob eine Behinderung in diesem Sinn vorliegt, obliegt allein den Reha-Berater/innen der Arbeitsagentur. Da die Reha-Berater/innen nur die Förderschulen betreuen, erfolgt deren Einschaltung bei entsprechender Fragestellung durch die Berufsberater/innen, die die Regelschulen betreuen bzw. durch die Fallmanager der Hartz IV-Behörde (JobCenter), wenn die Jugendlichen von dieser betreut werden.

Die Feststellung der Behinderteneigenschaft durch die Arbeitsagentur erfolgt unabhängig davon, ob eine Schwerbehinderung vorliegt oder evtl. zuerkannt werden könnte.

In diesem Zusammenhang könnte eine Erläuterung der verschiedenen Begrifflichkeiten hilfreich sein: ***Im deutschen Bildungswesen, Sozial- und Förderungsrecht sind gesetzlich definiert: Benachteiligung, Behinderung und Schwerbehinderung.***

Benachteiligung

Das Sozialgesetzbuch (SGB) III beschreibt in § 242 Auszubildende u. a. dann als ***(besonders) förderungsbedürftig, wenn sie lernbeeinträchtigt und sozial benachteiligt sind.*** In einer Durchführungsanweisung werden hier u. a. auch Teilleistungsstörungen (z. B. Legasthenie, Dyskalkulie, ADS) als mögliche Einschränkungen ausdrücklich genannt.

Allgemein wird hier von Benachteiligtenförderung gesprochen.
Die Finanzierung dieser Fördermaßnahmen obliegt der Agentur für Arbeit bzw. dem JobCenter.

Behinderung

Ebenfalls im SGB III wird auch ***der Begriff Behinderung definiert:***
Nach § 19 gelten körperlich, geistig oder seelisch beeinträchtigte Personen als behindert, wenn deren Eingliederungsaussichten [...] wesentlich gemindert sind und sie deshalb Hilfen zur beruflichen Eingliederung benötigen, sowie Personen, denen eine Behinderung mit diesen Folgen droht.

Ähnlich steht es in SGB IX § 2 Absatz 1:
Menschen sind behindert, wenn ihre körperliche Funktion, geistige Fähigkeit oder seelische Gesundheit mit hoher Wahrscheinlichkeit länger als sechs Monate von dem für das Lebensalter typischen Zustand abweichen und daher ihre Teilhabe am Leben in der Gesellschaft beeinträchtigt ist. Sie sind von Behinderung bedroht, wenn diese Beeinträchtigung zu erwarten ist.

Die Feststellung einer Behinderung erfolgt auf Antrag des behinderten Menschen auf „Leistungen zur Teilhabe am Arbeitsleben" (kurz: Reha-Antrag) durch einen Reha-Berater der Agentur für Arbeit. Gegebenenfalls wird der Antrag vom JobCenter an die Agentur für Arbeit zur Prüfung und Entscheidung weitergeleitet.

AD(H)S oder Teilleistungsstörungen sind hier nicht ausdrücklich genannt - genauso wenig wie viele andere Behinderungen! Wenn „nur" eine Teilleistungsstörung oder ein AD(H)S vorliegt, die Auswirkungen aber belegbar gravierend einschränkend sind, muss u. U. gekämpft werden (z. B. kann Widerspruch oder gar Klage gegen eine Ablehnung eingereicht werden).

Achtung:

Für „Leistungen zur Teilhabe am Arbeitsleben" können neben der Agentur für Arbeit auch andere Sozialleistungsträger als Kostenträger (Reha-Träger) in Betracht kommen. In der Regel ist dies die deutsche Rentenversicherung Bund (DRV; früher BfA oder LVA), nämlich wenn entsprechende Versicherungsjahre (in der Regel 15) geleistet sind.

! Behinderte Jugendliche und junge Erwachsene sind während der Zeit einer Berufsausbildung schwerbehinderten Menschen per Gesetz gleichgestellt. !

Schwerbehinderung

In § 2 Absatz 3 des SGB IX ist festgelegt:
Schwerbehindert sind Menschen, wenn ein Grad der Behinderung von wenigstens 50 vorliegt.

Der Grad der Behinderung wird auf Antrag des behinderten Menschen festgestellt von der für die Durchführung des Bundesversorgungsgesetzes zuständigen Behörde (Versorgungsamt, Integrationsamt oder Amt für soziale Angelegenheiten).
In § 2 Absatz 3 des SGB IX ist auch die Gleichstellung geregelt:

Mit schwerbehinderten Menschen gleichgestellt werden Menschen mit einem Grad der Behinderung von weniger als 50, aber wenigstens 30, wenn sie infolge ihrer Behinderung ohne die Gleichstellung einen geeigneten Arbeitsplatz […] nicht erlangen oder nicht behalten können. Über die Gleichstellung mit schwerbehinderten Menschen entscheidet die Agentur für Arbeit.

Weniger bekannt ist, dass behinderte Jugendliche und junge Erwachsene während der Zeit einer Berufsausbildung schwerbehinderten Menschen per Gesetz gleichgestellt sind, auch wenn der Grad ihrer Behinderung weniger als 30 beträgt oder ein Grad der Behinderung gar nicht festgestellt ist. Der Nachweis der Behinderung wird durch eine Stellungnahme der Agentur für Arbeit oder durch einen Bescheid über Leistungen zur Teilhabe am Arbeitsleben erbracht (SGB IX § 68 Abs. 4).

Ausbildungsvermittlung

Auch die Dienstleistung Ausbildungsvermittlung gehört zum Dienstleistungsangebot der Berufsberatung der Agentur für Arbeit. Sie umfasst sowohl das Angebot einer berufsvorbereitenden Bildungsmaßnahme (BvB) für noch nicht berufs- bzw. ausbildungsreife Jugendliche als auch die Vermittlung von betrieblichen oder außerbetrieblichen Ausbildungsplätzen sowie die Information über schulische Bildungsgänge (Nachweis schulischer Ausbildungsplätze). ***Vor der Aushändigung von Bewerbungsvorschlägen für eine betriebliche Ausbildung prüft die Arbeitsagentur, ob die Bewerber die Mindestanfor-***

derungen sowohl der gewünschten Ausbildungsgänge als auch die Anforderungen der Ausbildungsbetriebe erfüllen. Diese Eignungsprüfung entfällt beim Nachweis von schulischen Ausbildungsplätzen sowie bei Ausbildungsplätzen, die von Betrieben offen (mit Bewerbungsanschrift) in das Internetportal JOBBÖRSE der Arbeitsagentur gestellt wurden. Über die JOBBÖRSE kann man daher auch selbst nach offenen betrieblichen Ausbildungsplätzen suchen und sich selbst als Bewerber/in für eine Ausbildungsstelle eintragen sowie die eigenen Daten im Internet pflegen. Häufig verweisen die Arbeitgeber wegen der Bewerbungsanschrift aber auch auf die Arbeitsagentur, damit diese vor Nennung der Adressdaten die Einhaltung der Bewerbungskriterien der Betriebe durch die Interessenten überprüft (Vorauswahl, Mindesteignung).

Bei schwerbehinderten jungen Menschen kann die Suche nach einem Ausbildungsplatz durch die Einschaltung eines Integrationsfachdienstes erleichtert werden, der auch die Kontaktaufnahme zu den Betrieben begleitet.

Die Beschäftigungspflicht sieht vor, dass Arbeitgeber mit mindestens 20 Arbeitsplätzen auf wenigstens 5 Prozent der Arbeitsplätze schwerbehinderte Menschen zu beschäftigen haben. Solange Arbeitgeber die Beschäftigungspflicht nicht erfüllen, müssen sie für jeden unbesetzten Pflichtarbeitsplatz eine Ausgleichsabgabe entrichten.

Insbesondere für größere Betriebe kann die Anrechnung eines schwerbehinderten Menschen auf mehr als einen Pflichtarbeitsplatz (Mehrfachanrechnung) finanziell interessant sein. Die Mehrfachanrechnung kann bei der Agentur für Arbeit beantragt werden und ist zum Beispiel möglich, wenn ein schwerbehinderter Mensch zur Ausbildung eingestellt werden soll.

Finanzielle Förderung

Zur Unterstützung der Eingliederung kann potenziellen Ausbildungsbetrieben unter Umständen ein monatlicher Ausbildungszuschuss gewährt werden. Bei der so genannten Einstiegsqualifizierung (EQJ) erhalten Betriebe eine Pauschale zu den Lohnkosten sowie zur Sozialversicherung, wenn sie arbeitslose Jugendliche im Rahmen einer sechs- bis zwölfmonatigen Beschäftigung für eine nachfolgende Ausbildung im Betrieb qualifizieren.

Arbeitgeber mit bis zu 500 Beschäftigten, die einen lernbeeinträchtigten oder sozial benachteiligten Jugendlichen betrieblich ausbilden oder im Rahmen einer Berufsausbildungsvorbereitung nach dem Berufsbildungsgesetz bzw. einer Einstiegsqualifizierung qualifizieren wollen, können Unterstützungsleistungen durch einen beauftragten Bildungsträger bei administrativen und organisatorischen Aufgaben erhalten (Ausbildungsmanagement). Lernbeeinträchtigte oder sozial benachteiligte ***Jugendliche, die sich in einer Berufsausbildungsvorbereitung nach dem Berufsbildungsgesetz oder in einer mit Qualifizierungszuschuss geförderten Beschäftigung befinden, können durch einen beauftragten Bildungsträger sozialpädagogisch begleitet werden.***

Ausbildungsbegleitende Hilfen (AbH)

Die Agentur für Arbeit kann mit Beginn einer betrieblichen Ausbildung (oder wenn diese zu scheitern droht) durch die Finanzierung von Ausbildungsbegleitenden Hilfen einem Ausbildungsabbruch vorbeugen. So kann zum Beispiel durch Unterricht in kleinen Lerngruppen der Besuch der berufsbildenden Schule begleitet und der Unterrichtsstoff aufgearbeitet werden. Eine sozialpädagogische Fachkraft unterstützt darüber hinaus die Auszubildenden bei Problemen im Betrieb oder in der Berufsschule. ***Gerade bei Auszubildenden mit Teilleistungsstörungen und AD(H)S***

kann mit Ausbildungsbegleitenden Hilfen das Risiko eines Ausbildungsabbruches gemindert werden.

Außerbetriebliche Berufsausbildung

Häufig benötigen Jugendliche mit Teilleistungsstörungen und AD(H)S trotz vorhandener Berufsreife für eine Berufsausbildung besondere Bedingungen, die bei einem „normalen" Ausbildungsbetrieb nur ausnahmsweise vorliegen: Gut strukturierter äußerer Rahmen, hauptamtliche und sonderpädagogisch ausgebildete Ausbilder, die bereit und in der Lage sind, auf Jugendliche mit Handicap besonders einzugehen. Diese Bedingungen sind in der Regel eher bei einer Ausbildung in einer außerbetrieblichen Einrichtung (BaE) mit zusätzlicher individueller sozialpädagogischer Betreuung gegeben. Eine BaE wird von den Arbeitsagenturen und JobCenter für einige ausgewählte Berufe bei außerbetrieblichen Berufsbildungsträgern finanziert, wenn eine betriebliche Ausbildung wegen erhöhter Förderungsbedürftigkeit keinen Erfolg verspricht. ***Allerdings darf man leider (noch) nicht bei allen Bildungsträgern speziell über Teilleistungsstörungen und AD(H)S informierte Ausbilder, Lehrkräfte und sozialpädagogische Betreuer erwarten. Die Chancen hierfür sind bei einem der über 50 überregionalen Berufsbildungswerke für Jugendliche (BBW) größer.*** Die BBW's verfügen zusätzlich zu den geschilderten außerbetrieblichen Bedingungen über psychologische und ärztliche Betreuung und in der Regel über eigene Berufsschulen mit kleinen Klassen und sonderpädagogisch ausgebildeten Lehrkräften. Voraussetzung für eine Ausbildung im BBW ist allerdings, dass die besonderen Bedingungen eines BBW wegen einer Behinderung erforderlich sind und ein Berufsabschluss sonst nicht erreichbar wäre.

Eine außerbetriebliche Berufsausbildung erfordert in jedem Fall die Überprüfung der Förderungsvoraussetzungen durch die Agentur für Arbeit bzw. des JobCenters. Daneben können auch einige Jugendhilfeeinrichtungen eine außerbetriebliche Ausbildung anbieten, wenn der besondere Betreuungsbedarf von den zuvor genannten Einrichtungen nicht geleistet werden kann. Dies ist zum Beispiel der Fall, wenn auch ohne eine Berufsausbildung eine auswärtige Unterbringung erforderlich wäre oder die Ausbildung nur durch eine zusätzliche heilpädagogische Betreuung gewährleistet ist. Kostenträger ist dann nicht die Arbeitsagentur, sondern das Jugendamt.

Besondere Ausbildungsregelungen

Nach § 65 Berufsbildungsgesetz (BBiG) sollen bei der Berufsausbildung in anerkannten Ausbildungsberufen des dualen Ausbildungssystems (sowohl betrieblich als außerbetrieblich) ***die besonderen Verhältnisse behinderter Menschen berücksichtigt werden (Nachteilsausgleich).***

Dies kann auf zweierlei Weise geschehen:

Generelle Regelungen

Die Berufsausbildung erfolgt von Beginn an in einer besonderen Regelung mit geänderter Ausbildungs- und Prüfungsordnung und mit neuer Berufsbezeichnung, die von der zuständigen Stelle nach dem BBiG (zum Beispiel IHK oder HwK) aus den Inhalten anerkannter Ausbildungsberufe entwickelt bzw. zugelassen wurde.

Beispiele: Ausbildung im besonders geregelten Berufsbild Holzfachwerker anstatt im Ausbildungsberuf Tischler oder im Beruf Gartenbaufachwerker anstelle des Gärtners. Zumindest diese generelle Regelung setzt jedoch voraus, dass die Agentur für Arbeit die Feststellung einer Behinderung bestätigt hat.

Individuelle Regelungen

Die zuständige Stelle nach dem BBiG kann auf Antrag zulassen, dass von der Ausbildungs- und/oder Prüfungsordnung abgewichen wird, um dadurch z. B. die Prüfungsbedingungen zu erleichtern.
Beispiele: Längere Zeitvorgaben in der Kenntnis- und/oder Fertigkeitsprüfung oder der Verzicht auf die Vorlage des schriftlichen Ausbildungsnachweises.

Die Voraussetzungen für eine individuelle Regelung werden von den zuständigen Stellen unterschiedlich gehandhabt; nicht immer muss das Vorliegen einer Behinderung von der Agentur für Arbeit festgestellt sein. Unter Umständen genügt die Vorlage zum Beispiel eines fachärztlichen Attests, das ein Handicap bestätigt. Die Handhabung muss je nach Region und Ausbildungsberuf bei den Ausbildungsberatern der zuständigen Kammer oder bei der Agentur für Arbeit erfragt werden.

Schlussbemerkung

Teilleistungsstörungen oder AD(H)S sind meines Erachtens weder ein Grund, vor der Berufswahl zu resignieren, noch eine Entschuldigung, sie auf die leichte Schulter zu nehmen. Selbstverständlich kann die Entscheidung für einen bestimmten Beruf oder einen Bildungsgang nur erleichtert und nicht abgenommen werden. Kleine Schritte, langsam getan, entsprechen oft eher der Mentalität von Jugendlichen mit Teilleistungsstörungen und AD(H)S und sind daher langfristig erfolgreicher. Wenn aber nach allen rationalen Erwägungen die Berufsentscheidung immer noch schwer fällt, kann getrost das Bauchgefühl den letzten Ausschlag geben, denn eine gute Entscheidung fühlt sich auch gut an.

◆ ◆ ◆

Berufsorientierung - Berufsvorbereitung - Berufsausbildung

Der Weg ins Berufsleben für Jugendliche mit dem Förderschwerpunkt Lernen

Annette Kriszio, Sonderschulrektorin

Kinder und Jugendliche mit dem diagnostizierten sonderpädagogischen Förderbedarf im Schwerpunkt Lernen besuchen heute in Deutschland entweder eine Förderschule oder sie besuchen den gemeinsamen Unterricht in der allgemeinen Schule mit sonderpädagogischer Unterstützung. In beiden Systemen gelten hinsichtlich ihrer Bildung und Erziehung die gleichen Vorgaben, Lehrpläne und allgemeinen Ziele. Die Kultusministerkonferenz empfahl 1999: „Sonderpädagogische Förderung im Förderschwerpunkt Lernen soll das Recht der Kinder und Jugendlichen mit Förderbedarf im Bereich des Lern- und Leistungsverhaltens, eine ihren individuellen Möglichkeiten entsprechende schulische Bildung und Erziehung verwirklichen. Sie soll die Schülerinnen und Schüler mit Lernbeeinträchtigungen darauf vorbereiten, erfolgreich und weitgehend selbständig ihr Leben in Familie und Freizeit, in Gesellschaft und Staat, in Berufs- und Arbeitswelt, in Natur und Umwelt zu bewältigen.“

Die sonderpädagogische Förderung erstreckt sich im Förderschwerpunkt Lernen von der Prävention im vorschulischen Bereich bis zu gezielten Hilfen beim Übergang von der Schule in das Berufsleben unter erschwerten Bedingungen. Da der Grad und die Art der Lernbeeinträchtigungen bei jedem Kind unterschiedlich sind, werden die Ziele und der Weg zur Erreichung dieser Ziele individuell für jedes Kind immer wieder neu erarbeitet und in sonderpädagogischen Förderplänen festgelegt.

In der Sekundarstufe I gehört die Hinführung in die Arbeitswelt zu den vordringlichen Aufgaben der sonderpädagogischen Förderung. Sie erfolgt in enger Kooperation mit Eltern, Berufsberatung, berufsbildenden Schulen, Betrieben, Kammern, Gewerkschaften und sozialen Diensten.

Dabei müssen auch die Schritte zur Berufsorientierung, zur Berufsvorbereitung und zur Berufsausbildung individuell für ein Kind festgelegt werden. Sie sollten dabei grundsätzlich auf eine adäquate Lebenszielplanung aufbauen, die eine realistische Einschätzung der persönlichen Möglichkeiten des Kindes und Jugendlichen voraussetzt.

Bei der Hinführung in die Berufs- und Arbeitswelt müssen zunächst die Grundlagen geschaffen werden, die die Persönlichkeit stärken und Handlungskompetenzen anbahnen.

Dazu gehören:

- Selbstkompetenzen (z.B.: Pünktlichkeit, Zuverlässigkeit, Selbstständigkeit, Teamfähigkeit),
- Lern- und Methodenkompetenzen (Gedächtnis, Konzentration, Denken, Lernmethodik),
- Fachkompetenzen (Deutsch/Lesen, Mathematik, informationstechnische Grundbildung, Allgemeinwissen, berufsfeldbezogene Fähigkeiten),
- Sozialkompetenzen (Kommunikation, Kooperation, Kritikfähigkeit, Umgangsformen, Teamfähigkeit) sowie
- Physische Kompetenzen (Kondition/Ausdauer, Beweglichkeit, handwerklich-motorische Fertigkeiten, Körperkraft, Koordination).

Neben den oben genannten Kompetenzen, die in der gesamten Schulzeit unterrichtsimmanent vermittelt werden, sind Praxisbegegnungen, die im Unterricht vorbereitet und ausgewertet werden, von großer Bedeutung. ***Betriebserkundungen und -praktika sowie Werkstattunterricht und arbeitsweltbezogene Projekte sind wesentliche Bestandteile der Berufsorientierung.*** Die Schülerinnen und Schüler sollen Beschäftigungs- und Ausbildungsmöglichkeiten in ihrer Region erkunden, reale Arbeitsplatzsituationen erleben und lernen, ihre persönlichen Stärken und Schwächen im Hinblick auf eine spätere Berufs- und Erwerbstätigkeit einzuschätzen.

In vielen Bundesländern gibt es heute außerdem Initiativen, die den Übergang von der Schule in die Arbeitswelt zusätzlich vorbereiten und begleiten und den Jugendlichen während dieser Zeit Unterstützung gewähren. (Zum Beispiel: „ILJA", Integration behinderter Jugendlicher in Ausbildung, in Nordrhein-Westfalen oder „Handlungskonzept Schule und Arbeitswelt" in Schleswig-Holstein).

Diese Konzepte fußen auf den Förderrichtlinien des Bundesministeriums für Bildung und Forschung zur Intensivierung der beruflichen Orientierung der Schülerinnen und Schüler mit Lernbeeinträchtigungen. Das Ziel der Richtlinie liegt in der Erreichung eines nahtlosen Übergangs von der Schule in die Berufsausbildung. Durch schon während der Schulzeit einsetzende Berufsorientierung soll die Berufswahlkompetenz verbessert und die Ausbildungsreife gestärkt werden. Diese Ziele sind in vielen Schullehrplänen der Bundesländer verankert.

Beispiel eines sonderpädagogischen Lehrplans zur Berufsorientierung und –vorbereitung Förderschwerpunkt Lernen:

Jahrgang	Themen	Methoden/Beispiele	Kompetenzschwerpunkte	Lernort
5/6	Berufe im Umfeld darstellen	Interviews, Plakate, Präsentationen	Sozialkompetenz	Schule
5/6	Eigene Wunschberufe	Texte, Dokumentationen	Selbstkompetenz	Schule
5/6	Betriebsbesuche	Erkundungen, Reportagen	Selbstkompetenz	Betrieb
5-8	Typische Mädchen-/ Jungenberufe	Girls´Day/ neue Wege für Jungs	Sozialkompetenz Selbstkompetenz	Schule Betrieb
ab 5	Lernportfolio	Dokumentation Lernreflektion	Selbstkompetenz	Schule
7/8/9	Vertiefende Informationen zu Berufen	Besuch im Jobcenter BIZ (Berufsinformations-Zentrum)	Fachkompetenz	Jobcenter
7/8	Kennenlernen beruflicher Praxis	Werkstattunterricht= angeleitetes Praktikum (5x1/2 Tage)	Selbstkompetenz Sozialkompetenz	Bildungsträger
7/8	Einbindung der Eltern	Elternabend zur Berufsorientierung	Sozialkompetenz	Schule
7/8	Navigationshilfen im Berufswahlprozess	Einführung des Berufswahlpasses, Portfolio, Berufsberatung	Selbstkompetenz	Schule Jobcenter
8/9/10	Regionaler Arbeits- und Ausbildungsmarkt	Besuche, Kontakte knüpfen	Selbstkompetenz Sozialkompetenz	Extern
8	Konkretisierung beruflicher Vorstellungen	Berufsberatung in der Schule	Selbstkompetenz Sozialkompetenz	Schule
8/9	Medien zur Berufswahl	JOBLAB Beruf aktuell BERUFENET	Lernkompetenz	Schule

Jahrgang	Themen	Methoden/Beispiele	Kompetenzschwerpunkte	Lernort
8/9/10	Vertiefende Kenntnisse betrieblicher Realität	Betriebserkundungen	Selbstkompetenz Lernkompetenz	Betrieb
8	Kompetenzermittlung	Potenzialanalysen, Assessments, Testverfahren	Fachkompetenzen Selbstkompetenz Lernkompetenz	Bildungsträger
8	Grundlagen schriftlicher Bewerbungen	Lebenslauf Bewerbungsschreiben	Lernkompetenz	Schule
8 2. Halbj.	Erfahren beruflicher Realität und Anforderungen	zweiwöchiges begleitetes Praktikum Vor-/Nachbereitung	Fachkompetenz Physische Kompetenz	Betrieb Schule
9	Erprobung des beruflichen Alltags	Wöchentlicher Praxistag	Selbst-, Fach-, Lern-, Phys. Kompetenz	Betrieb
9/10	Bewerbungsunterlagen optimieren	Bewerbungsmappe	Lernkompetenz	Schule
9/10	Bewerberverhalten	Vorstellungsgespräch	Selbstkompetenz	Schule
9/10	Vorbereitung Berufswahlentscheidung	Eignungsanalyse Berufsberatung	Selbstkompetenz	Schule Jobcenter
9/10	Überprüfung der Berufswahlentscheidung	Fallkonferenzen Betreuung, Beratung	Selbstkompetenz	Schule Jobcenter
9/10	Anschlussvorbereitung	Jugendarbeitsschutzgesetz Rechte und Pflichten Ausbildungsabbruch	Fachkompetenz	Schule

Grundsätzlich sind Eltern gut beraten, sich frühzeitig nach dem Konzept der Berufsorientierung und Berufshinführung der Schule ihres Kindes zu erkundigen. Besonders beim Besuch einer allgemeinbildenden Schule (Gemeinsamer Unterricht/Integration) muss sichergestellt sein, dass die Jugendlichen ihren Bedürfnissen entsprechend auf die Arbeitswelt vorbereitet und in die Berufstätigkeit begleitet werden.

Berufsausbildung
Wie kann es nach der Schule weiter gehen?

Spätestens seit dem 8. Jahrgang ist die Agentur für Arbeit (Jobcenter) an allen Lernorten, an denen Jugendliche mit dem Förderschwerpunkt Lernen unterrichtet werden, fest eingebunden. Speziell ausgebildete Berater informieren die Schüler und Schülerinnen mit dem Förderschwerpunkt Lernen und deren Eltern umfassend auf der Grundlage des Sozialgesetzbuchs IX (Rehabilitation und Teilhabe behinderter Menschen) über die Möglichkeiten der beruflichen Eingliederung. Auf der Grundlage von Eignungsfeststellungs- und Diagnoseverfahren sowie ärztlicher und psychologischer Gutachten wird entschieden, welchem Jugendlichen Rehabilitationsbedarf zuerkannt wird. Dabei handelt es sich in jedem Fall um eine Einzelfallentscheidung. Bei Anerkennung stehen dem Jugendlichen grundsätzlich alle Reha-Maßnahmen zur Verfügung, vorausgesetzt er unterstützt die Ausbildung aktiv, sein Leistungsvermögen lässt eine erfolgreiche Ausbildung erwarten und der Arbeitsmarkt kann entsprechende Plätze anbieten. Voraussetzung ist in jedem Fall die Antragstellung durch die Eltern und den Jugendlichen.

Direkt nach der Schulzeit werden durch die Agentur für Arbeit in allen Bundesländern verschiedene berufsvorbereitende Bildungsmaßnahmen angeboten, in denen die Jugendlichen ihre Grundqualifikationen und Kompetenzen weiter verbessern können. Von diesen Maßnahmen sollten die Schülerinnen und Schüler unbedingt Gebrauch machen, denn in der Praxis hat sich gezeigt, dass bei Jugendlichen mit dem Förderschwerpunkt Lernen oft nach neun (beziehungsweise zehn) Pflichtschuljahren noch keine physische und mentale Berufsreife vorliegt.

Weitere Informationen: Agentur für Arbeit: Merkblatt 12, Förderung und Teilhabe am Arbeitsleben

- http://www.arbeitsagentur.de/nn_26984/SiteGlobals/Forms/Suche/serviceSuche__Form,templateId=processForm.html?allOfTheseWords=merkblatt+12+f%C3%B6rderung+teilhabe&x=0&y=0&lang=de

◆ ◆ ◆

Ein langer Weg - Teil 2

Marion von Gratkowski, Bayern

Fortsetzung des Berichts von Seite 158, Kapitel 2

Erwachsene Zwillinge, 34. SSW, Bayern, Entwicklungsverzögerung, Lese-Rechtschreibschwäche, Schulkindergarten, Grundschule, danach: Hauptschule, Ausbildung zum Koch, Küchenchef bzw. Gymnasium, BWL-Studium

So kam es, dass Constantin mit 15 die Hauptschule verließ und keinen Qualifizierenden Hauptschulabschluss hatte. Im Gegenteil: In allen drei Hauptfächern hatte er eine satte 5. Durch unseren Fehler verpassten wir, rechtzeitig für Constantin eine Lehrstelle zu suchen. Er hatte während der Schulzeit zwei Bereiche mit einem Praktikum testen können. Er hatte in einer Schreinerei gearbeitet, da seine handwerklichen Fähigkeiten ganz tolle Stücke (einen Mississippi-Dampfer aus Holz, einen genialen Brieföffner – noch heute in Benutzung – und ein Rennauto aus Holz) hervorgebracht hatten. Die Schnupperlehre gefiel ihm – bis auf die Holzspäne, die er ohne Schutzbrille während Reinigungsarbeiten ins Auge bekommen hatte.

Und er machte eine Schnupperlehre in der Küche eines renommierten Hotels als Koch. Das war genau das Richtige für ihn. Constantin bewarb sich bei seinem Praktikumsbetrieb, der ihn aufgrund seiner schlechten Noten ablehnte. So blieb nur der Weg zum Arbeitsamt, das Constantin mit fünf Adressen versorgte. Die erste freie Stelle lag in einer kleinen Stadt, 70 Kilometer von uns entfernt. Wir fuhren mit unserem Sohn dorthin und stellten ihn und uns im möglichen Ausbildungsbetrieb vor. Constantin bekam einen Termin zum Probekochen, bei dem er sein Können und sein Interesse unter Beweis stellen sollte. Er wurde genommen. Nun war Constantin also mit 16 Jahren weg von zu Hause. Schon bald flatterte ein Schreiben von der Berufsschule bei uns ein: Wir möchten zum Elternsprechtag kommen, Constantin hätte vor allem in Deutsch so schlechte Ergebnisse. Wir folgten dem Ruf in die Berufsschule. Dort waren alle Lehrer

verwundert, dass wir gekommen waren. Es gab weit schlechtere Schüler und manche schliefen während des Unterrichts ein. Kochen ist ein harter Beruf und in der Ausbildung geht es zu wie im Mittelalter. Constantin hatte selten am Wochenende frei. Auch an den Feiertagen nicht. Seine Arbeitstage waren zehn Stunden und mehr lang. Constantin schaffte die Lehre, auch die schriftliche Prüfung. Und er wurde vom Chef übernommen, was einer Auszeichnung gleichkommt.

Was dann folgt, ist ein Märchen für einen, der immer im Schatten seines Zwillingsbruders stand, der aufgrund seiner schlechten Noten vom kleineren Bruder („Kauf Dir mal ´ne Tüte Deutsch") gehänselt wurde, der einfach nur das Pech hatte, zu früh geboren zu werden und keine adäquate Förderung zu erhalten. Constantin bewarb sich mit meiner Hilfe erfolgreich in vielen Wintersportorten um eine saisonale Anstellung und bekam sie. Das war sein Sprungbrett für seine weitere Karriere, die ihn in einige Sterne-Restaurants und andere bekannte Lokale führte. Dann holte ihn ein ehemaliger Kollege nach Mallorca, wo er zweieinhalb Jahre in einem italienischen Restaurant kochte und es sich gut gehen ließ. Er fing an, Spanisch zu lernen.

»Was dann folgt, ist ein Märchen für einen, der einfach nur das Pech hatte, zu früh geboren zu werden und keine adäquate Förderung zu erhalten.«

Constantin hatte Glück, denn nach einem weiteren Sommer auf Mallorca fand er eine Stelle in einem Hotel/Restaurant in der Nähe von Frankfurt am Main. Nach nur vier Wochen überzeugte er den Inhaber von seinen Qualitäten und wurde Küchenchef. Im Juli 2011 eröffnete er sein erstes eigenes Lokal in Bad Homburg.

Maximilian machte sein Abitur und das ohne Ehrenrunde. Danach folgte ein Dreivierteljahr Zivildienst. Dann studierte er BWL in München und schloss sein Studium in der Regelstudienzeit mit einem Bachelor ab. Nun macht er seinen Master in BWL, spielt nebenbei Eishockey und hat ab Januar 2012 einen festen Arbeitsvertrag einer Wirtschaftsprüfungsfirma in der Tasche.

Mein Fazit aus dem Schul- und Werdegang meiner frühgeborenen Zwillinge: Es ist unmöglich, dass man seine frühgeborenen Babys einfach in die Hand gedrückt bekommt unter dem Motto: „So, nun mach' mal ...!" Mir hat die Betreuung nach dem Klinikaufenthalt ge-

fehlt, auch die psychologische Aufarbeitung für mich. Ich habe durch diese traumatische Erfahrung immer noch Probleme, die inzwischen erwachsenen Kinder loszulassen.
Außer einer neurologischen Nachuntersuchung hat es niemals eine frühchen-spezifische Untersuchung gegeben. Das ist zu wenig.

Nie hat jemand Constantins Frühgeburt mit seiner Lese-Rechtschreib-Schwäche in Verbindung gebracht. Die „Fach"leute hatten einfach keine Ahnung. Meiner Meinung nach müssten Fachleute auch daraufhin geschult werden. Mir hätte es viel Mut gemacht, wenn ich gewusst hätte, woran es lag. Stattdessen habe ich in einem Strudel von Schuldgefühlen versucht, immer neue Sachen auszuprobieren, um Constantin zu helfen. Das hat mich (und sicher auch Constantin) sehr belastet.

Es wird Zeit, dass Frühchen – die nicht immer unbedingt Zwillinge sein müssen, aber zahlenmäßig immer mehr werden – eine adäquate Förderung und Schulbildung bekommen. Mir sind durch meine Arbeit als Herausgeberin der Zeitschrift ZWILLINGE immer wieder auch Fälle bekannt, in denen die Kinder in Sonderschulen abgeschoben werden sollen, weil man nicht konkret auf ihre Defizite eingehen kann (und mag).

Hätte unser Sohn Constantin nicht außergewöhnliche Fähigkeiten wie Kreativität und ein Gespür für Lebensmittel, ein Faible fürs Kochen ... was wäre aus ihm geworden?
Und das Kochen ist ja auch gesellschaftsfähig geworden.

Vieles hat sich in unserer Familie von allein gefügt. Ich bin sehr dankbar, dass es so gekommen ist.

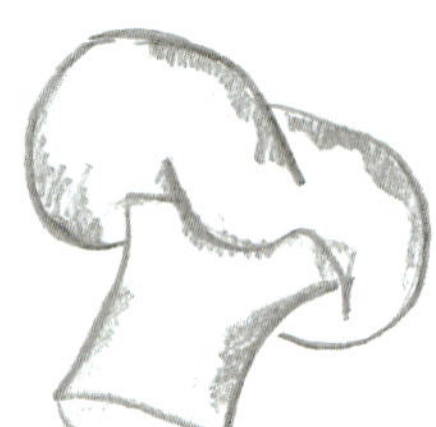

Die Verfasserin des Erfahrungsberichts ist Herausgeberin des Buchs „Zwillinge in Krippe, Kindergarten und Schule", erschienen 2011 (Verlag Lutz v. Gratkowski). ► www.twins.de

◆ ◆ ◆

Die richtige Schule - Teil 2

Familie P. aus Baden-Württemberg

Fortsetzung des Berichts von Seite 317, Kapitel 4

Junge, 24. SSW, Baden-Württemberg, Förderschule, soziale Integration, Shunt, Sehbehinderung, kognitive und feinmotorische Defizite

Da Martin jetzt schon in der 8. Klasse ist, stellt sich auch die Frage: „Wie geht es nach der 9. Klasse weiter?" Im 7. Schuljahr hat die ganze Klasse mit dem Lehrer zwei Wochen auf einem Bauernhof, wo auch Behinderte leben und arbeiten, mitgeholfen, um einen ersten Einblick in das Berufsleben zu bekommen. Gegen Ende der 7. Klasse machte er ein einwöchiges Praktikum in einer Kantine, in der fast nur Behinderte arbeiten. Der Anfang fiel ihm schwer, es ging aber jeden Tag etwas besser. Eigentlich war diese eine Woche etwas zu kurz.

Über das Arbeitsamt gibt es wohl Möglichkeiten zunächst über eine Berufsschule weiterzumachen, ob das aber der richtige Weg für unseren Sohn ist? In Pforzheim gibt es von der G.-Schule (eine Schule für Geistig-Behinderte) eine Berufsvorbereitende Einrichtung (BVE), die Schüler gezielt auf die Integration in „normalen" Betrieben vorbereitet. Diese Einrichtung entscheidet, ob sie einen Schüler überhaupt aufnimmt. Außerdem ist es einfacher, in diese Einrichtung zu kommen, wenn man vor Abschluss einer Schule in die G.-Schule umgeschult wird.

Wir wissen noch nicht, wie es konkret weitergeht, aber wir hoffen, dass Martin seinen Weg findet. Zur Zeit seiner Geburt waren die allgemeinen Entwicklungsprognosen für ihn nicht sehr rosig. Dafür sind wir mit seiner bisherigen Entwicklung sehr glücklich.

» Wir wissen noch nicht, wie es konkret weitergeht, aber wir hoffen, dass Martin seinen Weg findet. «

◆ ◆ ◆

Schublade Lernbehinderung? - Teil 3

Familie E. aus Nordrhein-Westfalen

Fortsetzung des Berichts von Seite 330, Kapitel 4

Mädchen, 31. SSW, Nordrhein-Westfalen, Frühförderung, Sehbehindertenschule, Berufsvorbereitendes Jahr, Einstiegsqualifizierungsjahr, Sehbehinderung, Entwicklungsverzögerung, Rechenschwäche, Schielen

Nach dem Hauptschulabschluss nach Klasse 9 hat Anna ein Berufsvorbereitendes Jahr über die Agentur für Arbeit bei der Volkshochschule gemacht. Beim ersten Gespräch bei der B.f.A. wurde uns gesagt, dass man in diesem Jahr verschiedene Berufsgruppen kennenlernt und sich dann irgendwann für eine Richtung entscheiden muss. Tatsächlich aber wurden nur zwei Gruppen angeboten, der kaufmännische und der hauswirtschaftliche Bereich. Aufgrund ihrer Rechenschwäche hat sie sich notgedrungen für die Hauswirtschaft entschieden, obwohl sie in der Schule bereits Praktika in dieser Richtung absolviert hatte, die ihr nicht so gefallen haben. Aber eine andere Möglichkeit hatten wir jetzt leider nicht. Mittlerweile hat sie dieses Jahr beendet und macht jetzt ein EQJ (Einstiegsqualifizierungsjahr) im Restaurant eines Pflegestifts als Fachkraft für Gastgewerbe mit Aussicht auf einen Ausbildungsplatz. Aber glücklich ist sie nicht.

» Aber glücklich ist sie nicht. «

◆ ◆ ◆

Kindergarten, Schule, Ausbildung – Ständig neue Fragen - Teil 3

R. + U. M. aus Nordrhein-Westfalen

Fortsetzung des Berichts von Seite 63, Kapitel 1 und Seite 341, Kapitel 4

Mädchen, 28. SSW, Nordrhein-Westfalen, Grundschule, Integration, Waldorfschule, Förderschule, Berufsfachschule, Entwicklungsverzögerung, Körperbehinderung, Gleichgewichtsstörungen, verzögerte Reaktion

In den letzten drei Schuljahren machten alle Schüler dreiwöchige Praktika. S. war im Jahr 2007 bei einer Sanitärfirma. Sie saß dort im Personalbüro und hat einen guten Eindruck hinterlassen. Die Arbeitszeit hatten wir von vornherein auf maximal fünf Stunden festgelegt. Einen längeren Arbeitstag hätte S. nicht geschafft. Sie ist dann mittags allein mit dem Bus nach Hause gefahren.

Das zweite Schülerpraktikum hat S. 2008 in einer kleinen Stadtbücherei absolviert. Auch dort war sie beliebt, zumal sie sich mit dem PC gut auskennt und auch das Zehn-Finger-Schreiben „blind" beherrscht. Sie fuhr morgens mit dem Bus die 25 km zum Arbeitsplatz und mittags mit dem Taxi nach Hause. Dieses Praktikum hat S. nicht gefallen. Da sie oft längere Zeit Bücher einsortieren musste, hatte sie Probleme mit der Konzentration, war sehr schnell völlig ausgepowert.

Das dritte Schülerpraktikum 2009 fand bei einer Stadtverwaltung im Bürgeramt statt. S. fühlte sich gut aufgehoben und fand es sehr interessant und abwechslungsreich.
Anstelle eines Projekttages im letzten Schuljahr hat S. dann noch jeden Freitag ein Langzeitpraktikum bei der Sanitärfirma absolviert. Das entsprach mehr ihren Bedürfnissen.

2009 Schulentlassung

Im Juni 2009 hat S. ihren ersten Schulabschluss geschafft. Sie verließ die Schule mit dem Hauptschulabschluss Klasse 9 und einem sehr guten Zeugnis.

Übergang Schule / Ausbildung

Wir hatten mit S. besprochen, dass sie nach Möglichkeit den FOS-Abschluss erreichen soll. Wir entschieden uns für ein 65 km entfernt gelegenes Berufskolleg mit Internatsunterbringung. Am Wochenende ist sie zuhause. Dort besucht sie die Berufsfachschule für Wirtschaft und Verwaltung. Das dauert zwei Jahre und endet mit dem Abschluss der FOS. Sie kann weiterhin ein Mal pro Woche Krankengymnastik machen und hat auch die Möglichkeit, eine Psychotherapeutin aufzusuchen. Ferner gibt es im Haus eine medizinische Betreuung.

Für S. war es im ersten Jahr sehr schwer, sich im Internat und in der neuen Klasse einzuleben. Die Klasse war ihr am Anfang zu laut, auch auf der Wohngruppe fühlte sie sich nicht wohl. Vor jeder Klausur war sie völlig aufgeregt. Sie bekam wieder Ein- und Durchschlafprobleme und war am Wochenende zu Hause völlig erledigt. Entsprechend gereizt reagierte sie auf alles. Gehäuft hatte sie Kopfschmerz- und Schwindelattacken, so dass sie tagelang nicht zur Schule gehen konnte. Erschwerend kam dann noch hinzu, dass bei ihr eine neurogene Blasen- und Darmfunktionsstörung diagnostiziert wurde.

Von Februar 2009 bis nach den Osterferien war sie krank gemeldet, um sich zu Hause erholen zu können. Die wichtigsten Fächer habe ich mit ihr zu Hause nachgearbeitet. Mit den Lehrern vereinbarten wir eine langsame Wiedereingliederung nach den Osterferien, da ihre Noten trotz der Schwierigkeiten gut waren. Sie konnte anschließend bei Bedarf den Unterricht unterbrechen oder morgens später kommen, so dass sie nach einigen Wochen wieder die komplette Schulwoche absolvieren konnte. Gleichzeitig hatte sie mit ihrer Klasse offen über ihre Probleme und Schwierigkeiten gesprochen. Danach fühlte sie sich erleichtert und besser verstanden. Bis heute hat S. die Schule und das Internatsleben gut durchgehalten. Positiv wirkt sich auch das Leben in der Solidargemeinschaft aus, wo offen über Schwächen und Krankheiten gesprochen werden kann, ohne gemobbt zu werden. So werden bei der Anreise z. B. sichtbar Windelpackungen getragen, ohne dass das von Anderen erwähnt oder belächelt wird.

» Positiv wirkt sich auch das Leben in der Solidargemeinschaft aus, wo offen über Schwächen und Krankheiten gesprochen werden kann, ohne gemobbt zu werden. «

Im Juni dieses Jahres hat sie ihre Abschlussprüfung.

Und wieder stellt sich die Frage: Wie geht es weiter?

Wir arbeiten zur Zeit an folgenden Möglichkeiten:

- Eine Ausbildung als Verwaltungsfachangestellte in der Stadtverwaltung? Evtl. mit der Möglichkeit einer Ausbildung in Teilzeit?
- Ausbildung im Berufsbildungswerk als Bürokauffrau, Kauffrau für Bürokommunikation oder Kauffrau im Gesundheitswesen?
- Ausbildung in den SRH-Fachschulen BBW als Verwaltungsfachangestellte, Fachinformatikerin oder Mediengestalterin Digital + Print/Bild + Ton?
- Besuch der Höheren Handelsschule?
- Abitur?

Es war schon immer sehr schwierig, Außenstehende für S.s Probleme zu sensibilisieren und Rücksichtnahme einzufordern. Ferner ist die Gefahr für Mobbing und Ausgrenzung in „normalen" Schulen und Betrieben sehr groß und hätte auf S. erneut einen negativen Einfluss. Nach all unseren Erfahrungen stellen wir uns nicht mehr die Frage, ob S. im Förderbereich bleiben soll. Beratungsgespräche haben auch ergeben, dass es für S. von Vorteil ist, wenn sie das angebotene Bildungsnetz nicht verlässt.

Wir wünschen S., dass sie etwas Passendes findet.

Klein, aber oho! - Teil 2

Geschwister B. aus Norddeutschland

Fortsetzung des Berichts von Seite 249, Kapitel 3

Zwillingsmädchen, 29. SSW, Niedersachsen u. Hamburg, Gymnasium, Studium

Inzwischen haben wir die Großstadt verlassen und studieren an verschiedenen Universitäten in Deutschland. Der Berufswahl fiel uns - wie den meisten anderen Schulkollegen auch - trotz Berufsfindungsseminar nicht leicht. Mit einem letztlich sehr guten Abitur standen uns so gut wie alle Türen offen. Eine von uns fand ihr Studienfach direkt im Anschluss an die Schulzeit. Die andere versuchte erst ein anderes Fach, bevor sie ihre Berufung entdeckte. Das Thema Frühchen war kein Faktor, der uns bei der Berufswahl beeinflusste. Wer wie wir durch die Frühgeburt keine ernsthaften Behinderungen erleidet, hat nach unserer Erfahrung die gleichen Chancen wie andere Menschen, die nicht zu früh auf die Welt kamen.

◆ ◆ ◆

Kämpferin mit Erfolg - Teil 2

Frau T. aus Hessen

Fortsetzung des Berichts von Seite 253, Kapitel 3

Frau, 27. SSW, Niedersachsen, Rückstellung, Grundschule, Gymnasium, Studium, zierlich

Heute bin ich 24 Jahre alt und absolviere ein Studium im sozialpädagogischen Bereich. Die Folgen der Frühgeburt, wie die durch die vielen Injektionen entstandenen Narben an den Händen, sind immer noch sichtbar. Bei einer Endgröße von knapp über 1,50 m werde ich häufig für jünger gehalten. Kino ab 16 Jahre, Besuch von Diskotheken oder das Kaufen von Alkohol ist ohne Ausweis kaum möglich. Die Wahl des Berufs der Polizistin, der Pilotin oder der Stewardess sind für mich nicht ausführbar. Auch das Blutspenden ist mir aufgrund des Gewichts unter 50 kg nicht gestattet.

Außerdem werde ich häufig unterschätzt oder übersehen. Hier muss ich mir immer erst den Respekt erarbeiten. Dieses sowie das Äußern und Durchsetzen von Wünschen gelingt mir immer besser. Trotzdem werde ich von Fremden häufig als zurückhaltend und schüchtern beschrieben und brauche einige Zeit, um mich einzugewöhnen. Meine Eltern, Freunde und Verwandten haben gelernt, mich so zu akzeptieren wie ich bin. Dafür bin ich ihnen sehr dankbar. Ich bin stolz auf meine Fortschritte und danke Gott für mein Leben, für meine Gesundheit und für die tolle Zeit, die ich noch erleben darf.

◆ ◆ ◆

Schlusswort

Viele Stimmen kamen in diesem Buch zu Wort:

- zu früh geborene Kinder und ihre Eltern
- PädagogInnen
- ÄrztInnen
- TherapeutInnen
- SelbsthilfevertreterInnen
- WissenschaftlerInnen.

Objektiv als wissenschaftlich arbeitende Fachleute und subjektiv als ganz konkret Betroffene schildern sie die Wirklichkeit frühgeborener Kinder und Jugendlicher im heutigen deutschen Bildungssystem.

Möglichkeiten, Wünsche, Nöte und Notwendigkeiten, Visionen und Perspektiven wurden deutlich. Dabei sind viele Einzelheiten angesprochen worden, die wichtig sein werden, um eine echte Inklusion in Schule und Gesellschaft zu verwirklichen. Eine Inklusion, von der alle profitieren können sollen, egal welcher Art ihre individuelle Ausgangssituation ist. Gerade die Erfahrungsberichte der Familien machen hier noch weiteren Handlungsbedarf geltend.

Die Zusammenschau aller Texte in den vorangegangenen Kapiteln zeigt: Die Entwicklung von zu früh geborenen Kindern kann ganz unterschiedlich verlaufen. Nicht alle, aber doch ***ein nicht unerheblicher Teil dieser Kinder und Jugendlichen braucht eine angemessene Unterstützung, die individuell und passgenau ist, um sich gut entwickeln zu können.***

Zwischen den Zeilen aller Fach- und Erfahrungstexte wurde darüber hinaus deutlich: Bildung besteht nicht nur aus Wissenserwerb. Viele frühgeborene Kinder müssen zwar bei der Entfaltung ihres kognitiven Potenzials speziell unterstützt werden. ***Darüber hinaus muss aber auch der Persönlichkeitsentwicklung dieser Heranwachsenden mindestens ebenso viel Aufmerksamkeit und pädagogisches Engagement zuteil werden.***

Wir als Eltern wünschen uns, dass unsere Kinder die Chance erhalten, zu emotional möglichst gesunden und zu möglichst belastbaren eigenständigen Erwachsenen heranzureifen.

Dazu brauchen wir

- die *Vernetzung* von pädagogischem, sonderpädagogischem, medizinischem und therapeutischem Fachwissen in den Schulen,
- die fachliche *Kreativität* der PädagogInnen, auf spezielle Kinder in speziellen Situationen speziell zu reagieren,
- die entsprechende personelle, räumliche, zeitliche, sachliche und finanzielle *Ausstattung* und
  vor allem
- ***die wertschätzende Zuwendung aller Erziehenden zu den Kindern, die besondere Hilfen benötigen.***

◆ ◆ ◆

Anhang

Inhalt

Hilfreiche Anschriften und Links

Hinweis:
Alle Angaben vom September 2011. Beachten Sie bitte, dass diese Angaben nicht verbindlich sind und Linkadressen im Internet oft geändert werden. Aktuelle Daten finden Sie auf der Homepage
► www.fruehgeborene-bildung.de

Frühgeburt/Frühgeborene

- ***Bundesverband „Das frühgeborene Kind" e. V.***

  Dachorganisation der Elterninitiativen und Fördervereine, die sich der Situation von Frühgeborenen und kranken Neugeborenen in der Bundesrepublik Deutschland angenommen haben

  - Bundesverband „Das frühgeborene Kind" e. V.
    Speyerer Straße 5-7, 60327 Frankfurt
  - Tel.: 069 / 58 700 990
    Hotline **F**rühgeborenen**I**nformations**Z**entrum (*FIZ*)
    dienstags und donnerstags 9 bis 12 Uhr : 01805 / 87 58 77
    Fax: 069 / 58 700 999
  - E-Mail: ► info@fruehgeborene.de
    Internet: ► www.fruehgeborene.de

- ***Landesverband „Früh- und Risikogeborene Kinder Rheinland-Pfalz" e.V.***

  - Kiefernstraße 21 a, 55246 Mainz-Kostheim
  - E-Mail: ► info@fruehgeborene-rlp.de
    Internet: ► www.fruehgeborene-rlp.de und
    ► www.fruehgeborene-bildung.de

- ***Landesverband früh- und risikogeborene Kinder Baden-Württemberg***

  - Eichlesstr. 10, 89129 Langenau
  - Tel.: 07345 / 4250
    Fax: 07345 / 238371
  - E-Mail: ► über Kontaktformular
    Internet: ► www.fruehchen-lv-bw.de

- ***Frühchen-Netz***

  Virtuelle Selbsthilfegruppe im Internet mit Chat, Mailingliste und vielen Informationen zum Thema Frühgeburt
  ► www.fruehchen-netz.de

Allgemeine Informationen

- ***Deutsche Gesellschaft für Sozialpädiatrie und Jugendmedizin e. V.*** (DGSPJ)

  Hier findet man ein bundesweites Adressverzeichnis aller Sozialpädiatrischen Zentren und kann sich unter „Leitlinien" über verschiedene Diagnosen, wie z.B. Wahrnehmungs- oder Teilleistungsstörungen, AD(H)S oder Intelligenzminderungen informieren.
  ► www.dgspj.de

- ***BKJPP und BAG***

  Auf der gemeinsamen Webseite des Berufsverbands für Kinder- und Jugendpsychiatrie, Psychosomatik und Psychotherapie in Deutschland e. V. (BKJPP) und der Bundesarbeitsgemeinschaft der Leitenden Klinikärzte für Kinder- und Jugendpsychiatrie, Psychosomatik und Psychotherapie e. V. (BAG) findet man u.a. Informationen zu einzelnen Krankheitsbildern und Störungen, Adressen und Links. Per Datenbank kann man eine Praxis oder eine Klinik bzw. Abteilung für Kinder- und Jugendpsychiatrie und Psychotherapie bundesweit suchen.
  ► www.bkjpp.de

- ***Online-Familienhandbuch*** des Staatsinstituts für Frühpädagogik (IFP)

  Ca. 1.500 Beiträge von Fachleuten decken das ganze Spektrum des Familienlebens ab, darunter Informationen zu ADHS, Behinderung, Dyskalkulie, Legasthenie, Schule, Wahrnehmung etc.
  ► www.familienhandbuch.de

Schule allgemein

- ***Deutscher Bildungsserver***

  Umfangreiche Informationen zum gesamten Bereich von Bildung und Pädagogik; auf diesem Portal können z.B. unter den Stichworten „Übergang Kindergarten-Grundschule", „AD(H)S", „Legasthenie", „Dyskalkulie", „Teilleistungsschwächen" etc. Informationen recherchiert werden.
  ► www.bildungsserver.de

- ***Schulpsychologie.de***

  Informationsangebot für Lehrerinnen und Lehrer, Schülerinnen und Schüler sowie Eltern und Erziehungsberechtigte, Beratung per E-Mail, Downloads
  ► www.schulpsychologie.de

- ***Einfach teilhaben*** – das Webportal für Menschen mit Behinderungen vom Bundesministerium für Arbeit und Soziales

  Schule und Studium
  ► http://www.einfach-teilhaben.de/DE/StdS/Schule_Studium/schule_studium_node.html

ADHS

- ***Zentrales ADHS-Netz*** mit zwei Internetplattformen:

  ► www.zentrales-adhs-netz.de
  mit Seiten für Therapeuten, Pädagogen und Betroffene

  ► www.adhs.info
  Antworten auf häufige Fragen zum Thema ADHS für Eltern, Pädagogen, für betroffene Kinder, Jugendliche und Erwachsene sowie Literaturempfehlungen

- ***ADHS Deutschland e.V.*** - Bundesverband

  Gemeinnütziger Selbsthilfeverein auf Bundes-, Landes- und örtlicher Ebene mit über 250 Selbsthilfegruppen mit Informationen, Telefonberaternetz und Fortbildungsveranstaltungen für Eltern, Ärzte, Therapeuten, Erzieher, Pädagogen und Betroffene

  - ADHS Deutschland e.V., Bundesgeschäftsstelle
    Postfach 410724, 12117 Berlin

- Tel.: 030 / 85 60 59 02
  Fax: 030 / 85 60 59 70
- E-Mail: ► info@adhs-deutschland.de
  Internet: ► www.adhs-deutschland.de

Autismus

- ***autismus Deutschland e.V.***
  Bundesverband zur Förderung von Menschen mit Autismus

  - Autismus Deutschland e.V.
    Bebelallee 141, 22297 Hamburg
  - Tel.: 040 / 511 56 04
    Fax: 040 / 511 08 13
  - E-Mail: ► info@autismus.de
    Internet: ► www.autismus.de

Berufseinstieg und Beruf

- ***Bundesagentur für Arbeit***

  - Bundesagentur für Arbeit
    Regensburgerstraße 104, 90478 Nürnberg
  - Telefonische Beratung: montags-freitags 08:00-18:00 Uhr:
    Tel.: 01801 / 555111
  - Internet: ► www.arbeitsagentur.de

  Die Bundesagentur für Arbeit bietet Menschen mit Behinderung vielfältige Unterstützungen zur Integration in Ausbildung und Arbeit: Informationen zur Berufsvorbereitung, Aus- und Weiterbildungsmöglichkeiten, finanzielle Hilfen und Unterstützung, Hilfen durch Ärztlichen und Psychologischen Dienst ...

▸ http://www.arbeitsagentur.de/nn_26198/Navigation/zentral/Buerger/Behinderungen/Behinderungen-Nav.html

- ***Einfach teilhaben*** – das Webportal für Menschen mit Behinderungen vom Bundesministerium für Arbeit und Soziales

  Ausbildung und Arbeit
  ▸ http://www.einfach-teilhaben.de/DE/StdS/Ausb_Arbeit/ausb_arbeit_node.html

Dyskalkulie

- ***Bundesverband Legasthenie und Dyskalkulie e. V.*** (BVL)

  Der BVL und die angegliederten Landesverbände setzen sich für bessere Rahmenbedingungen, mehr Verständnis und höhere Akzeptanz von Legasthenikern und Dyskalkulikern ein.

  - Bundesverband Legasthenie und Dyskalkulie e. V. (BVL)
    c/o EZB Bonn
    Postfach 201338, 53143 Bonn
  - Telefonische Beratung: Frau Palme
    montags und dienstags: 10 bis 12 Uhr, mittwochs: 16 bis 18 Uhr:
    02761 / 66 00 41 oder 0700 / 285 285 285
    Fax: 02761 / 60 692 30
  - E-Mail: ▸ beratung@bvl-legasthenie.de
    Internet: ▸ www.bvl-legasthenie.de

- ***Verband Dyslexie Schweiz***
  Informationen zu Legasthenie und Dyskalkulie

  ▸ www.verband-dyslexie.ch

- ***Deutscher Bildungsserver***
  Suchbegriff: „Rechenschwäche - Dyskalkulie“

  ▸ http://www.bildungsserver.de/zeigen.html?seite=794

- ***Arbeitskreis des Zentrums für angewandte Lernforschung*** gemeinnützige GmbH

  Arbeitskreis aus acht eigenständigen Facheinrichtungen aus Bonn, Braunschweig, Dortmund, Düsseldorf, Köln, Kassel, Osnabrück und Siegen mit der gemeinsamen Zielsetzung, der Dyskalkulieforschung aus der Praxis heraus neue Impulse zu geben, Aufklärungsarbeit zu betreiben und qualifizierte Lernförderung bei Rechenschwäche zu unterstützen. Die beteiligten Institute und Zentren sind interdisziplinär arbeitende Facheinrichtungen zur Diagnostik, Behandlung und Erforschung der Rechenschwäche.

- Zentrum für angewandte Lernforschung gGmbH
  Georgstr. 8, 49074 Osnabrück
- Tel.: 0541 / 20 23 98 02
- E-Mail: ▸ arbeitskreis-lernforschung @t-online.de
  Internet: ▸ www.arbeitskreis-lernforschung.de

Epilepsie

- ***Dt. Gesellschaft für Epileptologie***
  - Informationszentrum Epilepsieder Dt. Gesellschaft für Epileptologie
    Reinhardtstr. 14, 10117 Berlin
  - Tel.: 0700 / 13 14 13 00 (montags bis freitags 9 - 12 Uhr)
    Fax: 0700 / 13 14 13 99
  - E-Mail: ▸ ize@dgfe.info
    Internet: ▸ http://www.dgfe.info

- ***Deutsche Epilepsievereinigung gem. e. V.***
  - Bundesgeschäftsstelle
    Zillestrasse 102, 10585 Berlin
  - Tel.: 030 / 34 244 14
    Epilepsie-Hotline montags und donnerstags von 12 bis 18 Uhr:
    0180-1424242
    Fax: 030 / 34 244 66
  - E-Mail: ▸ info@epilepsie.sh
    Internet: ▸ http://www.epilepsie.sh

- ***epilepsie bundes-elternverband e.V.***
  - Geschäftsstelle
    Am Eickhof 23, 42111 Wuppertal
  - Tel. / Fax 0202 / 29 88 465
  - E-Mail: ▸ kontakt@epilepsie-elternverband.de
    Internet: ▸ http://www.epilepsie-elternverband.de

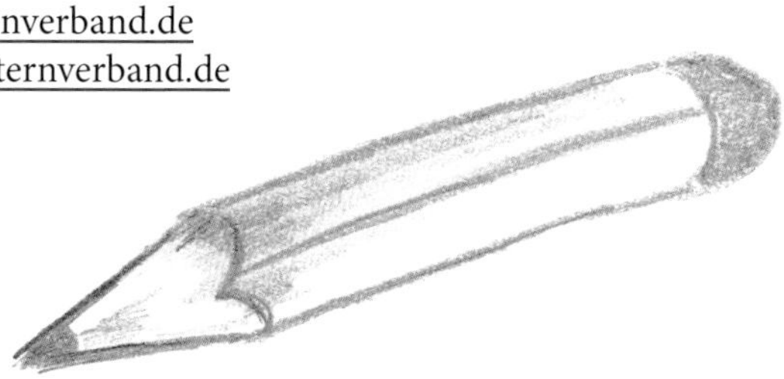

Inklusion / Integration

- ***Bundesarbeitsgemeinschaft Gemeinsam leben - gemeinsam lernen e.V.***

  Bundesweiter Zusammenschluss von Eltern von Kindern mit und ohne Behinderungen
  ► www.gemeinsamleben-gemeinsamlernen.de

- ***LERNEN FÖRDERN - Bundesverband zur Förderung von Menschen mit Lernbehinderungen e.V.***

  ► www.lernen-foerdern.de

- ***Lebenshilfe***

  Die Lebenshilfe versteht sich als Selbsthilfevereinigung, Eltern-, Fach- und Trägerverband für Menschen mit geistiger Behinderung und ihre Familien. Sie begleitet Menschen mit geistiger Behinderung in ihrem Bestreben, gleichberechtigt am Leben in der Gesellschaft teilzunehmen und tritt für die barrierefreie Gestaltung aller Lebensbereiche ein.

  ► www.lebenshilfe.de und

  ► www.lebenshilfe.de/wDeutsch/leben_mit_behinderung/Unser-Kind/index.php

- ***Bundesverband für körper- und mehrfachbehinderte Menschen e. V.***

  Selbsthilfeverband, Fachverband, sozialpolitische Interessenvertretung und Trägerorganisation

  • Bundesverband für körper- und mehrfachbehinderte Menschen e. V.
  Brehmstr. 5-7, 40239 Düsseldorf
  • Tel.: 0211 / 64 004-0
  Fax: 0211 / 64 004-20
  • E-Mail: ► info@bvkm.de
  Internet: ► www.bvkm.de

- ***Deutscher Bildungsserver***

  Suchbegriff: „Inklusion"
  ► www.bildungsserver.de/zeigen.html?seite=3511

- ***Integrationshelfer***

  ► http://www.sovd-niedersachsen.eu/6618.0.html

Legasthenie

- ***Bundesverband Legasthenie und Dyskalkulie e. V.*** (BVL)

  Die vollständigen Kontaktdaten können unter dem Stichwort „Dyskalkulie" eingesehen werden.

  ► www.bvl-legasthenie.de

- ***Verband Dyslexie Schweiz***

  Die vollständigen Kontaktdaten können unter dem Stichwort „Dyskalkulie" eingesehen werden.
  ► www.verband-dyslexie.ch

- ***LegaKids*** - Internetprojekt rund um Lesen, Schreiben, Spielen, Lernen

  ► www.legakids.net

Teilleistungsstörungen

- ***SeHT e.V.*** - Bundesvereinigung Selbständigkeitshilfe bei Teilleistungsschwächen e.V.

  SeHT e.V. ist eine Selbsthilfevereinigung von Kindern, Jugendlichen und Erwachsenen mit Teilleistungsschwächen - ADHS sowie deren Eltern, Freunden und Förderern. Ziel ist es, Menschen mit Teilleistungsschwächen - ADHS so zu fördern, dass sie in ihrem Leben mit größtmöglicher Selbständigkeit zurechtkommen.

  - Bundesvereinigung SeHT e.V.
    Geschäftsstelle
    Pielachtalstr. 39, 67071 Ludwigshafen
  - Tel.: 0621 / 68 99 82
    Fax: 0612 / 68 58 172
  - E-Mail: ► bv@seht.de
    Internet: ► www.seht.de

◆ ◆ ◆

Literaturempfehlungen

ADHS

* Adam Alfred, Stefanie Eiden, Klaus Werner Heuschen, Astrid Neuy-Bartmann
  My ADHS.com
  Verlag: ADHS-Zentrum München (AZM) 2010

* Armin Born, Claudia Oehler
  Lernen mit ADS-Kindern
  Ein Praxis-Handbuch für Eltern, Lehrer und Therapeuten
  Kohlhammer-Verlag, 8. überarb. u. erw. Aufl. 2009

* Edward M. Hallowell, John Ratey
  „Zwanghaft zerstreut - Oder die Unfähigkeit, aufmerksam zu sein"
  Rowohlt Taschenbuch Verlag, 13. Aufl. 1999

* Jörg Letzel, Katja Heinrich
  ADHS? Ein Buch von Kindern
  Militzke Verlag 2011

* Cordula Neuhaus
  „Das hyperaktive Kind und seine Probleme"
  Urania-Verlag, 11. überarb. Aufl. 2002

* Cordula Neuhaus
  „Hyperaktive Jugendliche und ihre Probleme - Erwachsen werden mit ADS - Was Eltern tun können"
  Urania-Verlag, 7. Aufl. 2007

* Annette Schröder
  „ADS in der Schule. Handreichungen für Lehrerinnen und Lehrer"
  Vandenhoeck & Ruprecht 2006

Autismus

* Axel Brauns
  „Buntschatten und Fledermäuse: Mein Leben in einer anderen Welt"
  Goldmann Verlag 2004

Beruf

* Bundesvereinigung SeHT e.V.
  „Fit für den Arbeitsmarkt - trotz Teilleistungsschwächen"
  Mit Beiträgen von Experten aus: Jugendamt, Arbeitsverwaltung, Gewerkschaft, Arbeitgeber, Politik, SeHT e.V., 2002, www.seht.de

* Bundesvereinigung SeHT e.V.
  „Von der Schule zum Beruf - Chancen und Grenzen von Kindern und Jugendlichen mit Teilleistungsschwächen"
  Dokumentation von zwei Fachtagungen
  2. Aufl. 1999, www.seht.de

* Heidi Herrmann (Hrsg.), Bundesvereinigung SeHT e.V.
  „Auf dem Weg in den Beruf - Chancen für Menschen mit Teilleistungsschwächen - AD(H)S"
  Beiträge von Berufsberatern, Pädagogen, Sozialpädagogen, Psychologen. Erweiterte Dokumentation einer Fachtagung
  2007, www.seht.de

* Hanni Holthaus, Angelika Pollmächer
  Wie geht es weiter? Jugendliche mit einer Behinderung werden erwachsen
  Reinhardt-Verlag 2007

Cerebralparese

* Udo Kalbe
  „Zerebralparese im Kindesalter. Kurzer Leitfaden für ärztlich, therapeutisch, pädagogisch und sozialberatend Tätige"
  Fischer-Verlag 1993

* Kindernetzwerk-Materialiensammlung (2005):
  „Therapieverfahren bei infantilen Cerebralparesen"
  www.kindernetzwerk.de

* B. Schwarzbach
  „Informationstafeln zur Infantilen Cerebralparese"
  Hoffmann-Verlag 2000

* Hille Viebrock
  „Kinder mit cerebralen Bewegungsstörungen" Teil I und II
  Verlag „Selbstbestimmtes Leben" 2009 und 2010, www.bvkm.de

Dyskalkulie

* Armin Born und Claudia Oehler
  „Kinder mit Rechenschwäche erfolgreich fördern"
  Ein Praxishandbuch für Eltern, Lehrer und Therapeuten
  Kohlhammer, 3. überarb. und erw. Aufl. 2009

* umfangreiche ***Bücherliste*** für Eltern, Pädagogen, Wissenschaftler
  Bundesverband Legasthenie und Dyskalkulie e. V.
  www.bvl-legasthenie.de/literaturdyskalkulie

Epilepsie

* ***„einfälle"***
  Zeitschrift der Deutschen Epilepsievereinigung
  www.epilepsie.sh

* Gerd Heinen
  „Bei Tim wird alles anders"
  Verlag einfälle, Berlin 2000

* Ansgar Matthes, Hansjörg Schneble
  „Unser Kind hat Anfälle"
  Deutsche Epilepsievereinigung Hamburg 2001

Frühgeburt/Frühgeborene

* Bundesverband „Das frühgeborene Kind"
  Informationsmaterial
  www.fruehgeborene.de

* Verena Böning, Achim Wüsthof
  „Früh geboren: Leben zwischen Hoffnung und Technik"
  Urban & Fischer Verlag/Elsevier GmbH 2004

* Gerhard Jorch
  „Frühgeborene: Rat und Hilfe für betroffene Eltern"
  Urania Verlag, 3. Aufl. 2006

Frühgeborene und Schule

Broschüren des Landesverbandes „Früh- und Risikogeborene Kinder Rheinland-Pfalz" e. V.:

* Karin Jäkel, Cathrin Schäfer
  „Frühgeborene in der Grundschule -
  Eine Information für Lehrerinnen, Lehrer und Eltern"
  Mai 2008

* Karin Jäkel
  „Tagungsbericht vom 3. Rheinland-Pfalz-Symposium ‚Kind im Mittelpunkt': Frühgeborene in der Schule - (k)ein Problem?!"
  Juni 2010

  Beide Broschüren sind als pdf-Datei auf der Buch-CD enthalten, im Internet als Download verfügbar unter www.fruehgeborene-rlp.de/700downloads.html und können als Printversion angefordert werden unter bestellung@fruehgeborene-rlp.de.

Inklusion

* Jan Castendieck, Günther Hoffmann
  „Das Recht der behinderten Menschen: Ein Handbuch für behinderte Menschen und deren Angehörige, Mitarbeiter in Einrichtungen und die rechtsberatenden Berufe"
  Verlag: Nomos, 3. Aufl. 2009
* Andreas Hinz, Ingrid Körner, Ulrich Niehoff
  Von der Integration zur Inklusion. Grundlagen, Perspektiven, Praxis
  Hrsg.: Bundesvereinigung Lebenshilfe für Menschen mit geistiger Behinderung, Lebenshilfe-Verlag, 2. Auflage 2010
* *Online-Fachzeitschrift für Inklusion*
  www.inklusion-online.net

Legasthenie

* umfangreiche *Bücherliste* für Eltern, Pädagogen, Wissenschaftler
  Bundesverband Legasthenie und Dyskalkulie e. V.
  www.bvl-legasthenie.de/literaturlegasthenie
* Lisa Dummer-Smoch und Renate Hackethal
  „Kieler Rechtschreibaufbau"
  Veris-Verlag, Neuausgabe 2002
* Gerd Schulte-Körne
  „Ratgeber Legasthenie"
  Frühzeitig erkennen. Richtig reagieren. Gezielt behandeln.
  Knaur-Verlag 2009
* Gerd Schulte-Körne, Frank Mathwig
  „Marburger Rechtschreibtraining"
  Winkler-Verlag 2009
* Gero Tacke
  „Flüssig lesen lernen"
  versch. Lehrerbände, Klett-Verlag 2001 ff.

Wahrnehmungsförderung

* Marianne Frostig, David Horne
  „Visuelle Wahrnehmungsförderung“
  3 Arbeitshefte, Lernmaterialien für die Grundschule 1974, Nachdruck, Hannover (Schroedel) 2002 u. 2005

* Andreas Nickisch, Dolores Heber, Jutta Burger-Gartner
  „Auditive Verarbeitungs- und Wahrnehmungsstörungen bei Schulkindern“
  Verlag Modernes Lernen Dortmund,
  4. überarb. Aufl. 2010

* Annette Ostermann
  „Lernvoraussetzungen von Schulanfängern: Beobachtungsstationen zur Diagnose und Förderung“
  Horneburg (Persen), 4. Aufl. 2006

◆ ◆ ◆

Glossar

§ 35 a KJHG
KJHG = Gesetz zur Neuordnung des Kinder- und Jugendhilferechts; § 35a regelt die Eingliederungshilfe für seelisch behinderte Kinder und Jugendliche.

A

Adduktion
Heranziehen der Beine zueinander im Hüftbereich

AD(H)S
Aufmerksamkeits-Defizit-(Hyperaktivitäts-)Syndrom; s. Textbeitrag ► „Das Aufmerksamkeitsdefizitsyndrom - AD(H)S“ in Kap. 2

Aktivrollstuhl
Aktiv-Rollstühle zeichnen sich durch individuelle Anpassung in Maßen und Ausstattung an den jeweiligen Nutzer aus. Ihr Gewicht und ihr Rollwiderstand sind besonders gering.

Anamnese
Erhebung der medizinischen Vorgeschichte und aktuellen Befindlichkeit eines Patienten, meist im Arztgespräch

Anfall, fokal
Epileptischer Anfall, bei dem nur eine Hirnregion in einer Gehirnhälfte betroffen ist, d. h. dass der Anfall von einem einzigen „Krankheitsherd“ im Gehirn ausgeht.

Antikonvulsiva
Medikamente, die zur Behandlung oder Verhinderung von epileptischen Krampfanfällen eingesetzt werden

Apnoe
(vorübergehender) Atemstillstand; kommt bei Frühgeborenen in den ersten Lebenswochen oft vor, weil ihr Atemzentrum im Gehirn noch nicht ausgereift ist; Grund für die Überwachung auf einer Intensivstation

Asperger-Syndrom
Eine Form von Autismus; s. Textbeitrag ► „Autismus oder ‚Leben in einer anderen Welt‘ “ in Kap. 4

Aspiration
„Einatmen“ oder Eindringen von Flüssigkeiten oder Substanzen (z. B. Nahrung) in die unteren Atemwege; kann eine Lungenentzündung oder im schlimmsten Fall ein Ersticken zur Folge haben.

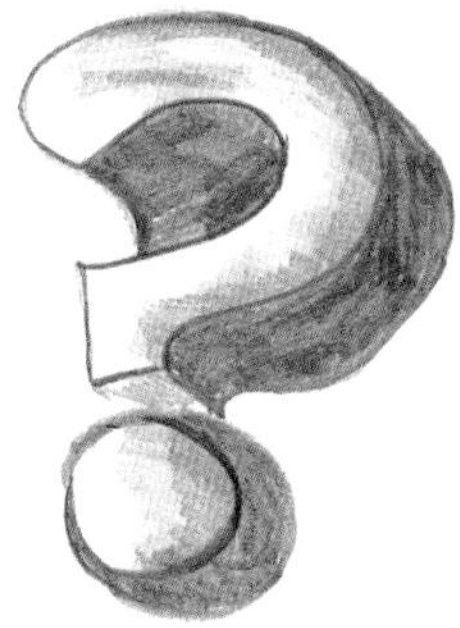

Astigmatismus
Auch Stabsichtigkeit oder Hornhautverkrümmung genannt, bezeichnet einen besonderen Brechungsfehler des Auges.

Ataxie, ataktisch
Störung des geordneten Zusam-

menwirkens der Muskeln, wodurch das Zustandekommen einer zielgerichteten Bewegung gestört oder aufgehoben ist

Atemnotsyndrom
= ANS, man unterscheidet Grad I - IV; Unfähigkeit der noch nicht ausgereiften Lunge, die Lungenbläschen zu entfalten und den Gasaustausch, also die Atmung, durchzuführen; Grund für künstliche Beatmung o. ä.

Athetose
Bewegungsstörung mit unabhängig vom Willen einschießenden Bewegungen

Auditive Wahrnehmung
s. Textbeitrag ► „Wir hören nicht nur mit den Ohren" in Kap. 2

Aufmerksamkeits-Defizit-Syndrom
s. Textbeitrag ► „Das Aufmerksamkeitsdefizitsyndrom - AD(H)S" in Kap. 2

Autismus
s. Textbeitrag ► „Autismus oder 'Leben in einer anderen Welt' " in Kap. 4

Autoaggression
Selbstverletzendes Verhalten, z. B. „Kopfschlagen"

B

BBW
= Berufsbildungswerk; Einrichtung der beruflichen Ausbildung, die der Erstausbildung und Berufsvorbereitung körperlich, psychisch beeinträchtigter und benachteiligter junger Menschen dient. Neben Berufen, die für Beeinträchtigte wie Nichtbeeinträchtigte gleichermaßen geeignet sind, kann man in Berufsbildungswerken auch spezielle Berufe für beeinträchtigte Menschen erlernen. Zusätzlich werden junge Menschen mit Behinderungen durch ein Team von Ärzten, Psychologen und Sozialpädagogen umfassend beraten und betreut.

Beatmung
Unterstützung oder Ersatz unzureichender oder nicht vorhandener Spontanatmung durch ein maschinelles Beatmungsgerät; eine dauerhafte Beatmung muss durch Überwachungsgeräte und Blutanalysen beständig kontrolliert werden; sie kann ihrerseits Schäden, wie z. B. eine bronchopulmonale Dysplasie, verursachen; nach einer Langzeitbeatmung (länger als eine Woche) kann die Entwöhnung von der Beatmung schwierig sein.

Bifokalbrille
Brille mit Gläsern, die wie eine Gleitsichtbrille aus zwei miteinander kombinierten verschiedenen Linsen bestehen

Binnendifferenzierung
In einer gemeinsamen Schulklasse werden SchülerInnen mit verschiedenem Lernniveau von der

Lehrkraft individuell gefördert, indem sie jeweils solche Aufgaben erhalten, die ihrem eigenen Lernstand und Leistungsvermögen entsprechen.

Bobath-Therapie
Physiotherapeutisches Konzept, um die Körperspannung zu regulieren und physiologische Bewegungsabläufe zu erlernen; das Konzept arbeitet nicht mit schematischen Übungen, sondern geht von vorhandenen „Alltagsbewegungen“ aus.

Bradykardie
Verlangsamter Herzschlag; tritt häufig zusammen mit Apnoen bei unreifen Neugeborenen als Apnoe-Bradykardie-Syndrom auf; Grund für die Überwachung auf einer neonatologischen Intensivstation; verschwindet mit zunehmender Reife des Kindes.

Bronchopulmonale Dysplasie
„Umbaulunge“; Lungenschädigung als Folge einer Langzeitbeatmung; kann im Laufe des Wachstums wieder durch gesundes Lungengewebe ersetzt werden.

C

Cerebralparese
Bewegungsstörungen, deren Ursache in einer frühkindlichen Hirnschädigung liegt. Die dadurch hervorgerufene Behinderung ist charakterisiert durch Störungen des Nerven- und Muskelsystems im Bereich der willkürlichen Bewegungskoordination. Am häufigsten sind spastische Mischformen und eine Erhöhung der Muskelspannung (Muskelhypertonie); s. Textbeitrag ► „Ursachen und Formen einer zerebralen Bewegungsstörung“ in Kap. 4

Clostridien
Bakterien, die z. B. Darmentzündungen hervorrufen können

Cochlea
„Hörschnecke“; Teil des Innenohrs

Cochlea-Implantat
= CI; in den Körper eingesetzte Hörprothese für Gehörlose, deren Hörnerv noch funktioniert; Funk-Kommunikationsanlagen, sogenannte FM-Anlagen, filtern Umgebungsgeräusche heraus und erleichtern dem Kind, die Beiträge von LehrerIn, MitschülerInnen und Freunden zu verstehen.

Cortison
Im Körper vorhanden als Hormon der Nebennierenrinde; wird als Medikament z. B. zur Entzündungshemmung eingesetzt; kann nicht unerhebliche Nebenwirkungen haben.

CPAP-Beatmung
Maschinelle Beatmungsform, die eine nicht ausreichende Eigenatmung verstärkt

Curriculum
Früher: Lehrplan; heute: an Bildungsstandards bzw. zu erwerbenden Kompetenzen orientierte Richtlinien

D

Delinquentes Verhalten
Verhaltensweisen, die sowohl von allgemeinen gesellschaftlichen Normen abweichen als auch den strafrechtlichen Bestimmungen widersprechen

Determiniert
Unwiderruflich festgelegt

Dextrokardie
Nach rechts verschobene Lage des Herzens, manchmal einhergehend mit einer spiegelverkehrten Lage und Anordnung des gesamten Organs

Didaktisch
Die Auswahl und inhaltliche Aufbereitung des Lernstoffs betreffend

Ductus
= persistierender Ductus arteriosus Botalli; diese Verbindung zwischen der Lungenschlagader und der Aorta besteht nur beim Ungeborenen im Mutterleib und verschließt sich normalerweise einige Tage nach der reifen Geburt spontan; muss bei Frühgeborenen oft medikamentös oder operativ verschlossen werden, da sonst die Atmung/Beatmung gestört wird.

Dyskalkulie
Rechenschwäche, s. Textbeitrag ► „Rechenschwäche - Rechenstörung - Dyskalkulie" in Kap. 2

Dyskinetisch
Fehlerhafte Bewegungen

Dyston
Störung des normalen Spannungszustandes der Muskulatur

E

EEG
= Elektroenzephalogramm; Messung der Hirnströme

Eingliederungshilfe
Im Sozialgesetzbuch geregelte Hilfen für Menschen mit Beeinträchtigungen; sie umfassen Leistungen zur medizinischen Rehabilitation, zur Teilhabe an Bildung und Arbeitsleben sowie am Leben in der Gemeinschaft. Vgl. Art. ► „Kooperation von Jugendhilfe und Schule beim Umgang mit Lese-Rechtschreib- und Rechenstörungen" in Kap. 2

Einzelintegration
s. Integration

Epilepsie
s. Textbeitrag ► „Epilepsien im Kindesalter" in Kap. 4

Ergotherapie
Ergotherapie berät, behandelt und fördert Patienten jeden Alters, die durch eine physische oder psychische Erkrankung, durch eine Behinderung oder durch eine Entwicklungsverzögerung in ihrer Selbstständigkeit und Handlungsfähigkeit beeinträchtigt bzw. von Einschränkungen bedroht sind. Behandlungsfelder sind z. B. Grob- oder Feinmotorik, Gleichgewicht, Ausdauer usw.

Exekutivfunktion des Gehirns
Das zielgerichtete Filtern von Sinneseindrücken, das Setzen von Zielen, Planung, Entscheidung für Prioritäten, Impulskontrolle, emotionale Regulation, Aufmerksamkeitssteuerung, zielgerichtetes Beginnen und Durchführen von Handlungen und Handlungsabfolgen, motorische Steuerung, Beobachtung der Handlungsergebnisse und Selbstkorrektur

F

Fieberkrampf
Ein wenige Minuten andauernder vom Gehirn ausgehender Gelegenheitsanfall (zerebraler Anfall), der in der Regel bei Kleinkindern auftritt und durch die erhöhte Körpertemperatur bei Fieber ausgelöst wird; tritt in Verbindung mit fiebrigen Erkrankungen, z. B. Drei-Tage-Fieber, Masern oder Mittelohrentzündung, auf und äußert sich durch Benommenheit und rhythmische Zuckungen des gesamten Körpers.

Flex-Klassen
= flexible Schuleingangsphase; in jahrgangsübergreifenden Klassen, die die Schüler mindestens ein und höchstens drei Jahre lang besuchen, werden die Kenntnisse und Fertigkeiten der Klassen 1 und 2 vermittelt; innerhalb dieser Klassen lernen die Schüler weitgehend individuell, sind aber trotzdem in einen Klassenverband integriert; das ermöglicht ein schnelleres oder langsameres Lernen ohne den Verlust der sozialen Kontakte.

FM-Anlage
= Funk-Kommunikationsanlage
s. Cochlea-Implantat

Förderplan
Wird für jeden Schüler als Ausgangspunkt sonderpädagogischer Förderung individuell erstellt; er beschreibt ausgehend von der Zone der aktuellen Entwicklung (Ist-Stand) die angestrebten Förderziele und schließt mit einer Lernerfolgsbeschreibung ab; er plant die Förderung der Selbstkompetenz und enthält Aussagen über einzelne Unterrichts- und Förderbereiche; er wird idealerweise durch das Klassenteam (bzw. die Hauptfachlehrer) erstellt und regelmäßig fortgeschrieben.

Fotostimulation
Durch Flackerlicht während der Ableitung eines EEG wird die Bereitschaft des Gehirns zu epileptischen Anfällen durch Lichteinfluss (z. B. Fernsehen, Computer, Stroboskop-Lightshows) getestet.

Freiarbeit
Eine eigenverantwortliche, ziel- und produktorientierte, nicht primär lehrergesteuerte, z. T. fächerübergreifende Arbeitsform, bei der die Schüler ihre Lernarbeit, ihr Lerntempo, die gewünschte Sozialform und die benötigten Materialien selbst für sich planen, einteilen und durchführen.

Frühchen / Frühgeborene / Extremfrühchen
s. Textbeitrag ▸ „Was versteht man eigentlich unter Frühgeburt?“ in Kap. 1

Frühförderung
Ein System von Hilfeangeboten für Kleinkinder, die behindert oder entwicklungsauffällig sind, sowie für deren Eltern und Familien; Ziel ist es, die Probleme der Kinder so früh wie möglich zu diagnostizieren und zu behandeln; zugleich beinhaltet Frühförderung die Beratung und Unterstützung der Eltern; Frühförderung wird von einem breiten Netz von Frühförderstellen erbracht.

Frühgeborenen-Intensivstation
Eine Station im Krankenhaus, auf der sehr unreife bzw. lebensbedrohlich erkrankte Frühgeborene eine enge Überwachung (Monitoring) und eine intensivpflegerische Versorgung erhalten, die über das normale Maß einer medizinischen und pflegerischen Betreuung weit hinaus gehen; die Station verfügt über besonders geschultes Personal und hochtechnisierte Geräte; die Arbeitsweise auf dieser Station sollte besondere Rücksicht auf die Bedürfnisse des kindlichen Gehirns nehmen.

G

Gestose
Auch Praeeklampsie; eine schwangerschaftsspezifische Erkrankung, die sich bemerkbar macht mit erhöhtem Blutdruck und/oder Eiweißausscheidungen im Urin und/oder Wassereinlagerungen (Ödemen); sie beeinträchtigt die Versorgung des ungeborenen Kindes mit Nährstoffen und/oder Sauerstoff.

Gestützte/Unterstützte Kommunikation
Kommt bei Menschen zum Einsatz, die sich mittels Lautsprache nicht angemessen verständlich machen können; arbeitet mit Symbol- oder Gebärdensystemen; es können auch elektronische Geräte mit und ohne Sprachausgabe oder Fotomappen bzw. Symboltafeln eingesetzt werden.

Graphomotorik
Die differenzierte, rhythmische Schreibbewegung; eine psychomotorische Leistung, die u.a. den Tastsinn, den Gleichgewichtssinn und eine ausreichende Körperspannung sowie die Bewegungsfähigkeit der Hände und Finger koordiniert

Grob-/Feinmotorik
Als Grobmotorik bezeichnet man die großräumigen Bewegungsfunktionen des Körpers, welche der Gesamtbewegung dienen (z. B. Laufen, Springen, Hüpfen); Feinmotorik ist die gezielte koordinierte Bewegung, die sich in der Handgeschicklichkeit zeigt.

H

Halbseitenlähmung
s. Cerebralparese

Heilpädagogik
HeilpädagogInnen erziehen, bilden, fördern und begleiten Menschen mit Auffälligkeiten, Störungen und Behinderungen im Bereich des Verhaltens, der geistigen, körperlichen und seelischen Entwicklung.

Hemiparese
s. Cerebralparese

HELLP-Syndrom
Eine schwere Schwangerschaftserkrankung, die zu den sogenannten Spätgestosen zählt; wird das HELLP-Syndrom nicht erkannt und behandelt, kann es für Mutter und Kind lebensbedrohlich werden; nach der Diagnose ist meistens eine sofortige Entbindung notwendig.

Heterogene Klassen
Kinder verschiedenen Alters und/oder verschiedener Begabung/Leistungsfähigkeit lernen in einer gemeinsamen Klasse.

Hilfeplanung
Systematische Planung individueller Leistungen nach dem Sozialgesetzbuch für Menschen mit Behinderung, beschreibt die Aufgaben der Leistungserbringer und Adressaten und bestimmt das Verfahren der Überprüfung und Weiterentwicklung der Leistung. Vgl. Art. ▸ „Kooperation von Jugendhilfe und Schule beim Umgang mit Lese-Rechtschreib- und Rechenstörungen" in Kap. 2

Hippotherapie
Therapeutisches Reiten; fördert z. B. Körperspannung, Gleichgewichtssinn usw.

Hirnblutung
Aufgrund der Unreife des Gehirns bzw. seiner Gefäße treten Hirnblutungen bei Frühgeborenen häufig auf; man unterscheidet die Grade I - IV; leichte Hirnblutungen können folgenlos bleiben, schwere dagegen gravierende Behinderungen hervorrufen.

Hirnwasserableitung
Aufgestautes Hirnwasser wird mit Hilfe eines operativ eingesetzten Schlauchsystems aus Kunststoff (Shunt) in den Bauchraum abgeleitet, um erhöhten Hirndruck zu vermeiden.

Hochbegabung
Eine Fähigkeit zu herausragenden Leistungen; Hochbegabung setzt sich zusammen aus sehr guter Motivation, sehr guter Kreativität und aus überdurchschnittlichen Fähigkeiten auf einem oder mehreren Gebieten.

Hörscreening
Früherkennung von Hörschäden bei Neugeborenen

Hüftdysplasie, -luxation
Fehlstellung im Bereich des Hüftgelenkes

Hydrocephalus
Eine Erweiterung der Hirnwasserräume im Gehirn mit Behinderung des Hirnwasserabflusses (siehe Hirnwasserableitung); Begleiterscheinungen können u. a. Entwicklungsstörungen, Krampfleiden, Störungen des Sehvermögens und der Bewegungskoordination sein.

Hyperaktivität
Überaktives, unkontrolliertes Verhalten mit motorischer Unruhe, „Zappelphilipp", s. Textbeitrag ▸ „Das Aufmerksamkeitsdefizitsyndrom - AD(H)S" in Kap. 2

Hyperbilirubinämie
(Neugeborenen-) Gelbsucht

Hyperventilation
Zu schnelles Atmen; kann epileptische Anfälle auslösen; bewusste Hyperventilation wird zur Diagnostik von Epilepsien eingesetzt.

Hypophysärer Kleinwuchs
Wachstumsstörung; hervorgerufen durch Mangel von Wachstumshormonen der Hirnanhangdrüse; eine Hormonersatztherapie ist möglich.

Hypoton
Zu niedrige Körperspannung; erschwert alle Bewegungsabläufe

I

ICD-10
Die „Internationale statistische Klassifikation der Krankheiten und verwandter Gesundheitsprobleme" (ICD, engl.: International Statistical Classification of Diseases and Related Health Problems) ist das wichtigste, weltweit anerkannte Diagnoseklassifikations- und Verschlüsselungssystem der Medizin. Es wird von der Weltgesundheitsorganisation (WHO) herausgegeben. Die aktuelle, international gültige Ausgabe ist ICD-10, Version 2006.

IGS/Integrierte Gesamtschule
Schule ab Klasse 5, in der SchülerInnen aller Lernniveaus in gemeinsamen Klassen unterrichtet werden; eine der individuellen Leistungsfähigkeit entsprechende Differenzierung findet in mehreren Fächern durch sogenannte Förder-, Grund- und Erweiterungskurse statt.

Implementieren
Einführen, einrichten

Inklusion
s. Textbeiträge ► „Möglichkeiten der Beschulung für frühgeborene Kinder" und ► „Inklusion und Integration in der Schule" in Kap. 4

INPP
Wissenschaftlich nicht anerkannte Therapieform, die davon ausgeht, dass „Restreaktionen frühkindlicher Reflexe" als Grund für spätere Entwicklungsprobleme anzusehen sind; versucht, diese mit speziellen Übungen zu beheben.

Integration
Einzelne Kinder mit einem festgestellten sonderpädagogischen Förderbedarf werden in einer Regelklasse mitunterrichtet; ihnen steht im ermittelten Umfang stundenweise eine sonderpädagogische Zusatzlehrkraft zur Verfügung; man unterscheidet zielgleiche und zieldifferente Integration.
s. Textbeiträge ► „Möglichkeiten der Beschulung für frühgeborene Kinder" und ► „Inklusion und Integration in der Schule" in Kap. 4

Integrationshilfe
Ein nicht pädagogisch ausgebildeter Schulbegleiter für Kinder mit sonderpädagogischem Förderbedarf; eine Person, die während eines Teils oder auch der gesamten Schulzeit (einschließlich des Schulwegs) beim Schüler ist, um Defizite

zu kompensieren und Hilfestellung zu leisten; meist Zivi oder FSJ-Kraft s. Textbeitrag ► „Schulassistenz und Integrationshelfer“ in Kap. 4

Integrative Lerntherapie
s. Textbeitrag ► „Integrative Lerntherapie – wozu braucht man das denn?“ in Kap. 2

Internalisierendes Verhalten
Ängstliches, unsicheres oder trauriges Verhalten, sozialer Rückzug; die Emotionen werden nach innen gerichtet.

Intubieren
Einen Schlauch in die Luftröhre einführen, um ein Gerät zur künstlichen Beatmung anzuschließen

J

Jugendhilfe
Bezeichnung für die Gesamtheit der Leistungen, die Kindern und Jugendlichen zur Erziehung, Bildung und Entwicklung gewährt werden, geregelt im Sozialgesetzbuch Achtes Buch (SGB VIII) - Kinder- und Jugendhilfe; umfasst im Wesentlichen Angebote der Jugendarbeit, Jugendsozialarbeit, zur Förderung der Erziehung in der Familie, zur Förderung von Kindern in Tageseinrichtungen und Tagespflege, Hilfe zur Erziehung, Hilfe für seelisch behinderte Kinder und Jugendliche, Hilfe für junge Volljährige und Nachbetreuung. Träger der öffentlichen Jugendhilfe sind in erster Linie die Jugendämter und Landesjugendämter.

K

Kernspintomogramm
Bildliche Darstellung des Gehirns

Kinesiologie
Ein alternativmedizinisches Diagnose- und Behandlungskonzept; nutzt manuelle Muskeltests für eine Diagnose und eine nachfolgende Festlegung der Therapie; geht dabei davon aus, dass die Muskelspannung eine Rückmeldung über den funktionalen Zustand des Körpers liefert.

Klassenmesszahl
Die maximale Anzahl von SchülerInnen in einer Klasse; wird die Messzahl überschritten, muss die Klasse in zwei Klassen aufgeteilt werden.

Klysma
„Zäpfchen“; Darreichungsform eines Medikaments, um es durch den After in den Körper einzubringen

Knochenalter
= Skelettreife; deckt sich normalerweise mit dem tatsächlichen Alter des Kindes, kann bei Entwicklungsstörungen abweichen.

Kognition, kognitiv
Begriff für alle Formen des Erkennens, Denkens und Wissens, wie z. B. Erinnern, Urteilen, Vorstellen, Planen, Entscheiden, Problemlösen

Komorbidität
Weitere Erkrankungen, die oft zur Grunderkrankung hinzutreten oder aus dieser hervorgehen

Kontraktur
Fehlstellung eines Gelenkes durch Anspannung und Verkürzung von Muskeln und Sehnen

Koordinationstraining
Schulung der Bewegungsabläufe und der Reaktionsfähigkeit des Körpers durch bestimmte Übungen, z.B. zum Gleichgewicht; gleichzeitig werden dadurch unterschiedliche Bereiche im Gehirn stimuliert, was sich positiv auf die Leistungsfähigkeit auswirkt.

Körpertherapie
Behandlungsmethoden zur Verbesserung von Körperhaltungen und Bewegungsabläufen; hat auch Auswirkungen auf die Psyche.

Kortex
Hirnrinde

Krankengymnastik
= Physiotherapie; spezielle Übungen beeinflussen die Bewegungsfähigkeit bzw. das Zentralnervensystem; Frühgeborene erhalten Krankengymnastik oft nach der Bobath- oder der Vojta-Methode.

L

Läsion
Schädigung, Verletzung, Störung

Lebenshilfe
Die Lebenshilfe e. V. ist ein gemeinnütziger Verein, der sich in vielen Ländern als Dienstleister und Interessenvertretung für die Belange von Menschen mit insbesondere geistiger Behinderung und ihrer Familien einsetzt; oft Träger von Fördereinrichtungen

Legasthenie
s. Textbeitrag ► „Lese-Rechtschreibstörung /-schwäche - Legasthenie“ in Kap. 2

Lese-Rechtschreibschwäche
s. Textbeitrag ► „Lese-Rechtschreibstörung /-schwäche - Legasthenie“ in Kap. 2

Lese-Rechtschreibstörung
s. Textbeitrag ► „Lese-Rechtschreibstörung /-schwäche - Legasthenie“ in Kap. 2

Logopädie
Therapie von Sprach-, Sprech-, Stimm-, Schluck- oder Hörbeeinträchtigungen

LRS
s. Textbeitrag ► „Lese-Rechtschreibstörung /-schwäche - Legasthenie“ in Kap. 2

Lungendrainage
s. Pneumothorax

Lungenemphysem
Unheilbare Überblähung der Lunge; geht einher mit Atemnot und Leistungsminderung.

Lungenreifespritze
Bei drohender Frühgeburt Behandlung der werdenden Mutter mit Kortisonspritzen, um die Lungenfunktion des Babys zu stärken

M

Methodisch
Die Lernmethode/die Art der Aufgabenstellung betreffend

Methylphenidat
Pharmazeutischer Wirkstoff, oft bekannt unter dem Handelsnamen Ritalin

Minimale cerebrale Bewegungsstörung
= minimale Cerebralparese; „Minimal“ bedeutet, dass das Kind unter stressarmen Bedingungen praktisch unauffällig funktionieren kann, unter positivem und negativem Stress aber oft erhebliche Leistungseinbußen erleben muss.

Monitorüberwachung
Durch Elektroden oder Messfühler überwacht ein spezielles Gerät die Herz- und Atemfunktionen einer Person. Frühgeborene Kinder sind oft im ersten Lebensjahr auch zuhause monitorüberwacht.

Monomedikation
Behandlung mit einem einzigen Präparat

Montessorischule
Pädagogisches Konzept nach Maria Montessori; betont die Entwicklung der Selbstständigkeit und des Selbstlernens der Kinder und stellt in diesem Zusammenhang die Wirksamkeit des Arbeitsmaterials in den Vordergrund.

Motopädagogisches Turnen
= psychomotorisches Turnen; Therapiekonzept, welches die Wechselwirkung zwischen dem Körper in Bewegung und der Psyche des Menschen zur Entwicklungsförderung nutzt

Motorik
Umfasst alle Verhaltensweisen, die ein aufeinander abgestimmtes Zusammenspiel bestimmter Muskeln fordern, wie z. B. Greifen, Kriechen, Gehen oder Stehen.

MSD
=mobiler sonderpädagogischer Dienst; Form der integrativen Beschulung von Schülern mit einem sonderpädagogischen Förderbedarf. Bei dieser Form wird der Schüler an einer Regelschule beschult. Dabei wird sein sonderpädagogischer Förderbedarf durch einen von einer Sonderschule abgeordneten Sonderschullehrer an der Regelschule in Förderstunden abgedeckt.

Musiktherapie
Der gezielte Einsatz von Musik im Rahmen der therapeutischen Beziehung zur Wiederherstellung, Erhaltung und Förderung seelischer, körperlicher und geistiger Gesundheit

Muskeltonus
Spannungszustand der Muskulatur

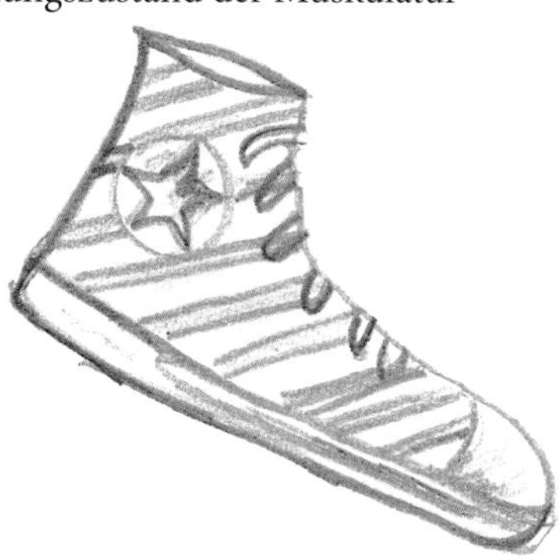

N

Nachteilsausgleich
s. ► „Förderung von Schülerinnen und Schülern mit besonderen Schwierigkeiten im Lesen und Rechtschreiben oder im Rechnen - Die Frage nach dem Nachteilsausgleich" in Kap. 2

Nekrotisierende Enterokolitis
= NEC; lebensbedrohliche Darmerkrankung bei sehr kleinen Frühgeborenen; oft wird die operative Entfernung von Teilen des Darms und das Einsetzen eines künstlichen Darmausgangs notwendig.

Neonatologie
Medizinische Fachrichtung: Früh- und Neugeborenenmedizin

Neonatologische Intensivstation
s. Frühgeborenen-Intensivstation

Neuroleptika
Medikamente, die die Übertragung des Botenstoffs Dopamin hemmen; wirken beruhigend und dämpfend auf das Nervensystem.

Neurophysiologische Entwicklungsförderung
Entwicklungsförderung, die die Hirnentwicklung anregen soll

Neurotransmitter
Botenstoffe im Gehirn, z.B. Noradrenalin, Acetylcholin, Dopamin und Serotonin

Notfallkaiserschnitt
Operative Entbindung, weil Leben und/oder Gesundheit von Mutter und/oder Kind in akuter Gefahr sind

O

Oral
Durch den Mund

Orthese
Hilfsmittel in Form einer Bandage oder Schiene, das als Stützapparat außen am Körper mit haltungskorrigierender Funktion getragen wird

Osteopathie
Unterschiedliche befunderhebende und therapeutische Verfahren, die manuell, also mit den bloßen Händen des Behandlers, ausgeführt werden. Die Bezeichnungen „Manuelle Medizin", „Manualtherapie", „Chirotherapie" und „Chiropraktik" werden teils synonym gebraucht. Wirkungsnachweise gibt es nur für wenige der Indikationen, die der Osteopathie zugeschrieben werden.

P

Persönliches Budget
Eine alternative Leistungsform zur Teilhabe und Rehabilitation durch Geldbeträge oder ersatzweise auch Gutscheine. Es ermöglicht Menschen mit Beeinträchtigungen selbst zu entscheiden, wann, wo, wie und von wem sie Teilhabeleistungen in Anspruch nehmen, um ihren individuellen Hilfebedarf optimal abzudecken.

Phobie
Krankhafte Angst

Phoniatrie
Medizinische Disziplin, die sich mit

Störungen der Stimme, des Sprechens, der Sprache und des Schluckens diagnostisch, therapeutisch und wissenschaftlich beschäftigt

Physiotherapie
s. Krankengymnastik

Pilzsepsis
Schwere Infektion des ganzen Körpers durch Pilzerreger

Plazentainsuffizienz
Verminderte Funktion des Mutterkuchens in der Schwangerschaft, die dazu führt, dass das Kind nicht mehr richtig mit Nährstoffen versorgt wird

Pneumothorax
Mögliche schwere Komplikation einer maschinellen Beatmung, bei der Luft zwischen die Brustfellschichten eindringt; erfordert eine Thoraxdrainage/Lungendrainage, um die normalen Druckverhältnisse wiederherzustellen.

Posthämorrhagischer Hydrocephalus
Hydrocephalus (s. Hydrocephalus), der durch eine Hirnblutung entstand

Präeklampsie
s. Gestose

Prävalenz
Häufigkeit einer Krankheit oder eines Symptoms in einer Bevölkerung zu einem bestimmten Zeitpunkt

Profilschulen
Schulen, die einen besonderen inhaltlichen Schwerpunkt verfolgen; neben Profilschulen für musikalische Förderung, Hochbegabtenförderung usw. gibt es mittlerweile auch Profilschulen für Inklusion.

Prognose
Voraussage eines Krankheitsverlaufes

Provokationsmethode
Bei der Diagnostik von Epilepsie z. B. der Versuch einer absichtlichen Herbeiführung einer Anfallsbereitschaft durch das Setzen von entsprechenden Reizen, vgl. Photostimulation, Hyperventilation

Psychomotorik
s. Motopädagogisches Turnen

Psychomotorisches Turnen
s. Motopädagogisches Turnen

Psychose
Psychische Störung, die mit einem zeitweiligen weitgehenden Verlust des Realitätsbezugs einhergeht

Pyramidenbahn
Nervenbahn zur Steuerung der Bewegungen

R

Raum-Lage-Wahrnehmung
s. Textbeitrag ► „Die ‚Basalen Kompetenzen' " in Kap. 2

Realschule Plus
Eine Schulform in Rheinland-Pfalz. Mit Beginn des Schuljahres 2009/2010 werden in Rheinland-Pfalz schrittweise alle bisherigen

Haupt- und Realschulen zusammengeführt. Bis zum Schuljahr 2013/2014 soll der Prozess abgeschlossen sein. Rheinland-Pfalz wird dann nur noch ein zweigliedriges System aufweisen, welches durch Gesamtschulen ergänzt wird. Die Realschule Plus gibt es dann in zwei Formen - entweder als Kooperative Realschule oder Integrative Realschule.

Rechenschwäche
s. Dyskalkulie

Rechenstörung
s. Dyskalkulie

Reformschule
Schule, die nach einem der vielen sog. reformpädagogischen Ansätze arbeitet bzw. die in einem handlungsorientierten Unterricht vor allem die Selbsttätigkeit der Schüler in den Mittelpunkt stellt

Reittherapie
s. Hippotherapie

Repetitives Verhalten
Sich wiederholende Verhaltensweisen wie z. B. Schaukeln mit Kopf oder Oberkörper, im Kreis umher gehen, Finger verdrehen, Finger blutig knibbeln, Nägel bis über das Nagelbett hinaus abkauen, Kopf anschlagen, mit Hand an Kopf schlagen

Resilienz
Fähigkeit eines Menschen, mit biologischen, psychologischen und psychosozialen Entwicklungsrisiken erfolgreich umzugehen

Ressourcenvorbehalt
Den gemeinsamen Unterricht mit behinderten Schülerinnen und Schülern müssen die Schulen in Hessen laut dortigem Schulgesetz nur dann umsetzen, wenn die Räumlichkeiten, das Personal und die Mittel dafür vorhanden sind.

Retardierung
Verzögerung der Entwicklung

Rezidivierend
Wiederkehrend, wiederaufflammend

RIK
Regionales Integrationskonzept zur sonderpädagogischenGrundversorgung an niedersächsichen Grundschulen

S

Schallleitungsschwerhörigkeit
Der über das Trommelfell ankommende Schall wird vom Mittelohr nicht richtig an das Innenohr weitergeleitet; alle Schallsignale werden leiser gehört.

Schizophrenie
Psychische Erkrankung mit Störungen des Denkens, der Wahrnehmung und der Affektivität; kann aber auch mit Depressionen und Antriebsmangel auftreten.

Schlaganfall, vorgeburtlich
Ausgelöst durch eine Durchblutungsstörung im Gehirn gehen Nervenzellen zugrunde und wichtige Funktionen des Gehirns fallen aus; als Folge können Lähmungen,

Bewegungs- oder Entwicklungsstörungen bzw. Behinderungen auftreten.

Schulassistenz
s. Integrationshilfe und Textbeitrag ▸ „Schulassistenz und Integrationshelfer“ in Kap. 4

Schulentwicklung
Soll Qualität und Qualitätssicherung an den Schulen verbessern. Oft genannte Aspekte der Schulentwicklung sind u.a.: Personalentwicklung, Unterrichtsentwicklung, Teamentwicklung, Organisationsentwicklung, Leitbild und Schulprogramm, sowie Institutionelles Lernen, Pädagogische Psychologie und Projektmanagement.

Schulkindergarten
= Vorklasse; schulpädagogische Einrichtung, die dazu dient, schulpflichtige, aber noch nicht schulreife Kinder auf die Schule vorzubereiten; wird vielfach zugunsten der flexiblen Schuleingangsphase aufgegeben.

Schwangerschaftswoche
Die Zeit zwischen Empfängnis und Geburt dauert beim Menschen 40 Wochen. Die Reifezeit eines Frühgeborenen im Mutterleib wird in Schwangerschaftswochen (SSW) angegeben. Der Zusatz „+x“ bezeichnet die Anzahl der über die jeweilige vollendete SSW hinausgehenden Tage der Schwangerschaft, bevor die Frühgeburt stattfand. Bsp.: „SSW 24+2“ = Das Kind reifte 24 Wochen und zwei Tage.

Schwerpunktschule
Schulform in Rheinland-Pfalz, die in den Klassen 1-10 gemeinsamen Unterricht für SchülerInnen mit und ohne Behinderung anbietet

Sectio
Kaiserschnittentbindung

Sehrinde
Teil der Großhirnrinde, der die visuelle Wahrnehmung ermöglicht; hier liegt vermutlich der Ursprung derjenigen epileptischen Anfälle, die durch Lichtblitze ausgelöst werden.

Sehschule
Einrichtungen an Kliniken oder in Augenarztpraxen, in denen Orthoptistinnen in Zusammenarbeit mit Augenärzten Augenbewegungsstörungen (Schielen und Augenzittern z. B.), Sehschwächen und alle damit zusammenhängenden Krankheitsbilder behandeln

Sekundarstufe
Die Sekundarstufe I umfasst die Klassenstufen 5-9/10 aller Schularten, die Sekundarstufe II die Klassen 11-12/13.

Sensorisch
Die Sinneswahrnehmung betreffend

Sepsis
Schwere Entzündung, die den gesamten Organismus betrifft

SGB
Sozialgesetzbuch

Shunt
s. Hirnwasserableitung

Somatisieren / Somatisierung
Umwandlung von seelischen Konflikten und Belastungen in vorhandene oder vorgestellte Organerkrankungen

Sondenernährung
Künstliche Ernährung mittels eines Schlauchs (Sonde), der durch Mund oder Nase in Magen oder Dünndarm geführt wird. Sondenernährung kann auch durch die Bauchdecke erfolgen.

Sonderpädagogische Überprüfung
Verfahren zur Feststellung des sonderpädagogischen Förderbedarfs; kann vor Beginn des Schulbesuchs oder im Laufe der Schulzeit durchgeführt werden; wird freiwillig auf Antrag der Eltern und verpflichtend auf Antrag der Regelschule eingeleitet; besteht aus Elterngesprächen, Beobachtungen des Kindes, Gesprächen mit Erzieherinnen, Lehrkräften, Therapeuten usw.

Sonderpädagogischer Förderbedarf
Ist bei Kindern und Jugendlichen anzunehmen, die in ihren Bildungs-, Entwicklungs- und Lernmöglichkeiten so beeinträchtigt sind, dass sie im Unterricht der allgemeinen Schule ohne sonderpädagogische Unterstützung nicht hinreichend gefördert werden können. Die Feststellung des sonderpädagogischen Förderbedarfs umfasst die Ermittlung des individuellen Förderbedarfs sowie die Entscheidung über den Bildungsgang und den Förderort. Sie findet in Verantwortung der Schulaufsicht statt.
▸ http://www.kmk.org/fileadmin/doc/Dokumentation/Bildungswesen_pdfs/sonderschulwesen.pdf

Sozialpädiatrisches Zentrum
Interdisziplinäre Einrichtung, in welcher Kinder und Jugendliche mit Störungen in der kindlichen Entwicklung, Behinderungen, Verhaltensauffälligkeiten oder seelischen Störungen untersucht und behandelt werden

Spastik, spastisch
Eine in typischer Weise erhöhte Eigenspannung der Skelettmuskulatur, die immer auf eine Schädigung des Gehirns oder Rückenmarks , z. B. durch eine Hirnblutung, zurückzuführen ist; sie kann allein die Beine betreffen („beinbetont"), eine ganze Körperhälfte („Halbseitenspastik") oder alle vier Extremitäten („Tetraspastik").

Sprachheilschule
Schule zur Förderung von Kindern mit Sprachauffälligkeiten

Sprechapraxie
Ist eine Artikulationsstörung; gestört sind die Steuerung der am Sprechen beteiligten Muskulatur und die Abfolge muskulärer Bewegungen für die willkürliche Produktion von Lauten.

SPZ
s. Sozialpädiatrisches Zentrum

SSW
s. Schwangerschaftswoche

Stationenlernen
Eine Form des sog. offenen Unterrichts, bei dem die SchülerInnen selbstständig an verschiedenen Arbeits"stationen" Materialien bearbeiten bzw. Arbeitsaufträge ausführen

Stereotypie
Gleichförmige Verhaltensmuster

Störreiz/Hintergrundreiz
Sinneseindruck, der zum Erreichen bestimmter Ziele ausgeblendet werden muss, z.B. Hintergrundgeräusche während eines Gesprächs

Strabismus
Schielen; Abweichung eines Auges von der Sollblickrichtung durch eine Augenfehlstellung

Supervision
Eine Form der Beratung von Fachkräften für Fachkräfte derselben Fachrichtung

Symptom
Kennzeichen, Merkmal einer Krankheit

T

Teamteaching
Mehrere LehrerInnen sind gleichzeitig während des Unterrichts in einer Klasse tätig.

Teilleistungsstörung
Deutliche Leistungsdefizite in einem begrenzten Teilbereich wie Rechnen, Lesen oder Rechtschreiben, die von der allgemeinen Intelligenzleistung der Person stark abweichen, z. B. Dyskalkulie oder Legasthenie

Tetraparese
Lähmung im Bereich von Armen und Beinen; s. Textbeitrag ► „Ursachen und Formen einer zerebralen Bewegungsstörung" in Kap. 4

Tetraspastik
s. Spastik

Ticstörung
Syndrome, bei denen das vorwiegende Symptom ein Tic ist. Ein Tic ist eine unwillkürliche, rasche, wiederholte, nichtrhythmische Bewegung meist umschriebener Muskelgruppen oder eine Lautproduktion, die plötzlich einsetzt und keinem erkennbaren Zweck dient. Tics sind die häufigste Bewegungsstörung, die bei Kindern diagnostiziert wird. Die Symptome verändern sich im Verlauf der Zeit, sie nehmen nach der Pubertät wieder an Häufigkeit ab.

U

Unterstützte Kommunikation
s. Gestützte Kommunikation

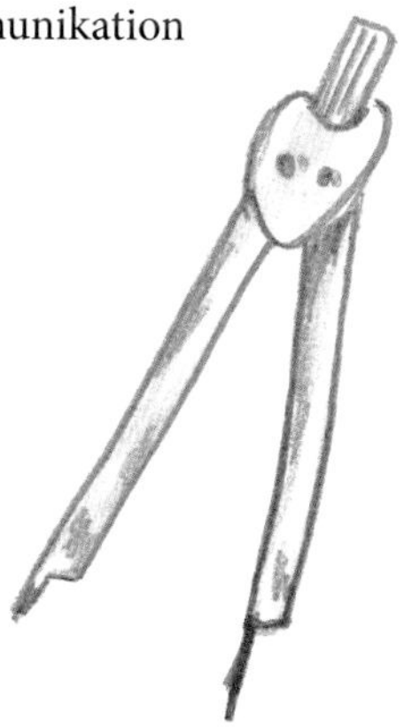

V

Vojtatherapie
Methode der Krankengymnastik; arbeitet an bestimmten Druckpunkten am Körper, um elementare Bewegungsmuster bei Patienten mit geschädigtem Zentralnervensystem und Bewegungsapparat wieder hervorzurufen; muss jeden Tag mehrmals durchgeführt werden.

Vorschule, -klasse
s. Schulkindergarten

Vulnerabilität
Verletzlichkeit

W

Wahrnehmungsverarbeitungsstörung
Störung in der Verarbeitung von Sinneseindrücken im Zentralnervensystem; betrifft den visuellen (Sehen) oder auditiven (Hören) Bereich, die Wahrnehmung von Sprache oder des eigenen Körpers; die Funktion der Sinnesorgane selbst ist dabei meist nicht beeinträchtigt.
s. Textbeitrag ▸ „Die Entwicklung der Langsamkeit - Wahrnehmungsverarbeitung bei Frühgeborenen" in Kap. 3

Waldorfschule
Schulen, an denen nach der von Rudolf Steiner (1861–1925) begründeten Waldorfpädagogik, einem reformpädagogischen Ansatz, unterrichtet wird; s. Reformschule

Winkelfehlsichtigkeit
Wissenschaftlich nicht anerkannter Begriff für ein „verstecktes Schielen", zu dessen Ausgleich sog. Prismenbrillen verwendet werden; durch sie sollen die Augen von der ständigen Anstrengung, das Richtige zu erkennen, entlastet werden.

◆ ◆ ◆

Autorinnen und Autoren

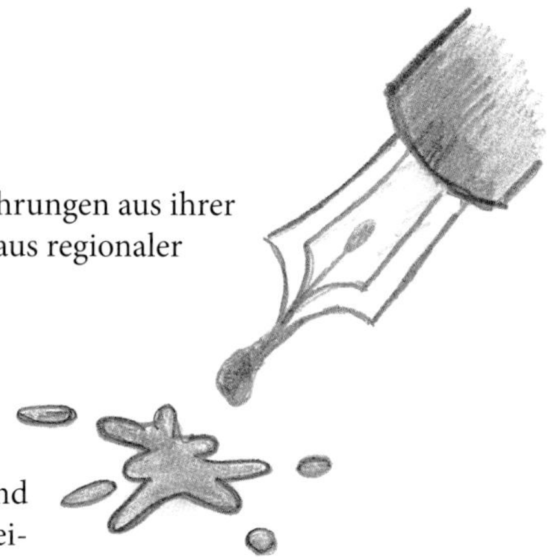

Karin Jäkel

Selbst Frühchen-Mutter, verfügt über langjährige Erfahrungen aus ihrer eigenen Unterrichtspraxis als Oberstudienrätin sowie aus regionaler und überregionaler Frühgeborenen-Selbsthilfearbeit.

- E-Mail: jaekel@fruehgeborene-rlp.de

Dr. Angela Ehlers

Behörde für Schule und Berufsbildung der Freien und Hansestadt Hamburg, Projekt Inklusive Bildung - Weiterentwicklung der sonderpädagogischen Förderung

- Hamburger Straße 31, 22083 Hamburg
- E-Mail: Angela.ehlers@bsb.hamburg.de
- Internet: www.hamburg.de/bsb

C. Fernekeß

- Kontakt über: Rheinhessen-Fachklinik Mainz
Zentrum für Kinderneurologie und Sozialpädiatrie (KINZ)
Hartmühlenweg 2-4, 55122 Mainz
- Internet: www.rheinhessen-fachklinik-mainz.de

Wolfgang Fuchs-Lambrix

War Berufsberater für behinderte Jugendliche und ist Mitglied sowie Fachbeirat für Ausbildung und Beruf bei SeHT e.V. (Selbständigkeitshilfe bei Teilleistungsschwächen.

- Internet: www.seht.de

Dr. Nina Gawehn

Dipl. Psychologin

Leiterin der Entwicklungsneuropsychologischen Ambulanz im Sozialpädiatrischen Zentrum / Neuropädiatrie (SPZ)

- Klinik für Kinder- und Jugendmedizin der Klinikum Do gGmbH
Beurhausstr. 40, 44137 Dortmund
- E-Mail: Nina.Gawehn@klinikumdo.de
- Internet: http://www.klinikumdo.de/medizin/zentren/sozialpaediatrisches-zentrum-neuropaediatrie/willkommen.html

Annette Kriszio
Sonderschulrektorin

- Stadtschule Glückstadt
  Förderzentrum mit dem Förderschwerpunkt „Lernen“

Evelyn Liedel
Lerntherapeutin im Fachverband für integrative Lerntherapie (FiL)

- Praxis für integrative Lerntherapie
  Dortmunderstraße 1, 48155 Münster
  Tel.: 0251/67778, Fax: 0251/67763
- E-Mail: Praxis@liedel.de
- Internet: www.liedel.de

Dr. med. Christa Löhr-Nilles
Leitende Oberärztin der Neuropädiatrie

- Klinikum Mutterhaus der Borromaeerinnen gGmbH, Trier
  Feldstraße 16, 54290 Trier
- Internet:
  http://www.mutterhaus.de/de/abteilungen/neuropaediatrie.html

Dr. med. Renate Marx-Mollière
Fachärztin für Kinder- und Jugendpsychiatrie und -psychotherapie
Fachärztin für Kinderheilkunde und Jugendmedizin

- Schottstr. 2, 55116 Mainz
  Tel.: 06131/90833-30, Fax 06131/90833-40
- E-Mail: info@marx-molliere.de
- Internet: www.marx-molliere.de

Dr. med. Irmgard Müller
Kinderärztin im Ruhestand, Arbeitsgebiet Kinderneurologie und Sozialpädiatrie, zuletzt tätig im Zentrum für Frühbehandlung und Frühförderung gGmbH in Köln.

Dr. med. Helmut Peters
Ärztlicher Leiter des Zentrums für Kinderneurologie
und Sozialpädiatrie (KINZ)
Rheinhessen-Fachklinik Mainz

- ◆ Hartmühlenweg 2-4, 55122 Mainz
- ► Internet: www.rheinhessen-fachklinik-mainz.de

Dipl.-Psych. Ulrike Reichmann
Club Aktiv e.V., Trier
Selbsthilfe Behinderter und Nichtbehinderter

- ◆ Schützenstr. 20, 54295 Trier
  Tel.: 0651/97859-0
- ► E-Mail: info@clubaktiv.de
- ► Internet: www.clubaktiv.de/index.php?menuid=59

Dr. med. Cathrin Schäfer
Neonatologin und Kinderärztin

- ◆ Rheinhessen-Fachklinik Mainz
  Zentrum für Kinderneurologie und Sozialpädiatrie (KINZ)
  Hartmühlenweg 2-4, 55122 Mainz
- ► E-Mail: c.schaefer@rfk.landeskrankenhaus.de
- ► Internet: www.rheinhessen-fachklinik-mainz.de

Sabine Weber
Frühchenmutter, B.A. Sozialwissenschaften, Museumspädagogin

- ► E-Mail: weber-hermanowski@t-online.de

Dr. med. Roger Weis

- ◆ Rheinhessen-Fachklinik Mainz
  Zentrum für Kinderneurologie und Sozialpädiatrie (KINZ)
  Hartmühlenweg 2-4, 55122 Mainz
- ► Internet: www.rheinhessen-fachklinik-mainz.de

◆ ◆ ◆

Bildnachweise

Hinweis
Zur Illustration des Buches wurden zum Teil private Bilder der AutorInnen verwendet, der größte Anteil der Bilder wurde jedoch durch Zukauf aus Fotodatenbanken bestritten. Die den einzelnen Berichten und Sachtexten zugeordneten Fotos haben daher nur symbolischen Charakter und dienen ausschließlich der Illustration der Texte.

Umschlag und Schwarz-Weiß-Illustrationen Innenteil: Alexandra Hall-Waldhauser

Kapitel 1

© **Urheberrechte - Fotografen:**

Heike Rost, Roland Rasemann

© **Urheberrechte - Fotografen von Fotolia.de:**

Aleksandar Zoric, Alena Ozerova, alephnull, Alexander Raths, babsi_w, Brebca, Elenathewise, Fanfo, Gina Sanders, godfer, Hallgerd, Igor Stepovik, Jacek Chabraszewski, Jean-Michel LECLERCQ, jehafo, JJAVA, Katrina Brown, Kzenon, Marc Dietrich, Monkey Business, Nicole Effinger, N-Media-Images, pashabo, Pavel Losevsky, Roman Sigaev, YantraGrafiken

Kapitel 2

© **Urheberrechte - Fotografen von Fotolia.de:**

Albert Schleich, alephnull, Alexander Raths, Cheryl Casey, Chlorophylle, Christian Schwier, Daria Miroshnikova, Diana Karita, Eléonore H, emmi, Farina3000, Fotoimpressionen, Gautier Willaume, godfer, haitaucher39, Hallgerd, Hannes Eichinger, Harald07, helix, JENS, jörn buchheim, kmit, Kzenon, LVDESIGN, MaFiFo, Martin Valigursky, Miredi, Monia, N-Media-Images, nyul, OPL, Pavel Losevsky, Peter Atkins, Petr Vaclavek, Petro Feketa, PRCreativeTeam, pressmaster, Ralf Gosch, Ramona Heim, real80125, Rob Byron, rossler, Saenjo, Sandra Brunsch, sashpictures, so47, somenski, sonya etchison, Tino Hemmann, Tramper2, Uwe Annas, VIKTORIIA KULISH, Woodapple

Kapitel 3

© **Urheberrechte - Fotografen von Fotolia.de:**

.shock, Andreas P, attltibi, Christian Schwier, Dirk Houben, Ella, Galina Barskaya, Gert Vrey, Gina Sanders, godfer, Harald07, Herby (Herbert) Me, Joanna Zielinska, Karen, kebox, lilufoto, Mandy, Mat Hayward, Matthew Antonino, Michael Hieber, miklav, Monkey

Business, norgen, philippe Devanne, Philippe Minisini, Photo_Ma, photogl, Ramona Heim, Sigtrix, Stephen Coburn, Thomas Leiss, umbertoleporini.com, Vlad, www.sfh.at

Kapitel 4

© Urheberrechte - Fotografen von Fotolia.de:

Ana de Sousa, Butch, Caldera, Catalin Petolea, dispicture, Eléonore H, Ella, Fatman73, fotofrank, fredredhat, Guy Erwood, haitaucher39, Ilan Amith, Jürgen Fälchle, M.Camerin, majo, Miroslav Zivkovic, Nikolai Sorokin, Patrizia Tilly, Spectral-Design, Spuno, Thomas Leiss, Woodapple, Yuriy Poznukhov

© Urheberrechte - Bilder von Wikipedia.de:

Landkarte Bundesrepublik, S. 281: kgberger, Gehirn-Querschnitt, S. 310: NEUROtiker

Kapitel 5

© Urheberrechte - Fotografen von Fotolia.de:

Christian Jung, Daniel Ernst, drizzd, FM2, Jose Manuel Gelpi, Klaus Eppele, Liddy Hansdottir, runzelkorn, shoot4u, Vladimir Melnikov

© Urheberrechte - Fotos der Bundesagentur für Arbeit:

Berufsberatung: S. 365, Außenansicht: S. 369, Beratungsgespräch: S. 377

Kapitel 6

© Urheberrechte - Fotografen von Fotolia.de:

backyardpix, IrisArt, Katrina Brown, Lichtmeister, Marco Rullkötter, Pavel Losevsky, Petro Feketa

◆ ◆ ◆

Index

Psychotherapie
B
C
D
E
F
G
H
I
IJ
K
M
O
PQ
R
Z

F

G

H

L

M

N

◆ ◆ ◆

▸ www.fruehgeborene-bildung.de

Arbeitskreis „Frühgeborene und Bildung"

Im März 2009 wurde im Rahmen der Delegiertenversammlung des Bundesverbandes „Das frühgeborene Kind" e. V. ein Arbeitskreis „Frühgeborene und Bildung" ins Leben gerufen. In diesem Arbeitskreis ist angedacht, die Problemfelder Frühgeborener in der Schule aufzuzeigen, Informationen für Lehrer/innen sowie für Frühcheneltern bereitzustellen, Erfahrungen und Fachwissen zu vernetzen, Lobbyarbeit für frühgeborene Kinder in der Schule zu initiieren ...

Webseite „Frühgeborene und Bildung"

In Folge entstand die Website „Frühgeborene und Bildung" als gemeinsames Projekt des Bundesverbandes „Das frühgeborene Kind" e. V., des Landesverbandes „Früh- und Risikogeborene Kinder Rheinland-Pfalz" e. V. und des Landesverbandes „Früh- und Risikogeborene Kinder Baden-Württemberg". Informationen und Fakten rund um das Thema Schule unter dem Blickwinkel „Frühgeburt" sind dort zu finden, ebenso wie weiterführende Links, Studien oder als neuestes Projekt das vorliegende Buch als Download und eventuellen späteren Ergänzungen oder Aktualisierungen.

Wir laden Sie herzlich ein, Ihre Erfahrungen, Ihr Fachwissen und Ihre Mitarbeit einzubringen, um dieses schwierige Thema Schule zu bearbeiten und Perspektiven zu gewinnen, wie wir als Verband ein Sprachrohr für die Bedürfnisse unserer Kinder werden können.

Kontakt: ▸ info@fruehgeborene-bildung.de

Wenn Sie dieses Buch bestellen möchten ...

... für Freunde, Verwandte, Bekannte, die Lehrerin/den Lehrer Ihres Kindes ... finden Sie alle aktuellen Bestellinformationen auf der Webseite des Landesverbandes „Früh- und Risikogeborene Kinder Rheinland-Pfalz" e.V.

▸ www.fruehgeborene-rlp.de/800buch.html

Kinder

Kinder haus
Super
Schwimm Bart

Schüss